Direito Processual Civil

Direito Processual Civil

Jorge Augusto Pais de Amaral

10.ª Edição

2011

ALMEDINA

DIREITO PROCESSUAL CIVIL

AUTOR
Jorge Augusto Pais de Amaral
Juiz Conselheiro do Supremo Tribunal de Justiça jubilado

EDITOR
EDIÇÕES ALMEDINA, S.A.
Av. Fernão de Magalhães, nº 584. 5º Andar
3000-174 Coimbra
Tel.: 239 851 904 · Fax: 239 851 901
www.almedina.net · editora@almedina.net
DESIGN DE CAPA
FBA.
PRÉ-IMPRESSÃO,
EDIÇÕES ALMEDINA, S.A.
IMPRESSÃO E ACABAMENTO
PAPELMUNDE, SMG, LDA.
V. N. de Famalicão

Outubro, 2011
DEPÓSITO LEGAL
335034/11

ALMEDINA | GRUPOALMEDINA

BIBLIOTECA NACIONAL DE PORTUGAL – CATALOGAÇÃO NA PUBLICAÇÃO

AMARAL, Jorge Augusto Pais do

Direito processual civil. – 10ª ed. – (Manuais universitários)
ISBN 978-972-40-4667-9

CDU 347
378

À minha mulher, aos meus filhos e aos meus netos

"Quando um homem tem força de vontade, os deuses dão uma ajuda"

ÉSQUILO

PREFÁCIO À 10ª EDIÇÃO

Este livro pode ser considerado um produto resultante do trabalho do seu autor como magistrado judicial e como docente. Durante mais de 30 anos desenvolveu a sua actividade jurisdicional em diversos Tribunais e, cumulativamente, por um período de 10 anos, leccionou a cadeira de Processo Civil na Universidade Autónoma de Lisboa. Esta dupla actividade foi de grande importância para compreender quais os temas que, no domínio do Processo Civil, maior interesse têm para quem advoga e para aqueles que, numa fase anterior, têm de se preparar para obter a licenciatura que a tal os habilite.

Assim, o livro esteve sempre voltado para a preparação e estudo das questões que nos tribunais se discutem quotidianamente. Se, na sua origem, teve em vista a preparação dos alunos, cedo se revelou também proveitoso para um grande número de juristas, a avaliar pelo bom acolhimento que recebeu, evidenciado na necessidade de publicação de frequentes edições. Tem sido acarinhado não só pelos alunos das diversas Universidades do País como também tem merecido o julgamento favorável de muitos juristas.

Esta procura do livro fez com que maior esforço tivéssemos desenvolvido no sentido de o tornar mais apto ao tratamento de um número cada vez maior de questões úteis para os destinatários, ou seja, para quem tem de enfrentar a barra dos tribunais. Concomitantemente foi nossa preocupação melhorar sempre a explanação dos temas particularmente difíceis. Enfim, cada edição tem sido sempre diferente da anterior, sendo-lhe acrescentado o produto de pesquisas e de estudo, além das actualizações impostas pelas alterações legislativas.

Particularmente nesta edição houve ainda a preocupação de tratar com algum desenvolvimento o Regime Processual Experimental aprovado pelo Decreto-Lei nº 108/2006, de 8 de Junho - que visa tornar mais simples e flexível o regime processual civil - não só porque o seu âmbito de aplicação tem vindo a aumentar, sendo já aplicável num crescente número de tribunais, mas também por nos parecer que existe um certo propósito de vir a introduzir algumas das suas normas no próprio Código de Processo Civil.

Lisboa, Setembro de 2011

PAIS DE AMARAL

PREFÁCIO À 1ª EDIÇÃO

O conteúdo deste livro é o das aulas ministradas pelo autor, como regente da cadeira de Processo Civil I, na Universidade Autónoma de Lisboa, durante o ano lectivo de 1998-1999.

Constitui seu objectivo primordial proporcionar aos alunos uma melhor preparação, poupando-lhes o esforço de procurarem obter a reprodução das prelecções, quantas vezes de forma truncada ou menos correcta.

Foi preocupação do autor escolher uma orientação pragmática — com a finalidade de preparar minimamente para as tarefas que no quotidiano a vida os obriga a enfrentar — e utilizar uma simples e despretensiosa linguagem, sem menosprezar a sua exactidão.

O livro, tendo um carácter essencialmente didáctico, foca as questões consideradas essenciais, embora estas não sejam tratadas com grande desenvolvimento, como se compreende. Para aprofundar os conhecimentos aqui versados, poderão ser consultadas diversas obras de Autores consagrados, alguns deles mencionados na exposição das matérias.

Lisboa, Setembro de 1999

Pais de Amaral

CAPÍTULO I
Conceito, Natureza e Importância do Processo Civil. Noções Gerais.

1 - Noção de processo civil

A) - Seu significado

A palavra processo significa a realização contínua e prolongada de uma actividade. Traduz uma sequência contínua de factos ou operações. Significa um certo andamento ou desenvolvimento.

O processo de que nos ocuparemos é, em sentido geral, um conjunto de actos que conduzem a um determinado resultado.

Etimologicamente, a palavra processo deriva de *pro* + *cedere*, que significa avançar para.

No sentido jurídico, que é o que nos interessa, o processo é uma sequência de actos destinados à justa composição, por um órgão imparcial de autoridade (o tribunal), de um litígio, ou seja, de um conflito de interesses. É, por outras palavras, um conjunto de peças apresentadas por uma e outra parte para servir à instrução e julgamento de uma questão. O resultado para que tende a actividade processual constitui a decisão, a sentença.

Quando o conflito a decidir diz respeito a interesses privados ou particulares, estamos no domínio do processo civil.

A sentença que vier a ser proferida resulta da aplicação de normas do *direito civil* (e não de processo civil) aos factos provados. São as normas de *direito civil* que regulam as relações jurídicas entre os particulares ou entre os particulares e o Estado quando despido da sua função de soberania. Estas normas, em regra, atribuem um *direito* subjectivo a uma das partes, impondo o *dever* jurídico correlativo à outra parte. É o que acontece, por exemplo, nas relações obrigacionais em que ao *direito* subjectivo do credor ao recebimento duma determinada importância corresponde o *dever* jurídico do devedor de lhe entregar essa mesma importância.

É ainda o que se verifica no domínio dos direitos reais[1]. Ao *direito* de fruir determinados bens, atribuído a um sujeito, corresponde o *dever* geral (*erga omnes*) de abstenção que recai sobre todas as outras pessoas.

B) - Integração do direito

Se todas as pessoas cumprissem os seus deveres jurídicos e respeitassem os correspondentes direitos das outras, isto é, se o comportamento de todos estivesse em conformidade com o que prescreve o ordenamento jurídico, não chegaria a desencadear-se qualquer conflito de interesses.

O conflito de interesses só surge a partir do momento em que as normas jurídicas não são respeitadas, ou seja, nos casos em que o devedor não satisfaz a prestação devida ao credor ou em que uma pessoa se apropria ou danifica a coisa de outrem. Estas atitudes de desrespeito ou violação dos direitos de outrem desencadeiam a necessidade de proceder à reintegração do direito violado. É no domínio do direito civil (direito substantivo) que teremos de procurar essa reintegração. Por outras palavras, se o devedor não cumpre, em tempo devido, a prestação a que estava adstrito ou um terceiro se apropria de bens que lhe não pertencem, é pela aplicação das normas do direito civil que será solucionado o conflito gerado entre o titular do direito e aquele que o violou.

Nos sistemas primitivos, um dos modos de conseguir fazer respeitar as normas jurídicas que foram violadas consistia no *emprego da força* por parte do titular do direito subjectivo. Actualmente a forma usualmente seguida para repor a situação tutelada pelo direito civil é alcançada recorrendo aos *tribunais,* aos quais se solicita que ditem o direito aplicável ao caso concreto.

O primeiro dos referidos modos, isto é, o emprego da força constitui a *autodefesa* ou *acção directa,* muito usado em tempos recuados. Como facilmente se compreende, este modo de actuar é absolutamente inadequado às exigências sociais hodiernas. Em vez de resolver os conflitos de interesses, constituiria uma fonte geradora de outros conflitos, devido aos excessos e injustiças a que

[1] Direitos reais são os que dizem respeito às coisas (*res*, em latim, significa coisa)

daria lugar. Se fosse permitido aos particulares defenderem o seu direito recorrendo à própria força, sempre que quisessem, isso viria a contribuir necessariamente para criar o caos na sociedade onde tal fosse consentido.

Por estas razões, o artº 1º do Código de Processo Civil[2] proíbe *a autodefesa* determinando que a ninguém é lícito o recurso à força com o fim de realizar ou assegurar o próprio direito, salvo nos casos e dentro dos limites declarados na lei.

C) - Autodefesa ou acção directa

Como resulta do próprio preceito, a proibição da autodefesa comporta excepções, o que significa que a acção directa é admitida em alguns casos.

Um dos casos em que é admitida a *acção directa* está previsto no artº 336º do Código Civil nos termos seguintes:

1 - É lícito o recurso à força com o fim de realizar ou assegurar o próprio direito, quando a acção directa for indispensável, pela impossibilidade de recorrer em tempo útil aos meios coercivos normais, para evitar a inutilização prática desse direito, contanto que o agente não exceda o que for necessário para evitar o prejuízo.

2 - A acção directa pode consistir na apropriação, destruição ou deterioração de uma coisa, na eliminação da resistência irregularmente oposta ao exercício do direito, ou noutro acto análogo.

3 - A acção directa não é lícita, quando sacrifique interesses superiores aos que o agente visa realizar ou assegurar.

Conforme ressalta desta disposição legal, a acção directa é admitida em condições muito restritas, exigindo-se a verificação de certos requisitos:

a) - existência de um direito próprio;

b) - impossibilidade de recorrer em tempo útil aos meios coercivos normais;

c) - que seja indispensável o recurso à força para evitar a inutilização prática do direito;

d) - que o agente não exceda o que for necessário para evitar o prejuízo;

e) - que a acção directa não sacrifique interesses superiores aos que o agente visa realizar ou assegurar.

A acção directa só pode, pois, ser utilizada dentro destes apertados limites e tomando o agente as precauções que se impõem. Tem de considerar-

[2] Pertencerão ao Código de Processo Civil todos artigos sem indicação da sua proveniência.

-se indispensável, ou seja, tem de verificar-se a impossibilidade de recorrer, em tempo útil, aos meios coercitivos normais. Tanto pode consistir na apropriação de uma coisa (que outro pretendia, de modo ilegítimo, destruir ou ocultar) como destruir ou deteriorar a coisa (que outro se dispunha a utilizar para fins considerados ilícitos). Pode igualmente ser utilizada para eliminar a resistência ao exercício de um direito.

Porém, o agente não fica dispensado de regularizar a situação, recorrendo aos referidos meios coercitivos normais, logo que tal se torne possível.

Sendo respeitados os requisitos apontados, a acção directa não dá lugar à indemnização pelos danos causados.

Várias normas do Código Civil se referem à admissibilidade da acção directa. Podemos apontar, nomeadamente, as que se referem aos seguintes casos: o possuidor que for perturbado ou esbulhado pode manter-se ou restituir-se por sua própria força e autoridade - artº 1277º; idêntica actuação é permitida ao locatário que for privado da sua coisa ou perturbado no exercício dos seus direitos, mesmo contra o locador – artº 1037º, nº 2; é igualmente permitido reagir desse modo ao parceiro pensador - artº 1125º, nº 2; ao comodatário, mesmo contra o comodante - artº 1133º, nº 2; ao depositário, mesmo contra o depositante - artº 1188, nº 2.

Para além dos referidos casos específicos, a acção directa é admitida para defesa da propriedade, nos termos do disposto no artº 1314º do Código Civil, que remete para o mencionado artº 336º do mesmo diploma.

Como se disse, os casos em que é permitida a acção directa constituem meras excepções ao princípio enunciado no artº 1º, pois é geralmente vedado aos particulares o recurso à força própria, cabendo ao Estado a resolução dos litígios. Trata-se da sua função jurisdicional.

D) - Função jurisdicional do Estado

O Estado obriga-se, através de órgãos próprios - os tribunais - a conceder ao titular do direito violado a reintegração efectiva do seu direito.

Os tribunais judiciais são órgãos de soberania com competência para administrar a justiça em nome do povo, conforme determina o artº 2º da Lei nº 52/2008, de 28/8.[3] No mesmo sentido dispõe ainda o artº 202º, nº1 da Constituição da República Portuguesa.

[3] A Lei de Organização e Funcionamento dos Tribunais Judiciais aprovada pela Lei nº 52/2008, de 28 de Agosto, na sua versão actualizada, dispõe no nº 1 do seu artº 171º que a mesma se aplicará, a

As decisões dos tribunais judiciais são obrigatórias para todas as entidades públicas e privadas e prevalecem sobre as de quaisquer outras autoridades - artº 9º, nº 1 da Lei nº 52/2008, de 28/8. Cfr. igualmente o artº 205º, nº 2 da Constituição da República Portuguesa.

E) - Garantia do acesso aos tribunais

O artº 2º, nº 2 dispõe que a todo o direito, excepto quando a lei determine o contrário, corresponde a acção adequada a fazê-lo reconhecer em juízo...

Não basta, porém, que a lei atribua aos interessados a possibilidade de obterem a composição do litígio propondo a acção adequada no tribunal competente.

Como é do conhecimento geral, nem sempre as pessoas dispõem dos meios financeiros que lhes permitam suportar as custas da acção ou os honorários do advogado.

Para tornar efectiva a garantia do acesso à via judiciária torna-se, por isso, imprescindível a eliminação de tais obstáculos de ordem económica. Com essa finalidade foi publicada a lei que regula o acesso ao direito e aos tribunais por forma a possibilitar a consulta jurídica e o apoio judiciário a favor de quem se encontre na situação de insuficiência económica. Trata-se da Lei nº 34/2004, de 29 de Julho, que foi alterada pela Lei nº 47/2007, de 28 de Agosto.[4]

F) - Iniciativa da acção

Embora seja o Estado, por meio dos tribunais, a proferir a decisão sobre o direito que é objecto de litígio entre os particulares, é a estes que cabe a iniciativa de pôr em funcionamento a máquina jurisdicional.

A este respeito dispõe o artº 3º, nº 1 que o tribunal não pode resolver o conflito de interesses que a acção pressupõe sem que a resolução lhe seja pedida por uma das partes...

título experimental, até 31 de Agosto de 2010, às comarcas Alentejo Litoral, Baixo- Vouga e Grande Lisboa Noroeste, funcionando em regime de comarcas piloto.
No nº1 do artigo seguinte previa-se que, seis meses antes do termo do período experimental, seria elaborado um relatório de avaliação do impacto da aplicação da lei às comarcas piloto.
Actualmente, o nº 3 do artº 187º dispõe do modo seguinte:
A partir de 1 de Setembro de 2010, a presente lei aplicar-se-á às comarcas piloto e, tendo em conta a avaliação referida no artº 172º, aplica-se ao território nacional de forma faseada, devendo o processo estar concluído a 1 de Setembro de 2014.

[4] V., adiante, nº 26.

Esse pedido é formulado no momento em que a acção é proposta, ou seja, é formulado na petição inicial. Em suma, quando uma pessoa considera que o seu direito foi violado por outrem, desencadeia a actividade do tribunal para que seja proferida a decisão que venha a solucionar o conflito.

A actividade do tribunal não se desenvolverá, porém, de uma forma arbitrária ou improvisada. Pelo contrário, seguirá os trâmites ditados pelas normas processuais.

O conjunto destas normas constitui o direito processual civil (direito adjectivo), que passaremos a estudar.

2 - Caracteres do direito processual civil

A) - É um direito instrumental ou adjectivo

As suas normas contêm os *trâmites*, isto é, traçam o caminho que deve ser percorrido até se alcançar a resolução do conflito. Mas a resolução é obtida pela aplicação das regras que ditam o direito, as normas de direito civil (direito substantivo) ao ser proferida a decisão pelo tribunal. Quer dizer, são as normas contidas no *Código de Processo Civil* (direito *adjectivo*) que regulam todo o percurso da acção até ser proferida a sentença, mas esta, ao determinar o direito, aplica normas do *Código Civil* (direito *substantivo*).

O processo civil é, portanto, um *instrumento* ao serviço da solução do conflito de interesses.

O *direito civil* enuncia, de forma genérica e abstracta, as normas que regulam a atribuição de direitos e a correlativa imposição de deveres, no âmbito das relações entre as pessoas. Se os direitos vierem a ser violados e houver necessidade de recorrer aos tribunais para proferir a decisão no caso concreto, o processo seguirá os *trâmites* ditados pelo *direito processual civil*, mas ao proferir a sentença serão aplicadas normas do *direito civil.*

Em suma, a acção, cujos trâmites são os constantes do Código de Processo Civil, destina-se à realização efectiva do direito substantivo contido no Código Civil. Se o que se discute na acção é a titularidade de um determinado bem, a sentença que dita o direito, ou seja, que diz a quem pertence esse mesmo bem, é fundamentada no direito substantivo. O direito processual apenas indicou os meios para obter a decisão naquele caso.

Sendo certo que o direito processual não regula os conflitos substanciais de interesses suscitados entre os particulares, desde já podemos adiantar mais uma característica das suas normas. As normas de processo civil são, de um modo geral, *de aplicação imediata,* ou seja, de um modo geral, a lei nova aplica-se a todos os actos que vierem a praticar-se após a sua entrada em vigor, nas acções pendentes. A aplicação imediata deve-se ao facto de as respectivas leis não atribuírem nem retirarem direitos. Por isso, a aplicação imediata não prejudica nenhuma das partes, nem frustra quaisquer expectativas. Usando uma expressão latina comummente utilizada, pode dizer-se: *tempus regit actum.*

B) - É uma norma de direito público

É uma norma de direito público, porque regula o exercício de uma função do Estado, representado pelos tribunais, que são órgãos de soberania. Ao exercer a *função jurisdicional,* o Estado não se encontra no mesmo plano em que se colocam as partes. Na relação que se estabelece entre o Estado e as partes estas aparecem numa posição de subordinação, encontrando-se o Estado revestido do seu *ius imperii.*

É esta relação de subordinação que explica a força vinculativa de que gozam as decisões judiciais.

Para quem adopte como critério de distinção entre o direito público e o direito privado a natureza dos interesses tutelados[5], poderá dizer-se que o direito processual civil serve um interesse público, ao impedir o recurso à justiça privada e ao assegurar, por meio da justiça pública, a paz social e a segurança dos bens. Quer dizer, quando surge um conflito que se torna necessário dirimir, não se confrontam apenas os interesses das partes, mas também o interesse público que diz respeito à paz social.

3 - Importância do direito processual civil

Constituindo a acção o meio próprio para se alcançar a tutela adequada aos direitos previstos na lei substantiva, é evidente que o deficiente conhecimento das normas processuais pode comprometer o êxito da pretensão deduzida por quem propõe uma acção.

Anteriormente ao Código de 1876 era atribuída uma excessiva relevância ao formalismo processual.

Nas diversas reformas que têm sido operadas no processo civil tem-se, cada vez mais, procurado assegurar a prevalência da justiça material sobre a justiça formal, tornando, deste modo, menos gravosas as consequência derivadas do conhecimento defeituoso do direito processual.

[5] Antunes Varela, J. Miguel Bezerra e Sampaio e Nora, Manual de Processo Civil, pág. 9.

Na grande reforma operada pelos Decretos-lei nºs 329-A/95, de 12/12, e 180/96, de 25/9, esse mesmo objectivo está patente na referência contida na parte preambular do primeiro destes diplomas: a eliminação de todos os obstáculos injustificados à obtenção de uma decisão de mérito, que opere a justa e definitiva composição do litígio, privilegiando-se assim claramente a decisão de fundo sobre a mera decisão de forma - cfr. artº 508º, nº 1, alínea b).

Não existe, porém, sistema algum em que seja possível eliminar de forma absoluta, essas mesmas consequências. É o que acontece com o ónus de alegar - artºs 685-A e 291º, nº 2 - e o ónus de impugnação - artº 490º. Também se a parte deixar passar o prazo de apresentação do articulado, sujeita-se a ver soçobrar a sua pretensão – cfr., entre outros, artºs 486º e 505º.

A importância do conhecimento das normas de direito processual civil evidencia-se ainda em muitas outras circunstâncias. Referiremos, a título de exemplo, que a parte vencedora pode ser condenada a suportar o pagamento das custas relativamente aos actos e incidentes supérfluos a que deu azo - cfr. artº 448º.

4 - Espécies de acções

A) - Distinção entre acções declarativas e acções executivas

Nos termos do disposto no artº 4º, as acções são declarativas ou executivas, consoante o seu fim.

Nas acções *declarativas* o autor procura que o tribunal *declare* a solução para um determinado caso. O tribunal proferirá uma decisão, com fundamento no direito civil, em que *declara*, naquele caso concreto, a existência ou inexistência do direito invocado, ou de certo facto.

Francisco considera-se proprietário de um determinado imóvel por este lhe ter sido vendido por António. Por sua vez, Gonçalo diz-se proprietário do mesmo imóvel alegando que o comprou ao mesmo António. Na acção que o Francisco propõe pede que o tribunal declare que é ele o proprietário do imóvel em questão.

As acções *executivas* têm por finalidade a *realização coerciva* das providências destinadas à efectiva reparação do direito violado.

Nos temos do artº 817º do Código Civil, não sendo a obrigação voluntariamente cumprida, tem o credor o direito de exigir judicialmente o seu cumprimento e de executar o património do devedor. Através da penhora dos bens do devedor – artº 821º e seguintes - e da respectiva venda será realizada a importância com que o credor virá a ser pago.

A distinção entre acções declarativas e acções executivas equivale à diferença entre o simples *declarar* e *executar*, entre o *dizer* e o *fazer*. No processo declarativo é *declarada* a vontade concreta da lei, visando o executivo a *execução* dessa vontade.

B) - Acções declarativas

Conforme resulta do nº 2 do mesmo artº 4º, as acções declarativas podem ser:

1) *de simples apreciação;*
2) *de condenação;*
3) ou *constitutivas.*

1) As acções de *simples apreciação* visam obter *unicamente* a declaração da existência ou inexistência de um direito ou de um facto – artº 4º, nº2, alínea a). O autor com isso se satisfaz. A acção foi proposta para pôr termo a uma situação de incerteza. Porém, esta incerteza tem de ser objectiva, não bastando a simples dúvida existente na cabeça do autor. A dúvida tem de projectar-se no exercício normal dos seus direitos.

Aliás, em todas as *acções declarativas* se procura obter a referida *declaração* do direito. Porém, nas acções de *simples apreciação*, o autor contenta-se com ela. Fica por aí. Não pretende que o tribunal vá além dessa declaração. Por isso se emprega o advérbio *unicamente.*

Como facilmente se compreende, a decisão não é exequível. Na verdade, nada há que possa ser executado.

As *acções de simples apreciação* constituem um meio de prevenir litígios, desempenhando assim uma função preventiva.

Este tipo de acção declarativa só recentemente foi admitido. O processo romano apenas tinha uma finalidade, que era a condenação. A simples declaração do direito como forma autónoma da actividade judicial era então desconhecida.[6]

As acções de *simples apreciação* podem ser *positivas* ou *negativas.*

São *positivas* quando o autor pretende que o tribunal declare a existência de um direito ou de um facto.

Pelo contrário, são *negativas* quando o autor requer que seja declarado que o direito não existe ou que determinado facto não ocorreu.

[6] Cfr. Castro Mendes, Direito Processual Civil, vol. I, pág. 109.

Pelas acções de *simples apreciação negativa* pretende-se obter a declaração de inexistência de um direito de outrem com a finalidade de pôr termo a uma situação de incerteza capaz de causar grave insatisfação ou dano apreciável ao autor. Como se compreende, neste caso, não é o autor que se arroga determinado direito, mas sim o réu. Por isso, não admira que seja a este que a lei impõe o ónus da prova da existência do direito que se arroga – artº 343º, nº 1 do Código Civil.

Como exemplo de acção de *simples apreciação*, pode referir-se a acção destinada a declarar a *existência (positiva)* ou *inexistência (negativa)* de uma servidão de passagem.

2) Acções de condenação

Diferentemente, quando o autor propõe uma acção de *condenação* pretende não só que seja declarado o seu direito, que está a ser violado pelo réu, mas também que este seja *condenado* à reintegração desse mesmo direito, quer através da realização de uma determinada prestação, quer por meio de uma atitude de abstenção ou omissão – artº 4º, nº 2, alínea b).

A sentença de condenação pressupõe, como é evidente, uma prévia *declaração* da existência do direito, como sempre se verifica. Mas o tribunal não se fica por aqui - como acontece nas acções *de simples apreciação* - pois emite ainda uma ordem destinada a reintegrar o direito violado.

O autor pretende mais do que a *declaração* do seu direito e, por isso, pede também a *condenação* do réu.

Referir-se-á, a título de exemplo, o caso, muito vulgar, de incumprimento de uma obrigação. O credor pretende que o tribunal, depois de declarar a existência do seu direito e o respectivo incumprimento, condene o réu à realização da prestação devida e à indemnização pelos danos causados pelo não cumprimento.

Esta decisão é, em princípio, exequível. Se a decisão não for cumprida, isto é, se o réu não deu cumprimento à condenação expressa na sentença, o autor passa a dispor de um título executivo (a sentença condenatória – artº 46º) para poder propor a acção executiva.

3) Acções constitutivas

Nas acções *constitutivas* o autor pretende obter, através do tribunal, um efeito jurídico novo que vai alterar a esfera jurídica do réu, independentemente da sua vontade. Este efeito depende da decisão do tribunal, desde que estejam verificados os pressupostos que o condicionam – artº 4º, nº 2, alínea c).

Perante o pedido formulado pelo autor, o tribunal, ao proferir a sentença, produz alterações na ordem jurídica, que consistem na constituição, modificação ou extinção de uma relação ou situação jurídica.

O novo efeito jurídico pretendido pelo autor não depende da vontade do réu e, por isso, não é requerida a condenação deste. O efeito apenas depende da decisão do tribunal, que a proferirá desde que estejam verificados os pressupostos, como se disse. O efeito jurídico *nasce* directamente por via da decisão judicial. Por outras palavras, a sentença cria um novo estado jurídico, pela modificação ou extinção do anterior.

As acções *constitutivas* são assim, na grande generalidade dos casos, o meio processual adequado ao exercício de certos direitos potestativos.

O *direito potestativo* é o poder conferido a uma pessoa de introduzir uma alteração na esfera jurídica de outras pessoas - criando, modificando ou extinguindo direitos - sem a cooperação destas.

Vários exemplos de acções constitutivas podem ser apontados: a *acção de divórcio* (ou *de separação judicial de pessoas e bens*) através da qual o autor pede a *extinção* da relação matrimonial (ou a sua *modificação*, quando a acção é a de separação de pessoas e bens). O tribunal, verificados os respectivos pressupostos, determina essa *extinção* (ou *modificação*) da relação matrimonial - cfr. artºs 1781º e 1794º, ambos do Código Civil.

É também constitutiva a acção de *investigação de paternidade* ou *maternidade*, pois visa a criação de uma nova relação ou situação jurídica.

É ainda o caso da acção em que o pedido de servidão de passagem é formulado pelo dono de um prédio encravado - artº 1550º do Código Civil.

É igualmente o caso da acção de *impugnação pauliana*. Neste caso, o autor, titular do direito potestativo, não é sujeito da relação jurídica material controvertida - artºs 610º e 616º, nº 4 do C. Civil.

Em todas estas acções o autor não pede a realização de qualquer prestação, mas apenas a produção de certos efeitos jurídicos que não exigem o concurso da vontade do réu (a prestação), como na generalidade das acções de condenação.

Em suma, todas as acções visam o *reconhecimento da existência ou inexistência de um direito*. É no que vem a seguir a esse reconhecimento (ou não reconhecimento) do direito, comum em princípio a todas elas, que reside o traço diferenciador.

Se, além do *reconhecimento da existência do seu direito*, o autor requer que se ordene ao réu *a realização de uma prestação*, a acção diz-se de *condenação*.

Se, além do *reconhecimento do direito invocado*, o autor pretende a produção de *um certo efeito jurídico*, isto é, a *constituição de uma nova relação*, a *modificação* ou *extinção de uma relação anterior*, a acção é *constitutiva*.

Se o autor, após o *reconhecimento da existência (ou não existência) do direito*, não pretende mais do que a declaração formal dessa existência ou inexistência do direito, a acção é *de simples apreciação*.[7]

C) - Acções executivas

Nos termos do disposto no artº 4º, nº 3, dizem-se acções executivas aquelas em que o autor (exequente) requer as providências adequadas à reparação efectiva do direito violado.

Nas acções executivas é invocada a falta de cumprimento de uma obrigação constante de documento, que constitui o título executivo. O exequente requer a reintegração do direito violado ou a aplicação de sanções pela violação.

As espécies de títulos executivos constam das várias alíneas do artº 46º. O título executivo primeiramente enunciado é a *sentença condenatória*, mas abarca também diversos outros *documentos*. Por sua vez o artº 48º equipara às sentenças, sob o ponto de vista da força executiva, os *despachos* e quaisquer outras *decisões* ou actos da autoridade judicial que condenem no cumprimento de uma obrigação.

Sentença *condenatória* é a que *condena* no cumprimento de qualquer obrigação. Mas nem só as sentenças condenatórias constituem títulos executivos, pois também o são os *despachos* e outras *decisões* que condenem em multa ou no pagamento de custas, por exemplo.

Para ser exequível, a sentença, além de ser condenatória, deve já ter transitado em julgado – cfr. Artº 677º - salvo se o recurso contra ela interposto tiver efeito meramente devolutivo – artº 47º. Neste caso, a execução que tem por base a sentença condenatória acompanhará as eventuais modificações por esta sofridas em consequência do recurso. Deve ter-se em atenção o que dispõem actualmente os artºs 47º, nº 4 e 675º-A.

Em conformidade com a natureza da obrigação violada, a execução pode ser para *pagamento de quantia certa* - artºs 810º e segs. - *para entrega de coisa certa* - artºs 928º e segs. - e *para prestação de facto* - artºs 933º e segs.

[7] Cfr. Antunes Varela, J. Miguel Bezerra e Sampaio e Nora, ob. cit., pág. 21 e seg.

5 - Procedimentos cautelares

A) - Razão da sua existência

O artº 2º, nº 2, garantindo o direito de acesso aos tribunais, atribui ao titular de um direito a possibilidade de propor a acção adequada a fazê-lo reconhecer em juízo e a prevenir ou reparar a sua violação. Porém, a acção demora um período de tempo mais ou menos longo, mesmo que todos os prazos sejam respeitados. Esse tempo de demora é susceptível de acarretar consequências tais que a decisão que vier a ser proferida já não tenha qualquer efeito útil.

Dito de outro modo, o reconhecimento da existência de um direito pode demorar tanto tempo que a decisão, quando proferida, acaba por perder o efeito prático, tornando-se meramente platónica. Por isso, a parte final do nº 2 do artº 2º prevê, para além das acções, "os procedimentos necessários para acautelar o efeito útil da acção". São os procedimentos cautelares a que aludem os artºs 381º e seguintes.

Com os procedimentos cautelares tem-se em vista a emanação duma providência *provisória* ou *interina*, destinada a durar somente enquanto não seja proferida decisão definitiva na acção principal já proposta ou a propor posteriormente.

Em suma, a *demora* do julgamento final e definitivo na acção é, dentro de limites razoáveis, um facto normal impossível de remover. Mas essa *demora* pode, em certas circunstâncias, criar um estado de *perigo (periculum in mora)*, porque pode expor o titular do direito a danos irreparáveis; pode, na verdade, suceder que até à altura da emanação da decisão final se produzam ocorrências graves, susceptíveis de comprometer a utilidade e a eficácia da sentença.[8]

Adelino da Palma Carlos definiu o procedimento cautelar do modo seguinte: o processo cautelar é o que se destina a evitar um prejuízo grave (*periculum in mora*), que ameaça um direito subjectivo; prejuízo tão iminente que não pode esperar pela solução final de uma acção declarativa ou executiva (acção principal) instaurada ou a instaurar em curto prazo, e que exige a adopção de medidas urgentes, depois de um breve exame e instrução da causa (*summaria cognitio*), durante o qual o juiz tem de convencer-se apenas da probabilidade ou verosimilhança da existência do direito (*fumus boni juris*) e do perigo invocados.[9]

[8] Cfr. Alberto dos Reis, ob. cit., vol. I, pág. 623 e seg.

[9] Cfr. B.M.J. 102, 14.

Em certos casos, a providência cautelar visa garantir um direito. É o que acontece quando o devedor está a dissipar os seus bens e, por isso, se torna necessário pôr fim a essa situação para que o credor não veja como inútil a sentença condenatória que lhe for favorável, por nessa altura já se encontrar exaurido o património do devedor.

Noutros casos, procura-se uma decisão provisória rápida, antes da decisão definitiva, por ser o único meio de evitar certo perigo. É o que se verifica com a atribuição de alimentos provisórios, pois se o requerente tivesse de esperar pela decisão dos alimentos definitivos, morreria de fome antes de a ver proferida.

Através dos procedimentos cautelares pretende-se evitar o denominado *periculum in mora,* ou seja, o prejuízo da demora inevitável da acção principal, decretando uma providência provisória que durará apenas enquanto não for proferida decisão definitiva na acção principal. A providência cautelar decretada tem, portanto, uma duração temporalmente limitada que vai apenas até ao momento em que é proferida decisão na acção principal.

B) - Classificação quanto à sua finalidade

De um modo geral, os procedimentos cautelares "ou visam assegurar os resultados da acção, mantendo o *status quo* para que ele se não altere em condições tais que não seja susceptível de reintegração, ou antecipando a realização do direito que venha, eventualmente, a ser reconhecido, dada a urgência na efectivação".[10]

Conforme resulta do artº 381º, nº 1, pode ser requerida a providência conservatória ou antecipatória concretamente adequada a assegurar a efectividade do direito ameaçado. Podemos, portanto, concluir que o preceito qualifica as providências cautelares, quanto à sua finalidade, em *conservatórias* e *antecipatórias.*

As providências *conservatórias* visam manter a situação de facto anterior por forma a prevenir uma alteração que se antevê como prejudicial. Assim, são conservatórias o *arresto,* o *arrolamento,* o *embargo de obra nova* e a *suspensão das deliberações sociais.* Todas elas têm por finalidade manter a situação existente por forma a que o direito do requerente *conserve* a susceptibilidade de reintegração.

As providências *antecipatórias,* como o próprio nome sugere, visam obstar a que se verifiquem prejuízos ocasionados pela demora da decisão definitiva, constituindo uma *antecipação* provisória dos efeitos dessa decisão. Estão neste

[10] Anselmo de Castro, Lições de Processo Civil, I, 229.

caso os *alimentos provisórios*, o *arbitramento de reparação provisória* e a *restituição provisória da posse*.

C) - Providências cautelares especificadas e não especificadas

Vários procedimentos cautelares encontram-se *especificados*, ou seja, indicados no Código de Processo Civil. São os seguintes: *restituição provisória de posse* - artºs 393º a 395º; *suspensão de deliberações sociais* - artºs 396º a 398º; *alimentos provisórios* - artºs 399º a 402º; *arbitramento de reparação provisória* - artºs 403º a 405º; *arresto* - artºs 406º a 411º; *embargo de obra nova* - artºs 412º a 414º e 418º a 420º; *arrolamento* - artºs 421º a 427º.

Porém, como facilmente se compreende, os procedimentos cautelares *especificados* ou *nominados* não contemplam todas as situações possíveis. Por isso, para acautelar um risco de lesão não especialmente prevenido naquelas disposições legais, pode ser requerida uma providência cautelar *comum* (não especificada) que seja adequada à situação concreta.

Por outras palavras: a lei define várias providências cautelares específicas, mas, na impossibilidade de prever todas as situações que as possam desencadear, admite a possibilidade de ser requerida uma providência cautelar diferente das previstas no Código, uma providência cautelar *comum*.

Como se compreende, a providência cautelar *comum* só poderá ser requerida quando a situação não for susceptível de ser acautelada por alguma das providências que se encontram *tipificadas* na lei – artº 381º, nº 3. Quer dizer, só poderá lançar-se mão de providência cautelar *comum* se não houver providência *especificada* (*nominada*) que seja adequada à situação concreta.

Nos termos do que dispõe o nº 1 do artº 381º, a providência cautelar *comum* (*inominada*, isto é, não prevista no Código)) pode ser decretada se, além de existir a aparência do direito, haja fundado receio de que outrem cause lesão grave e dificilmente reparável a esse direito (cfr. ainda o artº 387º, nº 1). Impõe-se, porém, ao juiz que se recuse a decretar a providência quando o prejuízo dela resultante para o requerido exceda consideravelmente o dano que com ela o requerente pretende evitar – artº 387º, nº 2.

Em suma, para que possa ser decretada uma providência cautelar *não especificada* devem encontrar-se preenchidos os seguintes pressupostos:

1) probabilidade séria da existência do direito;
2) fundado receio da sua lesão;
3) falta de providência cautelar especificada que previna o caso concreto;
4) que o prejuízo resultante da providência não exceda o valor do dano que com ela se pretende evitar.

D) - Procedimentos cautelares previstas em legislação avulsa

Existem ainda os procedimentos cautelares especificados constantes de legislação avulsa com os seguintes objectivos: 1 - apreensão de veículo automóvel; 2 – entrega da coisa objecto de locação financeira; 3 – medidas cautelares em processo de insolvência.

A eles passaremos a fazer uma muito breve referência.

1 – O Decreto-Lei nº 54/75, de 24/2, no seu artº 15º, nº 1, determina que, vencido e não pago o crédito hipotecário ou não cumpridas as obrigações que originaram a reserva de propriedade, o titular dos respectivos registos pode requerer em juízo a apreensão do veículo e do certificado de matrícula.

Seguem-se outras disposições relativas a este procedimento até ao artº 22º.

2 – Também o artº 21º do Decreto-Lei nº 149/95, de 24/7, prevê a providência cautelar de entrega judicial nº artº 21º: se, findo o contrato por resolução ou pelo decurso do prazo sem ter sido exercido o direito de compra, o locatário não proceder à restituição do bem ao locador, pode este, após o pedido de cancelamento do registo de locação financeira, ... requerer ao tribunal providência cautelar consistente na sua entrega imediata ao requerente.

3 – Por sua vez, o Código da Insolvência e da Recuperação de Empresas, aprovado pelo Decreto-Lei nº 53/2004, de 18/3, no artº 31º, sob a epígrafe medidas cautelares, prevê no respectivo nº 1 que, havendo justificado receio da prática de actos de má gestão, o juiz, oficiosamente ou a pedido do requerente, ordena as medidas cautelares que se mostrem necessárias ou convenientes para impedir o agravamento da situação patrimonial do devedor, até que seja proferida sentença.

As medidas cautelares podem designadamente consistir na nomeação de um administrador judicial provisório com poderes exclusivos para a administração do património do devedor ou para assistir o devedor nessa administração – nº 2 do mesmo preceito.

E) - Carácter instrumental

Através da providência cautelar procura-se afastar o *periculum in mora*, defendendo o presumido titular do direito contra os prejuízos que lhe podem advir em consequência da normal demora da decisão definitiva. Quer dizer, ao ser decretada uma providência cautelar, a *decisão é provisória*, pois só poderá durar até ser proferida a *decisão definitiva* na acção principal. Com aquela decisão provisória procura-se garantir a utilidade e a eficácia da decisão definitiva a proferir na acção principal. É com este sentido que se pode falar do carácter *instrumental* da providência cautelar.

"Se faltar o *periculum in mora,* ou seja, se o requerente da providência não se encontrar, pelo menos, na iminência de sofrer qualquer lesão ou dano, falta a necessidade de composição provisória e a providência não pode ser decretada. Quer dizer: esse *periculum* é um elemento constitutivo da providência requerida, pelo que a sua inexistência obsta ao decretamento daquela".[11]

O procedimento cautelar é sempre dependência da acção que tenha por fundamento o direito acautelado e pode ser instaurado como preliminar ou como incidente da acção declarativa ou executiva - artº 383º, nº 1.

A providência requerida deve ter por objecto acautelar o interesse jurídico que se pretende ver reconhecido na acção principal.

Assim, a providência em que se pede a prestação de alimentos provisórios é sempre dependência da acção de alimentos definitivos; a suspensão de deliberações sociais é dependência da acção de anulação da deliberação social.

Se o procedimento cautelar for instaurado como *preliminar,* isso significa que a providência cautelar foi requerida antes de ser proposta a acção principal. Pode, porém, ser a providência requerida já depois de instaurada a acção principal, ou seja, como *incidente.*

E pode ser requerido como *preliminar* ou como *incidente* não só da acção declarativa, mas também da acção executiva.

Na verdade, como justificava o Professor Aberto dos Reis, se as providências cautelares podem funcionar em benefício de um direito *aparente* (no caso da acção declarativa), por maioria de razão podem ser postas ao serviço dum direito *real,* dum direito já reconhecido (no caso da acção executiva).

Quando o procedimento é requerido antes (isto é, como preliminar), o processo será apensado ao da acção principal logo que esta seja proposta. Se a acção vier a correr noutro tribunal para aí é remetido o apenso, ficando o juiz da acção com exclusiva competência para os termos subsequentes à remessa - artº 383º, nº 2. É por isso que a existência do procedimento cautelar instaurado como *preliminar* deve ser referida pelo autor quando propuser a acção principal.

A partir da remessa do procedimento cautelar para ser *apensado* à acção principal, só o juiz desta tem competência para se pronunciar sobre quaisquer questões naquele suscitadas.

Como facilmente se compreende, o procedimento cautelar requerido *preliminarmente* fica sujeito à distribuição e, depois de proposta, também vai à distribuição a acção principal. É pela distribuição que se reparte com igual-

[11] Miguel Teixeira de Sousa, Estudos Sobre o Novo Processo Civil, pág. 232.

dade o serviço do tribunal e se designa a secção e a vara ou juízo em que o processo há-de correr – cfr. artº209º, nº1.

Sendo o procedimento cautelar requerido na pendência da acção principal, como *incidente* desta, não será sujeito à distribuição, pois terá de correr como apenso dessa acção principal – artº 383º, nº 3.

Nem o julgamento da matéria de facto, nem a decisão final proferida no procedimento cautelar, têm qualquer influência no julgamento da acção principal - artº 383º, nº 4.

A circunstância de a decisão proferida no procedimento cautelar não se impor à decisão a proferir na acção respectiva justifica-se pela diferente dignidade e finalidade das duas decisões: enquanto a decisão a proferir na acção visa definir o direito só depois de uma averiguação com respeito pelos princípios e garantias devidos, a decisão proferida no procedimento cautelar, visando acautelar o efeito útil da acção (artº 2º), baseia-se apenas em meros juízos de probabilidade (artº 384º, nº 1).[12]

F) - Carácter provisório

Como já se disse, a providência cautelar "tem feição nitidamente *provisória* ou *interina*".

"A ameaça do *periculum in mora* autoriza o tribunal a apreciar preliminarmente e sumariamente uma relação jurídica substancial que há-de ser objecto de exame mais profundo e demorado".

"A providência cautelar tem uma vida necessariamente limitada: *só dura enquanto não é proferida a decisão final*".[13]

Como resulta de tudo isto, o procedimento cautelar não tem autonomia. Sendo assim, compreende-se que as medidas que tiverem sido adoptadas estejam sujeitas a caducidade se o requerente se mostrar negligente em procurar obter a decisão definitiva através da acção principal. Na verdade, não faria sentido que se obrigasse o requerido a sofrer indefinidamente as consequências de uma decisão que devia ser provisória e que, por isso, foi proferida com base em prova sumária (*summaria cognitio*).

Nos termos do disposto no artº 389º, nº 1, o procedimento cautelar extingue-se e, quando decretada, a providência caduca:

[12] Cfr. Ac. do S.T.J. de 12/6/97, B.M.J. 468, 341.

[13] Alberto dos Reis, ob. cit., vol. I, pág. 626.

a) Se a acção principal não for proposta dentro de 30 dias, contados da data em que tiver sido notificada ao requerente a decisão que tenha ordenado a providência cautelar, sem prejuízo do disposto no nº 2;
b) Se depois de proposta a acção, o processo estiver parado mais de 30 dias, por negligência do requerente;
c) Se a acção principal vier a ser definitivamente julgada improcedente;
d) Se o réu for absolvido da instância e o requerente não propuser nova acção em tempo de aproveitar os efeitos da proposição anterior (cfr. artº 289º, nº 2);
e) Se o direito que o requerente pretende acautelar se tiver extinguido.

Como já foi referido, a acção de que depende o procedimento cautelar pode ser declarativa ou executiva. Se não for proposta a acção declarativa dentro dos prazos a que alude o preceito, caduca o procedimento, o que não terá qualquer efeito sobre a caducidade da acção.

Como já foi dito, se o requerente não propuser a acção da qual a providência é dependente dentro de 30 dias, a mesma caduca. Porém, se o requerido não tiver sido ouvido antes de ser decretada a providência (o que se pode verificar nos casos previstos nos artºs 385º, nº 1, 394º e 408º, nº 1), o prazo é reduzido a 10 dias. No primeiro caso, o prazo de 30 dias conta-se a partir da data em que foi notificada ao requerente a decisão que ordenou a providência; no segundo caso, o prazo de 10 dias é contado da notificação ao requerente de que foi efectuada ao requerido a notificação do decretamento da providência prevista no nº 6 do artº 385º – v. artº 389º, nº 2.

O arresto é um caso especial . Fica sem efeito não só nas situações previstas no artº 389º, mas também no caso de, obtida na acção de cumprimento sentença com trânsito em julgado, o credor insatisfeito não promover execução dentro dos dois meses subsequentes, ou se, promovida a execução, o processo ficar sem andamento durante mais de 30 dias, por negligência do exequente – artº 410º.

Não é admissível, na dependência da mesma causa, a repetição de providência que haja sido julgada injustificada ou tenha caducado - artº 381º, nº 4.

A improcedência ou a caducidade da providência cautelar obsta somente a que seja requerida providência idêntica. Quer dizer, "a natureza dos procedimentos cautelares não é avessa à figura da excepção do caso julgado".[14]

[14] Cfr. Ac. do S.T.J. de 12/6/97, B.M.J. 468, 335.

Nada impede, porém, que o requerente possa intentar nova providência com o fim de acautelar riscos de lesão diferentes daqueles que invocou na providência frustrada.

Em suma, depois de ter sido julgada improcedente a providência cautelar, é possível requerer providência diferente ou com causa de pedir diferente (os factos que fundamentam o justo receio de lesão podem ser diferentes num outro momento).

G) - Responsabilidade do requerente

Se a providência caducar por facto imputável ao requerente - assim como se a providência for considerada injustificada - responde este pelos danos culposamente causados ao requerido, quando não tenha agido com a prudência normal - artº 390º, nº 1.

Assim, se o requerente não chegar a propor a acção principal ou se, tendo-a proposto, negligenciar o seu andamento, responderá perante o requerido pelos danos que culposamente lhe tiver causado. Responderá ainda se a providência for considerada injustificada por falta do direito acautelado ou por falta de fundamento para ser decretada.

No que toca ao arresto, determina ainda o artº 621º do Código Civil que, se for julgado injustificado ou caducar, o requerente é responsável pelos danos causados ao arrestado, quando não tenha agido com a prudência normal.

Sempre que o juiz o julgue conveniente, pode, mesmo sem audiência do requerido, tornar a concessão da providência dependente da prestação de caução adequada pelo requerente – artº 390º, nº 2.

A responsabilidade do requerente depende de culpa, por ter agido sem a prudência normal – cfr. artº 390º, nº 1. Como é evidente, o requerente não poderá ser responsabilizado pelo facto de o direito por si invocado ter sido entretanto extinto, nos casos previstos da alínea e) do nº 1 do artº 389º.

Diferentemente, no caso dos *alimentos provisórios,* o requerente só responde pelos danos causados se tiver actuado de má fé – artº 402º. Por outro lado, não haverá lugar, em caso algum, à restituição dos alimentos provisórios recebidos – artº 2007º, nº 2 do Código Civil.

H) - Celeridade

Destinando-se a prevenir o perigo da demora inevitável do processamento normal da acção, o procedimento cautelar necessita de ter uma estrutura mais simplificada e mais rápida.

Na apreciação dos requisitos da providência cautelar o juiz não tem a mesma exigência nem quanto à *prova* da existência e da violação do direito do requerente nem quanto à demonstração do *perigo de dano* que o procedimento se propõe evitar. Não podemos esquecer que, neste caso, o tribunal não emite um juízo definitivo, mas apenas um juízo provisório.

Assim, será suficiente para que possa ser decretada a providência cautelar a probabilidade séria da existência do direito (sem necessidade de alcançar um elevado grau de certeza) e que se mostre suficientemente fundado o receio da sua lesão - artºs 384º, nº 1 e 387º, nº 1.

Trata-se de uma apreciação sumária - *summaria cognitio* - da existência do direito, contentando-se o juiz com a aparência desse direito - *fumus boni juris.*

Não se exige a prova completa sobre a existência da situação jurídica que se pretende acautelar. Essa exigência não seria compatível com a celeridade própria da providência cautelar e, além disso, constituiria uma repetição da prova que terá de ser exigida na acção principal.

A indispensável celeridade das providências cautelares conduz a que nunca haja lugar à *citação edital* - artº 385º, nº 4. Segundo este preceito, o juiz deve dispensar a prévia audiência do requerido quando verificar que a *citação pessoal* deste não é viável.

A morosidade das diligências necessárias à confirmação da ausência do requerido em parte incerta iriam pôr em risco a pretenção de urgência e o respeito pelos prazos previstos no artº 382º, nº 2.

A mesma exigência de celeridade dá aos procedimentos cautelares o carácter de *urgentes*, precedendo os respectivos actos qualquer outro serviço judicial não urgente - artº 382º, nº 1. Como consequência desta *urgência*, os respectivos prazos processuais não se suspendem durante as férias judiciais - artº 144º, nº 1 *in fine.*

Tendo ainda em vista esta mesma exigência de celeridade, os procedimentos cautelares devem ser decididos, em 1ª instância, no prazo máximo de 2 meses ou, se o requerido não tiver sido citado, de 15 dias - 382º, nº 2. O requerido não é citado, como já ficou dito, nos casos previstos nos artºs 385º, nº 1, 394º e 408º, nº 1.

I) - Contraditório do requerido

O respeito pelo *princípio do contraditório* (ou da *audiência contraditória*) está previsto no artº 3º, nº1 (*in fine*). Aí se determina que o conflito de interesses que a acção pressupõe não pode ser resolvido sem que o réu ou o requerido seja devidamente chamado a juízo para deduzir oposição. Este princípio, que é considerado a *trave mestra* de todo o sistema não pode ser perdido de vista no desenvolvimento de qualquer actividade processual.

Segundo este princípio, cada uma das partes é chamada a deduzir as suas razões (de facto e de direito), a oferecer as suas provas, a controlar as provas do adversário e a discretear sobre o valor e resultados de umas e outras.[15]

Porém, logo no nº 2 do mesmo artº 3º se prevê a possibilidade de, em casos excepcionais previstos na lei, se poderem tomar providências contra determinada pessoa sem que esta seja *previamente* ouvida.

Estes casos excepcionais podem encontrar-se precisamente nos procedimentos cautelares. A *summaria cognitio* justifica que possam ser decretadas certas providências cautelares sem prévia audição do requerido. Casos existem em que é mesmo proibida a audição do requerido, como acontece na *restituição provisória da posse*, no caso de esbulho violento - artº 394º e também artº 1279º do Código Civil - e do *arresto* - artº 408º, nº 1; noutros é permitido - mas não imposto - que a providência seja decretada sem a audiência do requerido - artº 385º, nº 1.

Nos termos do artº 385º, nº 1, a audiência da parte contrária só será dispensada se essa formalidade puser em risco sério o fim ou a eficácia da providência requerida, o que pressupõe um juízo de probabilidade em concreto por parte do juiz.

Em termos gerais, a dispensa da observância do princípio do contraditório tem, portanto, carácter excepcional, pois só é admitida nos casos em que possa colocar em risco sério o fim ou a eficácia da providência.

As excepções ao princípio do contraditório, nos termos em que são configuradas na lei, devem ser proporcionais aos valores subjacentes às finalidades que pretendem acautelar com a situação de excepção.

Devemos ter em conta, porém, que os casos excepcionais a que alude o nº 2 do artº 3º apenas permitem que a contraparte não seja *previamente* ouvida, o que é bem diferente de não ser ouvida. Na verdade, quando a providência é decretada sem a *prévia* audição do requerido, o princípio do contraditório não será definitivamente postergado, visto que será observado em momento ulterior, dando então oportunidade ao requerido de se defender, impugnando a decisão por meio de *recurso* ou deduzindo *oposição*, como melhor veremos adiante.

Para poder usar de tal faculdade será notificado da decisão que decretou a providência cautelar, aplicando-se a esta notificação o preceituado quanto à citação – artº 385º, nº 6.

[15] Manuel de Andrade, Noções Elementares de Processo Civil, pág. 377.

J) - Processamento

O processo inicia-se, como qualquer outro, por um *requerimento* em que devem ser expostas as razões de facto e de direito, terminando o requerente por formular a sua pretensão.

Nos procedimentos cautelares a citação do requerido depende de prévio despacho judicial, conforme resulta do disposto no artº 234º, nº 4, alínea b).

Ao contactar com o processo logo no início, o juiz tem, portanto, oportunidade de, em vez de ordenar a citação, indeferir liminarmente a petição, quando o pedido seja manifestamente improcedente ou ocorram, de forma evidente, excepções dilatórias insanáveis de que o juiz deva conhecer oficiosamente - artº 234º-A, nº 1.[16]

O indeferimento liminar pode dizer-se que é um julgamento antecipado acerca do mérito. Justifica-se quando "a improcedência da pretensão for tão evidente que se torne inútil qualquer instrução e discussão posterior, isto é, quando o seguimento do processo, *não tenha razão alguma de ser,* seja desperdício manifesto da actividade judicial".[17]

Como já se disse, nunca tem lugar a citação edital. Se não for possível citar o requerido pessoalmente, como acontece no caso de ser desconhecido o seu paradeiro, o juiz deve dispensar a audiência do mesmo artº 385º, nº 4.

A citação é substituída por notificação quando o requerido já tenha sido citado para a causa principal – artº 385º, nº 2, *in fine.*[18]

O tribunal não está adstrito à providência concretamente requerida, sendo aplicável à cumulação de providências cautelares a que caibam formas de procedimento diversas o preceituado nos nºs 2 e 3 do artº 31º - artº 392º, nº 3.

O juiz deve corrigir, mesmo oficiosamente, o erro na forma de processo. Assim, se foi requerido um procedimento cautelar *comum*, deve mandá-lo seguir como procedimento *especificado* quando a situação concreta é subsumível aos respectivos pressupostos e vice-versa.

Por outro lado, dentro dos procedimentos cautelares comuns, pode substituir a medida requerida por outra que considere mais adequada à tutela do direito ameaçado.

O tribunal não está vinculado a decretar a medida cautelar concretamente requerida, podendo antes decretar a providência cautelar que julgue mais adequada ao caso concreto. Trata-se de uma excepção ao *princípio dispositivo*

[16] Sobre o conhecimento das excepções dilatórias v. artº 495º.

[17] Alberto dos Reis, ob. cit., vol. II, pág. 385.

[18] V. os nºs 1 e 2 do artº 228º, onde se estabelece a distinção entre citação e notificação.

consagrado no artº 661º. Para tomar a decisão neste sentido, o tribunal só pode servir-se dos factos articulados pelas partes, embora sem prejuízo da consideração dos factos instrumentais que resultem da instrução e discussão da causa - artº 664º.

Justifica a possibilidade de cumulação de providências prevista na parte final do artº 392º, nº 3 o *princípio da economia processual*. Exige a lei, porém, que aos pedidos não correspondam tramitações processuais manifestamente incompatíveis e que haja interesse relevante na cumulação ou seja indispensável para a justa composição do litígio.

Com a petição, oferecerá o requerente prova sumária do direito ameaçado e justificará o receio da lesão - artº 384º, nº 1.

É subsidiariamente aplicável aos procedimentos cautelares o disposto nos artigos 302º a 304º - artº 384º, nº 3. Assim, com a petição inicial deve o requerente oferecer o rol de testemunhas e requerer os outros meios de prova - artº 303º, nº 1.

O requerente não poderá arrolar mais de oito testemunhas e não poderá produzir mais de três sobre cada facto - artº 304º, nº 1.

Este limite é apenas imposto à parte, o que significa que não está vedado ao tribunal, por sua iniciativa e ultrapassando tal limite, ouvir pessoas não arroladas, nos termos do disposto no artº 645º.

No número das testemunhas produzidas pela parte, ouvidas a cada facto, não se incluirão as que tiverem declarado nada saber acerca desse facto, por analogia com o que dispõe o artº 633º.

Nos casos em que o requerido é ouvido antes de ser proferida a decisão, poderá *contestar*, no prazo de 10 dias, oferecendo logo o rol de testemunhas e requerendo os outros meios de prova, nos termos do já referido artº 303º.

Devem ser gravados os depoimentos quando os procedimentos cautelares admitam recurso ordinário e tal pretensão tenha sido deduzida no requerimento inicial ou na oposição, nos termos do disposto no artº 304º, nºs 3 e 4.

Os depoimentos prestados antecipadamente ou por carta são gravados ou registados - artº 304º, nº 2.

São sempre gravados os depoimentos prestados quando o requerido não haja sido ouvido antes de ordenada a providência cautelar - artº 386º, nº 4.

Finda a produção da prova, o juiz declara quais os factos que julga provados e não provados, analisando criticamente as provas e especificando os fundamentos que foram decisivos para a convicção do julgador - artºs 304º, nº 5 e 653º, nº 2.

Embora o juiz seja livre na apreciação das provas, a lei impõe-lhe que justifique os motivos da sua decisão sobre a matéria de facto, indicando as razões por que declarou provados ou não provados os factos.

A providência cautelar pode ser recusada quando o prejuízo dela resultante para o requerido exceda *consideravelmente* o dano que com ela o requerente pretende evitar - artº 387º, nº 2.

L) - Garantia penal da providência

Incorre na pena do crime de desobediência qualificada todo aquele que infrinja a providência cautelar decretada, sem prejuízo das medidas adequadas à sua execução coerciva – artº 391º.

Considera-se que o juiz, ao decretar a providência cautelar, deu uma ordem ao requerido no sentido de que este deve adoptar um determinado comportamento, que se traduzirá em acção ou omissão.

Por isso, deve o requerido ser notificado pessoalmente com a cominação prevista na lei penal para o caso de desobediência.

Na origem da sanção penal radica a ideia de que, sem ela, por vezes a providência não se mostraria viável, de modo a obstar em tempo útil à lesão que se pretendeu prevenir.

A aplicação da sanção criminal não preclude a possibilidade de serem desencadeadas medidas civis adequadas à realização coerciva da providência.[19]

A providência cautelar que imponha uma obrigação é passível de execução, constituindo título executivo a decisão que a decreta – cfr. artº 46º, nº 1, alínea a).

M) - Impugnação da decisão

Se for proferida decisão no sentido de não decretar a providência cautelar, pode o requerente impugná-la, por meio de recurso para o tribunal da Relação, se o valor do procedimento exceder o da alçada do tribunal de 1ª instância.

Das decisões proferidas nos procedimentos cautelares não cabe recurso para o Supremo Tribunal de Justiça, sem prejuízo dos casos em que o recurso é sempre admissível - artº 387º-A.

[19] Cfr. Lopes do Rego, Comentários ao Código de Processo Civil, pág. 287.

Quando a providência for decretada, há que distinguir os casos em que o requerido foi ouvido antes do decretamento, daqueles casos em que o não foi.

Nos termos do artº 388º, quando o requerido não tiver sido ouvido antes do decretamento da providência, é-lhe lícito, em alternativa, na sequência da notificação prevista no nº 6 do artigo 385º:

a) Recorrer, nos termos gerais, do despacho que a decretou, quando entenda que, face aos elementos apurados, ela não devia ter sido deferida;
b) Deduzir oposição, quando pretenda alegar factos ou produzir meios de prova não tidos em conta pelo tribunal e que possam afastar os fundamentos da providência ou determinar a sua redução, aplicando-se, com as adaptações necessárias, o disposto nos artigos 386º e 387º.

Como se verifica, no caso de a providência ter sido decretada sem a prévia audição do requerido, este terá a faculdade de optar por uma - e só por uma - das seguintes vias de defesa: a do *recurso*, nos termos gerais, do despacho que decretou a providência cautelar, no caso de entender que, face aos elementos apurados, a decisão não devia ter sido no sentido do decretamento; ou a da *oposição* quando pretenda alegar factos ou produzir meios de prova que não foram tidos em conta pelo tribunal e que podem afastar os fundamentos da providência ou determinar a sua redução.

Trata-se da observância do princípio do contraditório em momento ulterior, como já se disse. Depois de ter sido permitida a defesa do requerido neste momento, alegando factos ou produzindo meios de prova não tidos em conta pelo tribunal, o juiz poderá decidir pela manutenção, redução ou revogação da providência anteriormente decretada, cabendo recurso desta decisão, que constitui complemento e parte integrante da inicialmente proferida - artº 388º, nº 2.

6 - Procedimentos cautelares especificados

A) - Restituição provisória da posse

De entre os procedimentos cautelares especificados, a lei adjectiva refere em primeiro lugar a restituição provisória da posse – artºs 393º a 395º.

1 – A posse

A posse encontra-se definida no artº 1251º do Código Civil como sendo o poder que se manifesta quando alguém actua por forma correspondente ao exercício do direito de propriedade ou de outro direito real.

O Código Civil regula ainda a defesa da posse nos artºs 1276º e seguintes. O artº 1277º determina que o possuidor que for perturbado ou esbulhado pode manter-se ou restituir-se por sua própria força e autoridade, nos termos do artigo 336º, ou recorrer ao tribunal para que este lhe mantenha ou restitua a posse.

O possuidor pode, portanto, usar da *acção directa*, que já estudámos. Mas, como então foi referido, um dos requisitos para o uso da força, através da acção directa, é a impossibilidade de recorrer em tempo útil aos meios coercivos normais.

Por sua vez o artº 1279º do Código Civil dispõe que o possuidor que for *esbulhado com violência* tem o direito de ser restituído provisoriamente à sua posse, *sem audiência do esbulhador*.

Como se verifica, enquanto o artº 1277º do Código Civil se refere às situações em que o possuidor foi *perturbado ou esbulhado* da posse, o artº 1279º do mesmo diploma prevê apenas os casos em que o possuidor foi dela *esbulhado com violência*. O *esbulho* pressupõe a privação total ou parcial da posse, ao passo que a *perturbação* não chega a tanto, ficando-se por um comportamento em que é alterado o gozo e o exercício do direito.

2 – Casos em que o esbulho foi de forma violenta

Em consonância com o artº 1279º do Código Civil, determina o Código de Processo Civil no seu artº 393º que, no caso de *esbulho violento*, pode o possuidor pedir que seja restituído provisoriamente à sua posse, alegando os factos que constituem a posse, o esbulho e a violência.

Como se verifica, esta norma apenas prevê a situação de *esbulho* nos casos em que este tenha sido levado a cabo com *violência*.

O conceito de *violência* é o que resulta das disposições conjugadas dos artºs 1261º e 255º do Código Civil. Será, portanto, não só a dirigida contra as pessoas que defendem a posse como contra as coisas, sendo mister que, neste caso, a violência se repercuta nas pessoas em termos de intimidá-las ou coagi-las.

Ao solicitar a restituição provisória da posse, o requerente tem apenas de alegar os factos que constituem a *posse*, o *esbulho* e a *violência*, conforme determina o referido artº 393º.

É claro que não basta alegar que tem a posse do bem, pois que se trata de matéria de direito e não matéria de facto. Deverá alegar os factos que sejam susceptíveis de caracterizar o exercício do direito em que a posse se traduz. Terminará por pedir a restituição provisória do bem.

Se o juiz reconhecer, pelo exame das provas, que o requerente tinha a *posse* e foi *esbulhado* dela *violentamente*, ordenará a restituição, sem citação nem audiência do esbulhador – artº 394º.

Como se vê, a restituição poderá ser ordenada, isto é, a providência poderá ser deferida *sem audiência do requerido*. Estamos perante uma excepção ao princípio do contraditório previsto nos artº 3º, nº 1 e 517º, nº 1.

A decisão deve ser proferida no *prazo* máximo de 15 dias – cfr. artº 382º, nº 2 *in fine*.

A restituição provisória da posse é *dependente* de uma *acção de restituição definitiva de posse*. Esta segue hoje a forma do processo comum, por terem sido eliminados os artºs 1033º a 1051º que determinavam para as acções possessórias a forma de processo especial.

Nada impede que a restituição provisória da posse seja usada como meio de acautelar o direito do proprietário, nomeadamente quando este é simultaneamente possuidor da coisa. Assim, pode ser dependência de uma *acção de reivindicação*, visto que nesta se procura a restituição da coisa.

O *prazo* para a propositura da acção é de 10 dias depois da notificação ao requerente nos termos do disposto no artº 389º, nº 2. O decurso deste prazo sem que seja instaurada a acção possessória faz extinguir, como se sabe, a providência decretada em que foi ordenada a restituição provisória da posse.

Não deve confundir-se este prazo com o da caducidade previsto no artº 1282º do Código Civil. Nos termos desta disposição legal, a acção de restituição de posse caduca se não for intentada dentro do ano subsequente ao facto de turbação ou esbulho, ou do conhecimento dele quando tenha sido praticado a ocultas.

Sendo este prazo para a acção definitiva, o mesmo terá de considerar-se extensivo à providência cautelar, dado o seu carácter instrumental.

O tribunal territorialmente competente é aquele em que deva ser proposta a acção principal - artº 83º, nº 1, alínea c). Se se tratar de bens *imóveis* é competente o tribunal da situação dos bens – artº 73º. No caso de bens *móveis* deve ter-se em conta o estipulado no artº 85º.

3 – Casos de esbulho sem violência ou de perturbação da posse

O possuidor que seja *esbulhado* ou *perturbado* no exercício do seu direito, mas *não tendo o esbulho sido de forma violenta*, pode requerer um *procedimento cautelar comum* – cfr. artº 395º. Não pode usar da restituição provisória da posse, visto que esta pressupõe o *esbulho* praticado com *violência*.

Também se o possuidor tiver justo *receio de ser perturbado ou esbulhado* por outrem, pode requerer que aquele que o ameaça seja intimado para se abster de lhe fazer agravo, sob pena de multa e responsabilidade pelo prejuízo que causar – artº 1276º do Código Civil.

Quer dizer, a restituição provisória da posse só deve ser requerida nas situações em que houve *esbulho violento* do bem possuído, como já se disse. Nos casos em que se verificou mera *ameaça* ou *perturbação* da posse ou até mesmo *esbulho, mas não de forma violenta*, não haverá lugar a este procedimento cautelar especificado, mas sim a um procedimento cautelar comum.

É claro que, ao solicitar o *procedimento cautelar comum* (não especificado), o requerente terá de alegar os factos que constituem os respectivos requisitos, sem esquecer os que tendem a evidenciar a situação de *periculum in mora*. O pedido não será o de restituição provisória da posse se tiver havido esbulho não violento, mas o requerente poderá limitar-se a pedir que o requerido se abstenha da prática de certos actos ameaçadores ou perturbadores da posse.

Será previamente cumprido o princípio do contraditório – artº 385º, nº 1.

4 – Dúvidas quanto à qualificação como providência cautelar especificada

Segundo o Professor Alberto dos Reis, a restituição provisória de posse não é rigorosamente uma providência cautelar. É, sem dúvida, uma providência preventiva e conservatória; mas não é uma providência cautelar, porque lhe falta a característica do *periculum in mora*.

Para obter a restituição o requerente não precisa de alegar e provar que corre um *risco*, que a demora da decisão definitiva na acção possessória o expõe à ameaça de *dano jurídico*; basta que alegue e prove a posse, o esbulho e a violência. O benefício da providência é concedido, não em atenção a um perigo de dano iminente, mas como compensação da violência de que o possuidor foi vítima.[20]

Cabe ao requerente o ónus de alegar e provar os requisitos desta providência, ou seja, a *posse*, o *esbulho* e a *violência*, visto que se trata de factos constitutivos.[21]Não tem de provar e nem sequer alegar o *periculum in mora*.

Por ser decretada a providência sem ser ouvido o esbulhador, já se pôs em causa a sua conformidade com a Lei Fundamental, "mas sem razão, já que a falta de audiência do esbulhador não tem a ver com a pessoa do esbulhador

[20] Alberto dos Reis, ob. cit., vol. I, pág. 670.

[21] Cfr. Ac. do S.T.J., de 25-2-86, B.M.J. 354, 549.

mas com a situação de facto que este provocou e que, *prima facie* se conclui ser injusta".[22] É como que uma *sanção* contra o requerido.

O valor do procedimento cautelar é determinado pelo valor da coisa esbulhada - artº 313º, nº 3, alínea b).

B) - Suspensão de deliberações sociais

1 – Deliberações a suspender

Este procedimento cautelar encontra-se especificado nos artigos 396º a 398º. Nos termos do nº 1 da primeira destas disposições legais, é permitido requerer a suspensão da execução de quaisquer deliberações sociais que sejam contrárias à lei, aos estatutos ou ao contrato.

As deliberações das associações ou sociedades são *anuláveis* quando sejam contrárias à lei, ao estatuto ou ao contrato – cfr. artº 177º do Código Civil e artº 58º do Código das Sociedades Comerciais. São igualmente *anuláveis* as deliberações da assembleia dos condóminos contrárias à lei ou a regulamentos anteriormente aprovados – artº 1433º do Código Civil.

Contra estas deliberações *anuláveis* pode o sócio propor uma acção declarativa pedindo a respectiva anulação. Mas antes de ser proferida a sentença a declarar a nulidade ou anulabilidade da deliberação, poderia entretanto esta vir a ser executada e, por isso, vir a causar danos apreciáveis.

Através da providência cautelar pretende-se precisamente obstar a essa execução pedindo a respectiva *suspensão.*

2 – Requisitos

Conforme dispõe o artº 396º, nº 1, qualquer *sócio* pode requerer que seja suspensa a deliberação social (quando anulável), sempre que a sua execução lhe possa causar dano apreciável.

Tem, portanto, legitimidade para requerer a providência cautelar quem tiver a qualidade de *sócio*. Deve entender-se como *sócio* aquele que já o era no momento da deliberação impugnada, se ainda conservar essa qualidade no momento da impugnação. Não pode ser considerado como tal aquele que,

[22] Ac. R.E., de 12-6-97, Ano XXII, T. III, 272, com referência ao Ac. R.E., de 26-9-96, C.J., 1996, T.4, 282. Cfr. ainda Ac. R. P. 15-3-94, B.M.J. 435, 904; Ac. R.E., 7-12-94, B.M.J. 442, 281; Ac. S.T.J., 23-1-86, B.M.J. 353, 376.

embora tendo sido sócio, já havia perdido essa qualidade no momento em que foi tomada a deliberação.

Além da *legitimidade*, impõe-se que, como se disse, *a deliberação seja contrária à lei ou ao pacto social* e ainda que *resulte da sua execução dano apreciável*. São, portanto, estes os *requisitos* a ter em conta.

Considerando que qualquer providência cautelar visa impedir danos futuros, que podem resultar de comportamentos activos ou omissivos de outrem, a suspensão das deliberações sociais, até pela sua própria denominação ("suspensão"), impõe que a providência se restrinja às deliberações ainda não executadas.[23]Na verdade, se a deliberação já foi executada, não poderá ser requerida a sua suspensão.

3 - Prazo

O *prazo* para instaurar o procedimento cautelar é de 10 dias e conta-se a partir da data da assembleia em que as deliberações foram tomadas, relativamente aos sócios que nela participaram e aos que não estiveram presentes mas foram para ela regularmente convocados. Se os sócios não estiveram presentes nem foram regularmente convocados para a assembleia, o prazo contar-se-á a partir da data em que tiveram conhecimento das deliberações tomadas – artº 396º, nºs 1 e 3.

Se a requerida alegar que este prazo foi ultrapassado, caberá à mesma o *ónus da prova* do facto, por força do disposto no artº 343º, nº 2 do Código Civil.

4 – Processamento

O requerimento deve ser instruído com cópia da acta em que as deliberações foram tomadas ou, quando a lei dispense reunião da assembleia, a cópia da acta será substituída por documento comprovativo da deliberação - artº 396º, nº 2.

A cópia da acta é elemento essencial de prova. Por isso, o sócio tem direito a que lhe seja fornecida num curto prazo de 24 horas. Se esse direito lhe for recusado, é a requerida citada com a cominação de que a contestação não será recebida sem vir acompanhada da cópia ou do documento em falta – artº 397º, nº 1. Equivale a dizer que, não sendo recebida a contestação, a requerida ficará na situação de revelia, que adiante estudaremos – cfr. artºs 484º e 485º.

A partir da *citação*, não é lícito à requerida (associação ou sociedade) executar a deliberação impugnada, enquanto não for julgada em 1ª instância o pedido de suspensão – artº 397º, nº 3.

[23] Cfr. Abrantes Geraldes, Temas da Reforma do Processo Civil, vol. IV, pág. 74 e seg.

Ainda que a deliberação seja contrária à lei, aos estatutos ou ao contrato, o juiz pode deixar de suspendê-la, desde que o *prejuízo* resultante da suspensão seja superior ao que pode derivar da execução - artº 397º, nº 2 (cfr. artº 387º, nº 2).

É aplicável, com as necessárias adaptações, à suspensão de deliberações anuláveis da assembleia de condóminos de prédio sujeito ao regime de propriedade horizontal - artº 398º, nº 1.

Tem legitimidade processual activa qualquer condómino que não tenha aprovado a deliberação – artº 1433º, nº 1 do Código Civil. A legitimidade passiva cabe aos condóminos que tenham aprovado a deliberação, representados pelo administrador ou por quem a assembleia designar para o efeito – artº 1433º, nº 6 do Código Civil.

É dependente de uma *acção de anulação* da deliberação social – cfr. artº 59º do Código das Sociedades Comerciais.

O *valor* do procedimento cautelar é determinado pela importância do dano - artº 313º, nº 3, alínea c).

C) - **Alimentos provisórios**

1 - O que deve entender-se por alimentos

A prestação de alimentos destina-se a satisfazer as necessidades primárias das pessoas. Porém, não diz respeito apenas às necessidades de ordem *alimentar*, como a palavra pode sugerir, mas engloba igualmente as necessidades relativas à *habitação*, ao *vestuário* e, tratando-se de menores, abrange ainda a *instrução* e a *educação*.

A definição de alimentos com este conteúdo consta do artº 2003º do Código Civil. Trata-se, é claro, de uma definição de *alimentos definitivos*.

Mas, enquanto não for fixada a prestação de *alimentos definitivos*, pode o tribunal conceder ao necessitado *alimentos provisórios* – artº 2007º do Código Civil.

Quanto aos *alimentos provisórios*, o conceito é mais restritivo, visto que apenas abrange o que se considerar *estritamente necessário* para o sustento, habitação e vestuário do requerente e também para as despesas da acção, quando o requerente não possa beneficiar do apoio judiciário - artº 399º, nº 2. Quanto ao apoio judiciário, está previsto que a protecção jurídica será retirada se, em acção de alimentos provisórios, for atribuída ao requerente uma quantia para custeio da demanda – artº 10º, nº 1, alínea e) da Lei nº 34/2004, de 29 de Julho.

2 – Por quem são devidos e em que medida

O direito a alimentos surge das relações de parentesco, da união matrimonial e até da união de facto – cfr. artºs 2009º, 2015º e 2020º, todos do Código Civil. Quer dizer, a obrigação de prestar alimentos à pessoa que os não pode obter pelos próprios meios recai sobre o parente, o cônjuge (ou ex-cônjuge) ou até sobre o companheiro.

O direito a alimentos não é penhorável e não pode ser renunciado ou cedido – artº 2008º do Código Civil. Compreende-se facilmente que assim seja, visto que os alimentos se destinam a assegurar a sobrevivência da pessoa necessitada. A renúncia a tal direito ou a sua cedência equivaleria a transferir para o Estado o dever de acudir à situação pessoal do necessitado, o que se traduziria num encargo público. O credor dos alimentos pode não chegar a pedi-los e, depois de obter decisão judicial que lhos conceda, pode não reclamar as prestações já vencidas e ainda não pagas. Esta atitude significará que o credor dos alimentos conseguiu sobreviver sem essas prestações. Não pode, porém, renunciar às prestações futuras. Por isso, é destituído de valor o documento assinado por alguém que se compromete a não pedir futuramente alimentos ao ex-cônjuge ou a qualquer familiar com o dever de lhos prestar.

Quanto à *medida dos alimentos*, podemos dizer que serão proporcionados aos meios daquele que houver de prestá-los e à necessidade daquele que houver de recebê-los – cfr. artº 2004º do Código Civil. Não pode, portanto, ser fixada uma importância desproporcionada em relação aos meios de que dispõe o devedor dos alimentos, mesmo que se não consiga cobrir na totalidade a situação de necessidade do credor. Se a importância que pode pagar não for suficiente para satisfazer as necessidades daquele que deve receber os alimentos, terá de ser pedida a importância em falta a outra das pessoas obrigadas por lei (cfr. artº 2009º do Código Civil) e, em último caso, o dever de prover à subsistência das pessoas necessitadas compete ao Estado, através da segurança social.

3 – Fixação dos alimentos. Desde quando são devidos. Não restituição.

Os alimentos devem ser fixados em prestações pecuniárias mensais, mas, em casos excepcionais, podem ser fixados em prestações diferentes como, por exemplo, em géneros alimentícios – cfr. artº 2005º do Código Civil.

Os alimentos provisórios serão fixados pelo tribunal, a requerimento do alimentando, ou oficiosamente se este for menor – artº 2007º do Código Civil.

Verifica-se, assim, que o preceito estabelece a distinção entre os *alimentos provisórios* devidos a *maiores* e os devidos a *menores*, facultando ao tribunal, quanto a estes, a sua fixação oficiosamente. Por outras palavras, quando o alimentando é *menor*, pode o tribunal fixar os alimentos provisórios, ainda que não tenham sido requeridos pelo seu legal representante. Trata-se de uma excepção ao *princípio dispositivo* previsto no artº 3º.

Como exemplo de situações em que o tribunal, por sua iniciativa, pode fixar os alimentos provisórios devidos a menores (na regulação do exercício das responsabilidades parentais) podemos referir as que se encontram previstas no artº 1407º, nº 7.

Igualmente o artº 157º da Organização Tutelar de Menores (O.T.M.) possibilita ao juiz, em qualquer estado do processo, fixar alimentos provisórios devidos a menores.

Não há lugar, em caso algum, à restituição dos alimentos provisórios recebidos – artº 2007º, nº 2 do Código Civil.

Procura-se deste modo evitar que o receio da restituição obrigatória leve a que o necessitado deixe de pedir os alimentos provisórios. Por outro lado, sendo a pensão de alimentos destinada ao consumo, seria natural que o alimentado não tivesse possibilidade de efectuar qualquer devolução da importância recebida, no caso da acção de alimentos definitivos soçobrar.

Os alimentos provisórios são devidos a partir do primeiro dia do mês subsequente à data da dedução do respectivo pedido - artº 401º, nº 1.

Os alimentos definitivos são devidos desde a propositura da acção - artº 2006º do Código Civil.

4 – A providência cautelar

É fácil de idealizar a gravidade da situação que a demora normal do processo poderia ocasionar em pessoas sem quaisquer possibilidades de prover às suas necessidades essenciais. Está em causa a sobrevivência das pessoas necessitadas da prestação de alimentos. Se não pudesse ser fixada, de uma forma célere, a prestação de alimentos provisórios, estaria em risco a vida ou, pelo menos, a saúde dessas pessoas. Para obstar a tal situação, ou seja, para evitar o *periculum in mora*, a lei coloca ao alcance do necessitado a possibilidade de requerer o estritamente necessário à sua subsistência, enquanto não for decidida a acção de alimentos definitivos já proposta ou a propor.

Como resulta do que já foi referido, o pedido de alimentos provisórios é sempre uma antecipação ao pagamento de alimentos definitivos. Esta ideia está expressa no artº 2007º, nº 1 do Código Civil ao determinar que, enquanto não se fixarem definitivamente os alimentos, pode o tribunal, a requerimento do alimentando, ou oficiosamente se este for menor, conceder alimentos provisórios, que serão taxados segundo o seu prudente arbítrio.

Se depois de fixados os alimentos definitivos, ainda se encontrar pendente a providência cautelar que atribuiu alimentos provisórios, deve ser julgada extinta a respectiva instância por inutilidade superveniente da lide, nos termos do disposto na alínea e) do artº 287º.

Como acima se disse, o requerente dos alimentos provisórios não é obrigado, em caso algum, a restituir os alimentos recebidos – artº 2007º, nº 2. No entanto, responderá pelos danos causados com a improcedência ou caducidade da providência, se tiver actuado de má fé - artº 402º. Trata-se de um regime especial, visto que geralmente o requerente responde, nos termos do artº 390º, nº 1, sempre que não tenha agido com a prudência normal, como também já foi referido.

5 – Processamento

Para o procedimento cautelar é territorialmente competente o tribunal em que deva ser proposta a acção principal – cfr. artº 83º, nº 1, alínea c).

Nada impede que o requerente formule o seu pedido contra uma das pessoas previstas no artº 2009º do Código Civil e, subsidiariamente, contra o obrigado seguinte, no caso de prever que o primeiro possa ser dispensado da prestação de alimentos. Esta faculdade está prevista no artº 31º-B. Trata-se da pluralidade subjectiva subsidiária com a qual se pretende evitar que o requerente que veja julgada improcedente a sua pretensão, tenha de começar tudo de novo.

Nos termos do disposto no artº 400º, nº 1, recebida a *petição* de alimentos provisórios, o juiz designa logo dia para julgamento.

Isto não afasta a possibilidade de o juiz proferir despacho de indeferimento liminar ou de aperfeiçoamento, se for caso disso – cfr. artº 234º-A, nº 1.

Ainda quanto ao julgamento – artº 400º, nº 1 - as partes são advertidas de que devem comparecer pessoalmente na audiência ou nela se fazer representar por procurador com poderes especiais para transigir.

O nº 2 do mesmo artº 400º determina que é na própria audiência de julgamento que o requerido apresentará a *contestação* ou oferecerá os respectivos *meios de prova* – cfr. ainda o artº 303º, nº 1 *ex vi* artº 384º, nº 3.

Ao determinar que as partes devem comparecer pessoalmente ou representadas por procurador com poderes especiais para transigir, o legislador evidencia claramente a preocupação de procurar que a decisão seja o resultado de um acordo (transacção) entre as partes. Neste sentido, determina o nº 2 do mesmo artº 400º que o juiz procurará obter a fixação de alimentos por acordo, que logo homologará por sentença (quanto à transacção, cfr. artºs 300º e 301º).

Se o requerido não comparecer nem se fizer representar por procurador com poderes especiais para transigir, não só torna impossível a transacção, mas também inviabiliza a apresentação da contestação. No entanto, a sua falta não tem o efeito cominatório que tinha anteriormente em que era logo proferida sentença a fixar alimentos na quantia pedida pelo requerente. Actualmente, a falta de contestação tem como efeito serem considerados admitidos os factos alegados pelo requerente – artº 385º, nº 5.

Não tendo conseguido o almejado acordo, o juiz decidirá depois da produção da prova. A sentença é proferida *oralmente*, ficando exarada na acta – artº 400º, nº 3.

O incumprimento da decisão tem as consequências de ordem penal previstas no artº 391º. Além disso, a decisão é exequível nos termos do disposto no artº 1118º e seguintes.

O requerimento de interposição de recurso pode ser ditado para a acta – cfr. artº 684º-B, nº 3.

Como já se disse, cessa a prestação de alimentos provisórios logo que haja pagamento da primeira prestação definitiva – artº 399º, nº 1.

O valor do procedimento cautelar é determinado pelo valor da mensalidade pedida multiplicado por doze - artº 313º, nº 3, alínea a).

D) - Arbitramento de reparação provisória

1 – Finalidade da providência

Antes de mais poderemos dizer que este procedimento cautelar só veio a ser especificado a partir da reforma operada no direito processual civil a partir de 1997.

Dispõe o artº 403º, nº 1 que, como dependência da acção de indemnização fundada em morte ou lesão corporal, podem os lesados, bem como os titulares do direito a que se refere o nº 3 do artº 495º do Código Civil, requerer o arbitramento de quantia certa, sob a forma de renda mensal, como reparação provisória do dano.

Como qualquer outra providência cautelar, visa evitar o *periculum in mora*. Considerando que a demora da decisão a proferir na acção de indemnização proposta ou a propor pelo lesado pode pôr em risco a sua subsistência, o preceito legal atribui-lhe a possibilidade de requerer a antecipação do pagamento de uma parcela dessa mesma provável indemnização.

É evidente que o arbitramento de reparação provisória pode ser requerido nas situações em que tenha ocorrido a morte de alguma pessoa por causa do comportamento de outra e também nos casos em que deste comportamento apenas resultou lesão corporal. Assim, podem requerer a providência cautelar não só os lesados como também aqueles que podiam exigir alimentos ao lesado ou aqueles a quem o lesado os prestava em cumprimento de uma obrigação natural, nos termos do artº 495º, nº 3 do Código Civil.

Igual faculdade é ainda reconhecida àqueles cuja pretensão indemnizatória se funde em dano susceptível de pôr seriamente em causa o sustento ou a habitação do lesado – artº 403º, nº 4.

Esta situação pode ocorrer, por exemplo, no caso de danos provocados na habitação, por efeito de demolição de prédio contíguo, tornando inabitável o prédio do lesado.

2 – Requisitos

Sendo certo que o arbitramento de reparação provisória constitui uma antecipação do direito de indemnização por responsabilidade civil, que irá ser discutido na acção principal, é evidente que o requerente terá de alegar e de provar pelo menos a probabilidade séria da existência do seu direito a tal indemnização.

Terá depois de invocar a situação de necessidade em que se encontra por causa dos danos sofridos. Fazendo referência ao facto lesivo (a morte ou a lesão corporal) terá de mostrar que ficou numa situação que não lhe permite satisfazer as suas necessidades elementares ou que o dano sofrido é susceptível de pôr seriamente em causa o seu sustento ou habitação.

É óbvio que a providência só poderá ser decretada se for alegado e provado, embora sumariamente, o nexo de imputação do facto ao agente.

Além de tudo isto, não poderá ser esquecida a alegação e prova indiciária do *periculum in mora*, visto que se trata de uma providência cautelar.

Deve o lesado terminar o seu requerimento pedindo que lhe seja arbitrada pelo tribunal uma reparação provisória, indicando uma quantia certa, sob a forma de renda mensal – cfr- artº 403º, nº 1.

3 - Processamento

Como já foi referido, o procedimento cautelar é sempre dependência da acção de indemnização – cfr. artº 403º, nº 1. E pode ser requerido antes dessa acção principal ou na pendência dela – cfr. artº 383º, nº 1.

Ao processamento desta providência cautelar são subsidiariamente aplicáveis as normas que regulam os alimentos provisórios, mas com as necessárias adaptações - artº 404º, nº 1.

Recebido o requerimento, é logo designado dia para julgamento, sendo as partes advertidas de que devem comparecer pessoalmente na audiência ou nela se fazer representar por procurador com poderes especiais para transigir – artº 400º, nº 1 *ex vi* artº 404º, nº 1.

A contestação deve ser apresentada na própria audiência – artº 400º, nº 2 *ex vi* artº 404º, nº 1. A falta de contestação faz com que os factos alegados pelo requerente se considerem admitidos pelo requerido – cfr. artº 490º, nº 2 .

Se for apresentada contestação, o juiz procurará que as partes cheguem a um acordo, que logo homologará por sentença. Se faltar alguma das partes ou se não for possível obter o acordo, será ordenada a produção da prova – artº 400º, nºs 2 e 3 *ex vi* artº 404º, nº 1.

A quantia mensal que for fixada deve restringir-se ao essencialmente indispensável para ressarcir os danos causados. A sentença é oral, sendo logo ditada para a acta. Por isso, o requerimento de interposição de recurso pode também ser ditado para a acta – artº 684º-B, nº 3.

Independentemente da interposição de recurso, a decisão que decrete a providência cautelar é imediatamente exequível, seguindo-se os termos da execução especial por alimentos (artºs 1118º e seguintes) – artº 404º, nº 2.

Se, na acção principal, isto é, na acção de indemnização, não for arbitrada qualquer reparação ou for atribuída reparação inferior à que foi provisoriamente estabelecida na providência cautelar, o juiz deve imediatamente condenar o requerente a restituir tudo o que for devido – artº 405º, nº 2. Estamos perante um desvio ao princípio do dispositivo que impõe ao juiz ordenar a restituição do que for devido sem necessidade de ser formulado o pedido respectivo pelo interessado, justificando-se tal medida por razões de justiça e de economia processual.

Como facilmente se compreende, com esta providência cautelar procura-se atribuir ao lesado o pagamento *antecipado* de uma certa importância por conta da indemnização a que se julga com direito. Se, depois de discutida a acção principal, for decidido não lhe atribuir qualquer indemnização, ou uma indemnização inferior à reparação que recebeu, o requerente terá de restituir quanto obteve indevidamente. Esta restituição será oficiosamente ordenada pelo juiz.

Diferentemente do que se passa com os alimentos provisórios, se a providência decretada vier a caducar, deve o requerente restituir todas as prestações recebidas - artº 405º, nº 1.

A obrigação de restituir impõe-se igualmente nos casos de caducidade previstos no artº 389º. Neste caso, a restituição não poderá ser decidida na acção principal.

O valor do procedimento cautelar é determinado pelo valor da mensalidade pedida multiplicado por doze, tal como o dos alimentos provisórios - artº 313º, nº 3, alínea a).

E) - Arresto

1 – Garantia patrimonial. Relação entre arresto e penhora.
O credor que tenha justo receio de perder a garantia patrimonial do seu crédito, pode requerer o arresto de bens do devedor, nos termos da lei do processo – artº 619º, nº 1 do Código Civil.

Procura-se, por esta via, conservar a garantia patrimonial do credor. Quando o devedor não cumpre as suas obrigações pecuniárias, o credor tem o direito de promover a execução dos seus bens. Por isso, o credor tem todo o interesse em que o devedor não aliene ou onere os bens susceptíveis de garantir o pagamento da importância em dívida. Trata-se, portanto, de uma providência de carácter preventivo.

A lei do processo a que alude o preceito acima referido determina no seu artº 406º, nº 1 que o credor que tenha justificado receio de perder a garantia patrimonial do seu crédito pode requerer o arresto dos bens do devedor.

O arresto consiste numa apreensão judicial dos bens, à qual são aplicáveis as disposições relativas à penhora – artº 406º, nº 2.

Assim, apenas são passíveis de arresto os bens penhoráveis. Significa que o não são os bens absolutamente ou totalmente impenhoráveis previstos no artº 822º e os bens relativamente impenhoráveis referidos no artº 823º.

Outra consequência da aplicação das disposições relativas à penhora é a que resulta do disposto no artº 822º do Código Civil. Nos termos do nº 1 desta norma, o exequente adquire pela penhora o direito de ser pago com preferência a qualquer outro credor que não tenha garantia real anterior. E o nº 2 determina que se os bens do executado tiverem sido previamente arrestados, a anterioridade da penhora reporta-se à data do arresto. Como se vê, o arresto é beneficiado relativamente à penhora. Aliás, o arresto constitui, na prática, uma antecipação da penhora, na qual se pode converter – artº 846º.

Os actos de disposição dos bens arrestados são ineficazes em relação ao requerente do arresto, de acordo com as regras próprias da penhora - artº 622º do Código Civil (cfr. artº 819º do Código Civil quanto aos bens penhorados).

2 – Requisitos

O requerente do arresto deve deduzir os factos que tornam provável a existência do crédito e justificam o receio invocado, relacionando os bens que devem ser apreendidos, com todas as indicações necessárias à realização da diligência - artº 407º, nº 1.

Deve, portanto, alegar factos que, se forem provados, sejam reveladores da provável existência do crédito (não se exigindo, pois, mais do que um *fumus boni juris*) e do justificado receio de que venha a perder a garantia patrimonial, o que constituirá o *periculum in mora.*

Quanto ao justificado receio da perda da garantia patrimonial do crédito, aludido no artº 406º, nº 1, é evidente que não basta o receio puramente subjectivo de que o seu crédito não venha a ser satisfeito. Este preceito exige que o receio seja *justificado.* Para que possa ser justificado tem de basear-se em factos concretos. Tal receio pode assentar, por exemplo, em actos do devedor que conduziram ou estão em vias de conduzir a uma situação em que o valor dos seus bens se tornará insuficiente para cobrir o passivo.

Cabe ainda ao requerente relacionar os bens a apreender, por forma a que sejam devidamente identificados, não bastando uma simples referência genérica.

3 – Tribunal competente

Tendo o arresto sido intentado como incidente, deve ser instaurado no tribunal onde corre a acção principal e processado como apenso desta – artº 383º, nº 3.

No caso de o arresto ser requerido como preliminar, é competente tanto o tribunal onde deverá ser proposta a acção principal como o do lugar onde os bens se encontram e, no caso de estes se localizarem em várias comarcas, é competente qualquer delas – artº 83º, nº 1, alínea a).

O arresto tanto pode ser dependência de uma acção declarativa cujo objecto seja a condenação no cumprimento de certa obrigação, como de uma acção executiva destinada ao cumprimento coercivo da obrigação imposta por sentença ou derivada de qualquer título executivo.

4 – Decisão e sua impugnação.
Examinadas as provas produzidas, o arresto é decretado sem audiência da parte contrária, desde que se mostrem preenchidos os requisitos legais - artº 408º, nº 1.

Verifica-se, assim, como já foi referido, a inobservância do *princípio do contraditório*. O legislador, tendo em conta a finalidade particular do arresto - evitar a dissipação dos bens do devedor à custa da garantia patrimonial do credor - considerou desde logo que tal fim era justificação suficiente para se dispensar a audiência da parte contrária. O respeito pelo *princípio do contraditório* poderia ditar o insucesso da providência.

Sobre o requerimento pode recair despacho de indeferimento liminar ou de aperfeiçoamento – cfr. artº 234º-A.

A prova produzida oralmente deve ser registada para possibilitar ao requerido exercer posteriormente o contraditório – artº 386º, nº 4.

Se o arresto houver sido requerido em mais bens que os suficientes para segurança normal do crédito, reduzir-se-á a garantia aos justos limites - artº 408º, nº 2.

Embora o arrestado não tenha sido ouvido antes de ser decretada a providência cautelar, não deixa de poder impugnar a decisão depois de ter sido notificado pessoalmente, nos termos do artº 385º, nº 6. Tem ao seu dispor dois meios para o fazer: o *recurso* ou a *oposição* – artº 388º, nº 1.

Usará o *recurso* quando, em seu entender, a decisão não se justifica, tendo em conta os elementos constantes dos autos. Neste caso, o recorrente não impugna a prova produzida, mas entende que, partindo desses factos a decisão não podia ser aquela. Pode entender que não está suficientemente provada a existência do crédito ou, por outro lado, que não existem elementos suficientes para que o tribunal pudesse concluir pelo justificado receio de perda da garantia patrimonial.

O impugnante utilizará a *oposição* quando quiser alegar e provar factos que invalidem os fundamentos da decisão ou, pelo menos, determinem a sua redução. Neste caso, verifica-se a impugnação da matéria de facto. Pretende-se, deste modo, que o tribunal reaprecie a matéria de facto e, para isso, terá de alegar novos elementos, visto que, até então, o tribunal apenas havia tido em conta os factos que foram alegados pelo requerente.

5 - Caducidade
O arresto fica sem efeito, não só nas situações previstas no artº 389º, mas também no caso de, obtida na acção de cumprimento sentença com trânsito em

julgado, o credor insatisfeito não promover execução dentro dos dois meses subsequentes, ou se, promovida a execução, o processo ficar sem andamento durante mais de trinta dias, por negligência do exequente – artº 410º.

Assim, se o arresto tiver sido decretado sem audiência da contraparte, tendo sido requerido preliminarmente, a acção principal deve ser proposta no prazo de 10 dias previsto no artº 389º, nº 2.

Tendo sido requerido como incidente, deve ser impulsionado o andamento da acção, nos termos do artº 389º, nº 1, alínea b).

Em qualquer dos casos, obtida sentença com trânsito em julgado, deve ser promovida a execução dentro dos dois meses subsequentes, sob pena de o arresto ficar sem efeito, quando a negligência é imputada ao exequente.

O valor do procedimento cautelar é determinado pelo montante do crédito que se pretende garantir - artº 313º, nº 3, alínea e).

F) - Embargo de obra nova

1 – Embargo judicial e embargo extrajudicial

Por meio desta providência cautelar, pode o interessado requerer a imediata suspensão de uma obra, trabalho ou serviço novo que julgue ofensivo do seu direito de propriedade (ou de compropriedade) ou de outro direito real ou pessoal de gozo ou da sua posse, que lhe cause ou ameace causar prejuízo - artº 412º, nº 1.

O interessado pode requerer o embargo ao tribunal como o faria para requerer qualquer outra providência cautelar. Mas também pode, ele próprio, realizar directamente o embargo, notificando para isso, verbalmente, perante duas testemunhas, o dono da obra ou, na sua falta, o encarregado ou quem o substituir para a não continuar. Se optar por este embargo extrajudicial, terá de requerer posteriormente, dentro de 5 dias, a sua ratificação judicial. Se o não fizer, o embargo ficará sem efeito - artº 412º, nºs 2 e 3.

Trata-se de uma providência cautelar, com funções preventivas ou conservatórias, por meio da qual se procura impedir a continuação da obra e mantê-la no estado em que se encontra até que o litígio seja decidido na acção principal.

2 – Requisitos

Por meio da providência pretende-se sustar a *obra, trabalho* ou *serviço novo* que, ofendendo o direito do requerente (direito de propriedade, singular ou comum, direito real ou pessoal de gozo ou a sua posse) lhe cause ou ameace causar prejuízo.

A ofensa ao direito do requerente tem de ser *consequência* da obra, trabalho ou serviço novo. Quer dizer, não poderão fundamentar o embargo as obras que não sejam susceptíveis de ofender qualquer dos direitos em causa. Por outro lado, também o não podem fundamentar as obras que não sejam *novas*, mas antes constituam uma simples alteração superficial de outras anteriores, como seja a reconstrução de obra que já existia.

O emprego da expressão "*seja mandado suspender*" (artº 412º, nº 1 *in fine*) significa que a providência não tem justificação se a obra já estiver concluída.

A obra deve considerar-se *concluída* quando, depois de verificado o prejuízo, o mesmo "não possa ser aumentado pela prossecução da obra nem ser eliminado pela sua suspensão."[24]

Também não pode utilizar-se o embargo de obra nova no caso de esta ainda não ter sido iniciada. A *suspensão* implica que a obra já tenha tido o seu início.

A ocorrência do requisito "*obra nova não concluída*" do embargo de obra nova deve verificar-se no momento da apresentação do requerimento a que alude o nº 1 do artº 412º (no caso de embargo judicial) ou na ocasião da notificação verbal referida no nº 2 desse artigo (no caso de embargo extrajudicial).[25]

É irrelevante, para o efeito, que a obra tenha sido autorizada pela entidade competente para tal.

3 - Prazo

O prazo para requerer o *embargo judicial* a que alude o nº 1 do artº 412º é de 30 dias. Conta-se a partir do momento em que o requerente tenha tido conhecimento da lesão do seu direito ou da ameaça que a actividade do requerido constitui para esse mesmo direito.

O *embargo extrajudicial*, referido no nº 2 do mencionado artº 412º, está sujeito ao mesmo prazo de 30 dias. Ficará, porém, sem efeito se a sua ratificação não for requerida no prazo de 5 dias, como já foi dito – nº 3 ainda do artº 412º.

O momento do conhecimento da lesão pode não ser coincidente com o momento em que o requerente teve conhecimento de que estava a obra em curso. Por vezes só mais tarde se evidencia para o requerente a lesão ou a ameaça de lesão do seu direito como consequência da obra.

[24] Moitinho de Almeida, Embargo ou Nunciação de Obra Nova, 2ª ed., Coimbra Editora.

[25] Ac. do S.T.J., de 30-1-1997, B.M.J. 463, 534.

4 – Processamento

Se o requerente pretender embargar extrajudicialmente, deverá proceder à notificação verbal do dono da obra ou, na sua falta, do encarregado ou de quem o substituir para que não dê continuidade a essa obra. Deve fazer-se acompanhar de duas testemunhas.

Para que este embargo subsista terá de requerer ao tribunal a sua ratificação no prazo de 5 dias, conforme já foi referido.

Sendo decretado o embargo ou depois de ratificado o embargo extrajudicial, é lavrado o auto, no qual se descreverá, minuciosamente, o estado da obra e a sua medição, quando seja possível. Notificar-se-á o dono da obra ou, na sua falta, o encarregado ou quem o substitua, para a não continuar -- artº 418º, nº 1.

O auto é assinado pelo funcionário que o lavre e pelo dono da obra ou por quem a dirige, se o dono não estiver presente. Quando o dono da obra não possa ou não queira assinar, intervirão duas testemunhas - artº 418º, nº 2.

A descrição do estado da obra tem por finalidade poder constatar que, apesar do embargo, a obra foi continuada.

Se o embargado continuar a obra, sem autorização, depois da notificação e enquanto o embargo subsistir, pode o embargante requerer que seja destruída a parte inovada – artº 420º, nº 1.

Averiguada a existência de inovação, é o embargado condenado a destruí-la; se não o fizer dentro do prazo fixado, promover-se-á, nos próprios autos, a execução para a prestação de facto devida – artº 420º, nº 2.

A sanção prevista para a continuação da obra sem autorização é, portanto, a sua reposição no estado em que se encontrava, destruindo-se a parte que constitui a continuação ilícita.

5 – Autorização para dar continuidade à obra

A continuação da obra, depois do respectivo embargo, só é legalmente possível nos casos previstos no artº 419º:

a) - no caso de se reconhecer que a futura demolição do que vier a ser construído restituirá o embargante ao estado anterior à continuação;
b) - no caso de se apurar que o *prejuízo* resultante da paralisação da obra é *consideravelmente superior* ao que pode resultar da continuação.

Em qualquer dos casos deve ser oferecida caução, nos termos do artº 988º, para garantir as despesas relativas à demolição da obra.

O embargo de obra nova é dependente da *acção principal* em que se pede a demolição da obra.

O valor do procedimento cautelar é determinado pelo prejuízo que se quer evitar - artº 313º, nº 3, alínea d).

G) - Arrolamento

1 – Sua finalidade. Comparação com o arresto

Havendo justo receio de extravio, ocultação ou dissipação de bens, móveis ou imóveis, ou de documentos, pode requerer-se o arrolamento deles - artº 421º, nº 1.

Existe uma certa semelhança entre o arrolamento de bens e o arresto.

Utiliza-se o arresto para assegurar a garantia patrimonial do credor. Com o arrolamento pretende-se evitar o extravio, ocultação ou dissipação de certos bens.

Enquanto no arresto se pretende assegurar o pagamento do crédito do requerente e, para isso, se procura a conservação de bens suficientes na titularidade do devedor, no arrolamento pretende-se conservar os próprios bens. Por outras palavras, no arrolamento o requerente defende o seu direito a determinados bens, ou seja, pretende evitar que desapareçam, ao passo que no arresto o requerente apenas pretende garantir o seu crédito à custa de alguns bens.

Servindo o arrolamento de documentos o propósito de evitar que desapareça a prova que com eles se pretende fazer, parece que melhor seria determinar a sua apreensão.[26]

Aliás, o tribunal poderá ordenar a apreensão dos documentos que se tornem necessários para a prova de algum facto – cfr. art.º 532º.

"À primeira vista parecerá estranho que se admita o arrolamento de imóveis, mas a estranheza não tem razão de ser se pensarmos, por exemplo, nos frutos naturais, enquanto estiverem ligados ao solo (Cód. Civ., artº 204º), os quais são susceptíveis de extravio".[27]

2 - Legitimidade

O arrolamento pode ser requerido por qualquer pessoa que tenha interesse na conservação dos bens ou dos documentos - artº 422º, nº 1.

[26] Cfr. Rodrigues Bastos, Notas ao Código de Processo Civil, vol. II, pág. 201.

[27] Rodrigues Bastos, ob. e loc. cit.

Tem de ser um interesse jurídico, ou porque o requerente tem direito aos bens, direito que pretende fazer reconhecer na acção principal, ou porque carece de produzir, nesta, prova que consta dos documentos a arrolar.[28]

O requerente terá, portanto, de invocar o seu direito aos bens que pretende preservar ou então a necessidade de utilização de certo documento.

Os credores, tendo ao seu dispor o arresto, não têm, em princípio, legitimidade para requerer o arrolamento. Porém, excepcionalmente, é-lhes permitido requerer o arrolamento, nos casos em que haja lugar à arrecadação da herança – cfr. artº 422º, nº 2. É o que se verifica no caso de herança jacente a que se reporta o artº 1132º.[29]

Se houver bens abandonados, por estar ausente o seu titular, por estar jacente a herança, ou por outro motivo, e tornando-se necessário acautelar a perda ou deterioração, são arrecadados judicialmente, mediante arrolamento - artº 427º, nº 2.

O arrolamento é dependência da acção à qual interessa a especificação dos bens ou a prova da titularidade dos direitos relativos às coisas arroladas - artº 421º, nº 2.

Como preliminar ou incidente da acção de separação judicial de pessoas e bens, divórcio, declaração de nulidade ou anulação do casamento, qualquer dos cônjuges pode requerer o arrolamento de bens comuns, ou dos bens próprios que sejam administrados pelo outro cônjuge – artº 427º, nº 1.

3 – Decisão

O requerente fará prova sumária do direito relativo aos bens e dos factos em que fundamenta o receio do seu extravio ou dissipação. Se o direito relativo aos bens depender de acção proposta ou a propor, tem o requerente de convencer o tribunal da provável procedência do pedido correspondente – artº 423º, nº 1.

Como em qualquer outro procedimento cautelar, terá de fazer prova, embora sumária, do seu direito (aos bens ou aos documentos) e dos factos que justificam o *periculum in mora.*

Conforme preceitua o nº 3 do artº 427º, nos casos previstos nos nºs 1 e 2 do mesmo artigo não é aplicável o disposto no nº 1 do artigo 421º. Significa isto

[28] Rodrigues Bastos, ob. cit., pág. 202.

[29] Pode justificar-se o arrolamento de uma fracção de um prédio se a mesma é objecto de contrato-promessa de compra e venda e há o risco de o promitente vendedor a vender a outrem – Ac. R.P. de 2/11/88, BMJ 381,755.

que, nestes casos, o requerente do arrolamento não tem necessidade de alegar e provar o *justo receio* do extravio.

No caso das acções de divórcio, separação de pessoas e bens ou anulação do casamento, a propositura da acção (ou a intenção de a propor) já constitui, só por si, um perigo para a conservação dos bens sob a administração do outro cônjuge. Por isso, o requerente não necessita de provar que há *justo receio* de extravio, ocultação ou dissipação dos bens cujo arrolamento pretende. Nestas circunstâncias, a lei presume a existência de tal risco, tendo em conta o ambiente conflituoso que geralmente existe entre os cônjuges quando se encontram em situação de ruptura. Existe, portanto, a *presunção de justo receio*, pelo que a lei dispensa o requerente de o invocar.

Não tendo o juiz fundamento para não cumprir logo o contraditório, o requerido é citado e poderá deduzir oposição, no prazo de 10 dias – artº 303º *ex vi* artº 384º, nº 3.

Produzidas as provas que forem julgadas necessárias, o juiz decretará a providência, se adquirir a convicção de que está em risco a preservação dos bens do requerente.

No respectivo despacho, far-se-á logo a nomeação de um depositário e ainda de um avaliador, que é dispensado do juramento - artº 423º, nº 2.

O depositário é nomeado em conformidade com o que dispõe o artº 426º, sendo, geralmente, nomeado o possuidor ou detentor dos bens.

4 – Como se faz o arrolamento

O arrolamento consiste na descrição, avaliação e depósito dos bens - artº 424º, nº 1.

Quando se trata de documentos, o arrolamento faz-se em termos semelhantes, mas não há necessidade de avaliação - artº 424º, nº 4.

O valor do procedimento cautelar é determinado pelo valor dos bens arrolados - artº 313º, nº 3, alínea f).

7 - Interpretação das leis processuais

Como acontece em relação a quaisquer outras normas de direito, público ou privado, as normas processuais podem comportar diversos sentidos, pelo que haverá necessidade de fixar aquele que deve prevalecer.

O interesse da certeza do direito exige que se estabeleçam critérios, tanto quanto possível uniformes, para a indagação do sentido a dar a cada preceito legal.[30]

O Código Civil estabeleceu, no seu artº 9º, os critérios que devem presidir à interpretação da lei.

O Código de Processo Civil não contém nenhuma disposição que defina critérios especiais para a interpretação das próprias normas. O intérprete terá de se socorrer daqueles princípios gerais que regem a interpretação das leis.

Partindo desses princípios, na interpretação das normas processuais deve procurar conciliar-se o interesse da rectidão e do progresso da ordem jurídica (presumindo que o legislador consagrou as soluções mais acertadas), bem como o interesse da certeza do direito e da segurança do comércio jurídico (presumindo que o legislador soube exprimir o seu pensamento em termos adequados) com o princípio da obediência ao poder legitimamente constituído, essencial à vida social.[31]

Porém, há uma nota peculiar da lei processual que importa frisar. O processo está impregnado por um conjunto de *princípios gerais*, consagrados em múltiplas das suas disposições. Entre eles podemos apontar o princípio *do contraditório* ou *da audiência contraditória*, o princípio *dispositivo*, o princípio *da igualdade das partes*, o princípio *da aquisição processual*, o princípio *da imediação, etc*, aos quais nos referiremos ao longo do livro. [32]

A justa determinação e aplicação destes princípios é fundamental na interpretação da lei processual. Toda a norma que não esteja de harmonia com eles e constitua excepção, não deve ser ampliada.

Em suma, a interpretação da lei processual obedece às mesmas regras que qualquer outra interpretação. Somente há a notar a maior relevância do elemento sistemático, dado que o processo é dominado por um conjunto de princípios gerais e todas as normas que se apresentem como desvios devem ser interpretadas restritivamente.[33]

Assim, nos termos do disposto no artº 467º, nº 2, o autor tem a faculdade de apresentar, com a petição inicial, o rol de testemunhas e requerer outras provas. Apesar de não existir uma disposição similar para a contestação (cfr. artºs 486º e segs.), não pode deixar de se atribuir ao réu idêntica faculdade

[30] Anselmo de Castro, Lições de Processo Civil, I, pág. 63.

[31] Antunes Varela, J. Miguel Bezerra e Sampaio e Nora, ob. cit., pág. 43.

[32] Adiante, oportunamente, serão definidos estes princípios.

[33] Cfr. Anselmo de Castro, ob. cit., I, pág.s 67 a 69.

de apresentar o rol de testemunhas com o articulado, por respeito pelo *princípio da igualdade das partes.*

Nos termos do disposto no artº 4º do Código Civil, os tribunais só podem resolver segundo a equidade:

a) quando haja disposição legal que o permita;
b) quando haja acordo das partes e a relação jurídica não seja indisponível;
c) quando as partes tenham previamente convencionado o recurso à equidade, nos termos aplicáveis à cláusula compromissória.

A equidade é a justiça do caso concreto, flexível, humana, independente de critérios normativos fixados na lei.[34]

Como resulta do preceito transcrito, só é possível julgar segundo a equidade quando a lei expressamente o permita. É o que acontece nos seguintes artigos do Código Civil: artº 339º, nº 2, 437º, nº 1, 489º, nº 1, 496º, nº 3, 566º, nº 3, 812º, nºs 1 e 2 e 992º, nº 3.

O acordo quanto ao recurso à equidade pode ter lugar nos casos em que as partes submeteram o julgamento do litígio a um tribunal arbitral em que os árbitros, ou seja, os juízes podem ser designados pelas próprias partes. Porém, o acordo quanto à equidade só é permitido quando a relação jurídica controvertida não está subtraída à disponibilidade das partes, isto é, não é indisponível. A relação é indisponível, por exemplo, no caso das acções sobre o estado das pessoas.

Nestes casos, o julgador não está subordinado aos critérios normativos contidos na lei.

8 - Integração de lacunas

Tal como acontece nos restantes ramos do direito, também no direito processual civil se podem encontrar lacunas, isto é, aspectos que o legislador não previu. Essas situações não poderão deixar de ser reguladas.

Como resulta do disposto no artº 8º do Código Civil, o tribunal não pode abster-se de julgar, invocando a falta ou obscuridade da lei ou alegando dúvida insanável acerca dos factos em litígio. Assim, apesar de reconhecer a existência de casos omissos na lei, o juiz não poderá deixar de julgar.

Para colmatar as lacunas, também terá de recorrer à lei substantiva.

No caso da falta de norma que regule a situação concreta deve ter-se em conta o que está estabelecido no artº 10º do Código Civil, que tem aplicação

[34] V. Ac. do STJ, de 10/2/98, in C.J., Ac.STJ, Tomo I, 65.

aos outros ramos do direito: se o caso for omisso, haverá que recorrer, em primeiro lugar, à norma aplicável aos casos análogos; na falta de casos análogos, a solução deve ser resolvida segundo a norma que o intérprete criaria, se tivesse de legislar dentro do espírito do sistema, ou seja, em conformidade com os princípios em que se enquadra o direito constituído.

9 - Aplicação das leis processuais no tempo

Como se disse, no domínio da interpretação e integração das lacunas da lei processual não há razão para qualquer desvio aos princípios gerais aplicáveis ao direito privado.

Também, no que concerne à aplicação no tempo das leis processuais, vale o princípio consagrado no artº 12º do Código Civil, que estabelece que a lei só dispõe para o futuro. Quer dizer, a nova lei não tem eficácia retroactiva. E sendo o processo uma sequência de actos, significa que serão respeitados os actos já praticados na acção pendente no momento em que a nova lei entrou em vigor.

A questão essencial surge quando, depois de instaurada a acção, é alterada a lei processual antes da causa ter sido decidida definitivamente. Nestes casos, surge a questão de saber se a nova lei apenas é aplicada às acções que vierem a ser propostas ou se, em relação às acções pendentes, se aplica aos novos actos que tiverem de ser nelas praticados.

Em primeiro lugar deve indagar-se se na nova lei existem *disposições transitórias* que definam a sua aplicação.

Na verdade, muitas vezes a nova lei contém normas transitórias que regulam a sua aplicação no tempo. É o que acontece no artº 16º do Decreto-Lei nº 329-A/95 que determina que a nova versão do diploma, que entrou em vigor em 1 de Janeiro de 1997, só se aplica aos processos iniciados após esta data.

Igualmente o Decreto-Lei nº 38/2003, de 8 de Março, que operou algumas alterações, contém várias normas transitórias, entre as quais o artº 21º que determina a entrada em vigor das diversas alterações.

Mais recentemente, o Decreto-Lei nº 303/2007, de 24 de Agosto, contém igualmente normas transitórias sobre a entrada em vigor de alguns preceitos da nova versão da lei processual - cfr. o respectivo artº 8º.

Na falta de norma transitória, será de aplicação imediata a nova lei processual não só às acções que sejam instauradas posteriormente à sua entrada em vigor, mas também aos *actos* que houverem de ser praticados nas acções ainda não terminadas.

Para justificar esta orientação no sentido da aplicação imediata costumam apontar-se duas razões fundamentais.[35]

Em primeiro lugar por ser o direito processual um ramo do direito público. Acima dos interesses particulares estão os interesses superiores da colectividade, inerentes ao sistema de justiça pública.

Quando se publica uma lei nova - diz Alberto dos Reis - isso significa que o Estado considera a lei anterior imperfeita e defeituosa para a administração da justiça ou para o regular funcionamento do poder judicial. Tanto basta para que a lei nova deva aplicar-se imediatamente.

Em segundo lugar, invoca-se que, atendendo à natureza adjectiva ou instrumental do direito processual, as suas normas não regulam o conflito de interesses entre os particulares, pois que este é regulado pelo direito substantivo. É com base no direito substantivo que o juiz julga procedente ou improcedente o pedido formulado pelo autor. O direito processual civil limita-se a regular o modo como as pessoas devem fazer valer em juízo os poderes que a lei substantiva lhes confere.

Só a lei substantiva estabelece o que a cada um pertence. A aplicação imediata das leis processuais não tem interferência directa sobre a solução do conflito de interesses entre as partes. Por isso, a aplicação imediata das leis processuais não viola quaisquer expectativas das partes quanto aos direitos que através da acção pretendem defender.

O princípio encontra-se consagrado no artº 142º, nº 1 que determina que a forma dos diversos actos processuais é regulada pela lei que vigore no momento em que são praticados. Por sua vez, o nº 2 deste preceito estabelece o mesmo princípio no que concerne à forma de processo.

10 - Casos especiais de aplicação das leis no tempo

A) - Enunciado

O princípio de aplicação imediata das leis processuais deve sofrer algumas adaptações em certos casos.

Passaremos a tratar cada um desses casos especiais.

[35] Manuel de Andrade, Noções Elementares de Processo Civil, pág. 42; Antunes Varela, J. Miguel Bezerra e Sampaio e Nora, ob. cit., pág. 47.

B) - Leis sobre a competência dos tribunais

Pertencendo a *jurisdição* a todos os órgãos jurisdicionais, ou seja, aos tribunais no seu conjunto, a *competência* é apenas a parcela de jurisdição que cabe a cada um deles.

As leis sobre a competência definem os critérios que hão-de servir para delimitar a jurisdição de cada tribunal ou, por outras palavras, a *repartição do poder de julgar* entre os diversos tribunais.

Dispõe o artº 24º, nº 1 da Lei nº 52/2008, de 28/8 –Lei de Organização e Funcionamento dos Tribunais Judiciais (LOFTJ) - que a competência se fixa no momento em que a acção se propõe, sendo irrelevantes as *modificações de facto* que ocorram posteriormente.

Por sua vez, o nº 2 do mesmo preceito determina que são igualmente irrelevantes as *modificações de direito*, excepto se for suprimido o órgão a que a causa estava afecta ou lhe for atribuída competência de que inicialmente carecia para o conhecimento da causa.

Assim, a regra é a de aplicação imediata da nova lei, mas apenas quanto às acções futuras, pois que, relativamente às acções pendentes, aplica-se a lei vigente no momento em que foram propostas. Significa isto que, se o tribunal era competente para julgar a acção quando esta foi proposta, manterá a sua competência até final, ainda que nova lei a venha alterar.

O nº 2 do artº 24º da Lei nº 52/2008, de 28/8, estabelece, porém, duas excepções.

A primeira para o caso de *a nova lei ter suprimido o órgão* a que a causa estava afecta. Neste caso, o tribunal cessa imediatamente a sua competência logo que a nova lei inicie o seu período de vigência.

Sendo suprimido o tribunal, não só não poderá receber novas acções, como também não poderá finalizar as que lhe estavam distribuídas. Quer dizer, não manterá a sua competência até finalizar as acções pendentes. Estas terão de ser remetidas para outro tribunal.

A segunda excepção surge quando *a nova lei atribua ao tribunal competência* de que inicialmente carecia para o conhecimento da causa.

Nestes casos a nova lei aplica-se imediatamente não só às acções futuras, mas também às acções pendentes.

Suponhamos que o António, residente em Coimbra, propôs acção declarativa de condenação contra o Bernardo, residente em Viseu. A acção foi proposta em Coimbra, quando devia ter sido instaurada em Viseu, porque a lei considerava territorialmente competente para essa acção o tribunal do domicílio do réu. Porém, antes de ser decidida a questão da incompetência territorial, foi alterada a lei por forma a considerar competente para julgar a acção o tribunal do domicílio do autor. Esta lei passou a ter aplicação imediata. Assim, embora por princípio a competência se fixe no momento da propositura da acção e, por isso, a causa devesse ser remetida para o tribunal de Coimbra, este caso constituirá uma excepção, pelo que deverá prosseguir no tribunal onde foi indevidamente proposta.

"Não faria realmente sentido prescrever-se a remessa do processo para outro tribunal que deixou de ser competente em face dos critérios da nova lei, com o mero intuito formal de respeitar a competência do tribunal à data em que a acção foi proposta. Retirar o processo do tribunal onde se encontra - e que é agora competente para julgar a acção, se esta ali fosse instaurada - a fim de remetê-lo para o tribunal que deixou de ser competente, seria solução manifestamente desavisada"[36]

C) - Leis sobre o formalismo processual

Encontra-se expressamente definida a norma que regula não só a forma dos *actos* como também a *forma de processo*, nos casos de se ter verificado alteração da lei processual.

A forma dos diversos actos processuais é regulada pela lei que vigore no momento em que são praticados - artº 142º, nº 1.

Está, portanto, consagrado o princípio da aplicação imediata da nova lei não só às acções futuras, mas também aos *actos* a praticar futuramente nas acções pendentes. *Tempus regit actum.*

A forma de processo aplicável determina-se pela lei vigente à data em que a acção é proposta - artº 142º, nº 2.

Assim, a nova lei não tem aplicação imediata à *forma de processo*. A acção que tenha sido proposta sob a forma de processo comum ou especial, ordinário, sumário ou sumaríssimo conserva essa mesma forma de processo até final, sendo irrelevante a alteração da lei a tal respeito.

Doutro modo, poderia conduzir à inutilização prática de alguns actos anteriores, frustrando as legítimas expectativas das partes.

Esta mesma orientação deve ser seguida em relação às normas reguladoras de actos duradouros, como a inquirição das testemunhas ou a audiência de discussão e julgamento, por forma a evitar a inutilização de actos anteriores.

[36] Antunes Varela, J. Miguel Bezerra e Sampaio e Nora, ob. cit., pág. 52.

D) - Leis sobre recursos

Recursos são os meios de impugnação das decisões judiciais, proporcionando à parte vencida requerer a reapreciação da causa por um tribunal superior.

Para efeitos da sua aplicação no tempo, devemos distinguir entre as leis que regulam a *admissibilidade do recurso* e as que regulam a sua *tramitação.*

As leis que dispõem sobre a *tramitação* do recurso, porque dizem respeito unicamente ao formalismo processual, têm aplicação imediata, não só aos recursos que futuramente sejam interpostos em acções pendentes, mas também aos recursos pendentes.

Quanto à *admissibilidade,* a nova lei, que venha a *admitir* recurso quando a anterior o não admitia, não se aplica às decisões já proferidas. O contrário constituiria uma violação das expectativas fundadas na força do caso julgado.

Quando a nova lei *negue* recurso, nos casos em que pela anterior era admitido, não se aplica às decisões anteriores, se o recurso já tiver sido interposto. Deste modo não sairão frustradas as legítimas expectativas criadas à sombra da lei vigente no momento da interposição. Por outro lado, o recorrido não podia deixar de contar com a possibilidade de recurso na altura em que a decisão foi proferida.

No caso de o recurso ainda não ter sido interposto quando entrou em vigor a nova lei, embora a solução não seja totalmente líquida, existe a propensão da doutrina no sentido de considerar a não aplicação da lei nova às decisões que admitiam recurso no momento em que foram proferidas. De contrário, a decisão passaria a ter, pela nova lei, a força de caso julgado que a lei anterior lhe não atribuía.[37]

A nova lei que altere a admissibilidade de recurso é de aplicação imediata a todas as decisões que venham a ser proferidas nas causas pendentes, quer a nova lei negue quer atribua a possibilidade de recurso.

E) - Leis sobre alçadas

A alçada dum tribunal corresponde ao limite do valor das causas dentro do qual o tribunal julga sem admissibilidade de recurso ordinário.

Depende do valor da causa e, portanto, também da alçada a forma de processo ordinário, sumário e sumaríssimo - cfr. artº 462º.

Por isso, a lei que altere o valor da alçada dos tribunais pode suscitar a questão da *forma de processo.*

[37] Cfr. Manuel de Andrade, ob. cit., pág. 48 e Antunes Varela, J. Miguel Bezerra e Sampaio e Nora, ob. cit., pág. 56

Quanto à forma de processo, como já dissemos, não sofre alteração, ainda que a alçada seja alterada, em conformidade com o que dispõe o artº 142º, nº 2. Assim, o processo iniciado sob determinada forma conserva essa forma até à decisão final.

A *admissibilidade do recurso* é outra questão que a alteração da lei sobre as alçadas pode suscitar. Para responder a esta questão teremos de ter em conta que se trata de acto único. Só surge a partir do momento em que é proferida a decisão de que se pretende recorrer.

Partindo desta base, foi por alguns Autores entendido que a melhor doutrina seria no sentido de que a nova lei reguladora das alçadas se devia aplicar a todas as decisões proferidas após a sua entrada em vigor, mesmo que se referissem a acções pendentes na data em que ela principiou a vigorar.[38]

Parece, porém, mais aceitável a orientação oposta seguida por outros, nomeadamente pelo Professor Teixeira de Sousa.[39]

Partindo-se das dúvidas que aquela orientação suscitou quanto à sua constitucionalidade, por ser inaceitável, num Estado de direito democrático, uma frustração das expectativas com que a parte não podia razoavelmente contar por ser extraordinariamente onerosa e excessiva, deve concluir-se pela sua inconstitucionalidade, por violação do artº 2º da Constituição da República Portuguesa. Assim - conclui o mesmo Autor - deve preferir-se a orientação segundo a qual a lei nova sobre a admissibilidade dos recursos ordinários não é aplicável às acções pendentes quando ela exclui um recurso admissível na vigência da lei antiga.

Esta orientação é também a que resulta directamente da actual lei reguladora das alçadas.

Dispõe o artº 31º, nº 1 da Lei nº 52/2008, de 28/8, que em matéria cível a alçada dos tribunais da Relação é de € 30.000 e a dos tribunais de 1ª instância é de € 5.000.

Por sua vez, o nº 3 deste mesmo preceito determina que a admissibilidade dos recursos por efeito das alçadas é regulada pela lei em vigor ao tempo em que foi instaurada a acção.

É, portanto, *o valor da alçada no momento em que a acção foi proposta* que determina a *admissibilidade do recurso.*

[38] Antunes Varela, J. Miguel Bezerra e Sampaio e Nora, ob. cit., pág. 59.

[39] Miguel Teixeira de Sousa, Estudos Sobre o Novo Processo Civil, pág. 388.

F) - Lei sobre as provas

As provas têm por função a demonstração da realidade dos factos - artº 341º do Código Civil.

São os meios de que o tribunal se serve para demonstrar a realidade dos factos controvertidos que interessam à decisão da causa.

As normas reguladoras das provas podem constituir *direito probatório material* ou *direito probatório formal.*

O primeiro determina os *meios de prova* admissíveis e fixa o respectivo valor. Trata-se de normas de natureza substantiva, que integram o direito civil.

O *direito probatório formal* diz respeito ao *modo de produção das provas* em juízo, determinando os actos a praticar para a sua utilização (exemplo: número de testemunhas ou por quem devem ser interrogadas).

As normas de *direito probatório formal* são de aplicação imediata, visto que constituem mero formalismo processual.

Também são de aplicação imediata as normas de *direito probatório material* que regulam a admissibilidade de prova de quaisquer *factos em geral.* Em sentido contrário não poderão ser razoavelmente invocadas quaisquer expectativas dignas de protecção.

Quando se trata de novas normas de *direito probatório material* que digam respeito a *determinados factos,* aplica-se o princípio *tempus regit actum.* Se assim não fosse, isto é, se fosse aplicada a nova lei, isso implicaria sujeitar as partes a uma alteração da situação material.

Tomemos como exemplo o contrato de mútuo superior a certo montante – artº 1143º do Código Civil.

G) - Leis sobre prazos judiciais

1 – Definição e classificação dos prazos. Prática do acto depois do prazo.

Prazo é o espaço de tempo compreendido entre dois momentos: o inicial (termo *a quo*) e o final (termo *ad quem*).

A doutrina costuma classificar o prazo como *legal,* quando é marcado pela lei, e *judicial,* quando é fixado pelo juiz no decurso da causa.[40]

O artº 145º, nº 1 distingue duas modalidades de prazo: *dilatório* e *peremptório.*

O prazo *dilatório* difere para certo momento a possibilidade de realização de um acto ou o início da contagem de um outro prazo – artº 145º, nº 2. Prazo *dilatório* ou *suspensivo* é, por exemplo, o previsto no artº 250º, nº 2 e no artº 252º-A.

[40] Rodrigues Bastos, ob. cit., vol. I, pág. 211e seg.

O decurso do prazo *peremptório* extingue o direito de praticar o acto – artº 145º, nº 3. Exemplo desta modalidade é o prazo da contestação previsto no artº 486º.

A distinção entre prazo *dilatório* e prazo *peremptório* assenta nos efeitos que tende a produzir: o prazo *dilatório* define a possibilidade da prática de um acto, assim como o início ou a continuação da contagem de outro prazo; o decurso do prazo *peremptório* faz extinguir o direito à prática do acto respectivo, salvo o caso de *justo impedimento*.[41]

Embora o prazo *peremptório* extinga, em princípio, o direito de praticar o acto, a lei confere ainda a possibilidade de o praticar nos 3 dias úteis seguintes ao termo do prazo, mediante o pagamento imediato de uma multa, nos termos previstos nos nºs 5 e 6 do artº 145º.

O juiz pode determinar a redução ou dispensa da multa nos casos previstos no nº 8 do artº 145º.[42]

Além disso, o acto pode ser praticado depois do termo do prazo no caso de *justo impedimento*, isto é, de evento não imputável à parte nem aos seus representantes ou mandatários, que obste à prática atempada do acto – cfr. artº 146º.

Além daqueles a que aludimos, podemos ainda referir os prazos *cominatórios*, assim chamados por estabelecerem uma cominação ou ameaça. A sua inobservância, embora não exclua a possibilidade de os actos a que respeitam poderem ser praticados posteriormente, desencadeia todavia uma sanção. É o que se passa, por exemplo, com o prazo para a apresentação de documentos previsto no artº 523º, nº 2.

Actualmente foi adoptada a regra da continuidade dos prazos nos termos do disposto no artº 144º.

2 – Alteração dos prazos

Quanto à alteração dos prazos deve observar-se o que dispõe o artº 297º do Código Civil:

Se a nova lei veio *encurtar* um prazo peremptório ou cominatório, deve aplicar-se imediatamente aos prazos que já estiverem em curso, mas só se conta a partir da entrada em vigor da nova lei, a não ser que, pela lei antiga, falte menos tempo para o prazo se completar.

[41] Rodrigues Bastos, ob. cit., vol. I, pág. 214.

[42] Tem sido entendido que o Ministério Público goza da faculdade de prorrogação do prazo para a prática de actos judiciais concedida pelo artº 145º, nº 5, independentemente do pagamento de multa – cfr. Ac.s R.L. de 21/6/88, B.M.J. 378, 779; de 2/7/91, B.M.J. 409, 863 e de 23/9/91, B.M.J. 429, 867.

Assim, continuará sujeito à contagem pela lei anterior, o prazo de 30 dias que foi encurtado para 20 dias se, ao entrar em vigor a nova lei, já tiverem decorrido mais de 10 dias. Doutro modo, o prazo anterior acabaria por ser dilatado, em vez de reduzido, como pretende a nova lei.

Se a nova lei torna *mais longo* um prazo peremptório ou cominatório, é também aplicável imediatamente aos prazos que já estiverem em curso, mas conta-se o período de tempo decorrido no domínio da lei antiga.

Quando a nova lei torna mais longo um prazo dilatório, deve ser adoptada idêntica solução.

Se, pelo contrário, a nova lei encurta o prazo dilatório, também deve aplicar-se imediatamente aos prazos *em curso*. Porém, se, em conformidade com a nova lei, o prazo já estiver *esgotado*, a dilação deve considerar-se finda no momento da entrada em vigor da nova lei.

"Levar mais longe a aplicação imediata da nova lei, considerando a dilação finda antes de ela entrar em vigor, poderia ofender, com gravidade, legítimas expectativas dos interessados, em termos manifestamente contrários ao espírito do artigo 297º, nº 1, do Código Civil" [43]

O disposto no artº 297º do Código Civil é extensivo aos prazos processuais por força do nº 3 do mesmo preceito.

[43] Antunes Varela, J. Miguel Bezerra e Sampaio e Nora, ob. cit., pág. 64.

CAPÍTULO II
Formas de Processo

11 - Processo comum e processos especiais

Os actos que devem ser praticados e as formalidades que devem ser observadas pelas partes, quer no momento da propositura da acção quer no decurso da mesma, não são uniformes em todos os casos.

De uma maneira mais simples, podemos dizer que a tramitação das acções pode assumir aspectos diversos.

Nos termos do disposto no nº 1 do artº 460º, o processo pode ser comum ou pode ser especial.

O processo *especial* aplica-se aos casos expressamente designados na lei; o processo *comum* é aplicável a todos os casos a que não corresponda processo especial – nº 2 do artº 460º.

Significa isto que o processo *comum*, como o próprio nome indica, constitui a regra, enquanto o processo *especial* será a excepção.

Porém, os próprios processos *especiais* não seguem todos um modelo único. Pelo contrário, existe uma grande diversidade de processos *especiais*, consoante o tipo de providências que o autor se propõe alcançar quando instaura a acção. Quer dizer, no caso dos processos especiais, a lei seguiu diversos modelos de tramitação, procurando adequá-la à finalidade que em juízo se visa alcançar. Essa grande diversidade de processos especiais consta do Título IV do Livro III, que vai do artº 944º até ao artº 1507º-D.

Assim, entre muitos outros processos *especiais*, deparamos com o processo de interdição ou de inabilitação, o de prestação de contas, o de revisão de sentença estrangeira, o de inventário, o de divórcio ou separação de pessoas e bens.

Os processos *especiais* só têm aplicação nos casos expressamente previstos na lei, como já se disse. Quer isto dizer que, não correspondendo à providência pretendida pelo autor nenhum dos processos *especiais* indicados nos referidos preceitos, deve ser instaurada acção sob a forma de processo *comum,* em conformidade com a regra geral.

Cabe-nos referir que, para além do Código de Processo Civil, outros diplomas podem regular processos qualificados como especiais.

Por sua vez, o processo declarativo *comum* também se desdobra em três espécies: processo *ordinário,* processo *sumário* e processo *sumaríssimo.*

12 - Processo comum

A) - Distinção entre processo declaratório e processo executivo

Começando pelo processo comum, que é a regra, devemos distinguir entre o *processo declaratório* e o *processo executivo.*

O *processo declaratório* destina-se a alcançar do poder judicial a declaração da vontade da lei no caso em apreço. O autor pede ao tribunal que declare a solução para o caso que é submetido à sua apreciação.

Com o *processo executivo* tem-se em vista a realização coactiva dessa vontade da lei.

Se, por exemplo, o tribunal declara que A é titular de um determinado direito de crédito e condena B a efectuar a prestação correspondente, estamos no domínio da *acção declaratória* ou *declarativa.*

Depois, se o devedor não cumpre voluntariamente a decisão proferida pelo tribunal, A pode propor uma *acção executiva,* para obter, através da penhora e posterior venda dos bens do faltoso, o cumprimento da prestação em que foi condenado.

Pode dizer-se que a diferença entre a *acção declaratória* e a *acção executiva* é semelhante à que se verifica entre o dizer (declarar) o direito e o fazer cumprir (executar) esse direito, como já noutro lugar referimos.

Tal como no processo declaratório, a iniciativa do processo executivo tem de partir de quem tem interesse em ver cumprida a condenação proferida no domínio daquele processo, apesar de estar em causa o cumprimento de uma ordem ditada pelo tribunal, que é um órgão de soberania. Tratando-se de interesses particulares, é a parte vencedora na acção de condenação que terá de propor a acção executiva, de acordo com o princípio *dispositivo.*

Toda a execução tem por base um título, pelo qual se determinam o fim e os limites da acção executiva - artº 45º, nº 1.

As espécies de títulos executivos encontram-se referidos no artº 46º. Como se verifica, nem só as sentenças constituem títulos executivos, pois existem também certos documentos que podem servir de base à execução.

Nem sempre o processo declarativo é seguido do processo executivo.

Se o réu deu cumprimento à condenação que a acção declarativa lhe impôs, é evidente que já não haverá necessidade de instaurar contra ele acção executiva.

Se a acção declarativa foi julgada improcedente (sendo o réu absolvido do pedido) ou o réu foi absolvido da instância, é também evidente que não se seguirá processo executivo.

Nas acções de simples apreciação, não tendo sido pedida a condenação do réu - pedido que é próprio das acções de condenação - não se seguirá acção executiva, como é óbvio.

Nas acções constitutivas - em que o efeito jurídico pretendido pelo autor se satisfaz integralmente com a decisão do tribunal - também ao processo declaratório se não segue o processo executivo. Se o autor pediu, por exemplo, que fosse decretado o divórcio (ou a anulação do seu casamento) é inteiramente suficiente a decisão que decrete a dissolução (ou a anulação) do casamento, pois essa decisão irá ser comunicada pelo tribunal ao Registo Civil, onde a decisão judicial será averbada, e é quanto basta para produzir o efeito pretendido.

Por outro lado, nem sempre o processo executivo foi precedido de um processo declaratório.

Para que possa ser instaurada execução é essencial que exista um título executivo. Ora, não sendo as sentenças os únicos títulos executivos, como se depreende do disposto no artº 46º já referido, facilmente se compreende que pode ser proposta acção executiva com fundamento em título executivo diferente da sentença, o que equivale a dizer que a execução nem sempre é precedida de processo declaratório.

B) - Formas de processo comum

Não cabendo à acção que o autor pretende instaurar alguma forma de processo especial, é nítido que deve propor acção que siga a forma de processo comum.

Porém, conforme dispõe o artº 461º, o processo comum pode ser *ordinário*, *sumário* e *sumaríssimo*. O artº 467º, nº 1, alínea c) exige que o autor indique também a forma de processo.

Para a determinação da forma de processo o artº 462º refere os critérios a observar: o do valor da acção, ou esse valor conjugado com o fim da acção.

Assim, empregar-se-á o processo *ordinário* se o valor da causa exceder a alçada do tribunal da Relação (actualmente fixada em € 30.000,00). Neste caso, o único critério a ter em conta é o que diz respeito ao valor da acção.

Empregar-se-á o processo *sumário*, se o valor da acção for igual ou inferior à alçada do tribunal da Relação e não seja caso em que deva ser observada a forma de processo *sumaríssimo*. Quer dizer, para se concluir pela observância do processo *sumário* já não é suficiente atender apenas ao valor da acção. Torna-se ainda necessário averiguar se estamos perante um caso em que deva ser seguido o processo *sumaríssimo*.

Deve ser observada a forma de processo *sumaríssimo* quando o valor da acção não exceda a alçada do tribunal de comarca (€ 5.000,00) e se destine ao cumprimento de obrigações pecuniárias, à indemnização por dano e à entrega de coisas móveis.

Como se depreende, o principal critério de distinção, no que toca às formas de processo comum, reside no valor da acção, mas, abaixo de certo valor, o da alçada do tribunal de comarca, entra em jogo também o objecto da acção.

Para que tenha lugar o processo *sumaríssimo* é necessário, como se verifica, que o valor da acção não seja superior à alçada do tribunal de comarca e esteja em causa o cumprimento de obrigações pecuniárias, a indemnização por dano ou a entrega de coisas móveis e, claro, não haja processo especial adequado.

Do exposto, ressalta a importância que o valor da causa tem na determinação da forma de processo comum. Tem ainda importância o valor da causa para a determinação da intervenção e competência do tribunal colectivo (v. artº 646º) e para averiguar se a decisão da causa está contida dentro da alçada do tribunal. Por isso, não poderemos deixar de lhe fazer, seguidamente, uma breve referência.

C) - Determinação do valor da causa

1 – Critérios gerais e critérios especiais para a fixação do valor

O artº 467º, nº 1, alínea f) impõe ao autor que declare o valor da causa.

A importância que a fixação do valor da acção representa ressalta com clareza do disposto no artº 305º:

1 - A toda a causa deve ser atribuído um valor certo, expresso em moeda legal, o qual representa a utilidade económica imediata do pedido.

2 - A este valor se atenderá para determinar a competência do tribunal, a forma de processo comum e a relação da causa com a alçada do tribunal.
3 - Para o efeito de custas judiciais, o valor da causa é fixado segundo as regras previstas no presente diploma e no Regulamento das Custas Processuais.

A expressão *causa*, utilizada em sentido processual amplo, significa demanda ou litígio, abrangendo não só a acção, mas também a reconvenção, os incidentes e os procedimentos cautelares.[44] Como se verifica, a palavra *causa* tem um significado mais abrangente que a palavra *acção*.

Para a fixação do valor da causa, a lei começa por formular critérios gerais – artº 306º - a que se segue a indicação de critérios para casos especiais – artºs 307º, 309º e seguintes. Por isso, antes de fixar o valor da causa, a parte terá de indagar primeiramente se ao caso se aplica algum dos critérios especiais enunciados. Caso contrário, o valor da causa terá de ser encontrado por aplicação das regras gerais.

O artº 306º determina os critérios gerais para a fixação do valor da causa nos seguintes termos:

1 - Se pela acção se pretende obter qualquer quantia certa em dinheiro, é esse o valor da causa, não sendo atendível impugnação nem acordo em contrário; se pela acção se pretende obter um benefício diverso, o valor da causa é a quantia em dinheiro equivalente a esse benefício.
2 - Cumulando-se na mesma acção vários pedidos, o valor é a quantia correspondente à soma dos valores de todos eles; mas quando, como acessório do pedido principal, se pedirem juros, rendas e rendimentos já vencidos e os que se vencerem durante a pendência da causa, na fixação do valor atende-se somente aos interesses já vencidos.
3 - No caso de pedidos alternativos, atender-se-á unicamente ao pedido de maior valor e, no caso de pedidos subsidiários, ao pedido formulado em primeiro lugar.[45]

Significa isto que, se o pedido formulado é o de condenação em determinada quantia, esse deverá ser o valor a indicar. Se for pedido o reconhecimento de vantagem de valor económico, a este se atenderá para fixar o valor da causa.

[44] Salvador da Costa, Os incidentes da Instância, pág. 18. Cfr. ainda Rodrigues Bastos, ob. cit., vol. II, pág. 84.

[45] V. a definição legal respectiva: pedidos alternativos – art.º 468º; pedidos subsidiários – art.º 469º; cumulação de pedidos – art.º 470º.

Se houver cumulação de pedidos – artº 470º - o valor resulta da soma de todos eles. Se acessoriamente se pedirem interesses vencidos e os que se vencerem na pendência da acção, só o valor dos vencidos será somado ao valor do pedido principal. Doutro modo, o valor estaria em constante mutação.

No caso de pedidos alternativos – artº 468º - será considerado o pedido de maior valor. Na verdade, a parte apenas pretende ver atendido um deles. De forma idêntica, sendo formulados pedidos subsidiários, deve atender-se ao valor do primeiro, que é aquele que o tribunal aprecia primordialmente – artº 469º.

Para além dos critérios gerais referidos, o artº 307º fixa critérios para casos especiais:

1 - Nas acções de despejo, o valor é o da renda de dois anos e meio, acrescido do valor das rendas em dívida ou o da indemnização requerida, consoante o que for superior.

2 - Nos processos referentes a contratos de locação financeira, o valor é o equivalente ao da soma das prestações em dívida até ao fim do contrato acrescidos dos juros moratórios vencidos.

3 - Nas acções de alimentos definitivos e nas de contribuição para as despesas domésticas o valor é o quíntuplo da anuidade correspondente ao pedido.

4 - Nas acções de prestação de contas, o valor é o da receita bruta ou da despesa apresentada, se lhe for superior.

Como resulta do preceito, o valor da acção de despejo determina-se multiplicando por 30 a importância da renda mensal e somando-lhe, se for caso disso, o montante das rendas em dívida ou o da indemnização que tiver sido pedida, escolhendo entre estes dois últimos valores o que for superior.

Nas acções referentes a contratos de locação financeira, o valor a indicar é o que corresponde à soma das importâncias em dívida até ao fim do contrato e dos juros moratórios vencidos.

Nas acções de alimentos definitivos - o dos alimentos provisórios encontra-se previsto no artº 313º, nº 3, alínea a) - o valor da acção obtém-se multiplicando o montante mensal pedido por 5 anuidades, ou seja, por 60 (5x12). A mesma operação deve ser efectuada para calcular o valor da acção de contribuição do cônjuge para as despesas domésticas - cfr. artº 1416º.

Nas acções de prestação de contas - cfr. artºs 1014º e segs. - escolhe-se, entre a receita bruta e a despesa, o quantitativo mais elevado.

O artº 312º fixa o valor das acções sobre o estado das pessoas ou sobre interesses imateriais ou difusos.

O nº 1 do preceito determina que as acções sobre o estado das pessoas ou sobre interesses imateriais consideram-se sempre de valor equivalente à alçada da Relação e mais € 0,01.

O nº 2 estende esta mesma regra às acções para atribuição da casa de morada da família, constituição ou transferência do direito de arrendamento.

O nº 3 do mesmo preceito dispõe que nos processos para tutela de interesses difusos, o valor da acção corresponde ao do dano invocado, com o limite máximo do dobro da alçada do Tribunal da Relação.

Dizem respeito ao *estado das pessoas* as acções de divórcio, as de separação judicial de pessoas e bens, as de anulação do casamento, as de investigação de maternidade ou de paternidade, as de impugnação de maternidade, de impugnação de paternidade ou de impugnação de perfilhação, as de interdição e inabilitação, etc. - cfr. artºs 1785º, 1794º, 1632º, 1814º, 1864º, 1807º, 1840º, 1859º, 138º e 152º, todos do Código Civil.

As *acções sobre o estado das pessoas* têm sempre o mesmo valor. Sendo este valor superior à alçada do Tribunal da Relação em € 0,01, permite que da sentença se possa recorrer até ao Supremo Tribunal de Justiça. Esta possibilidade traduz a importância que é atribuída a estas acções.

Têm por objecto *interesses imateriais* as acções que visam alcançar um interesse não patrimonial, ou seja, que não é susceptível de se quantificar em dinheiro. Estão neste caso as acções em que se pretende a inibição ou limitações ao exercício das responsabilidades parentais – artºs 1913º e seguintes do Código Civil.

Os *interesses difusos* dizem respeito a pessoas não individualmente determinadas. Trata-se de interesses cuja titularidade pertence a todos e a cada um dos membros de uma comunidade ou de um grupo, mas que não são susceptíveis de apropriação por qualquer deles - v. o que se diz adiante no nº 19.

2 – Momento a que se atende para a fixação do valor

O artº 308º dispõe sobre o momento a que deve atender-se para a determinação do valor:

1 - Na determinação do valor da causa, deve atender-se ao momento em que a acção é proposta, excepto quando haja reconvenção ou intervenção principal.

2 - O valor do pedido formulado pelo réu ou pelo interveniente só é somado ao valor do pedido formulado pelo autor quando os pedidos sejam distintos, nos termos do disposto no nº 3 do artº 447º-A.

3 - O aumento referido no número anterior só produz efeitos quanto aos actos e termos posteriores à reconvenção ou intervenção.

> 4 – Nos processos de liquidação ou noutros em que, analogamente, a utilidade económica do pedido só se define na sequência da acção, o valor inicialmente aceite será corrigido logo que o processo forneça os elementos necessários.

O nº 1 deste preceito estabelece a regra geral de que para a fixação do valor da acção se deve tomar em conta o momento em que é proposta.

Aponta, porém, duas excepções a esta regra: uma no caso de ter sido deduzido *pedido reconvencional*, outra no caso de ter sido requerida *intervenção principal.* Nestes casos, ao valor do pedido formulado pelo autor na petição inicial soma-se o valor do pedido formulado pelo réu ou pelo interveniente. Mas nem sempre estes valores devem ser adicionados ao valor do pedido do autor. Qualquer desses valores só se soma ao valor do pedido formulado pelo autor quando os pedidos sejam *distintos.*

Não se considera distinto o pedido, designadamente, quando a parte pretenda conseguir, em seu benefício, o mesmo efeito jurídico que o autor se propõe obter ou quando a parte pretenda obter a mera compensação de créditos – artº 447º-A, nº 3.

O artº 274º, nº 2, nas suas alíneas b) e c), prevê a admissibilidade da reconvenção nos casos em que o réu se propõe obter a compensação e ainda quando o pedido do réu tende a conseguir, em seu benefício, o mesmo efeito jurídico que o autor se propõe obter.

Como se verifica, o valor da causa pode ser alterado depois de ter havido reconvenção ou intervenção principal. Alterar-se-á o valor nos casos em que na *reconvenção* ou na *intervenção principal* é formulado um pedido *distinto* do do autor. Nestes casos, ao valor do pedido formulado pelo autor soma-se o valor do pedido deduzido na reconvenção ou na intervenção principal. Não há necessidade de despacho do juiz a declarar o aumento do valor. Quer no caso da reconvenção quer no da intervenção principal o valor da causa fixa-se automaticamente pela soma dos dois valores referidos.

Este valor aumentado mantém-se ainda que se verifique posterior desistência do pedido. É também este valor que determina a admissibilidade de recurso e não o valor de um dos pedidos que eventualmente venha a ser julgado improcedente.

Basta ter sido deduzido o novo pedido para que o valor da causa sofra acréscimo, que se manterá, ainda que o pedido reconvencional ou a intervenção não venham a ser admitidos.

Conforme dispõe o nº 3 do artº 308º, o aumento só produz efeitos em relação aos actos e termos posteriores à reconvenção ou à intervenção. Significa isto que o aumento do valor da acção não afecta os termos e actos já praticados no processo.

Porém, a partir do aumento de valor, a forma inicial do processo pode sofrer alteração. O processo sumário pode dar lugar a processo ordinário. Esta alteração implica a necessidade de nova distribuição por forma a fazê-la corresponder à actual situação, devendo descarregar-se numa e carregar-se na outra espécie - cfr. artº 221º.

O nº 4 do mesmo artº 308º prevê os casos em que o valor não se pode logo determinar no momento em que é instaurada a acção. A utilidade económica do pedido só se define no decurso da acção. Neste caso, o valor inicialmente atribuído deve ser corrigido logo que do processo constem os elementos necessários para o efeito.

Pode dizer-se que *a fixação do valor é diferida* para um momento posterior à propositura da acção. A indicação inicial resultou da necessidade de atribuir um valor à acção – cfr. artº 467º, nº 1, alínea f) - ainda que provisório, para determinação da competência do tribunal, da forma de processo e da admissibilidade de recurso. Trata-se do valor provável da causa, o qual será corrigido quando forem apurados os elementos que tal permitam.

D) Aplicação subsidiária do processo ordinário

Conforme resulta do disposto nos artºs 463º, nº 1 e 464º, o *processo ordinário* contém normas que são de aplicação subsidiária ao *processo sumário* e ao *processo sumaríssimo*. Impõe-se, por isso, que se comece este estudo pelo *processo ordinário* e que a este se dê um maior desenvolvimento.

Na verdade, o *processo ordinário* é tido como o *processo comum tipo*. Por isso, está regulado no Código de uma maneira pormenorizada, enquanto que as outras formas processuais contêm apenas as disposições necessárias ao seu especial regime. O *processo sumário* regula-se, em primeiro lugar pelas disposições que lhe são próprias (artºs 783º a 791º) e, em tudo o que não estiver prevenido nestas e nas disposições gerais e comuns, pelo que se encontra estabelecido no *processo ordinário* – cfr. artº 463º. Também o *processo sumaríssimo* acaba por remeter para o *processo ordinário* – cfr. artº 464º.

13 - Processos de jurisdição voluntária

A) - Distinção entre jurisdição voluntária e jurisdição contenciosa

Geralmente os processos são de *jurisdição contenciosa*. Destinam-se a dirimir um conflito de interesses entre as partes. Quer dizer, o autor e o réu têm interesses conflituantes e, por isso, o autor pede ao tribunal que resolva esse conflito proferindo a respectiva decisão em conformidade com a lei substantiva aplicável ao caso.

Esse conflito de interesses verifica-se, por exemplo, entre o credor e o devedor ou entre o locador e o locatário.

Nos processos de *jurisdição voluntária* não existe um conflito de interesses a dirimir, mas apenas um interesse fundamental, que o juiz procura regular da forma mais conveniente e oportuna.

A ausência de um conflito de interesses não significa que não possa haver um conflito de opiniões sobre o mesmo interesse.

É o que acontece, por exemplo na acção de regulação do exercício das responsabilidades parentais, proposta por um dos progenitores contra o outro. Qualquer dos pais procura defender a situação que melhor servirá, na sua opinião, os interesses do filho. Embora o interesse a defender seja o mesmo – o bem estar do filho de ambos – as opiniões de cada um dos progenitores, no sentido de alcançar esse bem estar, são divergentes entre si. Cada um deles pretende, por exemplo, que o filho seja confiado à sua guarda.

Nos processos de *jurisdição contenciosa* o tribunal decide de acordo com a lei substantiva aplicável, como já se disse. Exerce, assim, a função jurisdicional, aplicando a lei substantiva ao caso concreto.

Nos processos de *jurisdição voluntária* a função do juiz não é tanto a de interpretar e aplicar a lei. Por isso, tem sido classificada como uma função administrativa.

Um dos critérios de distinção apontados procura aí a sua fundamentação: a *jurisdição voluntária* implica o exercício de uma actividade essencialmente administrativa, ao passo que a *jurisdição contenciosa* implica o exercício de uma actividade verdadeiramente jurisdicional.[46]

Segundo Lebre de Freitas, "a submissão destes casos aos tribunais resulta de se ter considerado necessária uma cuidadosa avaliação dos interesses par-

[46] Cfr. Alberto dos Reis, Processos Especiais, vol. II, pág. 398.

ticulares em jogo, que o juiz, melhor que uma entidade administrativa, está em condições de assegurar."[47]

Os processos de *jurisdição voluntária* constituem processos *especiais*. Não são, portanto, processos comuns. Sendo processos especiais, só são processos de jurisdição voluntária os que a lei expressamente qualificar como tais - cfr. nº 2 do artº 460º.

B) - Características dos processos de jurisdição voluntária

Os processos de jurisdição voluntária estão previstos nos artºs 1409º e seguintes. Estes preceitos estabelecem diversos princípios que os caracterizam.

1 - Princípio do inquisitório

Conforme dispõe o artº 1409º, nº 2, o tribunal pode investigar livremente os factos, coligir as provas, ordenar os inquéritos e recolher as informações convenientes.

O juiz dispõe, portanto, de largo poder de iniciativa na colheita dos factos que interessam para a decisão, podendo servir-se das provas que lhe pareçam mais convenientes, sendo-lhe permitido ordenar a realização de inquéritos ou solicitar informações. A sua actividade *inquisitória* prevalece sobre a actividade *dispositiva* das partes. Não tem de socorrer-se apenas dos factos alegados pelas partes, como nos processos de jurisdição contenciosa - cfr. artº 664º.

O princípio do *inquisitório* contrapõe-se ao princípio *dispositivo*. Neste, diferentemente, as partes *dispõem* do processo, cabendo-lhes o impulso processual e a limitação do *thema decidendum*.

2 – Critério de julgamento

O tribunal não está sujeito a critérios de legalidade estrita, devendo antes adoptar a solução que julgue mais conveniente e oportuna - artº 1410º.[48]

O juiz não está, portanto, vinculado à observância rigorosa do direito aplicável. Tem a liberdade de se subtrair a esse enquadramento rígido e de pro-

[47] José Lebre de Freitas, Introdução ao Processo Civil, pág. 51.

[48] A equidade tem as suas raízes na filosofia grega. Reflectia já aí a dialéctica estabelecida entre o geral (o "nomos") e o particular, expresso no momento da decisão (o "kairós"). A ideia da equidade correctiva da norma geral e abstracta de maneira a adaptá-la ao caso concreto, de forma a obter a solução justa para tal caso, tem o seu principal ponto de partida na obra de Aristóteles "Ética a Nicómaco" - *in* Do Negócio Usurário, Pedro Camargo de Sousa Eiró, pág. 78.

ferir a decisão que lhe pareça mais equitativa. Quer dizer, o juiz funciona como um árbitro, ao qual fosse conferido o poder de julgar *ex aequo et bono.*[49]

Em vez da obediência rígida às normas legais, como nos processos de *jurisdição contenciosa* - artº 659º, nº 2 - o juiz procurará, com bom senso, encontrar, para o caso concreto, a solução que melhor sirva o interesse em causa.

Sendo difícil encontrar dois casos exactamente iguais, existem circunstâncias subjectivas e objectivas a que a lei, geral e abstracta, não atende. A *equidade* é, portanto, uma forma de encontrar soluções baseadas na justiça do caso concreto, prescindindo do direito estrito.

A equidade é a justiça do caso concreto, flexível, humana, independente dos critérios normativos fixados na lei,...pelo que o julgador deve ter em conta todas as regras da boa prudência, do bom senso prático, da justa medida das coisas e da criteriosa ponderação das realidades da vida...[50]

Esta prevalência não vai, porém, ao ponto de permitir a postergação de normas imperativas aplicáveis à situação.

3 - Livre modificabilidade das decisões

Nos processos de jurisdição voluntária as resoluções podem ser alteradas, sem prejuízo dos efeitos já produzidos, com fundamento em circunstâncias supervenientes que justifiquem a sua alteração – artº 1411º, nº 1.

Como se verifica, as decisões tomadas em processo de jurisdição voluntária não ganham a força de *caso julgado.* Podem, por isso, ser alteradas, desde que se modifiquem as circunstâncias que determinaram essas decisões. Diferentemente, nos processos de jurisdição contenciosa, depois de proferida a sentença, fica esgotado o poder jurisdicional do juiz - artº 666º.

4 - Inadmissibilidade de recurso para o S.T.J.

Das resoluções proferidas segundo critérios de conveniência ou oportunidade, não é admissível recurso para o Supremo Tribunal de Justiça, conforme preceitua o art.º 1411º, nº 2.

Facilmente se compreende esta restrição se nos lembrarmos de que o Supremo Tribunal de Justiça é um tribunal de revista. O fundamento específico do recurso de revista é a violação da lei substantiva – artº 722º, nº 1. Não estando em causa a violação da lei substantiva, nos casos em que as decisões

[49] Cfr. Alberto dos Reis, Processos Especiais, vol. II, pág. 400.

[50] Cfr. Ac. do S.T.J. de 10/02/98, C.J.S.T.J., Tomo I, 65.

foram tomadas segundo critérios de conveniência ou oportunidade, é evidente que não será admissível recurso para o Supremo Tribunal de Justiça.

Já no domínio da lei anterior às últimas grandes revisões processuais, o Assento do S.T.J., de 6-4-1965 (B.M.J.146, 325) firmou jurisprudência no sentido de que "nos processos de jurisdição voluntária em que se faça a interpretação e aplicação dos preceitos legais em relação a determinadas questões de direito, as respectivas decisões são recorríveis para o Tribunal Pleno, nos termos do artº 764º do Código de Processo Civil".

O nº 2 do artº 1411º veio consagrar a solução que o assento tinha adoptado. Actualmente é claro que só não é admitido recurso para o S.T.J. quando as resoluções tenham sido proferidas segundo critérios de conveniência ou oportunidade, sendo, *a contrario sensu*, admissível quando as questões decididas se fundam em critérios de estrita legalidade.

14 – Regime Processual Experimental

A) - Objectivo

O Decreto-Lei nº 108/2006, de 8 de Junho, criou um regime processual civil mais simples e flexível que, como refere na parte preambular, confia na capacidade e no interesse dos intervenientes forenses em resolver com rapidez, eficiência e justiça os litígios em tribunal.

A tramitação processual prevista neste diploma tem natureza experimental, pretendendo-se testar e aperfeiçoar os dispositivos de aceleração, simplificação e flexibilização processuais consagrados, antes de alargar o âmbito da sua aplicação.

O presente decreto-lei aplica-se nos tribunais a determinar por portaria do Ministro da Justiça – artº 21º, nº 1 do diploma.

É conferido ao juiz um papel determinante, enquanto responsável pela direcção do processo e pela sua agilização, sendo-lhe atribuídos pelo artº 2º do diploma os deveres de:

a) Adoptar a tramitação processual adequada às especificidades da causa e adaptar o conteúdo e a forma dos actos processuais ao fim que visam atingir.
b) Garantir que não são praticados actos inúteis, recusando o que for impertinente ou meramente dilatório.
c) Adoptar os mecanismos de agilização processual previstos na lei.

Aliás, refere ainda, a propósito, a existência de duas regras já constantes do actual Código de Processo Civil, com origens diferentes, que apontam no sentido da pretendida agilização. Uma delas consta do artº 137º, que consagra o *princípio da limitação dos actos* ao proibir a realização de actos inúteis. A outra consta do artº 265º-A, que consagra o *princípio da adequação formal.*

Com a mesma finalidade de agilização, os actos processuais, incluindo os actos das partes que devam ser praticados por escrito, são praticados electronicamente – artº 3º do diploma.

Por sua vez, a citação edital é feita pela publicação de anúncio em página informática de acesso público – artº 5º do diploma.

B) - Litígios de massa

Com o diploma ora em apreço visou-se essencialmente "assegurar um tratamento específico" "aos litigantes de massa, permitindo, designadamente, a prática de decisões judiciais que abranjam vários processos. Para o efeito, o novo regime processual acolhe uma figura nova, a agregação" "que pretende constituir uma alternativa à apensação sempre que, verificados os pressupostos desta, seja desaconselhável uma tramitação das causas totalmente conjunta".

Nos termos do respectivo artº 21º, nº 2, os tribunais onde o decreto-lei se aplica devem ser escolhidos de entre os que apresentem elevada movimentação processual, atendendo aos objectos de acção predominantes e actividades económicas dos litigantes.

"Através da agregação, permite-se que o juiz, em qualquer momento, pratique um acto ou realize uma diligência extensível a vários processos, sem que estes tenham de, no futuro, ser tratados conjuntamente. Trata-se, pois, de uma associação dos processos meramente transitória e apenas para a prática do acto em causa, sejam eles actos de secretaria, a audiência preliminar, a audiência final, despachos interlocutórios ou sentenças. O acto a praticar conjuntamente pode circunscrever-se à realização de uma determinada diligência de instrução – como a inquirição de testemunhas arroladas em vários processos ou a prestação de esclarecimentos pelos mesmos peritos – ou à discussão, em audiência preliminar ou final de uma única questão de facto ou direito comum a várias causas. Findo ou praticado o acto, os processos prosseguem individualmente a sua marcha".

Trata-se da prática de actos *em massa* desde que exista um elemento de conexão entre as acções e essa prática constitua uma simplificação do serviço.

A agregação de acções encontra-se prevista no artº 6º do diploma para os casos em que, no mesmo tribunal, foram propostas acções que, por se verificar os pressupostos da admissibilidade do litisconsórcio, da coligação, da oposição e da reconvenção, podiam ser reunidas num único processo (sobre litisconsórcio, coligação e reconvenção v. adiante, respectivamente, nº 18 – C, D e E, nº 18 – F e nº 47).

Nos termos do artº 7º, nº 1 do diploma em causa, ocorrendo coligação inicial ou sucessiva ou a situação prevista no nº 4 do artigo 274º do Código de Processo Civil, pode o tribunal determinar, não obstante a verificação dos respectivos requisitos e ouvidas as partes, que a prática de certos actos se realize em separado, designadamente quando haja inconveniente em que as causas ou pedidos sejam instruídos, discutidos ou julgados conjuntamente ou quando a prática de actos em separado contribua para um andamento da causa mais célere ou menos oneroso.

Atribui-se ao tribunal a faculdade de ponderar com maior elasticidade do que a consentida pelo disposto no nº 4 do artº 31º (no caso de coligação) ou pelo nº 5 do artº 274º (no caso de pedido reconvencional com pluralidade de sujeitos).

C) - Processo

1 - Articulados

Na fase liminar estão previstos apenas dois articulados, salvo quando seja deduzido pedido reconvencional ou a acção seja de simples apreciação negativa – artº 8º, nºs 1 a 3 do diploma.

A petição inicial, a contestação e a resposta não carecem de forma articulada nas causas em que o patrocínio judiciário não é obrigatório (sobre patrocínio judiciário v. adiantc o nº 21; quanto à forma articulada, v. nºs 30 – A e 126 - A).

Com os articulados devem as partes requerer a gravação da audiência final ou a intervenção do colectivo, apresentar o rol de testemunhas e requerer outras provas. A parte a quem é oposto o último articulado admissível pode alterar, nos 10 dias subsequentes à respectiva notificação, o requerimento probatório anteriormente apresentado – nºs 4 e 5 do mesmo artigo (sobre a gravação, v. nº 85 – L e sobre o tribunal colectivo o nº 87).

A petição inicial, a contestação e a resposta continuam a chamar-se articulados, apesar de não ser exigida a sua redacção por artigos como impõe o artº 151º. É uma situação paralela à que se verifica nos artigos 793º e 795º, no caso do processo sumaríssimo (v. adiante nº 126 - A).

Com a mesma preocupação de celeridade, as provas têm de ser apresentadas com os articulados. Igualmente se verifica paralelismo com o processo sumaríssimo – cfr. artºs 793º e 794º (v. adiante nº 126 - A).

2 – A presentação conjunta da acção pelas partes

As partes podem apresentar a acção para saneamento, devendo, para o efeito, juntar petição conjunta, na qual devem: identificar os factos admitidos por acordo e os factos controvertidos; tomar posição sobre as questões de direito relevantes; formular as respectivas pretensões; requerer as respectivas provas, indicando os factos sobre os quais recaem a inquirição de cada testemunha e a restante produção de prova; requerer a gravação da audiência final ou a intervenção do colectivo – artº 9º, nºs 1 e 2 do diploma (sobre a selecção da matéria de facto, v. adiante nº 63 – F).

O processo apresentado tem carácter urgente sempre que as partes não tenham requerido a produção de prova testemunhal ou a partir do momento em que apresentem a acta de inquirição por acordo de todas as testemunhas arroladas – artº 9º, nº 5 e artº 13º do diploma. Em ambos os casos, a taxa de justiça é reduzida a metade – artº 18º, nº 1 do diploma (sobre a inquirição de testemunhas por acordo das partes, v. artº 638º-A).

O depoimento pode ser prestado através de documento escrito, datado e assinado pelo seu autor do qual conste a relação dos factos a que assistiu ou que verificou pessoalmente e das razões de ciência invocadas – artº 12º, nº 1 do diploma. O nº 2 do artigo faz referência aos requisitos exigidos (sobre os depoimentos apresentados por escrito e requisitos de forma exigidos para tal, v. artºs 639º e 639º-A, respectivamente).

3 – Instrução

As partes não podem oferecer mais de 10 testemunhas. No caso de reconvenção, para prova desta e da respectiva defesa cada uma das partes pode oferecer igual número de testemunhas. Sobre cada facto que se propõe provar a parte não pode produzir mais de três testemunhas, excluindo as que tenham declarado nada saber. As testemunhas são apresentadas pelas partes, salvo se tiverem requerido a sua notificação para comparência ou inquirição por teleconferência – artº 11º do diploma (cfr. o prescrito para o processo sumário no nº 124 – C; v. ainda, quanto às testemunhas, o nº 58 - E e o nº 85 - H).

D) - Audiência final

A marcação da audiência final é sempre efectuada mediante acordo prévio com os mandatários judiciais com o objectivo de evitar adiamentos – cfr. artº 155º.

Assim, nos termos do artº 14º, nº 1 do diploma, salvo justo impedimento, a falta de qualquer das partes ou dos seus mandatários não constitui motivo de adiamento da audiência (v., sobre o adiamento, o que se diz adiante no nº 92).

Quando as partes não tenham constituído mandatário judicial ou este não compareça, a inquirição das testemunhas é efectuada pelo juiz – artº 14º, nº 2 do diploma (v. adiante o nº 126 – C).

Finda a produção de prova, a discussão da matéria de facto e do aspecto jurídico da causa é oral e realiza-se em simultâneo – artº 14º, nº 3 do diploma (v., adiante, sobre discussão da matéria de facto o nº 95 – F; sobre discussão do aspecto jurídico o que se diz no nº 97 e 124 - D).

A matéria de facto é decidida na sentença, podendo a discriminação dos factos provados e não provados ser feita por remissão para as peças processuais onde estejam contidos – artº 15º, nº 1 do diploma (quanto à decisão sobre a matéria de facto confronte com o que se refere adiante no nº 96).

A sentença deve limitar-se à parte decisória, precedida da identificação das partes e da fundamentação sumária do julgado – artº 15º, nº 2 do diploma.

Salvo em casos de manifesta complexidade, a sentença é de imediato ditada para a acta - artº 15º, nº 3 do diploma (sobre a sentença ditada para a acta, v. adiante o nº 126 – D e sobre o recurso da mesma v. o nº 109 – A e D)

Se o réu não contestar, a fundamentação pode consistir na simples adesão aos fundamentos apresentados pelo autor, quando destes resultem as razões de facto e de direito em que se funda a decisão – artº 15º, nº 4 do diploma. Esta solução vai ao arrepio do disposto no artº 158º (quanto à estrutura da sentença, v. adiante o nº 99).

Se o juiz aderir a um acórdão de uniformização de jurisprudência, deve limitar-se a remeter para os seus fundamentos, indicando o local da sua publicação em jornal oficial – artº 15º, nº 5 do diploma (v., sobre uniformização de jurisprudência, adiante o nº 116 C 2).

E) - Procedimentos cautelares e processos especiais

"No âmbito dos procedimentos cautelares, e tendo em vista, nomeadamente, as situações em que a natureza das questões ou a gravidade dos interesses envolvidos não se compadece com a adopção de uma simples providência cautelar ou, diversamente, prescinde, por absolutamente inútil, da instauração de uma acção principal, permite-se que o tribunal, ouvidas as partes, antecipe o juízo sobre a causa principal, desde que considere que foram trazidos ao processo todos os elementos necessários para uma decisão definitiva".

Assim, nos termos do artº 16º do diploma, quando tenham sido trazidos ao procedimento cautelar os elementos necessários à resolução definitiva do caso, o tribunal pode, ouvidas as partes, antecipar o juízo sobre a causa principal (v., sobre os procedimentos cautelares, o que foi explanado nos nºs 5 e 6).

Sempre com o objectivo de celeridade, procura-se que, em vez da decisão provisória do procedimento cautelar, para durar enquanto não fosse decidida a acção principal, seja proferida logo a decisão definitiva, desde que se considere que foram trazidos ao processo os elementos necessários para o efeito.

O regime previsto nos artigos 3º (actos processuais a praticar electronicamente) e 6º (agregação de acções) aplica-se, com as devidas adaptações, aos procedimentos cautelares e às acções declarativas a que corresponda processo especial – artº 17º do diploma.

F) - Aplicação no espaço e no tempo

Como já referimos, o artº 21º do diploma dispõe que o mesmo se aplica aos tribunais a determinar por portaria do Ministério da Justiça.

A portaria nº 955/2006, de 13/9, dispôs que se aplicasse aos seguintes tribunais:

a) Juízos de competência especializada cível do Tribunal da Comarca de Almada;
b) Juízos cíveis do Tribunal da Comarca do Porto;
c) Juízos de pequena instância cível do Tribunal da Comarca do Porto;
d) Juízos de competência especializada cível do Tribunal da Comarca do Seixal.

Entretanto foi publicada a portaria nº 115-C/2011, de 24/3, cujo artigo único alarga a sua aplicação do modo seguinte:

1) A partir de 1 de Abril de 2011, aos juízos de competência especializada cível dos Tribunais das Comarcas do Barreiro e de Matosinhos e nas varas cíveis do Tribunal da Comarca do Porto;
2) A partir de 15 de Setembro de 2011, nos juízos de competência especializada cível dos Tribunais das Comarcas de Leiria, Portimão, Évora e Viseu.

CAPÍTULO III
Pressupostos Processuais

15 - Noção

Como resulta do artº 156º, nº 1, os juízes têm o dever de administrar a justiça, proferindo despacho ou sentença sobre as matérias pendentes.

Para que o juiz possa dar razão ao autor, isto é, para que a acção seja julgada procedente, torna-se necessário que a providência por si requerida esteja em conformidade com determinada norma de direito substantivo.

Quando o juiz chega a proferir sentença julgando procedente ou improcedente a pretensão do autor, diz-se que o tribunal conheceu do mérito da causa ou, como também se diz, proferiu decisão de fundo. Ao propor a acção, o autor pretende que ela termine exactamente deste modo, isto é, com decisão sobre o mérito. Proferida a sentença, esta torna-se, em princípio, inalterável logo que transite em julgado.

Os requisitos necessários para que a acção possa proceder constituem as chamadas *condições da acção.*

Porém, o juiz, antes de se preocupar com a pretensão formulada pelo autor, terá de primeiramente averiguar da existência dos chamados *pressupostos processuais.* Estes constituem os requisitos de cuja verificação depende a apreciação do mérito da causa. Estes requisitos são, portanto, "questões prévias" ao conhecimento de fundo. Eles condicionam o conhecimento do mérito da causa. A falta de pressupostos processuais pode determinar que o juiz se abstenha de conhecer do mérito e, em vez disso, tenha de absolver o réu da instância.[51] É claro

[51] Pode também determinar, no caso de incompetência do tribunal, a remessa do processo para outro tribunal.

que o juiz deve procurar sanar os vícios verificados – artº 265º, nº 2. Não sendo sanados, geralmente o juiz absolverá o réu da instância – como se disse – o que não impedirá o autor de propor outra acção sobre o mesmo objecto – artº 289º.

De qualquer modo, o que importa reter por agora é que o processo não chegará ao seu termo, isto é, não será proferida decisão sobre o mérito enquanto no processo não forem tidos em conta determinados *pressupostos processuais.*

Os pressupostos processuais podem ser *positivos* ou *negativos.*

São *positivos* aqueles cuja verificação é essencial para que o juiz conheça do mérito da causa.

Constituem pressupostos processuais *positivos* a personalidade judiciária, a capacidade judiciária, a legitimidade, o interesse processual, a competência do tribunal e o patrocínio judiciário.

São pressupostos processuais *negativos* aqueles cuja verificação obsta a que o juiz aprecie o mérito da acção.

Entre estes, podemos referir a litispendência, o caso julgado e a existência de compromisso arbitral.

A grande maioria dos pressupostos processuais é de conhecimento oficioso do tribunal – cfr. artºs 494º e 495º.

16 - Personalidade judiciária

A) - Noção

Dispõe o artº 5º, nº 1 que a personalidade judiciária consiste na susceptibilidade de ser parte.

Partes são as pessoas que requereram, ou contra as quais foi requerida a providência judiciária que se pretende alcançar através da acção.

O processo exige, pelo menos, duas partes em posições opostas. À primeira chama-se autor, requerente ou demandante. A segunda toma a designação de réu, requerido ou demandado.

As partes ficam logo identificadas na petição inicial - artº 467º, nº 1, alínea a).

Porém, outras pessoas podem vir a ter intervenção no processo quer em substituição daquelas, quer ao lado delas. A substituição acontece quando, no decurso da causa, ocorreu a transmissão da coisa ou direito litigioso - artºs 271º e 371º; a intervenção de terceiros pode ser espontânea ou provocada, conforme resulta, respectivamente, dos artºs 320º e 325º.

Além do autor e do réu, como *partes principais,* podem outras pessoas assumir no processo uma posição subordinada. São *partes acessórias.* É o que se verifica no caso da assistência. O assistente é uma pessoa que tem interesse jurídico em que a decisão do pleito seja favorável a uma das partes. Por isso, intervém no processo como seu auxiliar - artº 335º.

A personalidade judiciária é definida na lei segundo o critério da coincidência. De acordo com este critério, quem tiver personalidade jurídica tem igualmente personalidade judiciária - artº 5º, nº 2.

Todo o sujeito de direitos é necessariamente pessoa em sentido jurídico.

A personalidade jurídica vem a ser precisamente a qualidade de pessoa ou sujeito de direito.[52]

Assim, têm personalidade judiciária todas as pessoas singulares, as pessoas jurídicas, ou seja, as pessoas colectivas (associações ou fundações) e as sociedades a que seja reconhecida.

Todos os indivíduos têm personalidade judiciária ainda que sejam menores, interditos ou inabilitados, pois todos eles podem ser sujeitos de relações jurídicas - cfr. artº 67º do Código Civil.

No que concerne às pessoas colectivas, embora tenham de estar em juízo por meio dos respectivos representantes legais, as acções são instauradas em nome delas ou contra elas, pois que são elas as verdadeiras *partes*.

Porém, o princípio da coincidência estabelecido no nº 2 do artº 5º sofre excepções, pois a lei chega a estender a personalidade judiciária a quem não tem personalidade jurídica, nos termos do disposto no artº 6º. Quer dizer, este preceito admite, como partes na causa, entidades às quais não é reconhecida personalidade jurídica.

É o caso da *herança jacente* - artº 2046º do Código Civil. Neste caso, o titular ou titulares da herança ainda não foram determinados, porque a herança ainda não foi aceita. Sendo assim, a acção deve ser intentada por ela (como autora) ou contra ela (como ré), visto que à *herança jacente* estende o artº 6º, alínea a) a personalidade judiciária. Por outras palavras, tendo-lhe sido estendida a personalidade judiciária é a própria *herança jacente* a verdadeira parte e não qualquer sucessível.

O mesmo se passa com os *patrimónios autónomos semelhantes*, ainda por força do artº 6º. Os patrimónios autónomos são constituídos por bens cujo titular não está determinado. Trata-se de uma massa patrimonial que necessita de que seja definido o seu titular. Por isso, a lei estabelece um regime jurídico cuja representação possibilita uma actuação eficaz. A sua representação está prevista no artº 22º.

[52] Manuel de Andrade, Teoria Geral da Relação Jurídica, vol. I, pág. 30.

As doações e as deixas testamentárias a nascituros - artºs 952º e 2033º, nº 2, alínea a) do Código Civil - são exemplos de patrimónios autónomos.

Têm também personalidade judiciária, nos termos do mesmo artº 6º:

- alínea b) - as associações sem personalidade jurídica e as comissões especiais (cfr. artºs 195º e 199º do Código Civil);
- alínea c) - as sociedades civis (cfr. artº 980º do Código Civil);
- alínea d) - as sociedades comerciais antes da data do registo definitivo, nos termos do artº 5º do Código das Sociedades Comerciais;
- alínea e) - o condomínio resultante da propriedade horizontal, relativamente às acções que se inserem no âmbito dos poderes do administrador (cfr. artº 1436º do Código Civil);
- alínea f) - os navios, nos casos previstos em legislação especial (cfr. artº 28º do Decreto-Lei nº 352/86, de 21/10).

O artº 7º, nº 1 estende ainda a personalidade judiciária às sucursais, agências, filiais, delegações ou representações de uma pessoa colectiva, se a acção proceder de factos por elas praticados.

Trata-se de entidades que são apenas *órgãos de administração local* e, como tais, subordinados à *administração central*. Em princípio, não deviam ter personalidade judiciária, a qual pertence à pessoa colectiva ou sociedade. Porém, quando estão em causa factos por elas praticados, podem demandar e ser demandadas.

Por outro lado, o nº 2 do mesmo preceito prevê os casos em que o facto foi praticado pela *administração principal sedeada no estrangeiro*, quando está em causa obrigação contraída por um português ou estrangeiro domiciliado em Portugal.

Se a administração principal tiver a *sede ou o domicílio em país estrangeiro*, as sucursais, agências, filiais, delegações ou representações estabelecidas em Portugal podem demandar e ser demandadas, ainda que a acção derive de facto praticado por aquela, quando a obrigação tenha sido contraída com um português ou com um estrangeiro domiciliado em Portugal – artº 7º, nº 2.

Em suma, a atribuição da personalidade judiciária às sucursais, agências, filiais, delegações ou representações depende da circunstância de a administração principal ter ou não sede ou domicílio em Portugal.

Se tiver *sede ou domicílio em território nacional*, só terão personalidade judiciária as sucursais, agências, filiais, delegações ou representações quando o objecto da *acção diz respeito a factos por elas praticados.*

No caso de a *administração principal ter a sede ou domicílio no estrangeiro*, à administração local é reconhecida personalidade judiciária, não só em relação aos factos por si praticados, mas também aos que foram praticados pela administração central, quando a *obrigação* tenha sido contraída com um português ou com um estrangeiro domiciliado em Portugal.

A atribuição da personalidade judiciária às sucursais e outras congéneres não atinge a personalidade da sociedade ou pessoa colectiva, podendo esta demandar e ser demandada.

B) - Consequências da falta de personalidade

A falta de personalidade judiciária é, em princípio, insanável. Significa isto que, tendo sido constatada a sua falta, seja do lado do autor ou do lado do réu, o tribunal deverá proferir despacho em que diz abster-se de conhecer do pedido, absolvendo o réu da instância, por força do disposto no artº 288º, nº 1, alínea c).

O artº 8º prevê, porém, uma excepção. Quando a acção foi indevidamente proposta contra a sucursal, agência, filial, delegação ou representação, a falta de personalidade judiciária pode ser sanada mediante a *intervenção da administração principal* e a ratificação ou repetição do processado.

Quer dizer, se a acção foi proposta contra qualquer dessas entidades quando o devia ter sido contra a *administração principal*, o vício pode ser sanado pela intervenção desta no processo: ou *ratifica* todo o processado (que, por isso, prosseguirá) ou *não ratifica* e, neste caso, terá de ser repetido.

No caso de a falta de personalidade judiciária resultar de a acção ter sido proposta pelo representante de pessoa falecida ou contra pessoa falecida, pode pôr-se termo a tal falta mediante a *habilitação dos sucessores* prevista no artº 371º.

A falta de personalidade judiciária *não sanada* constitui uma *excepção dilatória* - artº 494º, alínea c). É de conhecimento oficioso, como a generalidade das excepções dilatórias - artº 495º.

Se a citação do réu depender de prévio despacho judicial - artº 234º, nº 4 - e se a excepção não for sanável nos termos do disposto no artº 8º, pode o juiz, em vez de ordenar a citação *indeferir liminarmente* a petição inicial - artº 234º-A, nº 1.

Se a falta de personalidade judiciária só for reconhecida no despacho saneador, deve o juiz proferir despacho de *absolvição do réu da instância*, como já dissemos.

Quando a falta de personalidade judiciária for sanável, nos termos do artº 8º, o tribunal, antes de proferir despacho de absolvição do réu da instância, deve providenciar para que a administração principal proceda à sanação, do modo acima referido - artº 265º, nº 2.

17 - Capacidade judiciária

A) - Noção

Para que o juiz possa conhecer do mérito da causa não basta que as partes tenham personalidade judiciária. É necessário que possuam igualmente capacidade judiciária.

A capacidade judiciária pode entender-se como a aptidão para adquirir direitos e para os exercer. Sendo assim, podemos considerar dois graus de capacidade: a capacidade de gozo de direitos e a capacidade de exercício desses direitos. Na generalidade, as pessoas têm capacidade de gozo de direitos, o que se traduz na sua capacidade jurídica – cfr. artº 67º do Código Civil. Porém, algumas pessoas não podem exercer pessoalmente os seus direitos.

Conforme dispõe o artº 9º, nº 1, a capacidade judiciária consiste na susceptibilidade de estar, por si, em juízo.

A possibilidade de estar por si mesmo em juízo, significa também o poder de escolher livremente quem o represente na acção. Aqueles que não possuem capacidade judiciária não podem estar por si mesmos em juízo nem por meio de representante por si livremente escolhido. O seu representante é imposto por lei.

A capacidade judiciária tem por base e por medida a capacidade de exercício de direitos - conforme dispõe o artº 9º, nº 2.

Ao referir que a capacidade judiciária *tem por base e por medida a capacidade do exercício de direitos,* o preceito estabelece a correspondência entre a capacidade judiciária e a capacidade do exercício de direitos, querendo significar que possuem *plena capacidade judiciária* aqueles que possuem igualmente *total capacidade de exercício* de direitos. Geralmente as pessoas singulares ou colectivas possuem plena capacidade do exercício de direitos.

Os *interditos,* porém, não têm qualquer capacidade de exercício de direitos. Por isso são *destituídos de capacidade judiciária.*

Outras pessoas têm a sua capacidade do exercício de direitos *limitada.* Neste caso a sua capacidade judiciária acompanha essa *limitação.* É o caso dos *inabilitados.* Os inabilitados têm a sua capacidade judiciária limitada aos casos especificados na sentença que decretou a inabilitação (cfr. artº 954º, nº 2).

Os jovens, só quando atingem a maioridade, o que acontece quando perfazem dezoito anos, é que adquirem plena capacidade do exercício de direitos, ficando então habilitados a reger a sua pessoa e a dispor dos seus bens – cfr. artº130º do Código Civil. Porém, existem excepções à incapacidade dos *meno-*

res como as que constam do artº 127º do Código Civil. Assim, o menor com mais de 16 anos tem plena capacidade judiciária para litigar em acção em que estejam em causa os bens que adquiriu pelo seu trabalho.

Os pais não têm a administração dos bens que o filho, maior de 16 anos, adquiriu pelo seu trabalho – artº 1888º, nº 1, alínea d) do Código Civil.

São as *limitações* que referimos quanto aos inabilitados e aos menores que justificam que no artº 9º, nº 2 seja dito que a capacidade judiciária *tem por medida* a capacidade de exercício de direitos.

Quem não tiver capacidade judiciária, só pode estar em juízo através dos seus representantes legais.

B) - Modos de suprimento da incapacidade judiciária

Com a finalidade de proteger certas pessoas contra a sua inexperiência ou incompleta formação ou contra o seu deficiente estado mental, a lei determina que não podem exercer, por si próprias, um direito cuja titularidade lhes é reconhecida. Estão nesta situação os *menores*, os *interditos* e os *inabilitados*. A sua incapacidade de exercício é suprida pelos meios adequados previstos na lei.

Os actos jurídicos não deixarão de ser exercitados pelo facto de o incapaz não os poder praticar ele próprio.

Em substituição do incapaz agirá o seu *representante legal* ou agirá o próprio incapaz com o *consentimento de certa pessoa ou entidade, o curador* - cfr. artº 10º, nº 1.

1 - Dos menores

A incapacidade dos *menores* é suprida pelo poder paternal e, subsidiariamente, pela tutela – cfr. artºs 124º e 1921º do Código Civil.

Quando os pais tenham sido excluídos, inibidos ou suspensos da administração dos bens do menor, ser-lhe-á instituído um regime de administração de bens - artº 1922º do Código Civil.

Na constância do matrimónio, o exercício das responsabilidades parentais pertence a ambos os progenitores, devendo ser exercidas de comum acordo - artº 1901º, nºs 1 e 2 do Código Civil.

Os menores são representados em juízo pelos seus pais, sendo necessário o acordo de ambos para a propositura de acções - artº 10º, nº 2.

Nas acções propostas contra o menor, ambos os progenitores devem ser citados - artº 10º, nº 3.

Se, sendo o menor representado por ambos os pais, houver desacordo entre estes acerca da conveniência de intentar a acção, pode qualquer deles requerer ao tribunal competente para a causa a resolução do conflito - artº 12º, nº 1.

Se o desacordo apenas surgir no decurso do processo, acerca da orientação deste, pode qualquer dos pais, no prazo de realização do primeiro acto afectado pelo desacordo, requerer ao juiz da causa que providencie sobre a forma de o incapaz ser nela representado, suspendendo-se entretanto a instância - artº 12º, nº 2.

Quando o requerimento é feito por um dos progenitores, o juiz, depois de ouvir o outro e o Ministério Público, decide de acordo com o interesse do menor. A representação pode ser atribuída a um dos pais ou ao Ministério Público, ou pode ser designado curador especial - artº 12º, nº 3.

2 - Dos interditos

Podem ser *interditos* do exercício dos seus direitos todos aqueles que por anomalia psíquica, surdez-mudez ou cegueira se mostrem incapazes de governar suas pessoas e bens - artº 138º do Código Civil

O *interdito* é equiparado ao menor, sendo-lhe aplicáveis, com as necessárias adaptações, as disposições que regulam a incapacidade por menoridade e fixam os meios de suprir o poder paternal - artº 139º do Código Civil. Significa, pois, que a sua incapacidade é suprida pela tutela.

É, portanto, a sua incapacidade para governar a sua pessoa ou administrar os seus bens que pode determinar a interdição. Não é necessário que o interdito por surdez-mudez ou cegueira sofra de anomalia psíquica.

Embora o interdito seja equiparado ao menor, as interdições são aplicáveis a maiores - artºs 138º, nº 2 e 139º do Código Civil.

A interdição é decretada em acção especial intentada com essa finalidade, nos termos dos artºs 944º a 958º, e a sentença fixará, sempre que seja possível, a data do começo da incapacidade e designará ainda o *tutor* – artº 954º.

Como já se disse, a interdição é sempre total, isto é, o interdito é considerado de todo inapto para governar a sua pessoa e bens.

3 - Dos inabilitados

Podem ser *inabilitados* os indivíduos cuja anomalia psíquica, surdez-mudez ou cegueira, embora de carácter permanente, não seja de tal modo grave que justifique a sua interdição, assim como aqueles que, pela sua habitual prodigalidade ou pelo uso de bebidas alcoólicas ou de estupefacientes, se mostrem incapazes de reger convenientemente o seu património - artº 152º do Código Civil.

Como se vê, a inabilitação contempla os casos em que, não se encontrando a pessoa em estado de incapacidade que justifique a sua interdição, se encontra, porém, com uma capacidade reduzida que lhe não permite administrar, por si, devidamente o seu património.

A inabilitação é decretada em acção especial igualmente prevista nos artºs 944º a 958º. A sentença que a decretar designará o *curador* e especificará os actos que devem ser autorizados ou praticados por este – artº 954º, nºs 1 e 2.

A incapacidade judiciária do inabilitado é suprida, como se vê, através de curador que o assiste - quanto aos actos de disposição de bens entre vivos e todos os outros actos que forem especificados na sentença de inabilitação - ou o representa - nos actos que dizem respeito à administração do seu património - cfr., respectivamente, o artº 153º, nº 1 e o artº 154º, nº 1 do Código Civil.

No que se refere à assistência, o artº 153º, nº 1 do Código Civil faz depender de autorização do curador certos actos de disposição de bens praticados pelos inabilitados.

Os inabilitados podem intervir em todas as acções em que sejam partes, ficando, porém, tal intervenção subordinada à orientação do curador, que prevalece no caso de divergência - artº 13º, nºs 1 e 2.

Ainda quando representado pelo curador, o inabilitado pode intervir em todas as acções em que seja parte, devendo ser citado quando tiver a posição de réu - artº 13º, nº 1. Por força deste mesmo preceito, se o inabilitado não for citado, verifica-se fundamento para a anulação do processado, nos termos do disposto no artº 194º, alínea a).

C) - Nomeação do representante legal

Pode acontecer que o incapaz não tenha representante legal na altura em que se pretende propor uma acção em seu nome ou quando a acção foi proposta contra ele. Se a urgência da nomeação do representante não se compadece com a demora própria do respectivo processo, deverá ser nomeado um curador provisório. Será um curador *ad litem*, que cessará as suas funções logo que seja nomeado o representante legal - cfr. artº 11º.

Se a questão da incapacidade judiciária surgir no momento da citação, por se ter verificado a impossibilidade de o citando a receber, o incapaz será representado na acção por um curador especial - cfr. artº 14º.

A necessidade de nomeação de curador provisório surgirá não só nos casos em que o incapaz não tem representante legal - artº 11º, nº 1 - mas também naqueles casos em que, tendo-o, o mesmo está impossibilitado de exercer a representação - cfr. 11º, nº 4.

Pode ainda surgir a necessidade de nomear curador provisório, apesar de não faltar o representante legal. É o que acontece quando, no decurso do processo, se verifica a falta de acordo dos progenitores quanto à orientação da defesa dos interesses do menor - artº 12º, nº 2.

Depara-se igualmente com a necessidade de nomear um curador provisório sempre que os interesses do incapaz estejam em oposição com os do representante legal. É o que acontece, no caso do inventário, quando o representante legal concorre com o incapaz à herança - artº 9º, nº 1 do Regime Jurídico do Processo de Inventário aprovado pela Lei nº 29/2009, de 29/7; nas acções de impugnação de paternidade - artº 1846º, nº 3 do C. Civil; no caso de conflito de interesses a que aludem os artºs 1881º, nº 2 e 1956º, alínea c) ambos do Código Civil.

D) - Defesa do incapaz pelo Ministério Público

Se o incapaz ou o seu representante legal não deduzir oposição, incumbe ao Ministério Público a defesa dele, para o que será citado, preferencialmente por transmissão electrónica de dados, nos termos definidos na portaria prevista no nº 1 do artigo 138º-A, correndo novamente o prazo para a contestação - artº 15º, nº 1.

Assim dá a lei ao incapaz uma segunda oportunidade de defesa, a cargo do Ministério Público, sempre que o incapaz ou o seu representante legal, quando devidamente citados, não deduzirem oposição. Para isso, é citado o Ministério Público e corre novamente o prazo para a contestação.

Quando o Ministério Público represente o autor, será nomeado um defensor oficioso - artº 15º, nº 2. Este defensor oficioso desempenhará o papel que ao Ministério Público caberia.

Cessa a representação do Ministério Público ou do defensor oficioso, logo que seja constituído mandatário - artº 15º, nº 3. Não surgirá, portanto, a necessidade de tal representação, se o incapaz já tiver mandatário judicial.

E) - Sanação da incapacidade judiciária e da irregularidade de representação

A incapacidade judiciária e a irregularidade de representação são sanadas mediante a intervenção ou citação do representante legítimo ou do curador do incapaz - artº 23º, nº 1.

Se estes ratificarem os actos anteriormente praticados, o processo segue como se o vício não existisse - artº 23º, nº 2.

Em suma, se o incapaz estiver por si em juízo quando só podia estar por intermédio do seu representante legal ou de curador, verifica-se um caso de incapacidade judiciária, que constitui uma excepção dilatória – artº 494º, alínea c). A incapacidade judiciária pode, no entanto, ser sanada a todo o tempo pela intervenção do representante legítimo. Sempre que este ratificar o processado pelo incapaz, considerar-se-á sanado o vício. A ratificação pode ser feita por simples requerimento.

No caso de o não ratificar, fica sem efeito o processado a partir do momento em que a falta se verificou, renovando-se os prazos para a prática dos actos atingidos.

Há irregularidade de representação quando, embora o incapaz esteja representado em juízo, não o esteja pelo devido representante, ou seja, por aquele a quem a lei atribui o poder de representação.

As consequências são as mesmas que referimos para a incapacidade.

Se a irregularidade verificada consistir na preterição de um dos pais, tem-se como ratificado o processado anterior, quando o preterido, devidamente notificado, nada disser dentro do prazo fixado; havendo desacordo dos pais acerca da repetição da acção ou da renovação dos actos, esse desacordo será decidido em conformidade com o disposto no artº 12º - artº 23º, nº 3.

Se houver necessidade de fazer intervir um menor em causa pendente, não havendo acordo entre os pais para o efeito, pode qualquer deles requerer a suspensão da instância até resolução do desacordo pelo tribunal da causa, que decidirá no prazo de 30 dias - artº 12º, nº 5.

18 - Legitimidade das partes

A) - Noção

Para que o juiz possa conhecer do mérito da causa, torna-se necessário que as partes, além de possuírem personalidade e capacidade judiciárias, tenham legitimidade para a acção.

A personalidade e a capacidade judiciárias constituem uma qualidade das partes, genericamente exigida para todos os processos ou alguns deles, ao passo que a legitimidade consiste na posição das partes numa determinada acção.

Significa que o autor é o titular do direito e que o réu é o sujeito da obrigação, considerando que o direito e a obrigação na verdade existam.[53]

Assim, a parte terá legitimidade como autor, se for ela quem juridicamente pode fazer valer a pretensão perante o réu, admitindo que a pretensão tenha existência.

[53] Cfr. Manuel de Andrade, ob. cit., pág. 83.

A parte terá legitimidade como réu, se for ela a pessoa que juridicamente se pode opor à pretensão do autor, por ser a pessoa cuja esfera jurídica é directamente atingida pela providência requerida, se a acção vier a proceder.

Se tal não se verificasse, isto é, se as partes fossem ilegítimas, a decisão que viesse a ser proferida sobre o mérito da causa não teria eficácia, visto que não poderia vincular os verdadeiros titulares da relação jurídica litigiosa, ausentes da lide.

É, portanto, necessário que estejam em juízo, na posição de autor e de réu, as pessoas que são os titulares da relação jurídica controvertida.

O artº 26º, nº 1 define a legitimidade servindo-se do critério do *directo interesse* que a parte pode ter em demandar ou em contradizer. Assim, o autor é parte legítima quando tem *interesse directo* em demandar e o réu é parte legítima quando tem *interesse directo* em contradizer.

O credor tem *interesse directo* em pedir ao tribunal a condenação do devedor no pagamento da importância que este lhe deve. O devedor tem *interesse directo* em intervir como réu, porque é na sua esfera jurídica que se irá repercutir o efeito da eventual condenação no pagamento da importância peticionada pelo autor. Sendo ambos partes legítimas, a decisão terá *efeito útil*, ficando a causa definitivamente julgada.

Conforme se verifica, para que de legitimidade se possa falar, não basta que as partes tenham interesse jurídico na procedência ou improcedência da acção. Exige o preceito legal referido que as partes tenham *interesse directo* em demandar ou em contradizer.

O pai pode ter interesse em que seja paga ao seu filho, de maioridade, uma importância que lhe é devida por determinada pessoa. No entanto, não tem legitimidade para propor a adequada acção contra o devedor, em substituição do filho. Falta-lhe o *interesse directo*. Não é suficiente o interesse indirecto ou reflexo. Tem de ser um interesse não só jurídico, isto é, protegido pelo direito, mas também tem de ser *pessoal* ou *directo*.

O interesse significa a *utilidade* para o autor e o *prejuízo* para o réu. Neste sentido dispõe o nº 2 do artº 26º que o interesse em demandar se exprime pela *utilidade* derivada da procedência da acção e o interesse em contradizer, pelo *prejuízo* que dessa procedência advenha.

A lei procura ainda dar uma maior precisão a estes conceitos, por forma a afastar, tanto quanto possível, as dúvidas quanto à legitimidade das partes. Assim, o nº 3 do mesmo artº 26º dispõe que, na falta de indicação da lei em contrário, são considerados titulares do interesse relevante para o efeito da legitimidade os sujeitos da relação controvertida, *tal como é configurada pelo autor.*

Na redacção anterior à reforma do Processo Civil que entrou em vigor em 1997, não constava deste preceito a expressão: "tal como é configurada pelo autor".

Comparando a redacção anterior com a actual verificamos que num caso e no outro é tida sempre em conta a relação controvertida. A diferença está no modo de encontrar a legitimidade dos sujeitos dessa relação. Anteriormente eram partes legítimas as pessoas da relação controvertida que viessem a ser consideradas como tal pelo juiz, depois de ouvidas as partes. Actualmente, a relação controvertida tem a configuração que o autor lhe quis dar.

Com esta alteração, o legislador quis pôr termo a uma questão muito antiga que tanta tinta fez correr, durante várias décadas, desencadeada por um caso concreto julgado pelo Tribunal da Relação de Lisboa, em 1918, questão sobre a qual se pronunciaram dois Ilustres processualistas - Barbosa de Magalhães e Alberto dos Reis - em sentidos opostos.

Tratava-se de um contrato de compra e venda de 60 toneladas de chumbo, que o vendedor não cumpriu integralmente. O comprador demandou um comerciante português, como sendo ele o vendedor. Na contestação, alegou o réu que se limitara a ser mero intermediário duma sociedade espanhola, sendo esta a verdadeira vendedora.

Na tese defendida por Barbosa de Magalhães, as partes eram legítimas, atendendo à relação controvertida tal como a configurara o autor. Por isso, nenhum obstáculo impedia o tribunal de conhecer do mérito da causa. E, no caso de se provar que, na verdade, não foi o réu quem vendeu o chumbo, a acção devia ser julgada improcedente, sendo *o réu absolvido do pedido.*

Para Alberto dos Reis, o réu era parte ilegítima, por não ser o sujeito da relação material controvertida litigada, visto não ser ele o vendedor. Sendo assim, o juiz não podia conhecer do mérito da causa, por falta de um pressuposto processual. Devia, pois, *absolver o réu da instância.*

Tendo-se gerado divergência no seio da doutrina e da jurisprudência, tomou agora o legislador posição definitiva sobre a questão, acrescentando a expressão "*tal como é configurada pelo autor*". Partiu-se de uma formulação da legitimidade assente na titularidade da relação material controvertida, tal como a configura o autor, próxima da posição imputada a Barbosa de Magalhães.[54]

[54] Cfr. relatório preambular do Decreto-Lei nº 329-A/95, de 12/12.

Desta forma, hoje raramente se poderá falar de ilegitimidade das partes. Deixou de se tornar necessário ter em conta a verdadeira relação jurídica, tal como realmente se constituiu. O tribunal já não terá de averiguar se a relação jurídica de direito substantivo, cuja discussão lhe é submetida, se estabeleceu entre o autor e o réu.

No caso que deu origem à discussão entre os dois Ilustres processualistas, não interessa averiguar se foi o réu a pessoa que figurou, no contrato de compra e venda, como vendedor. O réu é parte legítima por ser sujeito da relação controvertida *como a configurou o autor*. Se o autor delineou deste modo a relação a discutir, o verdadeiro réu é o que ele indicou.

Como facilmente se compreenderá, actualmente muito dificilmente depararemos com algum caso de ilegitimidade. Aceita-se a configuração que o autor quis dar à relação controvertida. O réu do processo é o que ele quer demandar. A ilegitimidade surgirá naqueles casos em que se verificar divergência entre as pessoas identificadas pelo autor e as que realmente foram chamadas a juízo, isto é, quando estas pessoas não são os sujeitos da relação controvertida delineada pelo autor.

A parte é sempre legítima se for tida como titular da relação jurídica tal como é configurada pelo autor na petição inicial.

A legitimidade perdeu, portanto, grande parte do interesse que tinha como pressuposto processual. O réu passará a ser *absolvido do pedido* em muitos casos em que, anteriormente, era *absolvido da instância.*

B) - Pluralidade de partes

Na maioria dos casos as acções têm apenas duas partes em confronto. É o que acontece no caso em que o credor demanda um único devedor.

Às vezes, porém, a acção é proposta por vários autores ou contra vários réus. Nestes casos, existe uma *pluralidade de partes.*

Como se vê, a pluralidade pode ser *activa* ou *passiva*, consoante se verifica do lado dos autores ou existe da banda dos réus. E pode também ser *mista* quando a acção é instaurada por vários autores contra vários réus.

A pluralidade de partes pode ser inicial, quando acontece no momento em que é proposta a acção, ou pode formar-se em momento posterior, como sucederá no caso de *intervenção de terceiros espontânea* (artº 320º e seguintes) ou *provocada* (artº325º e seguintes).

Quanto à sua natureza, a pluralidade de partes pode dar origem ao *litisconsórcio* ou à *coligação.*

No *litisconsórcio* há uma pluralidade de partes, mas unicidade quanto à relação material controvertida.

Na *coligação* existe não só pluralidade de partes, mas também diversidade de relações materiais controvertidas.

C) - Legitimidade plural

Quando o interesse respeitar a uma *pluralidade de partes principais* que se unam no mesmo processo para discutirem *uma só relação jurídica material*, estamos perante a figura do *litisconsórcio*.[55]

O termo *litisconsórcio* serve para exprimir a imagem de várias pessoas que, no mesmo processo civil, *correm a mesma sorte*, associadas que estão no lado do ataque ou no lado da defesa.[56]

Nem sempre a *intervenção de terceiros* pode dar origem a *litisconsórcio*. Para haver litisconsórcio é necessária a formação de uma *pluralidade de partes principais*. Por isso, não se formará litisconsórcio no caso da *assistência*, visto que o assistente é *parte acessória* – cfr. artºs 335º e seguintes.

Nalguns casos, a pluralidade de partes *não é obrigatória*. Quer dizer, é permitido que só o autor e o réu tenham intervenção no processo, embora os restantes interessados também o possam fazer, se assim o quiserem, colocando-se ao lado de um ou de outro. Trata-se de *litisconsórcio voluntário*.

Noutros casos, é exigida a intervenção de todos os interessados. Estamos então perante o *litisconsórcio necessário*.

Sendo *voluntário* o litisconsórcio, o único efeito resultante da não intervenção dos diversos interessados traduz-se apenas na perda dos benefícios que poderiam ser colhidos. Assim, se o credor demandar apenas um dos vários devedores conjuntos, só poderá obter a condenação daquele réu no cumprimento da quota-parte da sua responsabilidade – cfr. artº 27º, nº 1 (2ª parte). A não intervenção de outros interessados nenhuma influência terá sobre a legitimidade daquele ou daqueles que estão no processo.

Diferentemente, no caso de *litisconsórcio necessário*, a não intervenção de todos os interessados dá origem a uma situação de *ilegitimidade* daquele ou daqueles que estão no processo.

55 Adelino da Palma Carlos, Ensaio Sobre o Litisconsórcio, 1956, pág. 126.

56 Litisconsórcio, etimologicamente, significa comparticipação na lide, no processo: *lis* – *litis* – a lide, o processo + *consortium* – comunidade, participação.

Enfim, no *litisconsórcio necessário* as partes apresentam-se como se fossem uma única, ao passo que no *litisconsórcio voluntário*, as partes mantêm uma posição de autonomia.

Isto tudo resulta claramente da lei ao determinar que no caso de *litisconsórcio necessário* há uma única acção com pluralidade de sujeitos; no *litisconsórcio voluntário* há uma simples acumulação de acções, conservando cada litigante uma posição de independência em relação aos seus compartes - artº 29º.

Na verdade, no *litisconsórcio voluntário* a cumulação depende exclusivamente da vontade das partes e no *litisconsórcio necessário* a cumulação é imposta pela *lei* ou resulta de *prévia determinação dos interessados* ou da *natureza da relação jurídica* – artº 27º.

Sendo assim, facilmente se compreende que a *ilegitimidade plural* só pode verificar-se no caso de *litisconsórcio necessário*. É o que acontece quando não figurarem do lado activo ou do lado passivo todos os interessados cuja presença se impõe. Nestes casos, faltando algum deles, essa falta acarreta a *ilegitimidade* dos restantes.

D) - Litisconsórcio voluntário

Em regra, o *litisconsórcio* é *voluntário* para a generalidade das relações jurídicas com pluralidade de sujeitos. Estes não têm necessariamente que intervir na acção. Só intervêm se assim o desejarem. A acção pode ser intentada por todos os interessados ou contra todos eles. Assim, são possíveis várias situações: podem os vários interessados decidir propor a acção conjuntamente; pode o autor propor a acção contra vários réus; depois de proposta a acção, pode o autor ou o réu promover a intervenção de terceiros.

Esta faculdade resulta do disposto no artº 27º: se a relação material controvertida respeitar a várias pessoas, a acção respectiva pode ser proposta por todos ou contra todos os interessados; mas, se a lei ou o negócio for omisso, a acção pode também ser proposta por um só ou contra um só dos interessados, devendo o tribunal, neste caso, conhecer apenas da respectiva quota-parte do interesse ou da responsabilidade, ainda que o pedido abranja a totalidade.

Nas obrigações solidárias, o credor pode, em vez de propor a acção apenas contra um, demandar conjuntamente os devedores - artº 517º, nº 1 do Código Civil. Existe vantagem em demandar os vários devedores quando se pretende obter um título executivo (a sentença) contra todos eles. Não ficará abrangido pelo efeito do caso julgado aquele que não tenha sido parte na acção, como é óbvio.

Servindo-nos do exemplo referido, o credor da obrigação solidária não poderá obter uma decisão válida relativamente a todos os devedores, se optar por demandar apenas um dos devedores pela totalidade do crédito - artº 522º, conjugado com os artºs 512º, nº 1 e 518º, todos do Código Civil.

No entanto, mesmo que demandado apenas um dos devedores, não deixa de estar assegurada a legitimidade, por força do disposto no artº 27º, nº 2.

No domínio das obrigações conjuntas, o credor que intente a acção apenas contra um dos diversos devedores, só poderá obter decisão respeitante à sua quota-parte da dívida - cfr. artº 27º, nº 1.

E) - Litisconsórcio necessário

O litisconsórcio diz-se *necessário* quando todos os interessados devem demandar ou ser demandados.

A falta de qualquer dos interessados, é, portanto, fundamento de *ilegitimidade* dos que intervieram na acção. Por outras palavras, os intervenientes na acção *não têm legitimidade,* se desacompanhados dos restantes que nela deviam figurar.

Conforme dispõe o artº 28º, nº 1, o litisconsórcio diz-se necessário quando a *lei* ou o *negócio jurídico* exigir a intervenção de todos os interessados na relação controvertida. Deste modo, o litisconsórcio necessário pode ser *legal* ou *convencional.*

Como exemplo de litisconsórcio necessário imposto *por lei* podemos referir o caso das acções que têm de ser propostas por ambos ou contra ambos os cônjuges, previsto no artº 28º-A.

Este preceito distingue, quanto ao litisconsórcio necessário, entre legitimidadc *activa* c lcgitimidade *passiva.*

Devem ser propostas por ambos os cônjuges, ou por um deles com o consentimento do outro, as acções de que possam resultar a perda ou oneração de bens que só por ambos possam ser alienados ou a perda de direitos que só por ambos possam ser exercidos, incluindo as acções que tenham por objecto a casa de morada da família - artº 28º-A, nº 1.

A lei substantiva determina, em função do regime de bens do casamento, quais os bens e direitos que só podem ser alienados ou exercidos por ambos os cônjuges - cfr. artºs 1717º e seguintes do Código Civil.[57]

[57] Qualquer que seja o regime de bens deve ser tido em conta o disposto nos artºs 1678º a 1682º-A do Código Civil.

Quanto à casa de morada da família, cfr. artºs 1682º-B e 1793º do Código Civil.

Em vez de ser proposta por ambos os cônjuges - *litisconsórcio necessário activo* - pode a acção ser instaurada por um deles com o consentimento do outro. Se o cônjuge não der o seu consentimento para a propositura da acção, a falta pode ser judicialmente suprida - artº 28º-A, nº 2. O processo de suprimento de consentimento no caso de recusa encontra-se regulado no artº 1425º.

Devem ser propostas contra ambos os cônjuges - *legitimidade passiva* - as acções emergentes de facto praticado por ambos, as acções emergentes de facto praticado por um deles, mas em que pretenda obter-se decisão susceptível de ser executada sobre bens próprios do outro, e ainda as acções compreendidas no número 1 - artº 28º-A, nº 3.

Verifica-se, portanto, a situação de *litisconsórcio necessário passivo* quando a acção diz respeito a um facto praticado por ambos os cônjuges, quando respeita a dívidas comunicáveis (cfr. artºs 1691º e 1695º do Código Civil), quando da acção possa resultar a perda ou oneração de bens que só por ambos possam ser alienados ou a perda de direitos que só por ambos possam ser exercidos, incluindo as acções que digam respeito à casa de morada da família. [58]

O litisconsórcio pode também ser necessário por exigência do *negócio jurídico,* como dispõe o artº 28º, nº 1. Trata-se de litisconsórcio necessário *convencional.*

Quando, por exemplo, duas ou mais pessoas efectuam um depósito podem convencionar que a coisa só por todos os depositantes em conjunto possa ser levantada. Em virtude desta *convenção* (negócio jurídico), deve ser proposta por todos os depositantes a acção em que se pede a restituição da coisa depositada. A falta de qualquer dos interessados origina a ilegitimidade dos restantes.

Além dos casos em que o litisconsórcio necessário é imposto por *lei* ou *por negócio jurídico* existe ainda uma outra circunstância em que, pela própria *natureza da relação jurídica*, se torna necessária a intervenção de todos os sujeitos, sob pena de ilegitimidade.

Conforme dispõe o artº 28º, nº 2, é igualmente necessária a intervenção de todos os interessados quando, pela própria *natureza da relação jurídica,* ela seja necessária para que a decisão a obter produza o seu efeito útil normal.

[58] Cfr. Ac.s do S.T.J. de 18-1-1995, B.M.J. 443, 282 e de 12-2-1995, B.M.J. 444, 531.

Nestes casos, o litisconsórcio necessário não resulta da lei nem dos termos do contrato, sendo imposto pela própria *natureza da relação jurídica* a intervenção de todos os interessados para que a decisão produza o seu *efeito útil normal.*

A decisão produz o seu *efeito útil normal* quando regula definitivamente a situação concreta que foi submetida à apreciação do tribunal.

"O estabelecimento do litisconsórcio necessário visa essencialmente assegurar a solução *unitária* do conflito, requerida pela *natureza* da relação, sem a *imposição* da força do caso julgado a quem não *interveio* na acção".

"Trata-se, por conseguinte, das acções em que, não intervindo todos os interessados na relação plural controvertida, a decisão que viesse a ser proferida, a menos que se violasse frontalmente o princípio básico da *relatividade* do caso julgado que a lei pretende e deve respeitar, não *produziria nenhum efeito útil"*

"A acção de divisão de coisa comum, pertencente a A, B e C, era, por hipótese, instaurada por A apenas contra B. Se a lei não exigisse o chamamento obrigatório de C, a decisão que viesse a ser proferida, concretizando os quinhões dos litigantes (A e B) não teria *nenhum efeito útil definitivo (inutile datur),* porquanto na acção que C viesse posteriormente a propor contra A e B, para demarcação das suas quotas individuais, nenhum dever havia de respeitar a concretização anteriormente feita entre A e B.[59]

Estão, pois, incluídas no âmbito do litisconsórcio necessário as relações jurídicas indivisíveis por natureza, as quais têm de ser resolvidas de modo unitário para todos os interessados. A decisão que fosse proferida sem a presença de todos os interessados não produziria um *efeito útil normal.*

A *normalidade* do efeito obtido pela decisão encontra-se definida na própria lei. Conforme dispõe o artº 28º, nº 2, a decisão produz o seu *efeito útil normal* sempre que, não vinculando embora os restantes interessados, possa regular definitivamente a situação concreta das partes relativamente ao pedido formulado.

A decisão tem, portanto, efeito *útil normal* quando, possa persistir inalterada, apesar de não vincular todos os interessados. Pretende-se evitar que sejam proferidas decisões que venham praticamente a ser inutilizadas por outras proferidas em face dos restantes interessados, o que acontece sempre que, pela natureza da relação jurídica, não possam ser reguladas definitivamente as posições de alguns sem que sejam reguladas as posições de todos.

Dito de outro modo, a decisão não produz o seu *efeito útil normal* numa acção em que intervieram apenas alguns dos interessados, se os vencedores

[59] Antunes Varela, R.L.J., ano 117º, pág. 381.

dessa acção puderem vir a ser chamados a uma segunda acção, com risco de verem alterada a decisão anterior.[60]

Além dos exemplos já apontados, podemos ainda referir outros casos de litisconsórcio necessário: o previsto no artº 535º, obrigações indivisíveis com pluralidade de devedores; o direito de preferência com pluralidade de titulares, previsto no artº 419º, nº 1; o exercício de direitos da herança, previsto no artº 2091º, nº 1 - todos do Código Civil.

No domínio da legislação anterior à primeira grande alteração processual, foi proferido Assento em que foi decidido que deve ser proposta também contra o progenitor que tenha a seu cargo a guarda do menor a acção intentada pelo Ministério Público para nova regulação do exercício do poder paternal (hoje dito exercício das responsabilidades parentais) para a alteração da pensão de alimentos devida ao menor pelo outro progenitor, sob pena de ilegitimidade, por se tratar de litisconsórcio necessário.[61]

F) - Coligação

Diferentemente do litisconsórcio, em que existe uma pluralidade de partes e unidade de pedidos, na coligação há uma pluralidade de partes e pluralidade de pedidos.

Na coligação verifica-se uma diversidade de partes e também de relações jurídicas materiais em litígio. A cumulação justifica-se pela unicidade da fonte de onde promanam. Assenta numa pluralidade de partes e numa pluralidade de pedidos formulados por vários autores ou contra vários réus. Por isso, se trata de uma faculdade e não de uma imposição.[62]

É permitida a coligação de autores contra um ou vários réus e é permitido a um autor demandar conjuntamente vários réus, por pedidos diferentes, quando a causa de pedir seja a mesma e única ou quando os pedidos estejam entre si numa relação de prejudicialidade ou de dependência – artº 30º, nº 1.

Conforme se verifica, vários autores podem coligar-se contra um ou vários réus e o autor pode demandar vários réus por pedidos diferentes nos seguintes casos:

[60] Cfr. Ac. do S.T.J. de 27-6-1995, B.M.J. 448, 309.

[61] Assento do S.T.J. de 4-7-95, B.M.J. 449, 25.
Os Assentos passaram a ter o valor dos acórdãos proferidos nos termos dos artigos 732º-A e 732º-B, conforme consta do artº 17º, nº 2 das disposições transitórias do D.L. nº 329-A/95.

[62] Coligar significa tornar(-se) unido, ligar(-se), juntar(-se) – Dicionário Houaiss da Língua Portuguesa.

1) Quando a *causa de pedir* que está na base dos diferentes pedidos formulados *seja a mesma e única.*
2) Quando os pedidos estejam entre si numa relação de *prejudicialidade* ou de *dependência.*

A causa de pedir é o acto ou facto jurídico de onde emerge a pretensão deduzida pelo autor – cfr. artº 498º, nº 4. A *causa de pedir* tem de ser *a mesma* e ser *única.* É o que se verifica quando as vítimas do mesmo acidente de viação demandarem, na mesma acção, a companhia de seguros do veículo. Dado que a coligação é voluntária, a falta de alguma das vítimas na acção não determina a ilegitimidade da outra ou outras.

Entre os pedidos verifica-se uma relação de *prejudicialidade* quando a decisão de um pode influir na decisão do outro.[63]

Existe relação de *dependência* entre os pedidos quando o conhecimento de um deles só pode ter lugar no caso de se verificar a procedência do outro.

É igualmente lícita a coligação quando, sendo embora diferente a causa de pedir, a procedência dos pedidos principais dependa essencialmente da apreciação dos mesmos factos ou da interpretação e aplicação das mesmas regras de direito ou de cláusulas de contratos perfeitamente análogas – artº 30º, nº 2.

Assim, admite-se a coligação quando a procedência dos pedidos principais dependa essencialmente:

1) Da apreciação dos *mesmos factos*;
2) Ou da interpretação e aplicação das *mesmas regras de direito*;
3) Ou da interpretação e aplicação de *cláusulas de contratos perfeitamente análogos.*

Por último, é admitida a coligação quando os pedidos deduzidos contra os vários réus se baseiam na invocação da obrigação cartular, quanto a uns, e da respectiva relação subjacente, quanto a outros – artº 30º, nº 3.

É o que se verifica quando, na coligação de réus, uns são demandados como subscritores de um título de crédito e outro ou outros com base na obrigação subjacente que deu origem àquele título.

Para que seja permitida a coligação torna-se necessário que não se verifique nenhum dos obstáculos previstos no artº 31º.

[63] Se decompusermos a palavra nos seus elementos, podemos concluir que *prejudicial* (pré-judical) significa (além do mais) que *deve preceder o julgamento.*

G) - Modo de sanar a ilegitimidade

Como se disse no lugar próprio, actualmente será muito difícil depararmos com algum caso de ilegitimidade singular. A configuração da relação material controvertida é a que foi gizada pelo autor. O réu do processo é o que ele quer demandar. Só poderá falar-se de ilegitimidade nos casos, certamente muito raros, em que se verificar divergência entre as pessoas identificadas pelo autor e as que realmente foram chamadas a juízo, ou seja, quando estas pessoas não são os sujeitos da relação controvertida delineada pelo autor.

Nestes casos, a ilegitimidade constitui uma excepção dilatória, conforme resulta do disposto nos artºs 493º e 494º, alínea e). Em consequência, por força do que dispõe o artº 288º, nº 1, alínea d), o juiz deve abster-se de conhecer do pedido e absolver o réu da instância.

A ilegitimidade plural pode verificar-se, como dissemos, no caso de litisconsórcio necessário. Como também se disse, a falta de algum dos interessados, quer do lado activo, quer do lado passivo, gera a ilegitimidade de quem está em juízo não devidamente acompanhado.

Significa isto que a ilegitimidade é sanável mediante a intervenção, espontânea ou provocada, da parte cuja falta gera esse vício - cfr. artº 269º.

A intervenção é espontânea se o terceiro resolve intervir por sua iniciativa na causa pendente, nos termos do artº 320º e seguintes. Trata-se de intervenção provocada quando a intervenção de terceiro é requerida por qualquer das partes da acção - artº 325º e seguintes.

A intervenção é admissível até 30 dias depois de transitar em julgado o despacho que, conhecendo da ilegitimidade, pôs termo ao processo. Admitido o chamamento da pessoa em falta, a instância extinta considera-se renovada - artº 269º, nº 2.

Quer dizer, a intervenção da parte cuja falta ocasiona a ilegitimidade pode ser requerida antes ou depois do trânsito em julgado do despacho que pôs termo ao processo. Se for requerida antes e a intervenção for admitida, a instância não chega a extinguir-se, podendo dizer-se que se reanima. Se a intervenção for requerida depois – nos 30 dias posteriores ao trânsito em julgado do despacho que pôs termo ao processo – renova-se a instância que tinha sido julgada extinta.

Pode sanar a falta deste pressuposto não só o autor como também o réu reconvinte.

No litisconsórcio necessário entre os cônjuges, a ilegitimidade activa é sanável pela obtenção do consentimento do outro cônjuge. A falta do consentimento pode ser suprida judicialmente, como já se disse, por meio de processo próprio regulado no artº 1425º - cfr. artº 28º-A, nº 2.

A ilegitimidade passiva é sanável mediante a intervenção principal do outro cônjuge, provocada pelo autor, dentro dos 30 dias posteriores ao trânsito em julgado do despacho que determinou a absolvição da instância - artº 269º, nºs 1 e 2 - ou a intervenção provocada pelo cônjuge réu - artº 325º, nº 1.

19 - Litisconsórcio subsidiário ou eventual

É admitida a dedução subsidiária do mesmo pedido, ou a dedução de pedido subsidiário, por autor ou contra réu diverso do que demanda ou é demandado a título principal, no caso de dúvida fundamentada sobre o sujeito da relação controvertida – artº 31º-B.

Esta disposição legal, totalmente inovadora, consagra a possibilidade de ser formulado um pedido principal contra aquele que se considera ser o provável devedor e também um pedido subsidiário contra um outro suposto devedor.

Conforme definição expressa no artº 469º, o pedido subsidiário é apresentado ao tribunal para ser tomado em consideração somente no caso de não proceder o pedido anterior.

Tudo isto acontece por existirem fundadas dúvidas sobre se a titularidade da relação material controvertida pertence a um ou outro sujeito.

A dúvida pode acontecer principalmente nos casos em que o credor desconhece a qualidade jurídica (por exemplo, se a intervenção foi a título pessoal ou como gerente da sociedade) em que o réu interveio no acto ou contrato que irá ser objecto de discussão na acção.

Através desta figura do litisconsórcio subsidiário, evita-se a necessidade de propor duas acções e o risco de decisões contraditórias, visto que tudo será decidido no mesmo processo.

A pluralidade subsidiária subjectiva pode verificar-se tanto do *lado activo* como do *lado passivo*.

A primeira, certamente menos frequente, em que o litisconsórcio eventual é delineado do *lado activo*, verifica-se no caso em que dois autores se associam, propondo a acção, na qual o primeiro formula o pedido principal e o segundo o pedido eventual, que será tido em conta na hipótese de improceder o primeiro. Quer dizer, um dos autores só será tido como titular da relação material controvertida se for reconhecido que o outro não tem essa qualidade.

Na pluralidade subsidiária *passiva*, o autor demanda determinado réu a título principal e, invocando dúvida, devidamente fundamentada, sobre quem é o titular passivo da relação material controvertida, deduz pedido subsidiário contra outro réu.

Num acidente em cadeia, o lesado que tenha dúvidas sobre qual de dois veículos será o responsável pelo acidente, pode propor uma acção de indemnização, contra uma companhia seguradora e, subsidiariamente, contra a seguradora do dono do outro veículo.

20 - Legitimidade para a tutela de interesses difusos

A Constituição da República confere a todos os cidadãos, pessoalmente ou através de associações de defesa dos interesses em causa, o direito de acção popular nos casos e termos previstos na lei... nomeadamente o direito de promover a prevenção, a cessação ou a perseguição judicial das infracções contra a saúde pública, os direitos dos consumidores, a qualidade de vida e a preservação do ambiente e do património cultural, assim como assegurar a defesa dos bens do Estado, das regiões autónomas e das autarquias locais – artº 52º, nº 3 da Constituição da República Portuguesa.

O artº 26º-A atribui ao Ministério Público, às associações e fundações e até ao próprio cidadão no gozo dos seus direitos civis e políticos legitimidade para propor e intervir nas acções e procedimentos cautelares destinados à defesa dos vários interesses aí mencionados.

Neste caso, a legitimidade assenta não em um interesse directo e pessoal em demandar, mas no exercício do direito de acção popular consagrado na Constituição da República e regulado na Lei nº 83/95, de 31 de Agosto. Nos termos do artº 2º, nº 1 desta Lei, são titulares do direito procedimental de participação popular e do direito de acção popular quaisquer cidadãos no gozo dos seus direitos civis e políticos e as associações e fundações defensoras dos interesses previstos no artigo anterior, independentemente de terem ou não interesse directo na demanda.

Estes interesses, cuja titularidade pertence a todos e a cada um dos membros de uma comunidade ou de um grupo, mas que não são susceptíveis de apropriação por qualquer desses membros, são designados por interesses difusos[64].

Os interesses difusos dizem respeito a pessoas não individualmente determinadas e, por isso, por elas não apropriados ou subjectivados.

[64] V. Teixeira de Sousa, As Partes, o Objecto e a Prova na Acção Declarativa, pág. 55.

Conforme refere o nº 2 do artº 1º da mencionada Lei nº 83/95, trata-se de interesses que dizem respeito, nomeadamente, à saúde pública, ao ambiente, à qualidade de vida, à protecção do consumo de bens e serviços, ao património cultural e ao domínio público.

A sua índole difusa dificultaria a identificação de quem os poderia invocar e, portanto, a legitimidade processual. Trata-se, por outro lado, de interesses derivados de múltiplos danos de reduzido valor pessoal, o que desmotivaria a propositura de uma acção por parte de qualquer dos lesados, individualmente.

O artº 26º-A procura dar resposta a todas estas dificuldades.[65]

Objectivamente, os interesses difusos, relativos a grupos de extensão indeterminada, estruturam-se como um interesse supra individual pertencente a todos, mas onde também há o interesse que cada indivíduo possui pelo facto de pertencer à pluralidade de sujeitos a que se refere a norma que tutela esse interesse.

Qualquer daqueles indivíduos tem legitimidade para sustentar, em juízo, esse interesse, se violado, e se dessa violação lhe advierem prejuízos.[66]

Também neste caso, a legitimidade resulta da utilidade que para a parte pode advir da procedência ou improcedência da acção.

O artº 312º, nº 3 estabeleceu para estas acções um valor com um limite máximo.

21 - Interesse processual

A) - Noção

Embora a lei não lhe faça referência directa, o interesse processual constitui também um dos pressupostos processuais respeitantes às partes.

Existe interesse processual quando se puder dizer que o autor tem necessidade de instaurar e fazer seguir uma acção para a tutela do seu direito. Os italianos, em vez de *interesse processual*, chamam-lhe *interesse em agir* e os alemães *necessidade de tutela jurídica*. Estas designações talvez sejam mais sugestivas e nos ajudem a compreender melhor o verdadeiro alcance deste pressuposto processual. Significa, em suma, que "o direito do demandante está carecido de tutela judicial".[67]Tem, por isso, de se socorrer dos tribunais, instaurando o respectivo processo.

65 V. Luís Lingnau Silveira, III Conferência Consumo e Justiça, B.M.J. 448, 5.

66 Ac. do S.T.J. de 6/1/88, B.M.J. 373, 499.

67 Manuel de Andrade, ob. cit., pág. 79.

Encarando a situação pelo lado negativo, pode dizer-se que, se faltasse o interesse processual, a acção que viesse a ser proposta seria inútil. Ora, com a exigência deste pressuposto pretende-se precisamente evitar que as pessoas sejam chamadas a juízo, sem que a actuação da parte contrária o justifique e, ao mesmo tempo, evitar que os tribunais sejam sobrecarregados com actividade que, por desnecessária, não aproveitaria a ninguém.

Para que se justifique a intervenção do tribunal, não basta que o autor alegue e prove a titularidade do direito. Deve ainda convencer de que, na situação concreta, o seu direito necessita da tutela judicial que solicita.

Pelo modo como temos vindo a referir-nos a este pressuposto processual, poderá parecer que o interesse processual só diz respeito à parte que toma a iniciativa de instaurar a acção - o autor ou demandante. Porém, depois de proposta, pode também o réu (ou demandado) ter interesse em que a acção prossiga. Por isso, a lei tutela os seus interesses, fazendo depender a desistência da instância da aceitação do réu, se requerida depois de ter sido oferecida a contestação - artº 296º, nº 1.

A *desistência da instância* é livre até ao momento em que o réu apresentar a contestação. A partir daí, depende da aceitação do réu. Na verdade, o réu pode ter interesse em que seja proferida decisão de mérito para ver resolvida, de uma vez por todas, a questão que no processo é discutida. Basta pensar na hipótese de a petição inicial ter sido elaborada de forma pouco cuidada, de modo a comprometer irremediavelmente o êxito da pretensão do autor. Se o réu aceitasse a desistência da instância, isso apenas conduziria à extinção da instância - artº 287º, alínea d) – pelo que o autor poderia mais tarde propor uma nova acção e apresentar uma petição porventura mais esmerada.

Por outro lado, a *desistência do pedido* é livre, pois é do interesse do réu. E, continuando a tomar em conta esse mesmo interesse, a lei determina que a desistência não prejudica a reconvenção – artº 296º, nº 2.

A existência do pressuposto não é encarada com igual acuidade nas diversas espécies de acções.

Nas *acções de condenação* e nas *acções executivas*, a violação do direito do autor, que está na sua origem, evidencia claramente a necessidade de pedir ao tribunal a reintegração do direito violado.

Basta que o autor alegue ser titular de um crédito e que houve incumprimento da prestação por parte do réu para que não fiquem quaisquer dúvidas sobre o seu interesse processual. Também não existem dúvidas sobre a existência de tal pressuposto processual, se o autor invocar a ofensa de um direito real ou de um direito de personalidade.

Excepcionalmente, a lei determina que, apesar de não ser exigível a obrigação no momento em que a acção é proposta, o réu seja condenado a satisfazer a prestação no momento próprio, nos termos do artº 662º, nº 1. Neste caso, teve-se em vista o *princípio da economia processual*, por forma a aproveitar a actividade processual desenvolvida até ao momento de proferir a sentença. No entanto, atendendo à ausência de interesse processual do autor, este será condenado nas custas e a satisfazer os honorários do advogado do réu – artº 662º , nº 3. Aliás, se essa mesma falta de interesse processual do autor, por não ser exigível a obrigação, for detectada no despacho liminar deve determinar o indeferimento liminar. O princípio da economia processual só deve ser tido em conta no momento de proferir a sentença. Para não desperdiçar toda a actividade processual até então desenvolvida, a sentença condenará a satisfazer a prestação na data em que esta se vencer.

Do mesmo modo, quando o réu não tenha dado causa à acção e a não conteste, são as custas pagas pelo autor, conforme dispõe o artº 449º.

Nas *acções constitutivas* existe interesse processual quando o direito potestativo correspondente não é daqueles que possa ser exercido por simples declaração de vontade do respectivo titular.

Quando a acção constitutiva é de divórcio ou de separação de pessoas e bens, o direito potestativo não pode ser exercido sem o concurso do tribunal.

Se se trata da constituição de uma servidão legal, o direito potestativo em que assenta não tem de ser exercido necessariamente por via judicial, podendo sê-lo por via extrajudicial. Não se exige, porém, que o autor, para fundamentar o seu interesse processual, alegue que tentou, sem êxito, obter o acordo com a parte contrária.

Quando a acção constitutiva tem subjacente um direito potestativo que pode ser exercido mediante um simples acto unilateral, o tribunal deve abster-se de conhecer do pedido, por faltar o interesse processual. É o que se passa no caso de revogação ou renúncia de procuração e no caso de resolução do contrato - v. artºs 1170º, nº 1, 1179º e 436º do Código Civil.

A questão da presença do interesse processual surge sobretudo no domínio da *acção declarativa de simples apreciação*, para a qual os defensores do pressuposto exigem que se verifique uma situação de incerteza objectivamente grave, de molde a justificar a intervenção judicial.[68]

Na verdade, nas acções de simples apreciação torna-se mais difícil concluir pela existência do interesse em agir. Trata-se de acções em que ainda não se

[68] Lebre de Freitas, ob. cit., pág. 27, nota 17.

verificou qualquer violação do direito. O autor apenas propõe a acção para pôr termo a uma situação de incerteza ou de dúvida acerca da existência ou inexistência de um direito ou de um facto.

Qual o grau de incerteza ou de dúvida que se deve exigir para que se possa dizer que o autor tem interesse processual?

A dúvida tem de ser objectiva e não subjectiva. Tem de ser fundamentada em factos concretos, não sendo suficiente que exista apenas na mente do autor. Por outro lado, não basta que a acção tenha por objecto a discussão de uma questão de cariz meramente académico.

Faltará interesse processual ao autor que pretende propor uma acção com o fim de negar a paternidade que lhe foi atribuída por uma pessoa, em tom jocoso. Esta atribuição, por não ser séria, não tem qualquer gravidade.

A *gravidade* da dúvida depende do prejuízo (material ou moral) que a situação de incerteza pode gerar.

Se uma pessoa pretende vender um determinado prédio, a incerteza quanto à existência de uma servidão de passagem pode influenciar o respectivo preço.

Em suma, nas acções de simples apreciação devem verificar-se os dois requisitos - a *objectividade* e a *gravidade* - para que haja interesse processual.[69]

O interesse processual não se confunde com os restantes pressupostos processuais já estudados, nomeadamente com a legitimidade, apesar de assentar no interesse em demandar ou em contradizer. O autor, sendo titular da relação material controvertida, tem necessariamente interesse em demandar. Isso, porém, não significa que, atendendo às circunstâncias concretas do caso, tenha necessidade de propor uma acção para reintegração do seu direito.

B) - Consequências da falta de interesse processual

A falta de qualquer pressuposto processual constitui excepção dilatória. Nos casos em que a citação depende de prévio despacho judicial – artº 234º, nº 4 – se, da petição inicial, resultar manifesta falta de interesse processual, o juiz deve *indeferi-la liminarmente,* em vez de ordenar a citação – artº 234º-A, nº 1.

Se a falta do pressuposto for reconhecida no despacho saneador, deve o juiz abster-se de conhecer do mérito da causa, *absolvendo o réu da instância.*

Porém, como já se disse, quando no momento de proferir a sentença se verificar que a obrigação ainda não é exigível, isso não obstará a que o juiz condene o devedor a satisfazer a prestação no momento em que a obrigação se vença - artº 662º. Neste caso, a única sanção pela falta de interesse proces-

[69] Cfr. Antunes Varela, J. Miguel Bezerra e Sampaio e Nora, ob. cit., pág. 179 e segs.

sual traduzir-se-á na condenação do vencedor no pagamento das custas e no dos honorários do advogado do réu, por se entender que o réu não deu causa à acção - artº 662º, nº 3 conjugado com o artº 449º.

22 - Patrocínio judiciário

A) - Noção

O patrocínio judiciário consiste na assistência técnica prestada às partes por profissionais do foro. Geralmente as partes não têm os conhecimentos indispensáveis para conduzir o pleito e, por isso, devem estar representadas em juízo por técnicos devidamente habilitados para o fazer. Aliás, é sempre conveniente que não sejam as próprias partes a conduzir directamente a defesa dos seus interesses no processo, por lhes faltar a serenidade desinteressada para esse efeito.

Pelas razões expostas, o artº 32º torna obrigatória a constituição de advogado nos casos aí previstos.

O *patrocínio judiciário* é exercido plenamente pelos advogados e, em termos limitados, pelos advogados estagiários e pelos solicitadores.

Os advogados participam na administração da justiça, competindo-lhes, de forma exclusiva e com as excepções previstas na lei, exercer o patrocínio das partes - artº 7º, nº 1 da Lei nº 52/2008, de 28/8.

O patrocínio judiciário não se confunde com a *assistência técnica* aos advogados prevista no artº 42º. Esta é prestada ao advogado e não propriamente à parte. Justifica-se nos casos em que no processo se suscitam questões de natureza técnica para as quais o advogado não tenha a necessária preparação. Pode o advogado sentir essa necessidade de assistência técnica quando, por exemplo, estão em causa questões do domínio da engenharia ou da medicina. Da sua indicação - que poderá ser feita no articulado, juntamente com o oferecimento das outras provas ou em requerimento até 10 dias antes da audiência de discussão e julgamento - deve constar a questão técnica que irá ser apreciada – cfr. nº 2 do artº 42º.

B) - Constituição obrigatória de advogado

Em todas as causas é admitida a intervenção de advogados em representação das partes. Porém, há causas em que, pela sua importância ou pela sua natureza, essa intervenção se torna obrigatória. Nas outras, é apenas facultativa, o que equivale a dizer que as partes podem litigar por si.

Nos termos do artº 32º, nº 1, é obrigatória a constituição de advogado:

a) - Nas causas de competência de tribunais com alçada, em que seja admissível recurso ordinário;
b) - Nas causas em que seja sempre admissível recurso, independentemente do valor;
c) - Nos recursos e nas causas propostas nos tribunais superiores.

A *alínea a)* refere-se às causas da competência dos tribunais de 1ª instância. A admissibilidade de recurso ordinário resulta da conjugação do valor da acção com o da alçada do tribunal de que se recorre e ainda com o valor da sucumbência – artº 678º, nº 1. É admissível recurso ordinário nos casos em que o valor da acção é superior ao da alçada do tribunal de que se recorre, quando o valor em que a parte decaiu (sucumbência) é também superior a metade dessa mesma alçada - como veremos adiante na parte destinada aos recursos.

A *alínea b)* refere as causas em que é sempre admissível recurso quaisquer que sejam aqueles valores. Os nºs 2 e 3 do referido artº 678º fazem alusão a essas causas cujas decisões admitem sempre recurso independentemente do valor da causa e da sucumbência.

A propósito da *alínea c)*, convém lembrar o seguinte: geralmente as causas são propostas nos tribunais de 1ª instância. Porém, há casos em que são propostas no Tribunal da Relação, funcionando então como 1ª instância. Apontaremos como exemplo de *acções propostas directamente nos tribunais superiores*: a de indemnização contra magistrados - artºs 1083º e seguintes; as de revisão de sentença estrangeira - artºs 1094º e seguintes; as de oposição à aquisição da nacionalidade portuguesa - Lei nº 37/81, de 3/10 (Lei da Nacionalidade), com a redacção que lhe foi dada pela Lei nº 25/94, de 19/8.

Em suma, nos tribunais superiores é sempre obrigatória a constituição de advogado, quer para a propositura das acções nos casos em que têm o seu início no Tribunal da Relação, quer nos casos em que as causas sobem ao tribunal superior pela via do recurso.

C) - Mandato

Os poderes de representação que o advogado exerce em juízo são-lhe conferidos pela parte por meio de mandato judicial.

O mandato judicial pode ser conferido por meio de instrumento público ou particular, nos termos do Código do Notariado e da legislação especial - artº 35º, alínea a).

Legislação especial constante do Decreto-Lei nº 267/92, de 28/11, no seu artigo único dispensou a intervenção notarial nas procurações passadas a advogados, quer concedam simples poderes forenses gerais, quer poderes especiais para que o advogado possa desistir do pedido ou da instância, confessar o pedido ou transigir.

O mandato judicial também pode ser conferido por declaração verbal da parte no auto de qualquer diligência que se pratique no processo - artº 35º, alínea b).

O mandato atribui poderes ao mandatário para representar a parte em todos os actos e termos do processo principal e respectivos incidentes, mesmo perante tribunais superiores, sem prejuízo das disposições que exijam a outorga de poderes especiais por parte do mandante - artº 36º, nº 1.

Nos poderes que a lei presume conferidos ao mandatário está incluído o de substabelecer o mandato - artº 36º, nº 2.

O *substabelecimento* consiste na transferência total ou parcial, para outro advogado, dos poderes que lhe foram conferidos.

O *substabelecimento* é feito pela mesma forma da procuração. Pode ser *com reserva* ou *sem reserva* de poderes.

No *substabelecimento com reserva* haverá uma pluralidade de mandatários.

O *substabelecimento sem reserva* implica a exclusão do anterior mandatário - artº 36, nº 3. Isto significa que põe termo ao mandato anteriormente conferido pela parte ao advogado, sendo este substituído por outro. Terá de haver, portanto, prévia autorização do mandante.

A eficácia do mandato depende de *aceitação*, que pode ser manifestada no próprio instrumento público ou em documento particular, ou resultar de comportamento concludente do mandatário - artº 36º, nº 4.

Conforme resulta do preceito, a aceitação pode ser expressa ou resultar do comportamento que o mandatário assumiu, que revele claramente que aceitou o mandato.

Os mandatários judiciais podem *confessar* a acção, *transigir* sobre o seu objecto e *desistir* do pedido ou da instância, quando estejam munidos de procuração que os autorize expressamente a praticar qualquer desses actos - artº 37º, nº 2.

Estes actos traduzem-se num poder de disposição sobre direitos alheios. Por isso, a lei exige que o mandatário só os possa praticar quando munido de procuração que individualize a causa e o autorize expressamente a fazê-lo.

Porém, quando a nulidade da confissão, desistência ou transacção provenha unicamente da falta de poderes do mandatário judicial ou da irregularidade do mandato, a sentença homologatória é notificada pessoalmente ao mandante, com a cominação de, nada dizendo, o acto ser havido como ratificado e a nulidade suprida; se declarar que não ratifica o acto, este não produzirá quanto a si qualquer efeito – artº 301º, nº 3 (cfr. artº 1163º do Código Civil).

O mandatário pode desistir livremente do recurso interposto, sem necessidade de procuração com poderes especiais. Neste caso, não há disposição de um direito material.

O mandato pode ser *revogado* pela parte que concedeu os poderes e também pode o advogado *renunciar* ao mandato recebido.

A *revogação* e a *renúncia* do mandato devem ter lugar no próprio processo e são notificadas tanto ao mandatário ou ao mandante, como à parte contrária - artº 39º, nº 1.

É a partir da notificação que se produzem os efeitos da *revogação* e da *renúncia* - artº 39º, nº 2.

Nos casos em que é obrigatória a constituição de advogado, se a parte, depois de notificada da *renúncia,* não constituir novo mandatário no prazo de 20 dias, suspende-se a instância, se a falta for do autor; se for do réu, o processo segue os seus termos, aproveitando-se os actos anteriormente praticados pelo advogado - artº 39º, nº 3.

Compreende-se facilmente a diferença de sanções aplicáveis a cada um dos faltosos. O autor está interessado em que o processo prossiga. Por isso, se não constituir novo mandatário, a instância fica suspensa e, mais tarde, será considerada deserta, nos termos do artº 291º, nº 1. Se foi o réu que não constituiu novo mandatário, não se pode suspender a instância, porque isso seria do seu interesse. Neste caso, o processo seguirá os seus trâmites aproveitando-se os actos praticados pelo advogado cujo mandato terminou.

D) - Gestão de negócios

Em caso de urgência, o patrocínio judiciário pode ser exercido como gestão de negócios - artº 41º, nº 1.

A gestão de negócios dá-se quando uma pessoa assume a direcção de negócio alheio no interesse e por conta do respectivo dono, sem para tal estar autorizada - artº 464º do Código Civil.

Conforme resulta da disposição legal, a gestão de negócios supõe a falta de procuração ou mandato. Esta falta equipara-se à nulidade da procuração ou mandato, ou ao seu excesso.

A gestão de negócios que, em certos casos, é moralmente louvável, representa uma intromissão não autorizada na esfera jurídica de outrem que, noutros casos, pode trazer prejuízos ao titular (cfr. artº 466º do Código Civil).

O patrocínio judiciário a título de gestão de negócios só pode ser exercido em casos de urgência, a qual deve ser alegada.[70]

A parte deve ratificar a gestão dentro do prazo que o juiz lhe fixar, sob pena de o gestor ser condenado nas custas que provocou e na indemnização do dano causado à parte contrária ou à parte cuja gestão assumiu - artº 41º, nº 2.

A não ratificação determina, além disso, que fiquem sem efeito os actos praticados pelo gestor.

O despacho que fixar o prazo para a ratificação é notificado pessoalmente à parte cujo patrocínio o gestor assumiu – artº 41º, nº 3.

A gestão de negócios não se confunde com os casos em que, apesar de ainda não existir procuração, *já existe um contrato de mandato* e, portanto, também autorização para o mandatário intervir. Neste caso, o advogado age como mandatário, embora ainda sem procuração.

E) - Falta ou irregularidade do mandato. Consequências

O modo de sanação da falta de constituição de advogado e as consequências dessa falta encontram-se reguladas no artº 33º.

Nos termos deste preceito legal, se a parte *não constituir advogado*, sendo obrigatória a constituição, o tribunal, oficiosamente ou a requerimento da parte contrária, *fá-la-á notificar para o constituir* dentro de prazo certo.

Se o vício não for sanado dentro do prazo fixado, o juiz proferirá despacho de *absolvição do réu da instância*, quando a *falta é do autor*.

Se *o mandatário que falta for o do réu* e *não for sanada a falta* no prazo acima referido, *ficará sem efeito a defesa* que tiver apresentado.

Se a falta de advogado constituído se verificar *na fase de recurso*, este não terá seguimento.

Como já se disse, não se pode confundir a falta de constituição de advogado com a falta de procuração prevista na primeira parte do nº 1 do artº 40º. Neste caso, o acto processual foi praticado por advogado, mas este não juntou aos autos a respectiva procuração. O juiz fixar-lhe-á um prazo para o fazer. Se a procuração junta tem data anterior ao acto praticado (por exemplo, a apresentação do articulado), a junção virá tudo sanar. Se a procuração foi passada com data posterior, a parte terá de ratificar o acto praticado pelo advogado, como se compreende.

[70] Cfr. Ac. S.T.J. de 22/1/81, B.M.J. 303, 178.

F) - Responsabilidade do mandatário

O advogado tem o dever de não advogar contra o direito, não usar de meios ou expedientes ilegais, nem promover diligências reconhecidamente dilatórias, inúteis ou prejudiciais para a correcta apreciação da lei ou a descoberta da verdade – cfr. artº 85º, nº 2 da Lei nº 15/2005, de 26/1 (E.O.A.).

Quando se reconheça que o mandatário da parte teve responsabilidade pessoal e directa nos actos pelos quais se revelou a má fé na causa, dar-se-á conhecimento do facto à Ordem dos Advogados ou à Câmara dos Solicitadores, para que estas possam aplicar as sanções respectivas e condenar o mandatário na quota-parte das custas, multa e indemnização que lhes parecer justa - artº 459º.

23 - Competência dos tribunais

A) - Noção

Os tribunais exercem, como se sabe, a função jurisdicional ou jurisdição.

A jurisdição, em sentido abstracto, compete a todos os órgãos jurisdicionais, considerados no seu conjunto. Em concreto, porém, encontra-se fraccionada.

A competência é a parcela de jurisdição que é atribuída a cada um dos órgãos jurisdicionais. Por outras palavras, a competência é a fracção do poder jurisdicional que cabe a cada tribunal.

O poder jurisdicional está repartido pelos diversos tribunais segundo determinados critérios. As normas que definem os critérios que presidem à repartição do poder de julgar pelos diversos tribunais denominam-se regras de competência.

B) - Competência e jurisdição

A jurisdição e a competência são quantitativamente distintas.

A *jurisdição* constitui o poder de julgar que é atribuído aos tribunais considerados no seu conjunto. É com este sentido que o artº 202º da Constituição da República comete aos tribunais, como órgãos de soberania, a função jurisdicional.

A *competência* é apenas uma parcela desse poder, depois de fraccionado entre os diferentes tribunais.

A importância desta distinção revela-se quando surgem *conflitos* que podem ser de *jurisdição* ou de *competência*.

Em conformidade com o que dispõe o artº 115º, nº 1, há *conflito de jurisdição* quando duas ou mais autoridades, pertencentes a diversas actividades do

Estado, ou dois ou mais tribunais, integrados em ordens jurisdicionais diferentes, se arrogam ou declinam o poder de conhecer da mesma questão.

Os conflitos de jurisdição podem surgir, portanto, entre duas *autoridades pertencentes a diferentes actividades do Estado* – como, por exemplo, entre a actividade *judicial* e a actividade *administrativa* (é o caso de um juiz de direito e um governador civil se arrogarem o poder de conhecer de certa questão).

Podem igualmente surgir entre *tribunais pertencentes a ordens jurisdicionais diferentes* – como, por exemplo, entre o *tribunal judicial* e o *tribunal administrativo*. É o que acontece quando a acção foi proposta no tribunal cível e o juiz julga que a mesma deve correr no tribunal administrativo, por ser de natureza administrativa a questão em litígio.

O conceito de jurisdição referido neste preceito engloba não só o poder conferido aos tribunais em geral, em confronto com o poder dos demais órgãos do Estado, mas também o poder atribuído genericamente a uma certa categoria de tribunais perante as restantes categorias.

O conflito diz-se *positivo*, se ambos se arrogam o poder de conhecer da mesma questão, e diz-se *negativo*, se ambos declinam esse poder - artº 115º, nº 1 *in fine*.

O *conflito de competência* - positivo ou negativo - só pode surgir entre dois ou mais tribunais da mesma ordem jurisdicional - cfr. artº 115º, nº 2.

Há *conflito negativo de competência* quando, por exemplo, um juízo cível e um juízo de família de Lisboa (pertencentes a tribunais da mesma ordem jurisdicional) se atribuem mutuamente a competência, negando a própria, para conhecer de determinada questão.

Se ambos se considerassem competentes para conhecer da mesma questão, o conflito seria positivo.[71]

Os *conflitos de jurisdição* são resolvidos, conforme os casos, pelo Supremo Tribunal de Justiça ou pelo Tribunal dos Conflitos – artº 116º, nº 1.

[71] Não são considerados conflitos de jurisdição, mas sim irregularidades de distribuição, as divergências resultantes da distribuição que se suscitem entre juízes da mesma comarca sobre a designação do juízo em que o processo há-de correr.
Estas irregularidades são resolvidas nos termos do disposto no artº 210º, nº 2.
Neste caso, trata-se da distribuição da jurisdição no âmbito da mesma comarca, ou seja, de competência interna.

Os *conflitos de competência* são solucionados pelo presidente do tribunal de menor categoria que exerça jurisdição sobre as autoridades em conflito - artº 116º, nº 2.

É claro que o conflito só nasce a partir do momento em que os dois despachos em confronto transitaram em julgado, isto é, já não são passíveis de alteração pela via do recurso.

Conforme resulta do preceito, os conflitos de jurisdição são resolvidos pelo Supremo Tribunal de Justiça ou pelo Tribunal de Conflitos. Ao *Tribunal de Conflitos* cabe resolver os conflitos suscitados entre as *autoridades* e os *tribunais administrativos* ou entre os *tribunais judiciais* e qualquer deles (*autoridades* ou *tribunais administrativos*). Para a resolução de *todos os outros conflitos de jurisdição* tem competência o *Supremo Tribunal de Justiça.*

Os *conflitos de competência* são resolvidos pelo presidente do tribunal de menor categoria que exerça jurisdição sobre as autoridades em conflito. Assim, será solucionado pelo presidente do *Tribunal da Relação* o conflito que se tenha gerado entre tribunais pertencentes ao *mesmo distrito judicial,* pois que exerce jurisdição sobre os mesmos.

Se os tribunais em conflito pertencerem a *distritos judiciais diferentes* será competente para o solucionar o presidente do *Supremo Tribunal de Justiça,* visto que o Tribunal da Relação não tem jurisdição sobre eles.

Porém, ainda antes de se ter gerado o conflito de jurisdição, pode vir a ser fixado definitivamente o tribunal competente, nos termos do artº 107º, pertencendo essa fixação ao Supremo Tribunal de Justiça ou ao Tribunal de Conflitos, conforme os casos.

Dispõe o nº 1 deste artigo que, se o tribunal da Relação decidir, em via de recurso, que um tribunal é incompetente, em razão da matéria ou da hierarquia, para conhecer de certa causa, há-de o Supremo Tribunal de Justiça, no recurso que vier a ser interposto, decidir qual o tribunal competente. Neste caso é ouvido o Ministério Público e no tribunal que for declarado competente não pode voltar a suscitar-se a questão da competência.

Procurou, deste modo, o legislador evitar que a situação de indefinição se pudesse eternizar. Na verdade, ao decidir a Relação que determinado tribunal era incompetente, em razão da matéria ou da hierarquia, faria com que o autor tivesse de propor a acção no tribunal referido na decisão. Porém, o juiz deste tribunal podia também julgar-se incompetente, em razão da matéria ou da hierarquia, porque o caso julgado, sendo apenas formal, só teria valor dentro do processo em que a decisão foi proferida.

Por isso, esta disposição legal determina que o Supremo Tribunal de Justiça não se limita a conceder ou negar provimento ao recurso. Decide ainda qual o tribunal competente, embora tal não lhe tenha sido pedido, fazendo-o de modo definitivo, por forma a que não possa voltar a suscitar-se a questão da competência.

Nos termos do nº 2 do mesmo artigo, se a Relação tiver julgado incompetente o tribunal judicial por a causa pertencer ao âmbito da jurisdição administrativa e fiscal, o recurso destinado a fixar o tribunal competente é interposto para o Tribunal de Conflitos.

Sendo assim, a questão da competência em razão da matéria diz respeito a dois tribunais integrados em ordens jurisdicionais diferentes: tribunais judiciais, de um lado, e tribunais administrativos e fiscais, do outro. A decisão definitiva não pode pertencer ao Supremo Tribunal de Justiça, porque não estão em causa apenas tribunais judiciais. Terá de ser proferida pelo Tribunal de Conflitos. Será este que fixa o tribunal competente.[72]

Em suma, pertencendo os tribunais em conflito a jurisdições diferentes, não pode ser o Supremo Tribunal de Justiça a proferir a decisão, por não ser hierarquicamente superior a todos eles. Terá de ser o *Tribunal de Conflitos* que é um *órgão composto por juízes do Supremo Tribunal de Justiça* e do *Supremo Tribunal Administrativo.*

Como se disse, a decisão é proferida antes de se ter gerado um conflito de jurisdição, visto que os tribunais administrativos e fiscais ainda não se haviam pronunciado sobre a sua competência. Ora, só pode falar-se de conflito negativo de jurisdição depois de dois ou mais tribunais integrados em ordens jurisdicionais diferentes haverem recusado o poder de conhecer da mesma questão - cfr. artº 115º, nº 1.

C) - Modalidades de competência

O poder de julgar está, como já se disse, distribuído entre os tribunais de acordo com diversos critérios.

Numa primeira perspectiva, podemos distinguir *competência internacional* e *competência interna.*

A *competência internacional* consiste na atribuição do poder de julgar aos tribunais portugueses, no seu conjunto, em face dos tribunais estrangeiros.[73] A questão da competência internacional só surge quando a causa revele alguma

[72] Cfr. Ac.s do S.T.J. de 2/12/87, B.M.J. 372, 390 e de 4/7/95, B.M.J. 449, 256.

[73] Cfr. Anselmo de Castro, Lições de Processo Civil, pág. 401.

conexão com outra ordem jurídica estrangeira. Se qualquer dos seus elementos, como sejam as partes, o pedido ou a causa de pedir tiverem somente conexão com a ordem jurídica portuguesa o problema não surgirá.

A *competência interna*, que se traduz na repartição, entre os diversos tribunais portugueses, do poder de julgar, subdivide-se, conforme resulta do artº 62º, nº 2, em:

1 - competência em razão da matéria;
2 - competência em razão da hierarquia;
3 - competência em razão do valor;
4 - competência em razão do território.

A questão da competência coloca-se ao autor no momento em que pensa instaurar a acção. O autor terá de saber então onde deve propor essa acção, ou seja, determinar o tribunal competente para proferir a respectiva decisão. Para isso, terá de proceder a uma análise dos critérios que presidem à divisão do poder jurisdicional.

24 - Competência internacional

A) - Noção

Como já se disse, o problema surge quando a causa, através de qualquer dos seus elementos, está em conexão com outra ordem jurídica, além da portuguesa.

Trata-se de saber se uma determinada questão deve ser resolvida pelos tribunais portugueses ou pelos tribunais de um Estado estrangeiro.

Se a situação não revelar qualquer elemento de conexão com ordens jurídicas estrangeiras, tudo se passa no âmbito da competência interna.

"A competência internacional dos tribunais portugueses é, assim, a competência dos tribunais da ordem jurídica portuguesa para conhecer de situações que, apesar de possuírem, na perspectiva do ordenamento português, uma relação com ordens jurídicas estrangeiras, apresentam igualmente uma conexão relevante com a ordem jurídica portuguesa".[74]

Cada país pode fixar os elementos de conexão que considera relevantes para se atribuir a competência para julgar determinados litígios.

Os elementos de conexão da acção com a ordem jurídica de diferentes países pode situar-se ao nível das partes, do pedido ou da causa de pedir.

[74] Miguel Teixeira de Sousa, ob. cit., pág. 108.

Assim, a questão pode surgir, por exemplo, quando o autor e o réu pertencem a *nacionalidades diferentes*, quando *se situa no estrangeiro o local de cumprimento* de determinada obrigação invocada por um português ou quando o *facto ilícito ocorreu no estrangeiro*. Podem ser considerados relevantes para a atribuição da competência internacional o *domicílio das partes* ou o *lugar do cumprimento da obrigação*.

As regras da competência internacional constam da lei processual portuguesa e das convenções de Bruxelas e de Lugano, a que Portugal aderiu.

Dispõe o artº 61º que os tribunais portugueses têm competência internacional quando se verifique alguma das circunstâncias mencionadas no artº 65º. Esta referência deve considerar-se extensiva ao artº 65º-A.

B) - Pactos de jurisdição

Antes de nos referirmos aos factores de atribuição da competência internacional previstos naqueles mencionados preceitos legais, analisaremos ainda a faculdade de as partes convencionarem qual a jurisdição competente para dirimir determinados litígios, nos termos do disposto no artº 99º.

Aliás, ao analisar a questão da competência internacional deveremos, em primeiro lugar, verificar se existe algum pacto privativo ou atributivo de competência internacional aos tribunais portugueses.

Conforme dispõe o artº 99º, nº 1, as partes podem convencionar qual a jurisdição competente para dirimir um litígio determinado, ou os litígios eventualmente decorrentes de certa relação jurídica, contanto que a relação controvertida tenha conexão com mais de uma ordem jurídica.

O pacto é *atributivo* quando concede competência a um tribunal ou a vários tribunais portugueses. É *privativo* quando retira (priva de) a competência a um ou a vários tribunais portugueses e a atribui exclusivamente a um ou a vários tribunais estrangeiros.

Por força do disposto no nº 2 do artº 99º, presume-se que a competência atribuída aos tribunais estrangeiros é concorrente com a que cabe, por lei, aos tribunais portugueses. Por isso, a atribuição de competência aos tribunais estrangeiros só tem valor como pacto privativo, quando exclua a competência dos tribunais portugueses.

O acordo das partes denomina-se pacto de jurisdição, e não de competência, porque o que as partes convencionam diz respeito à jurisdição, isto é, à atribuição da competência dos tribunais, do nosso ou doutro país, considerados no seu conjunto, e não à repartição da competência entre os tribunais portugueses.

Pode acontecer, porém, que as partes identifiquem o tribunal português. Assim, se as partes atribuírem a competência ao tribunal de Lisboa, estão a celebrar um pacto de jurisdição (atribuindo a competência a um tribunal português) e, ao mesmo tempo, um pacto de competência interna, designando o tribunal competente de entre os tribunais portugueses.

O pacto de jurisdição só é válido quando se verifiquem, cumulativamente, os requisitos referidos nas várias alíneas do nº 3 do artº 99º.

O primeiro desses requisitos determina que o pacto só pode incidir sobre direitos disponíveis - alínea a).

Direitos *indisponíveis* são os que estão subtraídos à livre disponibilidade das partes como, por exemplo, os relativos ao estado das pessoas.

Um direito deve considerar-se indisponível quando o seu titular não puder privar-se dele por simples acto da sua vontade.[75]

A contrario sensu, direitos *disponíveis* são aqueles de que o titular pode livremente dispor.

Se o litígio diz respeito a direitos *indisponíveis* não será válido o pacto de jurisdição, visto que o pacto só pode incidir sobre direitos *disponíveis*.

A alínea b) - outro dos requisitos - dispõe que a eleição do foro só é válida se for aceite pela lei do tribunal designado. A aceitação deve existir tanto no caso de o pacto de jurisdição atribuir competência exclusiva aos tribunais portugueses, como no caso em que essa competência é atribuída em concorrência com a de outros países.

O pacto de jurisdição só é válido se for justificado por um interesse sério de ambas as partes ou de uma delas, desde que não envolva inconveniente grave para a outra - alínea c).

Com este requisito pretende-se evitar que seja escolhido um tribunal com o qual a causa e as partes não tenham qualquer conexão relevante. Assim, o elemento de conexão entre o tribunal designado e a causa deve ser de ordem pessoal (domicílio ou nacionalidade) ou real (situação dos bens) - cfr. artº 65º, nº 1, alínea d); cfr. ainda artº 41º, nº 2 do Código Civil.

Entende-se que não devem ser consideradas relevantes as convenções que objectivamente correspondam a manifestações de oportunismo, capricho ou mera comodidade.[76]

[75] Rodrigues Bastos, Notas ao Código Civil, vol. II, pág. 99.

[76] Ac. do S.T.J. in B.M.J. 469, 418.

A alínea d) proíbe o pacto de jurisdição que recaia sobre matéria da exclusiva competência dos tribunais portugueses.

Significa este requisito que o pacto não pode privar os tribunais portugueses da competência que a lei lhe atribui de modo exclusivo. A competência exclusiva consta do artº 65º-A. Tratando-se de competência exclusiva, a ordem jurídica portuguesa não poderia permitir qualquer concorrência com os tribunais estrangeiros.

Por último, exige o preceito - alínea e) - que o pacto resulte de acordo escrito e, quanto à menção da jurisdição competente, esta deve ser expressa.

A designação pode ser feita directamente (por exemplo, o Tribunal de Lisboa, o Tribunal de Paris). Pode também ser feita de uma maneira indirecta, remetendo para o tribunal que for competente segundo as regras da jurisdição escolhida.

Como se disse, o artº 65º-A faz referência aos casos de competência exclusiva dos tribunais portugueses. Nestes casos, como também já referimos, não será válido qualquer pacto de jurisdição que ponha em causa esta exclusividade de competência.

Da competência exclusiva dos tribunais portugueses resulta ainda uma outra consequência. Não aceitando a jurisdição portuguesa que a causa seja submetida à jurisdição de outro país, também não aceitará a *revisão e confirmação de uma sentença estrangeira*.

Para que uma decisão proferida por um tribunal estrangeiro tenha eficácia em Portugal é necessário que tenha sido revista e confirmada por um tribunal português - artº 1094º.

O tribunal competente para a revisão e confirmação é a Relação do distrito judicial em que esteja domiciliada a pessoa contra quem se pretende fazer valer a sentença - artº 1095º. Este é um dos raríssimos casos em que a acção começa no tribunal da Relação em vez de começar no tribunal de 1ª instância.

Para que a revisão e confirmação seja possível, exige-se, entre outros requisitos, que a sentença não verse sobre matéria da exclusiva competência dos tribunais portugueses - artº 1096º, alínea c) *in fine*.

C) - Factores de atribuição da competência internacional

Determina o artº 65º, nº1 que, sem prejuízo do que se encontre estabelecido em regulamentos comunitários e em outros instrumentos internacionais, os tribunais portugueses são internacionalmente competentes:

- Quando a acção possa ser proposta em tribunal português segundo as regras de competência territorial estabelecidas na lei portuguesa.
- Quando o direito invocado não possa tornar-se efectivo senão por meio de acção proposta em território português ou se verifique para o autor dificuldade apreciável na propositura da acção no estrangeiro, desde que entre o objecto do litígio e a ordem jurídica portuguesa haja um elemento ponderoso de conexão, pessoal ou real.

A primeira destas alíneas estabelece o que pode designar-se por *princípio da coincidência*. É atribuída competência internacional aos tribunais portugueses, quando a acção deva ser proposta em Portugal, segundo as regras de competência territorial estabelecidas na lei portuguesa.

Estas regras da competência territorial encontram-se definidas nos artºs 73º e seguintes.

Verifica-se, portanto, uma *coincidência* entre a competência internacional e a competência interna territorial. Quando, de acordo com as regras da competência territorial previstas na ordem interna, a acção deva ser instaurada em Portugal, os tribunais portugueses terão competência internacional para julgar essa acção, mesmo que existam elementos de conexão com ordens jurídicas estrangeiras.

Assim, as acções relativas a direitos reais sobre imóveis devem ser propostas no tribunal da situação dos bens, por força do disposto no artº 73º, nº 1. Se os bens se situarem em Portugal, os tribunais portugueses terão competência (interna e internacional) por aplicação deste princípio.

A segunda alínea fundamenta o critério atributivo da competência internacional aos tribunais portugueses no *princípio da necessidade*.

Segundo este princípio, a competência é atribuída aos tribunais portugueses quando o direito invocado pelo autor só possa tornar-se efectivo por meio de acção proposta em Portugal. Evidencia-se, assim, a *necessidade* de propor a acção nos tribunais portugueses por ser o único modo de efectivar o direito do autor.

Além disso, é atribuída competência internacional aos tribunais portugueses quando a propositura da acção no estrangeiro representaria para o autor dificuldade apreciável.

Como exemplo de um caso de dificuldade apreciável na propositura da acção no estrangeiro, podemos idealizar uma situação em que existisse um conflito armado ou de corte de relações diplomáticas com o país cujos tribunais seriam competentes. Assim, os tribunais portugueses passariam a ser competentes para a propositura da acção, devido a essa dificuldade que ao autor se depararia.

Poderá dizer-se que estamos na presença de uma atitude de último recurso. Pretende-se, por esta via, prevenir a denegação de justiça que resultaria de se não poder propor a acção no estrangeiro.

25 - Competência interna

A) - Sua repartição

Depois de apurada a competência internacional dos tribunais portugueses, importa, no plano interno, determinar o tribunal competente.

A competência dos tribunais judiciais, no âmbito da jurisdição civil, é regulada conjuntamente pelo estabelecido nas *leis de organização judiciária* e pelas disposições deste *Código* – artº 62º, nº 1.

Nos termos do disposto no artº 62º, nº 2, a jurisdição reparte-se, na ordem interna, pelos diferentes tribunais segundo a matéria, a hierarquia judiciária, o valor da causa, a forma de processo aplicável e o território.

Por sua vez, a *lei da organização judiciária* (Lei de Organização e Funcionamento dos Tribunais Judiciais - Lei nº 52/2008, de 28/8) no seu artº 23º, nº 1º estabelece que, na ordem jurídica interna, a competência reparte-se pelos tribunais judiciais segundo a matéria, o valor, a hierarquia e o território. O nº 2 deste mesmo artigo remete para o *Código* a fixação dos factores de que depende a sua competência internacional e o nº 3 faz igual remissão quanto à indicação dos factores que determinam, em cada caso, o tribunal ou juízo competente.

B) - Competência em razão da matéria

A competência em razão da matéria assenta no princípio da especialização. É vantajoso fraccionar a competência dos tribunais em função da matéria do litígio, dado que é muito vasta a especificidade das normas que integram os diversos ramos do Direito e são muito complexas as questões que se colocam a quem tem de decidir. Desta repartição da competência em função das matérias a decidir resultará necessariamente melhor qualidade e mais agilidade da actividade judicial.

Os tribunais judiciais são órgãos de soberania com competência para administrar a justiça em nome do povo – artº 2º da Lei nº 52/2008, de 28/8.

São da competência dos tribunais judiciais as causas que não sejam atribuídas a outra ordem jurisdicional - artº 66º.

De igual modo, dispõe o artº 26º, nº 1 da Lei nº 52/2008, de 28/8, que os tribunais judiciais têm competência para as causas que não sejam atribuídas a outra ordem jurisdicional.

Quer dizer, se as causas não forem atribuídas por lei a alguma jurisdição especial, como, por exemplo, Tribunais Administrativos ou Tribunal de Contas, entende-se que são da competência dos Tribunais Judiciais.

Nos termos do disposto no artº 72º da Lei nº 52/2008, de 28/8, os tribunais judiciais de 1ª instância são, em regra, os tribunais de comarca e, nesse caso, designam-se pelo nome da circunscrição em que se encontram instalados.

Segundo o artº 73º, nº 1 desta mesma Lei, compete aos tribunais de comarca preparar e julgar os processos relativos a causas não abrangidas pela competência doutros tribunais. Quer dizer, se o julgamento da causa não couber a um determinado tribunal, será sempre da competência do tribunal de comarca.

A corroborar a grande amplitude da sua competência, determina o nº 2 deste mesmo preceito que os tribunais de comarca são tribunais de competência genérica e especializada.

Por sua vez, o artº 74º desta mesma Lei nº 52/2008, de 28/8, trata do desdobramento dos tribunais de comarca em juízos, a criar por decreto-lei, que podem ser de competência genérica e especializada.

Acrescenta o nº 2 que podem ser criados os seguintes juízos de competência especializada:

a) instrução criminal;
b) Família e menores;
c) Trabalho;
d) Comércio;
e) Propriedade intelectual;
f) Marítimos;
g) Execução das penas;
h) Execução;
i) Instância cível;
j) Instância criminal.

Sempre que o volume de processos o justifique poderão ser criados juízos de competência especializada mista – nº 3 do mesmo artº 74º.

Por outro lado, nos termos do nº 4 do mesmo preceito, os juízos de instância cível e de instância criminal poderão ser desdobrados em três níveis de especialização judicial:

a) Grande instância;
b) Média instância; e
c) Pequena instância.

A competência de cada um consta dos artºs 111º a 133º da mesma Lei.

Compete à grande instância cível – além do que vem referido nas alíneas seguintes - a preparação e julgamento das acções declarativas cíveis de valor superior à alçada do tribunal da Relação em que a lei preveja a intervenção do tribunal colectivo – artº 128º, nº 1, alínea a) da Lei nº 52/2008, de 28/8.

Aos juízos de média instância cível compete a preparação e julgamento dos processos de natureza cível não atribuídos expressamente a outros tribunais ou juízos – artº 129º, nº 1 da Lei nº 52/2008, de 28/8.

Compete à pequena instância cível preparar e julgar as causas cíveis a que corresponda a forma de processo sumaríssimo e as causas cíveis não previstas no Código de Processo Civil a que corresponda processo especial e cuja decisão não seja susceptível de recurso ordinário – artº 130º da Lei nº 52/2008, de 28/8.

C) - Competência em razão da hierarquia

Os tribunais judiciais encontram-se hierarquizados para efeito de recurso das suas decisões – artº 27º, nº 1 da Lei nº 5272008.

Existem tribunais judiciais de 1ª e de 2ª instâncias e o Supremo Tribunal de Justiça - artº 17º, nº1 da Lei nº 52/2008.

Em regra, o Supremo Tribunal de Justiça conhece, em recurso, das causas cujo valor exceda a alçada dos tribunais da Relação e estes das causas cujo valor exceda a alçada dos tribunais judiciais de 1ª instância – artº 27º, nº 2 da Lei nº 52/2008.

Os tribunais da Relação são, em regra, os tribunais de 2ª instância e, nesse caso, designam-se pelo nome do município em que se encontrem instalados – artº 56º, nº 1 da Lei nº 52/2008.

Em cada distrito judicial há um ou mais tribunais da Relação – nº 2 do mesmo artigo.

Diz-se que os tribunais da Relação são, *em regra*, de 2ª instância, porque há casos em que funcionam como 1ª instância, como adiante melhor referiremos.

Os tribunais estão hierarquizados, formando uma pirâmide, cuja base é constituída pelos tribunais de 1ª instância. No plano imediatamente a seguir encontram-se os tribunais da Relação, que funcionam como tribunais de 2ª instância. No vértice da pirâmide situa-se o Supremo Tribunal de Justiça.

Dizendo de outro modo, aos tribunais de 1ª instância, estando situados na base da pirâmide, cabe-lhes o julgamento de todas as questões, qualquer que seja o valor da acção. Quando o valor da acção ultrapassa a sua alçada, será possível interpor recurso das suas decisões para o tribunal da Relação - que julgará em 2ª instância. Se a acção tiver um valor superior ao da alçada do tribunal da Relação, a decisão deste pode ainda ser objecto de recurso para o Supremo Tribunal de Justiça. Há, porém, acções que admitem sempre recurso, independentemente do seu valor – cfr. artº 678º, nºs 2 e 3.

A hierarquia judiciária não significa que os juízes dos tribunais de grau inferior dependem ou devem obediência aos de grau superior. A hierarquia traduz-se no poder conferido aos tribunais superiores de, *pela via de recurso*, revogarem ou alterarem as decisões dos tribunais inferiores.

Os juízes julgam apenas segundo a Constituição e a lei. A independência dos juízes é assegurada, além do mais, pela não sujeição a quaisquer ordens ou instruções, mas ressalva-se o seu dever de acatamento das decisões proferidas em via de recurso pelos tribunais superiores - artº 5º da Lei nº 52/2008.

Como já dissemos, os tribunais judiciais de 1ª instância são, em regra, os tribunais de comarca - artigos 17º, nº 3 e 72º da Lei nº 52/2008.

No que concerne aos tribunais de 1ª instância, compete aos tribunais singulares de competência genérica o conhecimento dos recursos das decisões dos notários, dos conservadores do registo civil e de outros que, nos termos da lei, para eles devam ser interpostos - artº 70º.

Conforme resulta do preceito, o tribunal de 1ª instância, que é geralmente onde são propostas todas as acções, também pode funcionar como tribunal de recurso das decisões dos notários e dos conservadores.

Os tribunais da Relação *são, em regra, tribunais de 2ª instância* – artº 56º, nº 1 da Lei nº 52/2008. Cabe-lhes o conhecimento dos recursos interpostos de decisões proferidas pelos tribunais de 1ª instância - artº 71º, nº 2.

Como já foi referido, as acções são propostas nos tribunais judiciais de 1ª instância, qualquer que seja o seu valor. Excepcionalmente, há acções que devem ser propostas no tribunal da Relação: é o caso do processo de revisão de sentença estrangeira - artº 1095º; e também artº 66º, alínea e) da lei nº 52/2008 - e dos processos em que é deduzida, pelo Ministério Público, oposição à aquisição da nacionalidade portuguesa - artº 10º da Lei nº 37/81, de 3 de Outubro. Por isso, se diz que os tribunais da Relação *são, em regra,* tribunais de 2º instância. Na verdade, nos casos que acabamos de mencionar, funcionam como tribunais de 1ª instância.

Além de funcionar como tribunal de recurso, também compete ao tribunal da Relação julgar as acções propostas contra juízes de direito e juízes militares de 1ª instância, procuradores da República e procuradores-adjuntos, por causa das suas funções e julgar os processos por crimes cometidos pelos mesmos magistrados - artº 66º, nº 1, alínea b) e c) da Lei nº 52/2008.

Os tribunais da Relação têm funcionado com secções em matéria cível, em matéria penal e em matéria social (respeitante a direito de trabalho). O artº 57º, nºs 1 e 2 da Lei nº 52/2008, veio acrescentar a referência a secções em matéria de família e menores e em matéria de comércio e de propriedade intelectual. Porém, a existência das secções social, de família e menores, de comércio e de propriedade intelectual depende do volume ou da complexidade do serviço.

Conforme resulta do disposto no artº 72º, nº 2, compete ao Supremo Tribunal de Justiça o conhecimento dos recursos interpostos de decisões proferidas pelas Relações e, nos casos especialmente previstos na lei, pelos tribunais de 1ª instância.

O Supremo Tribunal de Justiça é essencialmente um tribunal de *revista*. Cabe-lhe *rever* o modo como foi feita a aplicação da lei substantiva aos factos provados nas decisões proferidas pelas instâncias e a interpretação que estas fizeram das leis processuais.

Fora dos casos previstos na lei, o Supremo Tribunal de Justiça apenas conhece de matéria de direito – artº 33º da Lei nº 52/2008.

Quando se suscitarem apenas questões de direito, isto é, quando não tiver sido impugnada a decisão sobre a matéria de facto, pode qualquer das partes requerer que o recurso da decisão de mérito proferida pelo tribunal de 1ª instância suba directamente ao Supremo Tribunal de Justiça, nos termos do artº 725º. Trata-se de recurso *per saltum*, visto que não passa pelo tribunal da Relação. É por isso que o artº 72º, nº 2 faz referência ao conhecimento dos recursos interpostos das decisões proferidas pelos tribunais de 1ª instância, nos casos especialmente previstos na lei.

Nos termos do disposto no artº 43º da Lei nº 52/2008, de 28/8, compete ao pleno das secções, segundo a sua especialização:

a) Julgar o Presidente da República, o Presidente da Assembleia da República e o Primeiro-Ministro pelos crimes praticados no exercício das suas funções;
b) Julgar os recursos de decisões proferidas em 1ª instância pelas secções;
c) Uniformizar a jurisprudência, nos termos da lei de processo.

A uniformização de jurisprudência está prevista nos artºs 732º-A e 732º-B.

Passaram a ter o valor de acórdãos para uniformização de jurisprudência os assentos proferidos anteriormente à entrada em vigor das últimas grandes alterações ao Código de Processo Civil - artº 17º, nº 2 das disposições transitórias do Decreto-Lei nº 329-A/95.

"Uniformizar ou fixar jurisprudência tem o mesmo significado na ordem judicial até revisão de cada Assento já proferido ou nova uniformização de jurisprudência pelo próprio S.T.J."[77]

Compete-lhe igualmente julgar os processos por crimes cometidos por juízes do Supremo Tribunal de Justiça e dos tribunais da Relação e magistrados do Ministério Público que exerçam funções junto destes tribunais, ou equiparados, e recursos em matéria contra-ordenacional a eles respeitantes – artº 44º, alínea b) da Lei nº 52/2008.

D) - Competência em razão do valor e da forma de processo aplicável

A lei de processo indica os factores que determinam, em cada caso, o tribunal ou juízo competente – artº 23º, nº 3 da Lei nº 52/2008, de 28/8.

As leis de organização judiciária determinam quais as causas que, pelo valor ou pela forma de processo aplicável, se inserem na competência dos tribunais singulares e dos tribunais colectivos, estabelecendo este Código os casos em que às partes é lícito prescindir da intervenção do colectivo – artº 68º.

Os tribunais judiciais de 1ª instância funcionam, consoante os casos, como tribunal singular ou como tribunal colectivo - artº 75º, nº 1 da Lei nº 52/2008.

O tribunal singular é composto por um juiz. Compete-lhe julgar os processos que não devam ser julgados pelo tribunal colectivo – artº 135º, nºs 1 e 2 da Lei nº 52/2008, de 28/8.

Significa isto que, em regra, os processos serão da competência do tribunal singular, a não ser que a lei a atribua expressamente ao tribunal colectivo.

O tribunal colectivo é composto por três juízes - artº136º, nº 1 da lei nº 52/2008. Este mesmo preceito define a constituição do tribunal colectivo, indicando os juízes que o devem compor.

Compete ao tribunal colectivo julgar as questões de facto nas acções de valor superior à alçada dos tribunais da Relação e nos incidentes e execuções que sigam os termos do processo de declaração e excedam a referida alçada, sem prejuízo dos casos em que a lei de processo exclua a sua intervenção;

[77] Ac. do S.T.J. de 4/3/97, C.J. (Ac.s S.T.J.), Ano V, T. 1, 115. Cfr. ainda Ac. do S.T.J. de 8/3/94, C.J. (Ac.s do S.T.J.) Ano II, T. 1, 144.

compete-lhe ainda julgar as questões de direito, nas acções em que a lei de processo o determine - artº 137º, nas suas alíneas b) e c), da Lei nº 52/2008.

Nos termos do artº 646º, nº 1, a discussão e julgamento da causa são feitos com intervenção do tribunal colectivo se ambas as partes assim o tiverem requerido.

Para haver intervenção do *tribunal colectivo* é, portanto, necessário que essa intervenção tenha sido requerida por ambas as partes e que se verifiquem os requisitos previstos no artº 137º da Lei nº 52/2008.

Não é, porém, admissível a intervenção do colectivo nas *acções não contestadas*, nas acções em que *todas as provas, produzidas antes da audiência final, hajam sido registadas ou reduzidas a escrito*, e naquelas em que alguma das partes haja requerido a *gravação da audiência final* - artº 646º, nº 2.

Pode dizer-se, de uma forma simplificada, que o *registo da prova* (ou seja, prova gravada ou reduzida a escrito) é incompatível com a intervenção do tribunal colectivo. Se houver registo, não haverá intervenção do tribunal colectivo e vice-versa.

A incompetência em razão do valor da causa ou da forma de processo aplicável é sempre do conhecimento oficioso do tribunal, seja qual for a acção em que se suscite - artº 110º, nº 2. Compreende-se que assim seja, porque estão em causa princípios da organização judiciária.

Da oportunidade do conhecimento oficioso desta questão ou da sua invocação pelas partes tratam os nºs 3 e 4 do mesmo artº 110º. Nos termos deste último número, a incompetência do tribunal singular, por o julgamento da causa competir ao tribunal colectivo, pode ser suscitada pelas partes ou conhecida oficiosamente pelo tribunal até ao encerramento da audiência de discussão e julgamento.

E) - Competência em razão do território

Determina o artº 18º da Lei nº 52/2008 que, para efeitos da divisão judiciária, o território divide-se em distritos judiciais e comarcas, nos termos dos mapas I e II anexos à presente lei, da qual fazem parte integrante.

O Supremo Tribunal de Justiça tem competência em todo o território, os tribunais da Relação no respectivo distrito judicial e os tribunais judiciais de comarca na área das respectivas comarcas - artºs 28º, nºs 1 e 2 e artº 29º, respectivamente, da Lei nº 52/2008.

A competência *em razão do território* (ou competência territorial) resulta da atribuição a cada tribunal de uma *certa circunscrição territorial*, situando em cada uma das circunscrições as várias causas, através de um elemento de conexão que a lei considera decisivo.

A competência territorial para uma causa determina-se, portanto, em função de dois parâmetros. Por um lado, a *circunscrição territorial* correspondente ao tribunal e, por outro lado, o *elemento de conexão* de cada tipo de acções com a circunscrição.

Entre os elementos de conexão, relevantes para a determinação da competência territorial, podemos referir o *foro do réu*, o *foro real* ou *da situação dos bens, o foro obrigacional,* o *foro do autor* e o *foro sucessório.*

O *foro do réu* constitui a regra geral. Quando não exista disposição especial para a atribuição da competência territorial, é competente para a acção o tribunal em cuja circunscrição o réu tenha o seu domicílio. Com este princípio procura a lei facilitar a defesa do réu. Trata-se de um critério supletivo - cfr. artºs 85º e 86º.

O *foro real ou da situação dos bens* vem definido no artº 73º. Segundo o nº 1 desta disposição legal, devem ser propostas no tribunal da situação dos bens as acções referentes a direitos reais ou pessoais de gozo sobre imóveis, as acções de divisão de coisa comum, de despejo, de preferência e de execução específica sobre imóveis, e ainda as de reforço, substituição, redução e expurgação de hipotecas.

As acções de divisão de coisa comum encontram-se reguladas nos artºs 1052º e seguintes; quanto ao direito de preferência, v. artºs 1458º e seguintes; a execução específica do contrato-promessa está prevista no artº 830ª do Código Civil; as acções de reforço, substituição, redução e expurgação de hipotecas constam dos artºs 991º a 1007º.

Os nºs 2 e 3 do artº 73º contemplam casos especiais do foro da situação dos bens.

Foro obrigacional é o do lugar onde deve ser cumprida a obrigação. Porém, nos termos do disposto no artº 74º, nº 1, a acção destinada a exigir o cumprimento de obrigações, a indemnização pelo não cumprimento ou pelo cumprimento defeituoso e a resolução do contrato por falta de cumprimento é proposta no tribunal do domicílio do réu, podendo o credor optar pelo tribunal do lugar em que a obrigação deveria ser cumprida, quando o réu seja pessoa colectiva ou quando, situando-se o domicílio do credor na área metropolitana de Lisboa ou Porto, o réu tenha domicílio na mesma área metropolitana.

Para a determinação do domicílio deve atender-se ao que dispõem os artºs 82º e seguintes do Código Civil.

Se a acção se destinar a efectivar a responsabilidade civil baseada em facto ilícito ou fundada no risco, o tribunal competente é o correspondente ao lugar onde o facto ocorreu - artº 74º, nº 2.

Entende-se que o tribunal do lugar onde ocorreu o facto pode dispor dos elementos sem necessidade de os solicitar a outro tribunal e, por isso, está em melhor posição para a boa administração da justiça. Assim, as acções emergentes de *acidente de viação* devem ser propostas no tribunal do lugar onde ocorreu o acidente.

Foro do autor é o do lugar do seu domicílio ou residência. Para as acções de divórcio e de separação de pessoas e bens é competente o tribunal do domicílio ou residência do autor - artº 75º.

Subjacente a este critério, está certamente a ideia de querer beneficiar o autor, que é geralmente quem sofre os efeitos da ruptura do casamento e quer pôr termo a tal situação.

Foro sucessório. O tribunal do lugar da abertura da sucessão é competente para o inventário e para a habilitação de uma pessoa como sucessora por morte de outra - artº 77º, nº 1. A sucessão por morte abre-se no lugar do último domicílio do *de cujus* - artº 2031º do Código Civil.[78]

Se o *de cujus* teve o seu último domicílio no estrangeiro, a determinação do tribunal competente para o inventário e para a habilitação é feita em conformidade com o que dispõe o nº 2 do artº 77º.

F) - Caso especial da acção de honorários

Abordaremos, de forma particular, a acção de honorários prevista no artº 76º, pois, embora esteja integrada na secção que trata da competência territorial, o seu nº 1 constitui uma verdadeira *excepção*.

Dispõe o nº 1 deste preceito que para a acção de honorários de mandatários judiciais ou técnicos e para a cobrança das quantias adiantadas ao cliente, é competente o tribunal da causa na qual foi prestado o serviço, devendo aquela correr por apenso a esta.

Na acção de honorários, o autor é o advogado ou o técnico (que assistiu o advogado, nos termos do artº 42º). O réu é o cliente a quem o advogado ou o técnico prestaram o serviço ou adiantaram a quantia. A causa de pedir diz respeito ao pagamento do serviço prestado pelo mandatário ou pelo técnico num determinado processo.[79]

Trata-se de uma norma especial que contempla uma situação especial e concreta que não tem a ver com a competência territorial ou em razão da

[78] *De cujus* é a primeira parte de uma locução jurídica latina *De cujus sucessione agitur* (aquele ou aquela de cuja herança se trata).

[79] Cfr. Alberto dos Reis, Código de Processo Civil Anotado, vol. I, pág. 216.

matéria, mas tem em vista uma maior eficácia e funcionalidade dos tribunais. A competência para julgar a acção de honorários é confiada ao juiz do tribunal que decidiu a acção principal que está na sua origem.

A petição da acção de honorários não será distribuída, mas sim averbada, correndo por apenso ao processo de onde constam todos os elementos para uma decisão mais justa e conscienciosa.[80]

O nº 2 do preceito determina que, se a causa tiver sido instaurada na Relação ou no Supremo, a acção de honorários correrá no tribunal da comarca do domicílio do devedor.

É este nº 2 que justifica a inclusão do artigo 76º na Secção do Código que diz respeito à competência territorial. Neste caso, o elemento de conexão relevante para a determinação da competência territorial é o do *foro do réu.*

26 - Extensão e modificações da competência

A) - Enunciado

As regras sobre a competência dos tribunais podem ser sujeitas a alguns desvios pelo aparecimento de questões suscitadas no decurso da acção. Verificadas certas condições, o tribunal estende a sua competência por forma a poder julgar, para além da acção, essas questões para as quais não teria normalmente competência. Assim, sendo o tribunal competente para determinada acção, passa a sê-lo também para questões nela suscitadas. Por outras palavras, a competência do tribunal para julgar a acção estende-se às questões nela suscitadas.

A extensão e modificações da competência estão previstas nos artºs 96º a 100º.

Estes preceitos prevêem a *extensão* da competência em relação às questões incidentais (artº 96º), às questões prejudiciais (artº 97º) e às questões reconvencionais (98º). Da *modificação* da competência tratam os artºs 99º (pactos privativo e atributivo de jurisdição) e 100º (competência convencional).

B) - Questões incidentais

A primeira destas disposições legais diz respeito às questões incidentais.

Incidente ou questão incidental é a questão surgida no decurso do processo, distinta da questão principal que dele era objecto, mas com ela relacio-

[80] Cfr. Ac.R.L. de 15/4/98, C. J., Ano XXIII, 1998, T. II, 158; Ac. R.L. de 5/5/99, C.J., Ano XXIV, 1999, T.III, 157; Ac. R.C. de 27/6/2000, C.J. Ano XXV, T. III, 33; Ac. STJ de 30/11/95, BMJ 451,370.

nada. O incidente pressupõe, em regra, a existência de uma questão a resolver que se configure como acessória e secundária face ao objecto da acção ou do recurso e como ocorrência anormal e com autonomia processual em relação ao processo principal.[81]

O tribunal competente para a acção é também competente para conhecer dos incidentes que nela se levantem e das questões que o réu suscite como meio de defesa - artº 96º, nº 1.

Os incidentes constituem ocorrências estranhas ao desenvolvimento processual. O tribunal competente para conhecer da acção passa a sê-lo também para conhecer destas questões que, normalmente, não caberiam na sua competência. Verifica-se, portanto, a *extensão da competência* do tribunal a estas questões incidentais.

A maior parte dos incidentes estão dispersos pelas várias normas que compõem o Código de Processo Civil. Estão, porém, directamente previstos na lei e tipificados como *incidentes da instância* os seguintes: verificação do valor da causa - artºs 305 a 319º; intervenção de terceiros - artºs 320º a 359º; habilitação - artºs 371º a 377º e liquidação - artºs 378º a 380º-A.

Como já referimos no lugar próprio, os procedimentos cautelares podem ser instaurados como *incidentes* da acção declarativa ou executiva - artº 383º, nº 1 *in fine*.

Se, no decurso da acção, falecer uma das partes, o tribunal competente para a acção sê-lo-á também para decidir o *incidente de habilitação*. O tribunal competente para a habilitação é o do lugar da abertura da sucessão (artº 77º). Porém, se não for este o tribunal da causa, passa a ter, *por extensão*, competência também para a habilitação.

Do mesmo modo, o tribunal competente para julgar a acção proposta com fundamento num contrato celebrado entre o autor e o réu, é também competente para conhecer da nulidade do contrato invocada pelo réu, mesmo que para o conhecimento desta nulidade fosse a competência atribuída a outro tribunal, no caso de ter sido alegada em acção autónoma.

Esta extensão da competência ao tribunal da causa tem as limitações impostas pelo nº 2 do artº 96º. Assim, a decisão das questões e incidentes suscitados não constitui caso julgado fora do processo respectivo, excepto se alguma das partes requerer o julgamento com essa amplitude e o tribunal for competente do ponto de vista internacional e em razão da matéria e da hierarquia.

[81] Salvador da Costa, Os Incidentes da Instância, pág.s 7 e 8.

Quer dizer, a decisão proferida sobre os incidentes ou sobre *os meios de defesa que não envolvam directamente o objecto da acção* vale apenas como *caso julgado formal,* a não ser que alguma das partes requeira o processamento da questão como numa acção autónoma (para a decisão valer fora do processo) e ao tribunal não faleça a *competência* necessária, em razão da *nacionalidade, da matéria* ou da *hierarquia.*[82]

C) - Questões prejudiciais

A lei dispõe de modo diferente do caso anterior quando se trata de questões prejudiciais.

Se o conhecimento do objecto da acção depender da decisão de outra questão que seja da competência do tribunal criminal ou do tribunal administrativo, pode o juiz sobrestar na decisão até que o tribunal competente se pronuncie - artº 97º, nº 1.

O conhecimento do objecto da causa não pode ter lugar sem que se decida uma questão que faz parte do encadeamento lógico da sentença a proferir.[83]Esta *questão* tem de ser previamente julgada e, por isso, se diz prejudicial, ou seja, *(pré)judicial.*

Neste caso, a lei, em vez de estender a competência ao tribunal da causa, atribui ao juiz a faculdade de suspender a decisão até que o tribunal competente se pronuncie sobre a questão prejudicial.

A suspensão fica sem efeito se a acção penal ou a acção administrativa não for exercida dentro de um mês ou se o respectivo processo estiver parado, por negligência das partes, durante o mesmo prazo. Neste caso, o juiz da acção decidirá a questão prejudicial, mas a decisão não produz efeitos fora do processo em que for proferida - artº 97º, nº 2.

É questão jurídica prejudicial toda aquela cuja solução constitua pressuposto *necessário* da decisão de mérito, quer esta necessidade resulte da configuração da causa de pedir, quer da arguição ou existência duma excepção (peremptória ou dilatória), quer ainda do objecto de incidentes em correlação lógica com o objecto do processo, e seja mais ou menos directa a relação que corra entre essa questão e a pretensão ou o *thema decidendum.*[84]

O artº 97º diz respeito unicamente a *questões* prejudiciais para cujo conhecimento é competente o tribunal criminal ou o tribunal administrativo. Tem

[82] Antunes varela, J. Miguel Bezerra e Sampaio e Nora, ob. cit., pág. 221.

[83] Rodrigues Bastos, Notas ao Código de Processo Civil, pág. 165.

[84] Lebre de Freitas, ob. cit. pág. 116.

aplicação quando o tribunal criminal ou administrativo têm competência para o conhecimento de questão que se torna necessário para a decisão de outra questão que constitui objecto da acção proposta no tribunal judicial cível.

Se o juiz do tribunal cível tiver de proferir decisão sobre essas questões, fá-lo-á apenas com a finalidade de tornar possível o prosseguimento do processo.

Diferentemente do que é consentido pelo artº 96º, nº 2, o artº 97º não dá a possibilidade de alguma das partes requerer que a decisão que venha a ser proferida pelo tribunal judicial cível sobre a questão prejudicial constitua caso julgado material.

Não devemos confundir *questão prejudicial* com *causa prejudicial*

Como facilmente se compreenderá, quando deparamos com uma causa prejudicial a outra causa, estamos a falar de duas causas. Significa que a questão se encontra autonomizada como objecto de outra acção, a qual constitui *causa prejudicial* e, neste caso, constituirá fundamento para a suspensão da instância por determinação do juiz, nos termos do artº 279º.[85]

Uma *causa é prejudicial* em relação a outra quando a decisão daquela pode prejudicar a decisão desta, isto é, quando a procedência da primeira tira a razão de ser à existência da segunda.[86]

Por exemplo, a acção em que o autor pede a anulação do contrato de compra e venda constitui *causa prejudicial* em relação a uma outra acção em que se pretende exercer o direito de preferência em tal compra.

Por ora e aqui só nos ocupamos da *questão prejudicial* e não de *causa prejudicial.*

D) - Competência para as questões reconvencionais

A reconvenção tem lugar quando o réu formula, na acção contra ele proposta, um pedido autónomo contra o autor. Adiante será estudada no lugar próprio.

O tribunal da acção é competente para as questões deduzidas por via de reconvenção, desde que tenha competência para elas em razão da nacionalidade, da matéria e da hierarquia; se a não tiver é o reconvindo absolvido da instância – artº 98º, nº 1.[87]

Por força desta disposição legal, a competência do tribunal da *acção* estende-se às questões suscitadas na *reconvenção* de que não poderia conhecer segundo as regras da competência em razão do valor ou do território. Basta que o tri-

[85] Idem, ob. e loc. cit.

[86] Alberto dos Reis, Comentário, 3º, pág. 206.

[87] Sobre a reconvenção, v. artºs 274º e 501º.

bunal tenha *competência em razão da nacionalidade, da matéria e da hierarquia*. Se faltar tal competência, o reconvindo (o autor) será absolvido da instância.

Quando, por virtude da reconvenção, o tribunal singular deixe de ser competente em razão do valor, deve o juiz oficiosamente remeter o processo para o tribunal competente – artº 98º, nº 2; e também artº 128º, nº 3 da Lei nº 52/2008.

Nos termos do disposto neste último preceito, são remetidos à *grande instância cível* os processos pendentes nos *juízos de média instância cível* em que se verifique a alteração do valor susceptível de determinar a sua competência.

Como já é sabido, no caso de reconvenção, quando o pedido formulado pelo réu seja distinto do que foi deduzido pelo autor, os respectivos valores somam-se, nos termos do artº 308º, nº 2. Neste caso é, portanto, alterado o valor inicial da causa. Se a causa corre num juízo de média instância cível, mas o valor da acção passou a ser superior ao valor da alçada do tribunal da Relação, o processo deverá ser remetido aos juízos de grande instância cível.

E) - Competência convencional

Como já se disse, os artigos 99º e 100º tratam da *modificação* da competência. Em ambos os casos, a competência que normalmente seria atribuída a um tribunal para dirimir um litígio é modificada por convenção das partes.

Se a convenção tem por fim afastar as regras que regulam a *competência internacional* dos tribunais portugueses (artº 65º), toma a designação de *pacto* privativo ou atributivo *de jurisdição*, previsto no artº 99º, a que já nos referimos (v. nº 23 - B).

Se convenção entre as partes tem em vista a alteração das regras da *competência interna* (em razão do território) trata-se da *competência convencional* prevista no artº 100º.

O artº 100º veda às partes a possibilidade de afastarem as regras de competência em razão da matéria, da hierarquia, do valor e da forma de processo.

Estas regras estão subtraídas à disponibilidade das partes, porque ditadas por razões de ordem pública.

O mesmo preceito permite, porém, afastar, por convenção expressa, a aplicação das regras de competência em razão do território, salvo nos casos a que se refere o artº 110º (isto é, os casos em que a incompetência relativa é do conhecimento oficioso do tribunal).

Pode dizer-se que se trata de um *pacto de aforamento*, segundo o qual é dada às partes a possibilidade de escolher o tribunal territorialmente competente para conhecer de certos litígios.

O tribunal escolhido por convenção das partes tem *competência exclusiva*. Por isso, o tribunal que, segundo a lei, seria o competente, deixa de o ser.

Os requisitos de forma exigidos para a convenção sobre a competência em razão do território são os previstos no nº 2 deste mesmo artº 100º.

Um desses requisitos é a exigência da designação das questões a que se refere o critério de determinação do tribunal que fica sendo competente.

A designação das questões abrangidas pelo acordo pode ser feita pela especificação do facto jurídico susceptível de as originar - nº 4 do artº 100º. Assim, podem as partes limitar-se a fazer referência a certas questões emergentes de certo contrato.

O foro que é resultado da convenção das partes é tão vinculativo como o que deriva da lei - nº 3 do artº 100º.

F) - Tribunal competente no caso de pluralidade de réus

Outro desvio das regras da competência verifica-se no caso de *pluralidade de réus.*

Quando o tribunal competente para determinada acção é o do lugar do domicílio do réu, nos termos do disposto no artº 85º, tal regra não pode ser observada se a acção for proposta contra vários réus com domicílios situados em diversas comarcas.

O artº 87º regula esta situação atribuindo a competência ao tribunal do domicílio do maior número deles. Se for igual o número nos diferentes domicílios, dá ao autor a possibilidade de escolher.

Nestes casos, o réu ou os réus que se encontrarem na posição minoritária (ou até de igualdade) não poderão invocar a incompetência do tribunal, se este não corresponder ao do lugar do seu domicílio.

A *ratio legis* do preceito que estabelece o foro do réu (artº 85º) assenta em razões de comodidade para o réu. Por isso, se o réu for casado, deve o casal ser considerado como um só (desde que não separado judicialmente de pessoas e bens). Do mesmo modo, se existirem vários réus incapazes, deverão, para o efeito, ser considerados como um só no caso de todos terem o mesmo representante legal.

27 - Modalidades de incompetência

A) - Enunciado

Antes de propor a acção deve o autor procurar saber qual o tribunal competente para a mesma, tendo em conta as diversas regras enunciadas.

Desde logo deve apurar se a acção, através de qualquer dos seus elementos, tem conexão com a jurisdição de outros países. Em caso afirmativo, terá de averiguar da competência internacional dos tribunais portugueses. Se essa conexão não existir, a questão nem sequer é suscitada.

Constatada a competência dos tribunais portugueses, é chegado o momento de saber qual deles tem competência para decidir a acção, considerando os critérios da competência interna já enunciados.

Haverá, portanto, de considerar a espécie de acção a propor, tendo em conta o pedido formulado, o valor da causa, e a forma de processo.

Em primeiro lugar deve averiguar qual o tribunal de 1ª instância territorialmente competente. Se na respectiva comarca só existir um tribunal de competência *genérica*, a pesquisa estará simplificada. Havendo tribunais de competência *especializada*, deve procurar o adequado, considerando a questão a decidir (de instrução criminal, de família e menores, de trabalho, de comércio, de propriedade intelectual, marítimos, de execução de penas, de execução). Depois deverá ser tido em conta o nível de especialização previsto nos artºs 127º e seguintes da Lei nº 52/2008, de 28/8: de grande, de média ou de pequena instância.

Se, na propositura da acção, não forem respeitadas as regras da competência, as consequências que daí derivam dependem do tipo de violação. A lei distingue entre incompetência *absoluta* e incompetência *relativa*.

A incompetência *absoluta* corresponde à violação de normas de interesse e ordem pública e a incompetência *relativa* à violação de meras normas de interesse e ordem particular. O regime da incompetência *absoluta* tem, por isso, um tratamento mais severo do que o correspondente à incompetência *relativa*.[88]

Antes de nos referirmos aos efeitos de cada uma das violações, convém saber qual o *momento* que deve ser tido em conta para fixar a competência do tribunal.

Importa, por isso, recordar que a competência se fixa no momento em que a acção se propõe, sendo irrelevantes as modificações de facto que ocorram posteriormente - artº 24º, nº 1 da Lei nº 52/2008.

Se a acção foi proposta no tribunal do domicílio do réu, que vivia em Viseu, por ser este o tribunal territorialmente competente, o tribunal mantém a sua competência mesmo que, entretanto, o réu tenha transferido o seu domicílio para Coimbra.

[88] Antunes Varela, J. Miguel Bezerra e Sampaio e Nora, ob. cit., pág. 225 e segs.

Nos termos do nº 2 deste mesmo preceito legal, são igualmente irrelevantes as modificações de direito. Neste caso, porém, apresenta duas excepções que já analisámos: uma para a hipótese de ter sido *suprimido o órgão* a que a causa estava afecta e outra para a hipótese de lhe *vir a ser atribuída competência* de que inicialmente carecia para o conhecimento da causa.

Como dissemos, no primeiro caso, não faria sentido que se prolongasse a existência do tribunal apenas para julgamento das causas que lhe estavam afectas. Assim, a causa que tinha sido proposta no tribunal municipal, que foi extinto, teve de ser enviada para o tribunal que passou a ser competente para o seu julgamento. Neste caso, a nova lei é de aplicação imediata.

Quanto à segunda excepção também não se justificaria que, estando a acção afecta ao tribunal que a nova lei veio considerar competente, tivesse a mesma que ser remetida para o tribunal agora incompetente, por força da nova lei, pela simples razão de ser o competente no momento da propositura da acção.

B) - Incompetência absoluta

A incompetência *absoluta* corresponde à infracção das regras de competência em razão da matéria e da hierarquia e das regras de competência internacional, salvo quando haja mera violação dum pacto privativo de jurisdição - artº 101º.

A incompetência absoluta pode ser arguida pelas partes e deve ser conhecida oficiosamente pelo tribunal em qualquer estado do processo, enquanto não houver sentença com trânsito em julgado sobre o fundo da causa - artº 102º, nº 1.

Tem, portanto, legitimidade para arguir a incompetência absoluta do tribunal qualquer das partes, o que significa que pode ser arguida pelo próprio autor, que foi quem a ocasionou. Pode ainda, ou melhor, deve ser conhecida oficiosamente pelo próprio tribunal. Tudo isto só pode ter lugar enquanto não houver sentença com trânsito em julgado sobre o mérito da causa. Sendo assim, a arguição ou o conhecimento oficioso pela primeira vez tanto pode verificar-se no tribunal de 1ª instância como no tribunal de recurso.

A violação das regras da competência em razão da matéria que apenas respeitem aos tribunais judiciais só pode ser arguida, ou oficiosamente conhecida, até ser proferido despacho saneador, ou, não havendo lugar a este, até ao início da audiência de discussão e julgamento - artº 102º, nº 2.

Neste caso considerou o legislador que a gravidade da violação seria menor. Por isso encurtou o prazo de arguição ou de conhecimento oficioso, que não poderá ter lugar depois do despacho saneador ou, não o havendo, até ser dado início à audiência de julgamento.

Como exemplo, podemos apontar o caso da acção que foi proposta num tribunal de competência genérica em vez de o ter sido num tribunal de competência especializada, como seja o tribunal de família.

Esta menor gravidade só se verifica se a violação das regras da competência em razão da matéria respeitar apenas a tribunais judiciais. Quer dizer, se a acção tiver sido proposta num tribunal judicial em vez de o ser num tribunal não judicial, a incompetência é considerada mais grave e, por isso, a lei dilata o prazo da sua arguição, que será o previsto no artº 102º, nº 1. É o que se verifica, por exemplo, se a acção foi proposta no tribunal comum quando o devia ter sido no tribunal administrativo.

Conforme dispõe o artº 105º, nº 1, a verificação da incompetência absoluta implica a absolvição do réu da instância ou o indeferimento em despacho liminar, quando o processo o comportar.

O processo comporta o indeferimento liminar quando a citação depender de prévio despacho judicial – cfr. artº 234º, nº 4. Neste caso, o juiz, em vez de ordenar a citação do réu, profere despacho de indeferimento liminar ao detectar o vício da incompetência absoluta do tribunal, de que deve conhecer oficiosamente

Quando a citação não depende de prévio despacho judicial, porque incumbe à secretaria promovê-la oficiosamente – artº 234º, nº 1 – o juiz terá o primeiro contacto com o processo já depois dos articulados. Conhecerá do vício no momento de proferir o despacho saneador – artº 510º, nº1, alínea a). Neste caso, ao conhecer da incompetência absoluta (oficiosamente ou porque foi arguida) tem de limitar-se a absolver o réu da instância. Na verdade, o juiz depara com uma excepção dilatória – artºs 494º, nº 1 e 288º, nº 1. alínea a) – o que terá como consequência a absolvição do réu da instância por força do disposto no artº 493º, nºs 1 e 2.

Se a incompetência for arguida antes de ser proferido despacho saneador, pode conhecer-se dela imediatamente ou reservar-se a apreciação para esse despacho; se arguida posteriormente ao despacho, deve conhecer-se logo da arguição - artº 103º.

Se a incompetência só for decretada depois de findos os articulados, podem estes aproveitar-se, desde que haja acordo das partes nesse sentido, e o autor requeira a remessa do processo ao tribunal competente - artº 105º, nº 2.

Se não houver acordo das partes quanto ao aproveitamento dos articulado – o que será certamente a situação mais frequente - a incompetência absoluta leva a que sejam inutilizados todos os actos praticados.

A decisão que determine a incompetência absoluta do tribunal tem apenas valor de caso julgado formal, só valendo, portanto, no respectivo processo - artº 106º. Por outras palavras, o caso julgado sobre o despacho que determinou a incompetência absoluta vale apenas como caso julgado formal. Não tem, por conseguinte, o alcance de caso julgado material (cfr. artºs 671º e 672º). É uma forma de garantir a liberdade de julgamento de cada juiz. Na verdade, sendo proposta outra acção no tribunal tido por competente, nada impede que o juiz deste tribunal o considere incompetente.

A lei estabelece, porém, uma excepção, permitindo que o Supremo Tribunal de Justiça ou o Tribunal de Conflitos, conforme os casos, decida, de forma definitiva, através de recurso interposto do acórdão do Tribunal da Relação, qual o tribunal competente, em razão da matéria ou da hierarquia, para julgar a acção - artº 107º, nºs 1 e 2.[89]

É sempre admissível recurso, independentemente do valor da causa, se tiver por fundamento a violação das regras de competência internacional, em razão da matéria ou da hierarquia ou a ofensa de caso julgado – artº 678º, nº 2, alínea a).

C) - Incompetência relativa

A incompetência relativa corresponde à infracção das regras de competência fundadas no valor da causa, na forma de processo aplicável, na divisão judicial do território ou decorrentes do estipulado nas convenções previstas nos artºs 99º e 100º - artº 108º.

A incompetência relativa pode ser arguida pelo réu, sendo o prazo de arguição o fixado para a contestação, oposição ou resposta ou, quando não haja lugar a estas, para outro meio de defesa que tenha a faculdade de deduzir - artº 109º, nº 1.

Conforme se verifica, o conhecimento da incompetência relativa está, em regra, dependente da sua arguição pelo réu e este deve fazê-lo dentro do prazo fixado para apresentar a sua defesa. A arguição não pode partir do autor.

Sendo a incompetência arguida pelo réu, pode o autor responder no articulado subsequente da acção ou, não havendo lugar a este, em articulado próprio, dentro de 10 dias após a notificação da entrega do articulado do réu - artº 109º, nº 2.

O artº 110º estabelece, porém, várias excepções ao determinar, no seu nº 1, que a incompetência em razão do território deve ser conhecida oficiosa-

[89] V. o que ficou referido no nº 23 -B).

mente pelo tribunal, sempre que os autos fornecerem os elementos necessários, nos casos seguintes:

- Nas causas a que se referem o artigo 73º, a primeira parte do nº 1 e o nº 2 do artigo 74º, os artigos 83º, 88º e 89º, o nº 1 do artigo 90º, a primeira parte do nº 1 e o nº 2 do artigo 94º - alínea a).
- Nos processos cuja decisão não seja precedida de citação do requerido - alínea b).
- Nas causas que, por lei, devam correr como dependência de outro processo - alínea c).

O juiz deve conhecer oficiosamente da incompetência em razão do território sempre que os autos fornecerem os elementos necessários para o efeito. Significa isto que o juiz só pode servir-se dos elementos contidos nos autos – nos articulados ou nos documentos juntos – e não deve fazer diligências estranhas à tramitação normal do processo com a finalidade de averiguar dessa incompetência.

Para compreender o alcance do disposto na alínea b), basta ter em conta que, nos casos aí previstos, se ao juiz não fosse dada a possibilidade de conhecer oficiosamente da incompetência, esta nunca poderia ser conhecida antes de proferida a decisão. Na verdade, se atentarmos no procedimento cautelar em que a providência é decretada sem a audiência do requerido (v. artº 408º), concluiremos que não poderia ser este a arguir a incompetência em momento anterior à decisão, visto que nem sequer foi citado.

A excepção prevista na alínea c), encontra a sua razão de ser na vantagem que resulta da apensação de processos. Como exemplo de uma causa que corre por apenso, pode ser referido o processo de incidente de habilitação, no caso de ter falecido uma das partes - artº 372º, nº 2.

A incompetência relativa é ainda de conhecimento oficioso quando resultar da infracção das regras da competência que dizem respeito ao valor da causa ou à forma de processo aplicável - artº 110º, nº 2.

Produzidas as provas indispensáveis à apreciação da excepção deduzida, o juiz decide qual é o tribunal competente para a acção - artº 111º, nº 1.

Se a excepção for *julgada procedente*, por o tribunal ser considerado incompetente, o processo *é remetido para o tribunal competente*. Se for *julgada improcedente*, o processo prosseguirá normalmente no tribunal onde se encontra pendente. É claro que a remessa da acção para o tribunal competente ou o seu prosseguimento no tribunal onde foi proposta só se verificarão *depois de ter transitado em julgado* o despacho que apreciou a excepção de incompetência relativa.

No caso de a incompetência radicar na violação de *pacto privativo de jurisdição*, o juiz não pode ordenar a remessa do processo para o tribunal estrangeiro competente, visto que a sua jurisdição não vai além das fronteiras de Portugal. Por isso, só lhe resta proferir despacho a *absolver o réu da instância* - cfr. artº 111º, nº 3.

Tendo o processo sido remetido para outro tribunal, aí continuará os seus termos, visto que a instância não foi julgada extinta - artº 288º, nº 2.

Das decisões proferidas na apreciação da matéria da incompetência relativa, incluindo a decisão final, só é admissível recurso até à Relação - artº 111º, nº 4.

A decisão transitada em julgado resolve definitivamente a questão da competência, mesmo que tenha sido oficiosamente suscitada - artº 111º, nº 2.

Significa isto que, se *a excepção for julgada improcedente*, não mais pode vir a ser discutida esta questão no processo. Se a excepção da incompetência relativa for julgada *procedente*, o processo é remetido para o tribunal competente (artº 111º, nº 3), que fica deste modo vinculado à decisão do juiz que remeteu o processo, isto é, o juiz do tribunal *ad quem*, ao receber o processo, não poderá declarar-se incompetente.[90]

A decisão tem de ser acatada pelo tribunal a que a causa seja afecta, o qual não pode, por seu turno, declarar-se incompetente em razão do território.

A decisão transitada em julgado sobre a excepção de competência relativa do tribunal em razão do território tem força de caso julgado material, assim resolvendo definitivamente a questão.[91]

D) - Preterição do tribunal arbitral

A preterição do tribunal arbitral consiste no facto de ter sido proposta uma acção com violação do compromisso arbitral previamente estabelecido entre as partes. Quer dizer, se as partes se haviam comprometido a submeter a decisão do litígio a um tribunal arbitral, mas depois uma delas propôs a acção num tribunal comum, houve desrespeito do autor pelo compromisso que haviam assumido. O réu pode invocar a preterição do tribunal arbitral.

A preterição do tribunal arbitral também pode resultar do não cumprimento da lei que o impunha. Assim, a preterição pode dizer respeito a um tribunal arbitral *necessário* ou a um tribunal arbitral *voluntário*.

[90] Anselmo de Castro, Lições de Processo Civil, vol. II, pág. 517.

[91] Ac. do S.T. J. de 2/2/200, B.M.J. 494, 251.

Verifica-se o primeiro caso, quando foi proposta num tribunal comum uma acção que, *por imposição legal*, é da competência de um tribunal arbitral - artº 1525º.

Deparamos com um caso de preterição de um tribunal arbitral *voluntário* quando foi proposta num tribunal comum a acção que devia ter sido proposta no tribunal *convencionado pelas partes*.

Tanto a preterição do tribunal arbitral *necessário* como a violação do compromisso de arbitragem (preterição do tribunal arbitral *voluntário*) constituem excepções dilatórias – artº 494º, alínea j). Significa que, se qualquer delas for julgada procedente, isso obstará a que o tribunal conheça do mérito da causa e dará lugar à absolvição da instância – artº 493º, nº 2.

Existe, porém, diferença na forma de conhecimento da excepção.

A preterição do tribunal arbitral *necessário* é uma excepção dilatória, de conhecimento oficioso pelo tribunal - artº 495º *a contrario sensu*.

A preterição do tribunal arbitral *voluntário* não é, porém, de conhecimento oficioso - artº 495º. Trata-se, portanto, de uma excepção que terá de ser invocada pelo réu.

CAPÍTULO IV
Acesso ao Direito e aos Tribunais

28 – Lei, sua origem, objectivos e destinatários

A) - A Lei

O artº 20º da Constituição da República Portuguesa estatui o seguinte:

1 - A todos é assegurado o acesso ao direito e aos tribunais para defesa dos seus direitos e interesses legalmente protegidos, não podendo a justiça ser denegada por insuficiência de meios económicos.

2 - Todos têm direito, nos termos da lei, à informação e consulta jurídicas, ao patrocínio judiciário e a fazer-se acompanhar por advogado perante qualquer autoridade.

Este preceito constitucional reconhece a existência de dois direitos fundamentais: o direito de acesso ao direito e o direito de acesso aos tribunais. "O primeiro é, sem dúvida, mais amplo do que o segundo, já que engloba também o direito à informação e consulta jurídica e ao patrocínio judiciário e apresenta-se, frequentes vezes, como um pressuposto do segundo: o recurso a um tribunal com a finalidade de obter dele uma decisão jurídica sobre uma questão juridicamente relevante (direito de acesso aos tribunais ou direito à protecção jurídica através dos tribunais) pressupõe logicamente um correcto conhecimento dos direitos e deveres por parte dos seus titulares (direito de acesso ao direito)".[92]

[92] Ac.s T.C., 20º vol., pág. 495.

Em conformidade com estas disposições da Lei Fundamental foi publicada a Lei nº 34/2004, de 29 de Julho, que passaremos a analisar, **sendo a este diploma pertencentes todos os artigos mencionados neste capítulo IV sem qualquer outra referência.**

B) - Finalidades

O nº 1 do artº 1º determina que o sistema de acesso ao direito e aos tribunais se destina a assegurar que a ninguém seja dificultado ou impedido, em razão da sua condição social ou cultural, ou por insuficiência de meios económicos, o conhecimento, o exercício ou a defesa dos seus direitos.

E o nº 2 do mesmo artigo dispõe que, para concretizar estes objectivos desenvolver-se-ão acções e mecanismos sistematizados de *informação jurídica* e de *protecção jurídica.*

O acesso ao direito e aos tribunais constitui uma responsabilidade do Estado, a promover, designadamente, através de dispositivos de cooperação com as instituições representativas das profissões forenses – artº 2º, nº 1.

C) - Acesso ao direito

O acesso ao direito compreende a *informação jurídica* e a *protecção jurídica* – artº 2º, nº 2.

1 - Informação jurídica

Incumbe ao Estado realizar, de modo permanente e planeado, acções tendentes a tornar conhecido o direito e o ordenamento legal, através de publicação e de outras formas de comunicação, com vista a proporcionar um melhor exercício dos direitos e o cumprimento dos deveres legalmente estabelecidos – artº 4º, nº 1.

A informação jurídica é prestada pelo Ministério da justiça, em colaboração com todas as entidades interessadas, podendo ser celebrados protocolos para esse efeito – arº 4º, nº 2.

2 - Protecção jurídica

A protecção jurídica reveste as modalidades de *consulta jurídica* e de *apoio judiciário* – artº 6º, nº 1.

A protecção jurídica pressupõe a informação jurídica, ou seja, o devido conhecimento dos direitos e deveres por parte daquele que a pretende.

A *protecção jurídica* é concedida para questões ou causas judiciais concretas ou susceptíveis de concretização em que o utente tenha um interesse próprio e que versem sobre direitos directamente lesados ou ameaçados de lesão – artº 6º, nº 2.

Poderá ser concedida a quem for titular de um direito que está a ser lesado ou em vias de o ser. Não deve ser solicitado para satisfazer simples curiosidade acerca da interpretação de um certo normativo.

No caso de *litígio transfronteiriço*, em que os tribunais competentes pertençam a outro Estado da União Europeia, a *protecção jurídica* abrange ainda o apoio pré-contencioso e os encargos específicos decorrentes do carácter transfronteiriço do litígio, em termos a definir por lei – artº 6º, nº 4.

Têm direito a *protecção jurídica*, nos termos da presente lei, os cidadãos nacionais e da União Europeia, bem como os estrangeiros e os apátridas com título de residência válido num Estado da União Europeia, que demonstrem estar em situação de insuficiência económica – artº 7º, nº 1.

As pessoas colectivas com fins lucrativos e os estabelecimentos individuais de responsabilidade limitada não têm direito à protecção jurídica – cfr. artº 7º, nº 3.

As pessoas colectivas sem fins lucrativos têm apenas direito à protecção jurídica na modalidade de apoio judiciário, devendo para tal fazer a prova da sua insuficiência económica – artº 7º, nº 4.

Encontra-se em situação de insuficiência económica aquele que, tendo em conta o rendimento, o património e a despesa permanente do seu agregado familiar, não tem condições objectivas para suportar pontualmente os custos de um processo – artº 8º, nº 1.

O artº 8º-A estabelece os critérios que definem a apreciação da insuficiência económica e o artº 8º-B determina o modo de prova da mesma insuficiência.

O artº 10º previne um leque de situações que podem determinar o cancelamento da protecção jurídica quer na totalidade, quer relativamente a alguma das suas modalidades. Começa por apontar os casos em que o requerente ou o respectivo agregado familiar adquiriram meios suficientes para poder dispensá-la e aqueles em que se prova, por novos documentos, a insubsistência das razões pelas quais foi concedida, até ao caso em que ao requerente foi concedido apoio judiciário em modalidade de pagamento faseado e não cumpriu.

A protecção jurídica pode caducar nas circunstâncias previstas no artº 11º. Verifica-se uma dessas circunstâncias quando decorreu o prazo de um ano após a sua concessão sem que tenha sido prestada consulta ou instaurada a acção, por razões imputáveis ao requerente.

Caso se verifique que o requerente de protecção jurídica possuía, à data do pedido, ou os adquiriu no decurso da causa ou no prazo de quatro anos após o seu termo, meios económicos suficientes para pagar honorários, despesas, custas, imposto, emolumentos, taxas e quaisquer outros encargos de cujo pagamento haja sido declarado isento, é instaurada acção para cobrança das respectivas importâncias pelo Ministério Público ou por qualquer outro interessado – artº 13º, nº 1.

A acção segue a forma de processo sumaríssimo – artº 13º, nº 3.

Pode também ser instaurado processo criminal se, para beneficiar da protecção jurídica, o requerente cometeu crime - artº 13º, nº 6.

D) - Consulta jurídica

A consulta jurídica é, como se disse, uma das modalidades da protecção jurídica.

Consiste no esclarecimento técnico sobre o direito aplicável a questões ou casos concretos nos quais avultem interesses pessoais legítimos ou direitos próprios lesados ou ameaçados de lesão – artº 14º, nº 1.

O esclarecimento deve ser anterior ao pedido de nomeação de patrono, pois, caso contrário, pode constituir um motivo de escusa do patrono nomeado, a alegação de que a pretensão do requerente é destituída de fundamento legal - cfr. artº 34º, nº 5.

A consulta jurídica pode ser prestada em gabinete de consulta jurídica ou nos escritórios dos advogados que adiram ao sistema de acesso ao direito – artº 15º, nº 1.

E) - Apoio judiciário

O apoio judiciário é a outra modalidade da protecção jurídica. Compreende, por sua vez, nos termos do artº 16º, as seguintes modalidades:

a) Dispensa de taxa de justiça e demais encargos com o processo;
b) Nomeação e pagamento da compensação de patrono;
c) Pagamento de compensação de defensor oficioso;
d) Pagamento faseado de taxa de justiça e demais encargos com o processo;
e) Nomeação e pagamento faseado da compensação de patrono;
f) Pagamento faseado da compensação de defensor oficioso;
g) Atribuição de agente de execução.

O regime de apoio judiciário aplica-se em todos os tribunais, qualquer que seja a forma de processo, nos julgados de paz e noutras estruturas de resolução alternativa de litígios a definir por portaria do membro do Governo responsável pela área da justiça – artº 17º, nº 1.

Aplica-se ainda, com as devidas adaptações, aos processos de contra-ordenações e aos processos que corram nas conservatórias do registo civil, em termos a definir por lei – cfr. artº 17º, nºs 2 e 3.

É concedido independentemente da posição processual que o requerente ocupe na causa e do facto de ter sido já concedido à parte contrária – artº 18º, nº 1.

Deve ser requerido antes da primeira intervenção processual, salvo se a situação de insuficiência económica for superveniente, caso em que deve ser requerido antes da primeira intervenção processual que ocorra após o conhecimento da situação de insuficiência económica – artº 18º, nº 2.

Se se verificar insuficiência económica superveniente, suspende-se o prazo para pagamento da taxa de justiça e demais encargos com o processo até à decisão definitiva do pedido de apoio judiciário, aplicando-se o disposto nos nºs 4 e 5 do artigo 24º - artº 18º, nº 3.

O apoio judiciário mantém-se para efeitos de recurso, qualquer que seja a decisão sobre a causa, e é extensivo a todos os processos que sigam por apenso àquele em que essa concessão se verificar, sendo-o também ao processo principal, quando concedido em qualquer apenso – artº 18º, nº 4.

Assim, se for concedido na providência cautelar instaurada como preliminar, a sua concessão mantém-se na acção de que é dependente.

Mantém-se igualmente no caso de ser declarada a incompetência do tribunal e também no caso de o processo ter sido desapensado, sendo a prova da sua concessão feita pela junção de certidão da decisão – artº 18º, nºs 6 e 7.

F) - Procedimento

Nos termos do artº 19º, a protecção jurídica pode ser requerida:

a) Pelo interessado na sua concessão;
b) Pelo Ministério Público em representação do interessado;
c) Por advogado, advogado estagiário ou solicitador, em representação do interessado, bastando para comprovar essa representação as assinaturas conjuntas do interessado e do patrono.

Os requerimentos, certidões e quaisquer outros documentos pedidos para fins de protecção jurídica estão isentos de impostos, emolumentos e taxas – artº 9º.

A decisão sobre a concessão de protecção jurídica compete ao dirigente máximo dos serviços de segurança social da área da residência ou sede do requerente artº 20º, nº 1. Ou compete ao dirigente máximo dos serviços de segurança social onde tiver sido entregue o requerimento, no casos referidos no nº 2 do mesmo preceito.

O requerimento de protecção jurídica é apresentado em qualquer dos serviços de segurança social, é formulado em modelo fornecido gratuitamente, e pode ser apresentado pessoalmente, por telecópia, por via postal ou por transmissão electrónica (neste caso, através do preenchimento do respectivo formulário digital), devendo o pedido especificar a modalidade de protecção jurídica pretendida ou quais as modalidades que pretende acumular. A prova da entrega é feita pela exibição ou entrega de cópia com carimbo de recepção ou por qualquer meio idóneo de certificação mecânica ou electrónica da recepção no serviço competente – cfr. artº 22º.

A audiência prévia do requerente de protecção jurídica tem obrigatoriamente lugar, por escrito, nos casos em que está proposta uma decisão de indeferimento, total ou parcial, do pedido formulado, nos termos do Código do Procedimento Administrativo – artº 23, nº 1.

Depois de notificado, se o requerente não se pronunciar no prazo que lhe for concedido, a proposta de decisão converte-se em decisão definitiva. A notificação é feita com essa mesma cominação, ou seja, a de que, se nada disser, a proposta de decisão se converterá em decisão definitiva – cfr. nºs 2 e 3 do mesmo preceito.

Nos casos previstos no nº 4 do artigo do artigo 467º do Código de Processo Civil e, bem assim, naqueles em que, independentemente das circunstâncias aí referidas, esteja pendente impugnação da decisão relativa à concessão do apoio judiciário, o autor que pretenda beneficiar deste para dispensa ou pagamento faseado da taxa de justiça deve juntar à petição inicial documento comprovativo da apresentação do respectivo pedido – artº 24º, nº 2.

Se for indeferido definitivamente o pedido, deve efectuar o pagamento da taxa de justiça no prazo de 10 dias, a contar da data da notificação da decisão, sob a cominação prevista no nº 5 do artº 467º do Código de Processo Civil – artº 24º, nº 3.

O prazo para a conclusão do procedimento administrativo e decisão sobre o pedido de protecção jurídica é de 30 dias, é contínuo e não se suspende durante as férias judiciais – artº 25º, nº 1.

Decorrido este prazo sem que tenha sido proferida uma decisão, considera-se tacitamente deferido e concedido o pedido de protecção jurídica – artº 25º, nº 2.

Neste caso, é suficiente a menção em tribunal da formação do acto tácito e, se estiver em causa um pedido de nomeação de patrono, a tramitação subsequente obedecerá às seguintes regras: a nomeação é solicitada à Ordem dos Advogados pelo tribunal - se o pedido tiver sido apresentado na pendência de acção judicial – ou pelo próprio interessado nos casos em que o pedido não tiver sido apresentado na pendência de acção judicial – artº 25º, nº 3.

A decisão sobre o pedido de protecção jurídica é notificada ao requerente e, no caso de nomeação de patrono, também à Ordem dos Advogados. A decisão não admite reclamação nem recurso hierárquico ou tutelar. Mas é susceptível de impugnação judicial nos termos dos artigos 27º e 28º – artº 26º, nºs 1 e 2.

A impugnação judicial pode ser intentada directamente pelo interessado, não sendo obrigatória a constituição de advogado, no prazo de 15 dias contados a partir do conhecimento da decisão. A única prova admissível é a documental, que poderá ser requerida através do tribunal – cfr. artº 27º, nºs 1 e 2.

O serviço de segurança social dispõe de 10 dias para revogar a decisão ou, mantendo-a, enviar o recurso para o tribunal competente – cfr. artº 27, nº 3.

É competente para conhecer e decidir a impugnação o tribunal da comarca em que está sedeado o serviço de segurança social que apreciou o pedido de protecção jurídica ou, caso o pedido tenha sido formulado na pendência da acção, o tribunal em que esta se encontra pendente – artº 28º, nº 1.

O indeferimento do pedido de apoio judiciário importa a obrigação do pagamento das custas devidas, bem como, no caso de ter sido solicitada a nomeação de patrono, o pagamento ao Instituto de Gestão Financeira e de Infra-Estruturas de Justiça, I.P. da quantia prevista no nº 2 do artigo 36º – artº 29º, nº 4.

Enquanto não houver decisão definitiva sobre o pedido de apoio judiciário, proceder-se-á em conformidade com o disposto no artº 29º, nº 5.

A nomeação de patrono, sendo concedida, é realizada pela Ordem dos Advogados, nos termos da portaria referida no nº 2 do artigo 45º – cfr. artº 30º.

A nomeação de patrono é notificada pela Ordem dos Advogados ao requerente e ao patrono nomeado e, nos casos previstos no nº 4 do artigo 26º, para além de ser feita com a expressa advertência do início do prazo judicial, é igualmente comunicada ao tribunal – artº 31º, nº 1.

A notificação ao requerente é feita com a menção expressa do nome e escritório do patrono nomeado bem como do dever de lhe dar colaboração, sob pena de o apoio judiciário lhe ser retirado – artº 31º, nº 2.

O patrono nomeado para a propositura da acção deverá intentá-la nos 30 dias seguintes à notificação da nomeação. Não cumprindo este prazo, deve apresentar justificação perante a Ordem dos Advogados ou pedir a prorrogação do prazo, fundamentando o pedido – artº 33º, nºs 1 e 2.

A acção considera-se proposta na data em que for apresentado o pedido de nomeação de patrono – artº 33º, nº 4. Quer dizer, no caso de ter sido pedida a nomeação de patrono para propor uma acção, esta considera-se proposta na data em que foi apresentado o respectivo pedido.

O beneficiário do apoio judiciário pode, em qualquer processo, requerer à Ordem dos Advogados a substituição do patrono nomeado, fundamentando o seu pedido – artº 32º, nº 1.

Por sua vez, o patrono nomeado pode pedir escusa, mediante requerimento dirigido ao presidente do conselho distrital da Ordem dos Advogados ou ao presidente da secção da Câmara dos Solicitadores, alegando os respectivos motivos – artº 34º, nº 1.

O pedido de escusa, apresentado na pendência do processo, interrompe o prazo que estiver em curso – artº 34º, nºs 2.

Sendo concedida a escusa, procede-se imediatamente à nomeação e designação de novo patrono, excepto no caso de o fundamento do pedido de escusa ser a inexistência de fundamento legal da pretensão, caso em que pode ser recusada nova nomeação para o mesmo fim – artº 34º, nº 5.

O patrono nomeado pode substabelecer, *com reserva*, para diligência determinada, desde que indique substituto. A remuneração do substituto é da responsabilidade do patrono nomeado – artº 35º, nºs 1 e 2.

O patrono nomeado não pode auferir remuneração diversa daquela a que tiver direito nos termos da presente lei e da portaria referida no nº 2 do artigo 45º - artº 3º, nº 3.

CAPÍTULO V
Formalismo do Processo Declaratório Ordinário

Secção I

29- Fases do processo

Na sua tramitação normal, o processo declarativo ordinário (e também o processo sumário) pode ser dividido em cinco fases: fase dos articulados, fase do saneamento e condensação, fase da instrução, fase da audiência final e fase da sentença.

Estudaremos as fases do processo ordinário por ser este que constitui a referência para as outras formas de processo, conforme resulta do disposto nos artºs 463º, nº 1 e 464º. Conhecida a tramitação do processo ordinário, com facilidade poderemos conhecer a tramitação dos restantes, bastando atentar naquilo em que diferem.

As diversas fases apontadas mostram um determinado itinerário que a acção nem sempre percorre na totalidade.

Toda a acção começa pela petição inicial, que é o primeiro articulado. Este estará, portanto, sempre presente em qualquer acção. Mas pode terminar logo, se a petição for *liminarmente indeferida* - cfr. artº 234º-A. Pode também terminar por o autor vir a *desistir do pedido* (artº 293º) ou *desistir da instância* (artº 296º). Por sua vez, o réu pode *confessar o pedido* (artº 293º, nº 1) e ambas as partes podem *transigir*, sendo a *transacção* depois homologada por sentença (artºs 293º e 300º). Se o réu, depois de citado para contestar a acção, não apresentar contestação, também o referido itinerário processual será encurtado. Pode ainda ser proferido despacho que determine a *incompe-*

tência absoluta do tribunal (artºs 103º e 105º). O processo pode não ir além do despacho saneador por ser julgada procedente uma excepção dilatória que conduz à *absolvição da instância* ou por ser possível conhecer imediatamente do mérito, sem mais provas, condenando ou *absolvendo o réu do pedido* - artº 510º, nº 1, alíneas a) e b).

Conforme pudemos ver, as fases processuais podem não ser inteiramente percorridas e, por outro lado, estas fases não se mostram absolutamente diferenciadas, pois que muitas vezes se interpenetram.

Secção II

30 - Fase dos articulados

A) - Noção

É na fase dos articulados que se definem os termos da acção. O autor e o réu alegam as razões de facto e de direito capazes de fundamentar a respectiva posição que em juízo defendem. A exposição das razões de facto é de uma grande importância, visto que o juiz, em regra, só pode ter em conta os factos alegados pelas partes, embora não esteja sujeito às alegações das partes no que toca à indagação, interpretação e aplicação do direito – artº 664º.

Segundo a definição legal, os articulados são as peças em que as partes expõem os fundamentos da acção e da defesa e formulam os pedidos correspondentes - artº 151º, nº 1.

Estas peças tomam a designação de articulados porque, em princípio, é obrigatória a dedução *por artigos* dos factos que interessam à fundamentação do pedido ou da defesa - artº 151º, nº 2. Quer dizer, a narração dos factos tem de ser dividida por artigos numerados. A designação está de tal modo arreigada que continuam a designar-se articulados mesmo nos casos em que a lei dispensa a forma articulada, como acontece no processo sumaríssimo – confronte a redacção do artº 793º com a do artº 795º, nº 1.

Os articulados devem ser redigidos em língua portuguesa - cfr. artº 139º, nº 1. Se não estiverem redigidos em língua portuguesa, a secretaria recusará o seu recebimento - artº 474º, alínea h).

Aliás, todos os actos processuais devem ser redigidos em língua portuguesa. Só as declarações orais feitas por estrangeiros podem ser em língua diferente, devendo ser nomeado um intérprete, quando necessário – artº 139º, nº 2.

O articulado deve ser assinado pela parte ou pelo mandatário judicial, nos casos em que é obrigatória a constituição de advogado – artº 32º. Se não estiver assinado, a secretaria deve igualmente recusar o seu recebimento - cfr. artº 474º, alínea g).

B) - Entrada em juízo

Os actos processuais que devam ser praticados por escrito pelas partes são apresentados a juízo preferencialmente por transmissão electrónica de dados, nos termos definidos na portaria prevista no nº 1 do artigo 138º-A, valendo como data da prática do acto processual a da respectiva expedição – artº 150º, nº 1.[93]

Conforme dispõe o nº 2 do mesmo preceito, os actos processuais referidos no número anterior também podem ser apresentados a juízo por uma das seguintes formas:

a) Entrega na secretaria judicial;
b) Remessa pelo correio, sob registo;
c) Envio através de telecópia;

A parte que pratique o acto processual nos termos do nº 1 deve apresentar por transmissão electrónica de dados a peça processual e os documentos que a devam acompanhar, ficando dispensada de remeter os respectivos originais – artº 150º, nº 3.

Os documentos apresentados nos termos previstos no nº 3 têm a força probatória dos originais, nos termos definidos para as certidões – artº 150º, nº 7.

Quando a prática de um acto processual exija o pagamento de taxa de justiça, nos termos fixados pelo Regulamento das Custas Processuais, deve ser junto o documento comprovativo do seu prévio pagamento ou da concessão do benefício de apoio judiciário, salvo se neste último caso aquele documento já se encontrar junto aos autos - artº 150º-A, nº 1.

A falta de junção do documento não implica a recusa da peça processual, devendo a parte proceder à sua junção nos 10 dias subsequentes à prática do acto processual, sob pena da aplicação das cominações previstas nos artigos 486º-A, 512º-B e 685º-D – cfr. art.º 150º-A, nº 3.

Os articulados são apresentados em duplicado; quando o articulado seja oposto a várias pessoas, devem ser oferecidos tantos duplicados quantos forem

[93] Foi publicada a Portaria nº 114/2008, de 6/2, ao abrigo do disposto no nº 1 do artigo 138º-A do Código de Processo Civil, no artigo 3º do D.L. nº 108/2006, de 8/6, e no artigo 4º do D.L. 325/2003, de 29/12, tendo sofrido as alterações introduzidas pela Portarias nº 457/2008, de 20/6, 1538/2008, de 30/12 e 195-A/2010, de 8/4 .

os interessados que vivam em economia separada, salvo se forem representados pelo mesmo mandatário - art. 152º, nº 1.

Se a parte não fizer a entrega de qualquer dos duplicados e cópias exigidos nos números anteriores, é notificada oficiosamente pela secretaria para os apresentar no prazo de dois dias, pagando de multa a quantia fixada na alínea a) do nº 5 do artº 145º. Não o fazendo, é extraída certidão dos elementos em falta, pagando a parte, além do respectivo custo, a multa mais elevada prevista no nº 5 do artº 145º - artº 152º, nº 3.

O disposto nos números anteriores não prejudica o dever de as partes representadas por mandatário facultarem ao tribunal, sempre que o juiz o solicite, um ficheiro informático contendo as peças processuais escritas apresentadas pela parte em suporte de papel - artº 152º, nº 6.

A parte que apresente peça processual por transmissão electrónica de dados fica dispensada de oferecer os respectivos duplicados ou cópias, bem como as cópias dos documentos – art.º 152º, nº 7.

C) - Número de articulados

Os articulados são normalmente dois: a *petição inicial* e a *contestação*.

Além dos articulados considerados *normais*, podem, eventualmente, ser apresentados ainda a réplica e a tréplica. Por contraposição, estes articulados poderão ser designados por *eventuais*. Quer dizer, a fase dos articulados finda normalmente com a contestação, se o réu não se defender por *excepção* ou não apresentar *reconvenção*.

No caso de, na contestação, o réu ter deduzido alguma *excepção* ou ter formulado *pedido reconvencional*, é dada ao autor a oportunidade de apresentar um novo articulado, a *réplica*, que serve para responder à matéria da excepção ou para se defender quanto ao pedido reconvencional - artº 502º.

Se na réplica o autor *modificar o pedido ou a causa de pedir* ou *deduzir alguma excepção contra o pedido reconvencional*, pode o réu responder por meio de *tréplica* - artº 503º.

Além destes articulados, podem ainda ser apresentados *articulados supervenientes*, nos termos dos artºs 506º e seguinte. Constituem a oportunidade de ainda poderem ser alegados factos que ocorreram posteriormente à apresentação dos articulados ou de que a parte ou as partes só tiveram conhecimento depois dessa apresentação.

Subsecção I

31 - Petição inicial

A) - Noção

A petição inicial é o articulado em que o autor *propõe a acção*, formulando a tutela jurisdicional pretendida, para o que terá de expor os respectivos fundamentos de facto e de direito.

O tribunal não pode tomar a iniciativa de resolver qualquer conflito de interesses. É à parte interessada que cabe solicitar a tutela pretendida para o caso concreto. Por outras palavras, o processo não se inicia sem que haja o impulso da parte, que é gerado através do respectivo pedido (petição inicial). É o princípio *dispositivo*, que vem consagrado nos artºs 3º e 264º.

Em suma, a petição inicial constitui a base do processo. Sem este articulado não pode existir qualquer processo, embora seja concebível a existência de um processo sem os outros articulados que deviam seguir-se.

Nos termos do artº 467º, nº 1, na petição inicial deve o autor designar o tribunal e respectivo juízo onde a acção é proposta, identificar as partes, indicando os seus nomes, domicílios ou sedes e, sempre que possível, números de identificação civil e de identificação fiscal, profissões e locais de trabalho; deve ainda indicar o domicílio profissional do mandatário judicial, indicar a forma de processo e expor os factos e as razões de direito que servem de fundamento à acção, terminando por formular o pedido e declarar o valor da causa. Deve também designar o agente de execução incumbido de efectuar a citação ou o mandatário judicial responsável pela sua promoção.

B) - Princípio dispositivo

Parece oportuno que, a propósito, façamos algumas considerações sobre este princípio processual.

Segundo este princípio, as partes *dispõem* do processo, sendo atribuído ao juiz um papel passivo de árbitro, a quem cabe controlar a observância das normas processuais e por fim a prolação da sentença. Aos litigantes pertence a iniciativa da acção, o impulso necessário ao seu prosseguimento, sendo-lhes ainda permitido fazê-la terminar.

Pelo contrário, no domínio do processo penal, detendo o Estado o *jus puniendi*, cabe-lhe a iniciativa de instaurar a acção penal e de averiguar oficiosamente os factos que interessam ao apuramento da verdade.

No processo civil, o juiz não pode substituir-se à parte. É a parte que deve requerer ao tribunal a tutela jurisdicional adequada à reparação do seu direito – artº 3º, nº 1, *1ª parte.*

Como consequência deste princípio, o processo só tem o seu início por impulso do autor ao formular o respectivo pedido. São as partes que - através do pedido e da defesa - circunscrevem o *thema decidendum.*[94] O juiz não pode condenar em quantidade superior ou em objecto diverso do que se pedir – artº 661º, nº 1.

É às partes que incumbe fazer a prova dos factos que constituem fundamento da acção ou da defesa – artº 342º do Código Civil.

Para decidir, em regra, o juiz só pode servir-se dos factos articulados pelas partes – artº 664º.

No domínio dos direitos disponíveis, se o réu não impugnar os factos articulados pelo autor na petição inicial, tais factos consideram-se admitidos por acordo – artº 490º, nº 2.

Podem pôr termo ao processo: ambas as partes, por meio de transacção – artº 293º, nº 2; o autor, desistindo do pedido – artº 293º, nº 1 - ou desistindo da instância – artº 296º, nº 1; o réu, confessando o pedido – artº 293º, nº 1.

As legislações actuais consagram o princípio dispositivo com certas limitações impostas pela necessidade de salvaguardar a verdade material, em detrimento da forma. Apontaremos a seguir algumas dessas limitações.

Embora o impulso processual pertença às partes, cumpre ao juiz providenciar pelo andamento regular e célere do processo, promovendo oficiosamente as diligências necessárias ao normal prosseguimento da acção e recusando o que for impertinente ou meramente dilatório, suprindo a falta de pressupostos cuja sanação seja possível, determinando a prática de actos que melhor se ajustem ao fim do processo, quando a tramitação não se mostrar a adequada – artºs 265º, nºs 1 e 2 e 265º-A.

Não é permitida a confissão, desistência ou transacção quando estão em causa direitos indisponíveis – artº 299º.

Incumbe ao juiz realizar ou ordenar, mesmo oficiosamente, todas as diligências necessárias ao apuramento da verdade e à justa composição do litígio, quanto aos factos de que lhe é lícito conhecer (factos instrumentais e factos complementares) – artº 265º, nº 3 conjugado com o artº 264º, nº 2 *in fine* e nº 3.

Por sua iniciativa ou a requerimento de qualquer das partes, o juiz pode requisitar informações, pareceres técnicos, plantas, fotografias, desenhos,

[94] Cfr. Manuel de Andrade, ob. cit., pág. 371 e segs.

objectos ou outros documentos necessários ao esclarecimento da verdade – artº 535º.

Em qualquer estado do processo, o juiz pode determinar a comparência pessoal das partes para a prestação de depoimento sobre os factos que interessam à decisão da causa – artº 552º, nº 1.

O tribunal pode ordenar oficiosamente e a todo o tempo a realização de segunda perícia, desde que a julgue necessária ao apuramento da verdade – artº 589º, nº 2.

O tribunal pode, no decurso da acção, inquirir pessoa não oferecida como testemunha, tendo em vista a boa decisão da causa – artº 645º, nº 1.

O tribunal pode providenciar, até ao encerramento da discussão pela ampliação da base instrutória da causa – artº 650º, nº 2, alínea f).

C) - Conteúdo formal da petição inicial

Costuma denominar-se *cabeçalho* ou *intróito* a parte em que é designado o tribunal e respectivo juízo onde a acção é proposta, se identificam as partes, se indica o domicílio profissional do mandatário judicial e se indica a forma de processo – artº 467º, nº 1, alíneas a), b) e c). Se faltar algum destes elementos, a secretaria recusará a petição - artº 474º, alíneas a), b), c) e d).

Apelida-se de *narração* a parte da petição inicial em que o autor expõe os factos e as razões de direito que servem de fundamento à acção.

A narração dos factos assume uma grande importância, ainda maior que a atribuída à indicação dos fundamentos de direito, pelas razões já expostas.

O autor não pode limitar-se a alegar só e secamente o facto jurídico de que emerge o seu direito: tem de indicar pormenorizadamente outros factos e circunstâncias complementares, dos quais possa resultar a demonstração de que aquele facto central existe e bem assim a compreensão do seu significado e alcance.[95]

O autor deve alegar os factos principais e os factos instrumentais.

Como já se disse, os factos devem ser deduzidos por artigos - artº 151º, nº 2.

A *conclusão* é a parte da petição inicial em que o autor formula o pedido, ou seja, a tutela jurídica que pretende obter – artº 467º, nº1, alínea e).

O pedido deve constituir a conclusão lógica da narração dos factos e do seu enquadramento no sistema legal. Deve ser formulado na parte final da conclusão da petição inicial, não sendo suficiente uma referência acidental na parte narrativa.

[95] Alberto dos Reis, Código de Processo Civil Anotado, vol. II, pág. 351.

A formulação do pedido tem a grande importância que lhe advém do artº 661º, nº 1, pois, por força deste preceito, o juiz não pode condenar em quantidade superior ou em objecto diferente do que se pedir, como já se disse.

A petição inicial deve conter ainda algumas indicações complementares. O artº 467º, nº 1, alínea f) refere a declaração do valor da causa. A sua omissão é fundamento de recusa pela secretaria - artº 474º, alínea e). Além disso, deve conter a menção dos documentos que são juntos para prova dos factos alegados.

A petição inicial deve ser assinada pelo mandatário judicial do autor. Não o poderá ser por este, visto que no processo ordinário – que é o que estamos a estudar – é obrigatória a constituição de advogado. A falta de assinatura é também motivo de recusa do seu recebimento pela secretaria - artº 474º, alínea g). Deve ser junta a procuração passada pelo autor ao advogado.

Deve ainda ser junta à petição inicial o documento comprovativo do prévio pagamento da taxa de justiça devida ou da concessão do benefício de apoio judiciário, na modalidade de dispensa do mesmo - artº 467º, nº 3. A falta deste documento é motivo de recusa do recebimento pela secretaria, excepto no caso previsto no nº 5 do artº 467º – artº 474º, alínea f).

O autor não terá de requerer a citação do réu. Ao ser proposta a acção, fica subentendida a necessidade de citação do réu para que se cumpra o princípio do contraditório. A citação será feita oficiosamente pela secretaria – artº 234º, nº 1 – ou depois de ordenada por despacho judicial – artº 234º, nº 4 - sem necessidade de ser requerida. Porém, se o autor pretender que a citação seja efectuada antes da distribuição, por a considerar urgente, terá de a requerer, justificando a urgência – artº 478º.

Também não é obrigatório que o autor formule o pedido de condenação do réu nas custas do processo. Essa condenação resultará directamente do disposto no artº 446º, no caso de a acção ser julgada procedente.

D) - Diferentes formas do pedido

Em certas circunstâncias, a lei admite que o autor não se limite a formular um *pedido fixo*.

Assim é permitido fazer *pedidos alternativos* com relação a direitos que por sua natureza ou origem sejam alternativos, ou que possam resolver-se em alternativa – artº 468º.[96]

[96] É alternativa a obrigação que compreende duas ou mais prestações, mas em que o devedor se exonera efectuando aquela que, por escolha, vier a ser designada – artº 543º do C. Civil.

Quando nas obrigações alternativas a escolha cabe ao autor, o pedido por ele formulado deve ser *fixo*, o que significará que já fez a opção por uma das prestações. Se formular pedidos alternativos, essa atitude terá de ser interpretada como renúncia ao direito de escolher, que passará então para o devedor.

Compreende-se ainda que o credor formule pedidos alternativos quando a escolha pertence ao devedor e este ainda não exerceu essa faculdade.

A lei faculta também a formulação de *pedidos subsidiários*. Diz-se subsidiário o pedido que é apresentado ao tribunal para ser tomado em consideração somente no caso de não proceder um pedido anterior – artº 469º, nº 1.

O autor formula pedidos subsidiários quando tem dúvidas acerca do êxito da sua pretensão. Se formular um só pedido e a acção vier a ser julgada improcedente terá de propor uma nova acção, formulando então outro pedido diferente, mas correndo o risco de ver precludido o seu direito. Para evitar tal risco, pode formular inicialmente os dois pedidos, colocando em primeiro lugar o da sua preferência. É este que o tribunal começa por analisar e decidir, só se pronunciando sobre o segundo se julgar improcedente o primeiro.

Pode o autor deduzir *cumulativamente* contra o mesmo réu, num só processo, vários pedidos que sejam compatíveis, se não se verificarem as circunstâncias que impedem a coligação – artº 470º, nº 1.

Diferentemente das figuras anteriormente referidas, agora o autor não se limita a uma pretensão. Requer que lhe seja reconhecido o direito a várias pretensões simultaneamente, no mesmo processo. É claro que só o poderá fazer se os vários pedidos forem compatíveis e se não se verificarem obstáculos à coligação.[97]

É permitido formular *pedidos genéricos* nos casos previstos no artº 471º. Duma forma muito sucinta, esses casos são os seguintes:

a) Quando o objecto imediato da acção seja uma universalidade, de facto ou de direito.

   O autor pede uma universalidade em vez de pedir o valor correspondente à soma da totalidade dos elementos que a compõem, quer se trate de uma universalidade de facto (por exemplo, uma biblioteca, uma manada, etc.) quer seja uma universalidade de direito (por exemplo, uma herança).

[97] V. a Coligação *in* nº 18- F)

b) Quando não seja ainda possível determinar, de modo definitivo, as consequências do facto ilícito, ou o lesado pretenda usar da faculdade que lhe confere o artigo 569º do Código Civil.
Acontece, com frequência, nas acções em que está em causa a responsabilidade civil motivada por acidentes de viação, quando o lesado, no momento de propor a acção, ainda não está em condições de avaliar as consequências do facto ilícito em toda a sua extensão. Para não ter de protelar por mais tempo a propositura da acção, o autor, além de pedir a parte que já seja líquida, pode pedir que o réu seja condenado a pagar-lhe a indemnização cujo montante se vier a liquidar posteriormente - cfr. ainda artº 661º, nº 2.

c) Quando a fixação do quantitativo esteja dependente de prestação de contas ou de outro acto que deva ser praticado pelo réu.
Imagine-se uma situação em que o réu desempenha determinadas funções das quais obtém receitas, mas também efectua despesas. Pretendendo o autor que lhe seja restituído o saldo existente a seu favor, cujo montante ignora, formula um pedido genérico em que requer a condenação do réu a pagar-lhe o saldo que se vier a apurar.

Resta-nos agora indagar do modo e do momento em que se deve proceder à liquidação, ou seja, como é que se torna líquido o pedido, o que equivale a dizer como é que se apura o montante devido. Sobre esta questão se pronuncia o nº 2 do artº 471º. Este preceito remete para o artº 378º que ensina como deve o autor deduzir o *incidente de liquidação*. Conforme resulta do artº 379º, a liquidação exige que o autor relacione os objectos que constituem a universalidade ou que especifique os danos derivados do facto ilícito, consoante o caso, e conclua pedindo quantia certa.

O incidente de liquidação também pode ser deduzido depois de ser proferida a sentença de condenação genérica, nos termos do nº 2 do artº 661º. Quer dizer, o tribunal proferirá sentença de condenação no que vier a ser liquidado, ou seja, o apuramento do objecto ou da quantidade da condenação fica para momento posterior.

No caso da alínea a), quando para o efeito caiba o processo de inventário ou o autor não tenha elementos que permitam a concretização, observar-se-á então o disposto no nº 6 do artº 805º - artº 471º, nº 2 *in fine*.

A lei alude, por último, *ao pedido de prestações vincendas.*

Tratando-se de prestações periódicas, se o devedor deixar de pagar, podem compreender-se no pedido e na condenação tanto as prestações já vencidas como as que se vencerem enquanto subsistir a obrigação – artº 472º, nº 1.

Com este preceito pretende-se evitar que o autor tenha de propor sucessivas acções declarativas contra o réu que já deixou de pagar alguma das prestações periódicas. Assim, no caso do contrato de arrendamento, se o arrendatário deixar de pagar, o autor pode pedir o pagamento das prestações vencidas e das que se vencerem enquanto subsistir o arrendamento.

Diferente é o caso previsto no nº 2 do mesmo artigo 472º. Aqui está em causa a condenação em prestações futuras, ou seja, nenhuma obrigação está vencida, mas permite-se ao autor pedir antecipadamente a condenação no respectivo pagamento, por forma a que esteja munido de título executivo quando chegar o momento do cumprimento.

O pedido de prestações vincendas não se confunde com o disposto no artº 781º do Código Civil que determina que, se a obrigação puder ser liquidada em duas ou mais prestações, a falta de realização de uma delas importa o vencimento de todas. Trata-se aqui de fracções de uma dívida, e não de dívidas distintas, como no caso precedente.

E) - Rol de testemunhas

Embora o momento processual para as partes apresentarem o rol de testemunhas e requererem outras provas seja posterior - artº 508º-A, nº 2, alínea a) ou artº 512º, nº 1 - o autor pode antecipá-lo, apresentando-o com a petição inicial, conforme lhe faculta o artº 467º, nº 2.

Trata-se de uma faculdade de que o autor pode ou não usar, conforme lhe aprouver.

Diferentemente, no caso das providências cautelares já estudadas, o requerente só tem oportunidade de oferecer o rol de testemunhas no requerimento inicial, conforme resulta do disposto no artº 303º, nº 1, aplicável por força do artº 384º, nº 3. Se perder essa oportunidade, não tem outra.

Também no processo sumaríssimo, o autor tem de oferecer as provas com a petição inicial – artº 793º.

F) - Entrega da petição ou remessa à secretaria

Conforme já foi referido a propósito da apresentação a juízo dos actos processuais, a petição inicial pode ser apresentada por *transmissão electrónica de dados*, pode ser *entregue na secretaria judicial, remetida pelo correio, sob registo*, ou enviada através de *telecópia*, nos termos do artº 150º, nºs 1 e 2.[98]

A instância inicia-se pela proposição da acção e esta considera-se proposta, intentada ou pendente *logo que seja recebida na secretaria* a respectiva petição inicial, sem prejuízo do disposto no art.º 150º - artº 267º, nº 1.

Quando é entregue na secretaria considera-se como *data* da prática do acto o da respectiva *entrega na secretaria judicial.*

Se for enviada pelo correio, sob registo, valerá como *data* da prática do acto processual o da efectivação *do respectivo registo postal.*

Se for enviada através de *telecópia* vale como *data* da prática do acto processual a *da sua expedição.*

A determinação do momento da propositura da acção tem importância quando a lei estabelece um determinado prazo para exercer o direito de acção. Não sendo exercido dentro desse prazo, o direito extingue-se – cfr. artºs 298º e 323º, nºs 1 e 2, ambos do Código Civil.

A secretaria pode recusar o recebimento da petição inicial, fundamentando a rejeição por escrito, nos casos que constam das diversas alíneas do artº 474º: falta de endereço ou endereço dirigido a tribunal diferente; omissão de identificação ou identificação incompleta das partes; não indicação do domicílio profissional do mandatário judicial; não indicação da forma de processo; omissão da indicação do valor da causa; falta de documento comprovativo do prévio pagamento da taxa de justiça devida ou do documento que ateste a concessão de apoio judiciário; falta de assinatura; se não estiver redigida em língua portuguesa; utilização de papel que não obedeça aos requisitos regulamentares.

Tendo já aludido aos restantes motivos de recusa do recebimento da petição inicial, resta-nos uma breve referência aos requisitos regulamentares do papel. Devem ser utilizadas folhas de papel normalizadas, brancas ou de cores pálidas, de formato A4 ou papel contínuo; o papel pode incluir elementos identificadores da pessoa, singular ou colectiva, nomeadamente sigla, logotipo, endereço ou referências de telecomunicações - artº 1º, nºs 1 e 3 do Decreto-Lei nº 112/90, de 4/4.

Conforme vem referido na parte preambular deste diploma, é desejável que o número de linhas a inscrever tenha por limite a legibilidade. Daí... que se tenha agora liberalizado o número de linhas a inscrever em qualquer documento. Ainda no mesmo preâmbulo se diz que se omitem referências

[98] V. nº 30 - B.

às margens. É manifestada, porém, a mesma preocupação de salvaguardar a legibilidade do documento.

A enumeração dos motivos de recusa contida no artº 474º deve ser considerada *taxativa*.

Do acto de recusa do recebimento da petição cabe *reclamação* para o juiz - artº 475º, nº 1.

A reclamação será feita para o juiz de que a secretaria funcionalmente depende – artº 161º, nº 5.

Do despacho que confirme o não recebimento (e não do que o revogue) cabe sempre recurso até à Relação, aplicando-se, com as necessárias adaptações, o disposto no artigo 234º-A.

O autor pode apresentar nova petição ou juntar o documento a que se refere a primeira parte do disposto na alínea f) do artº 474º, no prazo de 10 dias a contar da recusa do recebimento ou da distribuição da petição, ou da notificação do despacho que confirmou a recusa. A acção considera-se proposta na data em que foi apresentada a primeira petição - artº 476º. Assim, os efeitos produzidos pela propositura da acção contam-se a partir do momento da entrega da petição recusada.

Quando a petição inicial não contenha a indicação do valor e, apesar disso, haja sido recebida, deve o autor ser convidado, logo que a falta seja notada e sob cominação de a instância se extinguir, a declarar o valor - artº 314º, nº 3.

G) - Distribuição

Depois de registada a entrada da petição inicial, tem lugar a distribuição.

A distribuição tem por fim repartir com igualdade o serviço do tribunal. Por este meio é designada a secção e o juízo em que vai correr ou o juiz que há-de exercer as funções de relator (nos tribunais de recurso) - artº 209º.

As operações de distribuição e registo são integralmente realizadas por meios electrónicos, os quais devem garantir a aleatoriedade no resultado e a igualdade na distribuição de serviço - artº 209º-A, nº 1.

A aleatoriedade tem por finalidade, como se compreende, evitar que seja escolhido o juiz do processo.

Os actos processuais que importem começo de causa estão sujeitos a distribuição, salvo se esta depender de outra já distribuída - artº 211º, nº 1, alínea a).

É claro que a petição inicial importa o começo da causa. Por isso, está sujeita a distribuição. Só não será distribuída quando a causa está dependente de outra já distribuída, como acontece na acção de honorários, e também no caso do procedimento cautelar instaurado como incidente da acção principal, ou seja, depois desta ter sido proposta.

Na distribuição efectuada na primeira instância, são consideradas as *espécies* referidas no artº 222º.

A distribuição tem lugar diariamente e é realizada de forma automática - artº 214º.[99]

Depois de conhecidos o juízo e a respectiva secção por onde o processo irá correr seus termos, a petição inicial e os documentos que a acompanham para lá serão remetidos.

As listagens produzidas electronicamente têm o mesmo valor que os livros, pautas e listas – artº 209º-A, nº 2.

32 - Despacho liminar

A) - Enunciado

Antes das grandes alterações legislativas operadas no Código de Processo Civil, depois de autuada a petição e de pago o preparo inicial, o processo era concluso ao juiz para examinar a petição e proferir o primeiro despacho. Não se procedia à citação sem que o juiz proferisse despacho a ordená-la.

Nesse primeiro despacho podia o juiz – em vez de ordenar a citação - indeferir liminarmente a petição ou convidar o autor a completá-la ou a corrigi-la.

O indeferimento denomina-se *liminar* por ter sido proferido no *limiar* do processo, isto é, antes de ter tido lugar a citação.[100]

A reforma do processo civil acabou praticamente com o despacho liminar, passando a citação a não depender de despacho prévio do juiz, na maioria dos casos. Assim, o juiz passou a ter o primeiro contacto com o processo só depois dos articulados e, nesses casos, não tem possibilidade de proferir despacho de indeferimento liminar. Só nos raros casos em que ao juiz cabe ordenar a citação é que poderá, em vez de o fazer, proferir despacho de *indeferimento liminar*, se for caso disso.

[99] Quanto à distribuição por meios electrónicos e à publicação dos resultados, consulte os artºs 15º e 16º da Portaria nº 114/2008, de 6/2.

[100] Liminar provém do latim liminaris, que significa relativo à soleira da porta. Com a mesma proveniência latina, a palavra limiar, que significa entrada de uma casa, de um edifício; começo; início – cfr. Dicionário da Língua Portuguesa Contemporânea, Academia das Ciências de Lisboa.

B) - Despacho de citação

Como se disse, actualmente a citação do réu, de um modo geral, não tem de ser ordenada pelo juiz, incumbindo à secretaria promovê-la oficiosamente, sem necessidade de prévio despacho - artºs 234º, nº 1 e 479º.

Cabendo à secretaria efectuar a citação por sua iniciativa, o processo não é concluso ao juiz logo no início da instância. Só o será depois da apresentação dos articulados. Sendo-lhe então concluso, o juiz já não poderá proferir despacho de indeferimento liminar, visto já não estar em tempo de o fazer, mas pode proferir despacho de *suprimento de excepções dilatórias* ou despacho em que *convide ao aperfeiçoamento dos articulados* – artº 508º.

Existem, porém, casos excepcionais em que a *citação* depende de prévio despacho judicial. É o que se verifica nos casos referidos no artº 234º, nº 4.

Quando a citação depende de *prévio despacho judicial*, pode o juiz, em vez de ordenar a citação, *indeferir liminarmente* a petição. O despacho de indeferimento liminar deve ser proferido quando o pedido seja manifestamente improcedente ou ocorram, de forma evidente, excepções dilatórias insupríveis, que sejam de conhecimento oficioso - artº 234º-A, nº 1. Trata-se dos casos em que se evidencia que a acção, se prosseguisse, não conduziria a qualquer resultado útil e, portanto, seria inútil toda a actividade desenvolvida no processo. Por isso, impõe-se que logo seja posto termo ao processo, por força do princípio da economia processual.

O autor pode apresentar outra petição no prazo de 10 dias a contar da notificação do despacho de indeferimento. A acção considera-se proposta na data em que a primeira petição foi apresentada em juízo - artº 476º, *ex vi* artº 234º-A, nº 1 *in fine.*

O indeferimento liminar extingue a instância à sua nascença - cfr. artº 287º, alínea a).[101]

C) - Princípio da economia processual

Este princípio, que acima referimos, consiste em procurar obter o máximo resultado da actividade processual desenvolvida. Por outras palavras, procura-se que, com o mínimo esforço processual possível, se alcance a resolução do

[101] O artº 287º, alínea a) dispõe que a instância se extingue pelo julgamento. O julgamento como causa de extinção da instância não é, evidentemente, o julgamento de fundo, ou seja, a decisão sobre o mérito da causa. Nem podia ser um julgamento de fundo, visto que só o autor se havia pronunciado, isto é, não tinha havido contraditório. Trata-se, isso sim, de um julgamento de forma que se traduzirá na absolvição da instância. No artigo seguinte (artº 288º) são referidos os casos em que o juiz deve proferir esse julgamento.

máximo de litígios. Deste modo, pretende-se reduzir o número de processos (é a ideia que preside, por exemplo, à coligação – artº 30º) e evitar os actos e formalidades desnecessários. O artº 137º proíbe a realização de actos inúteis. Por sua vez, o artº 138º determina que os actos processuais terão a forma que, nos termos mais simples, melhor corresponda ao fim que visam atingir.

Também se pode surpreender a concretização deste princípio no que toca às custas, visto que a responsabilidade do vencido não abrange os actos e incidentes supérfluos – artº 448º,nº 1.

33 - Ineptidão da petição inicial

A) - Noção

Conforme dispõe o artº 193º, nº 2, diz-se inepta a petição:

a) Quando falte ou seja ininteligível a indicação do pedido ou da causa de pedir;
b) Quando o pedido esteja em contradição com a causa de pedir;
c) Quando se cumulem causas de pedir ou pedidos substancialmente incompatíveis.

A ineptidão é um vício próprio da petição inicial que não pode encontrar-se em qualquer outro articulado.

Tudo se passa, como se vê, no âmbito do *pedido* e da *causa de pedir:* a falta ou ininteligibilidade de algum deles; a contradição entre ambos; a sua cumulação indevida.

O *pedido* é a pretensão do autor, a tutela jurisdicional que solicita. Constitui o efeito jurídico que o autor pretende obter, como resulta do disposto no artº 498º, nº 3.

É claro que, nas acções de *simples apreciação negativa,* o pedido consiste na declaração ou reconhecimento da inexistência do direito.

A *causa de pedir* é o facto jurídico que serve de fundamento ao pedido. Sendo facto jurídico, enquadra-se na previsão de alguma norma de direito substantivo.

A *causam petendi* é o princípio gerador do direito pretendido na acção ou reconvenção. É o facto que está na base da pretensão.[102]É o princípio gerador do direito, a sua causa eficiente.[103]

[102] Anselmo de Castro, Direito Processual Civil Declaratório, vol. I, pág. 204.
[103] Alberto dos Reis, ob. cit., vol. III, 121.

A causa de pedir é, portanto, o acto ou facto jurídico do qual emerge o direito que o autor se propõe fazer valer. Não se trata do facto jurídico abstracto, tal como a lei o configura, mas um certo facto concreto cujos contornos se enquadram na definição legal. A causa de pedir é, assim, o facto produtor dos efeitos jurídicos apontados pelo autor.

Através da figura da *ineptidão* pretende-se evitar que o tribunal seja colocado na situação de impossibilidade de julgar correctamente a causa, em face da inexistência de um pedido ou de um pedido e uma causa de pedir que estejam redigidos em termos ininteligíveis, ou sejam entre si contraditórios, visto que só dentro dessas balizas se pode mover o exercício da actividade jurisdicional declaratória do direito. O autor terá, portanto, de formular um pedido inteligível e indicar o facto genético do direito ou da pretensão que quer fazer valer.

Nos casos em que a citação depende de prévio despacho judicial (artº 234º, nº 4), pode a ineptidão levar o juiz a *indeferir liminarmente* a petição inicial. Nos outros casos, o juiz *anulará todo o processado.*

O tribunal pode conhecer oficiosamente da nulidade por ineptidão (artº 202º). O réu pode argui-la até à contestação ou neste articulado (204º).

B) - Falta ou ininteligibilidade do pedido ou da causa de pedir

Se o autor não formular o pedido ou não alegar o facto concreto que lhe devia servir de fundamento, falta a indicação dos parâmetros que hão-de balizar a actividade do juiz. Como já se disse, a sentença não pode condenar em quantidade superior ou em objecto diferente do que se pedir - artº 661º, nº 1 - e só pode servir-se dos factos articulados pelas partes - artº 664º. Por outro lado, o réu necessita de conhecer o pedido formulado pelo autor e os factos em que assenta tal pedido para poder organizar a sua defesa.

O artº 467º, nº 1, alínea e) manda que o autor formule o pedido. Esta formulação deve ser expressa e constar da parte final da petição inicial. O pedido não deve, portanto, depreender-se de palavras ou expressões dispersas pelo conteúdo da parte narrativa da petição inicial. Deve ser concretamente formulado na parte conclusiva.

A ineptidão verifica-se tanto nos casos em que é totalmente omitido o pedido como nos casos em que o pedido é formulado em termos obscuros e ininteligíveis, de modo que não se compreende qual a tutela jurídica pretendida pelo autor.

A petição é, portanto, inepta quando não puder descobrir-se que tipo de providência o autor se propõe obter ou que efeito jurídico pretende alcançar por via da acção.[104]

A falta ou ininteligibilidade do pedido gera a ineptidão de toda a petição inicial e, por conseguinte, a sua nulidade.

Pelas razões expostas, tanto o juiz - que tem de decidir - como o réu - que tem de saber de que deve defender-se - sentem necessidade de compreender o alcance do pedido.

Se o réu contestar, apesar de arguir a ineptidão com estes fundamentos, não se julgará procedente a arguição quando se verificar, depois de ouvido o autor, que a petição inicial foi convenientemente interpretada - artº 193º, nº 3.

Não se deve, porém, confundir ininteligibilidade com outra situação em que o pedido ou a causa de pedir estão redigidos de forma incorrecta ou deficiente. Neste caso, o autor pode ser convidado a suprir as imprecisões, nos termos do artº 508º, nº 2.

A ineptidão também pode resultar da falta ou ininteligibilidade da *causa de pedir.*

Agora não se sabe qual o acto ou facto jurídico em que o autor fundamenta o seu pedido. E não se sabe, porque não alegou os factos em que baseia o seu pedido ou porque, embora tenha alegado alguns factos, estes não se tornam compreensíveis.

"A nulidade resultante de simples ininteligibilidade da causa de pedir, fica sanada quando, se não tiver provocado indeferimento liminar, é sanável através de ampliação fáctica em réplica, se o processo admitir este articulado e respeitado que seja o princípio do contraditório através da possibilidade de tréplica" - Assento nº 12/94 do S.T.J., de 26-5-94, D.R., I-A, de 21-7-94, rectificado no D.R. de 12-8-94.

C) - Contradição entre o pedido e a causa de pedir

Verifica-se igualmente a ineptidão quando – como se disse - existe *contradição* entre o *pedido* e a *causa de pedir.*

[104] Cfr. Alberto dos Reis, ob. cit., vol. II, pág. 362.

A petição inicial tem de reproduzir um raciocínio lógico, em que o pedido há-de conter-se nas razões de direito e nos fundamentos de facto expostos na causa de pedir.[105]

Existe ineptidão, por exemplo, quando é invocada a nulidade do contrato pelo autor que, apesar disso, pede a condenação no pagamento de importância devida por força do mesmo contrato.

D) - Cumulação de causas de pedir ou de pedidos incompatíveis

Por último, a ineptidão pode surgir por o autor ter *cumulado* causas de pedir ou pedidos *substancialmente* incompatíveis.

O autor pode na mesma acção formular diversos pedidos contra o mesmo réu. Como é óbvio, não se trata de pedidos alternativos (artº 468º) ou de pedidos subsidiários (artº 469º), visto que nestes casos o impetrante, embora formule vários pedidos, apenas pretende que um deles seja satisfeito. Estamos a falar dos casos em que o autor formula vários pedidos e pretende que todos eles sejam reconhecidos simultaneamente.

A cumulação de pedidos só pode subsistir se os mesmos forem, entre si, substancialmente compatíveis.

Devem considerar-se incompatíveis não só os pedidos que mutuamente se excluem, mas também os que assentam em causas de pedir inconciliáveis. A incompatibilidade dos pedidos tem de ser intrínseca ou substancial, isto é, a incompatibilidade das providências que o autor solicita ao tribunal ou dos efeitos que se propõe obter. Há incompatibilidade quando se verifica uma verdadeira ininteligibilidade do pensamento do autor, por não ser possível determinar, com segurança, o que ele pretende.

A incompatibilidade deve reportar-se exclusivamente aos pedidos e fundamentos invocados pelo autor e de modo nenhum ao enquadramento ou qualificação verdadeira dos factos segundo a lei.[106]

A ineptidão não nasce de vícios formais. É o que resulta do disposto no nº 4 do artº 193º, de onde consta que a nulidade subsiste ainda que um dos pedidos fique sem efeito por incompetência do tribunal ou por erro na forma do processo.

O autor formula, por exemplo, dois pedidos substancialmente incompatíveis, mas o tribunal é incompetente, por hipótese em razão da matéria, para conhecer de um deles. Mesmo que o tribunal se viesse a declarar incompe-

[105] Rodrigues Bastos, Notas ao Código de Processo Civil, I, pág. 387.

[106] Cfr. Anselmo de Castro, Direito Processual Civil Declaratório, vol. II, pág. 226.

tente para conhecer deste pedido, não desapareceria o vício da petição por ficar a existir apenas o outro pedido. Na verdade, tendo o autor formulado dois pedidos incompatíveis, não há possibilidade de saber qual é efectivamente a sua pretensão. Por isso, a nulidade subsiste ainda que um dos pedidos fique sem efeito por incompetência do tribunal ou por erro na forma de processo.

E) - Consequências da ineptidão da petição inicial

A ineptidão da petição inicial gera a nulidade de todo o processo.

Conforme dispõe o artº 193º, nº 1, é nulo todo o processo quando for inepta a petição inicial.

A nulidade de todo o processo constitui uma excepção dilatória, conforme resulta do disposto no artº 494º, alínea b).

Trata-se de uma excepção de conhecimento oficioso, em conformidade com o que dispõe o artº 495º e, expressamente, o artº 202º.

Sendo uma excepção dilatória, obsta a que o tribunal conheça do mérito da causa e dá lugar à absolvição do réu da instância – artº 493º, nº 2 e art.º 288º, nº 1, alínea b (cfr. artº 487º, nº 2).

34 - Citação do réu

A) - Funções da citação

A citação é o acto pelo qual se dá conhecimento ao réu de que foi proposta contra ele determinada acção e se chama ao processo para se defender. Emprega-se ainda para chamar, pela primeira vez, ao processo alguma pessoa interessada na causa - artº 228º, nº 1.

As pessoas que, além das partes primitivas, venham a intervir na acção – artºs 320º e 325º - devem ser citadas.

Em quaisquer outros casos em que se pretende chamar alguém a juízo ou dar-lhe conhecimento de um facto, utiliza-se a notificação – artº 228º, nº 2.

Do confronto entre estas duas disposições resulta que tanto a citação como a notificação servem para dar conhecimento de um facto ou chamar alguém a juízo.

A *citação* destina-se essencialmente a dar conhecimento ao réu de que contra ele foi proposta uma acção e, para que tenha possibilidade de se defender, ser-lhe-á entregue duplicado da petição inicial, cópia dos documentos que a acompanhem e de todos os elementos do processo necessários à plena compreensão do seu objecto. Será ainda advertido do prazo dentro do qual pode oferecer a defesa, a necessidade (ou não) de patrocínio judiciário e as cominações em que incorre no caso de revelia, ou seja, as consequências que sofre se não apresentar a sua defesa - artºs 228º, nº 3 e 235º. O réu não pode ser apanhado de surpresa e, ao longo do processo, vamos deparar com essa mesma preocupação do legislador.

Nos outros casos, como já referimos, utiliza-se a *notificação*.

A citação constitui um acto essencial para efeitos de realização do princípio do contraditório, visto que dá à contraparte a oportunidade de defesa – cfr. artº 3º, nº 1, *in fine*.Com ela se completa a relação processual que se iniciou com a petição.

B) - Citação sem prévio despacho judicial

Incumbe à secretaria promover oficiosamente, sem necessidade de despacho prévio, as diligências que se mostrem adequadas à efectivação da regular citação pessoal do réu e à rápida remoção das dificuldades que obstem à realização do acto, sem prejuízo do disposto no nº 4 e da citação por agente de execução ou promovida por mandatário judicial – artº 234º, nº 1. Cfr. ainda o 479º.

Como já tivemos oportunidade de referir, estes preceitos atribuem à secretaria o encargo de levar a cabo todas as diligências necessárias para a citação, sem necessidade de prévio despacho do juiz nesse sentido.

Passados 30 dias sem que a citação se mostre efectuada, é o autor informado das diligências efectuadas e dos motivos da não realização do acto - artº 234º, nº 2. Pretende-se, deste modo, que o autor preste a sua colaboração para poder ser efectuada a citação que se mostra difícil de concretizar e, por outro lado, procura-se evitar que a citação seja protelada por muito tempo, sem que nada seja feito no sentido de a agilizar. O autor requererá o que entender por conveniente.

Decorridos outros 30 dias sem que a citação se mostre efectuada, é o processo imediatamente concluso ao juiz, com informação das diligências efectuadas e das razões da não realização atempada do acto - artº 234º, nº 3. Neste caso, torna-se necessário o controlo por parte do juiz para que a situação se não arraste indefinidamente. Por isso, tendo-se gorado os esforços da secretaria para a citação, é o processo concluso ao juiz, sendo-lhe dado conhecimento das diligências efectuadas e das razões pelas quais não foi realizado o acto.

Ao ser-lhe concluso o processo apenas com a finalidade de agilizar a citação, e não de a ordenar, não pode o juiz aproveitar a oportunidade para indeferir liminarmente a petição inicial, ainda que, ao lê-la, se lhe depare fundamento para isso. É o que resulta, *a contrario sensu*, do nº 5 do mesmo artº 234º.

O juiz apenas poderá ordenar as diligências que se afigurarem oportunas com vista à citação. Conforme resulta do referido artº 234º, nº 5, não é esse o momento oportuno para apreciar se existem fundamentos para o indeferimento liminar da petição inicial. Porém, essas questões que poderiam constituir fundamento para o indeferimento liminar, se pudesse ser proferido despacho nesse sentido, não se consideram precludidas[107], pois serão apreciadas mais tarde, nomeadamente depois dos articulados, nos termos do artº 508º, ou no despacho saneador, nos termos do artº 510º.

Em suma, só nos casos em que a citação depende de prévio despacho judicial é facultado ao juiz que, em vez de ordenar a citação, indefira liminarmente a petição inicial – cfr. artº 234º-A, nº 1.

O acto da citação implica a remessa ou entrega ao citando do duplicado da petição inicial e da cópia dos documentos que a acompanhem, comunicando-se-lhe que fica citado para a acção a que o duplicado se refere, e indicando-se o tribunal, juízo, vara e secção por onde corre o processo, se já tiver havido distribuição - artº 235º, nº 1.

Estes elementos são remetidos ao citando, se a citação é efectuada por via postal - artº 236º - e ser-lhe-ão entregues directamente no caso de a citação ser efectuada mediante contacto pessoal do agente de execução ou do funcionário judicial - artº 239º, nºs 1 e 8 - ou do mandatário judicial - artºs 245º e 246º.

É com esta finalidade de entrega à contraparte que ao autor são exigidos pelo artº 152º os duplicados dos articulados e dos documentos apresentados.

Deve ainda, no mesmo acto ser indicado ao réu – como já se disse - o prazo de que dispõe para oferecer a defesa, a necessidade de patrocínio judiciário e as cominações em que incorre no caso de revelia - artº 235º, nº 2.

A revelia é a situação do réu que não contestou nem interveio por qualquer forma no processo - artº 483º. A revelia tem, regra geral, como efeito cominatório serem considerados como confessados os factos articulados pelo autor - artº 484º, nº 1. Porém, algumas vezes, não tem este efeito, porque a revelia é inoperante. O réu deve estar prevenido acerca dos efeitos que resultam da não contestação.

[107] As questões consideram-se precludidas quando já não podem ser relevantemente suscitadas no processo.

C) - Citação dependente de prévio despacho judicial

Consta da parte final do artº 235º, nº 1 que, no acto da citação devem ser indicados ao réu o tribunal, juízo e secção por onde corre o processo, *se já tiver havido distribuição.* Na verdade, só depois da distribuição passam a ser conhecidos estes elementos.

Geralmente a citação é feita depois da distribuição. Pode, porém, ser efectuada antes, se o autor a tiver requerido, justificando a urgência da citação - cfr. artº 478º. Neste caso, verifica-se, portanto, uma inversão da ordem normal destes actos judiciais. Podem constituir causas justificativas da urgência a previsão de que o réu brevemente se ausentará e, por isso, a citação se tornará mais dificultosa, ou quando se pretende interromper a prescrição - cfr. o artº 323º do C. Civil.

Neste caso, a petição é logo apresentada a despacho e, se a citação prévia for ordenada, depois dela se fará a distribuição – artº 478º, nº 2.

Embora o processo seja concluso ao juiz logo no seu início – mesmo antes da citação – nem por isso, o juiz pode indeferir liminarmente a petição inicial. É o que resulta do disposto no artº 234º-A, nº 1. Este preceito apenas estende a possibilidade de indeferimento liminar às alíneas a) a e) do nº 4 do artigo anterior, o que significa que excluiu a alínea f) que trata da citação urgente que deva preceder a distribuição.

Além dos casos em que é requerida a citação urgente, a lei enumera outros em que a citação, em vez de ser efectuada oficiosamente pela secretaria, depende de prévio despacho judicial.

Nos termos do disposto no artº 234º, nº 4, a citação depende de prévio despacho judicial:

a) Nos casos especialmente previstos na lei;
b) Nos procedimentos cautelares e em todos os casos em que incumba ao juiz decidir da prévia audiência do requerido; (cfr. artºs 381º e seguintes)
c) Nos casos em que a propositura da acção deva ser anunciada, nos termos da lei; (cfr. artº 945º)
d) Quando se trate de citar terceiros chamados a intervir em causa pendente; (cfr. artºs 325º, 330º e 347º)
e) No processo executivo, nos termos do nº 5 do artº 812º-E e do nº 2 do artº 812º-F.

Não se consideram precludidas – como já foi dito - as questões que podiam ter sido motivo de indeferimento liminar - artº 234º, nº 5. Assim, ao juiz não está vedado conhecer, em momento posterior, das questões que poderiam fundamentar a recusa da petição pela secretaria - artº 474º - ou o seu indeferimento liminar - artº 234º-A, nº 1.

35 - Modalidades de citação

A) - Citação pessoal

A citação pode ser pessoal ou edital - artº 233º, nº 1.

Nos termos do nº 2 deste mesmo preceito, a citação pessoal é feita mediante:

a) Transmissão electrónica de dados;

b) Entrega ao citando de carta registada com aviso de recepção, seu depósito, nos termos do nº 5 do artº 237º-A, ou certificação da recusa de recebimento, nos termos do nº 3 do mesmo artigo.

c) Contacto pessoal do agente de execução ou do funcionário judicial com o citando.

O contacto com o citando também pode ser realizado por mandatário judicial, nos termos dos artºs 245º e 246º - cfr. artº 233º, nº 3.

Por outro lado, nos casos previstos na lei, é equiparada à citação pessoal a que é feita em pessoa diversa do citando, encarregada de lhe transmitir o conteúdo do acto, presumindo-se, salvo prova em contrário, que o citando dela teve oportuno conhecimento – artº 233º, nº 4.

Pode ainda a citação efectuar-se na pessoa do mandatário a quem o citando passou procuração com poderes especiais para a receber - cfr. artº 233º, nº 5.

Em regra, a citação é feita por via postal.

A citação por via postal faz-se por meio de *carta registada com aviso de recepção* dirigida ao citando e endereçada para a sua residência ou local de trabalho ou, tratando-se de pessoa colectiva ou sociedade, para a respectiva sede ou para o local onde funciona normalmente a administração. Deverá também ser feita a advertência, dirigida ao terceiro que receba a carta, de que a não entrega ao citando o fará incorrer em responsabilidade, em termos equiparados aos da litigância de má fé – artº 236º, nº 1. Quanto à litigância de má fé, consulte o artº 456º .

A citação postal efectuada ao abrigo do artº 236º considera-se feita no dia em que se mostre assinado o aviso de recepção e tem-se por efectuada na própria pessoa do citando, mesmo quando o aviso de recepção haja sido assinado por terceiro, presumindo-se, salvo demonstração em contrário, que a carta foi oportunamente entregue ao destinatário - artº 238º, nº 1.

Como se verifica, quando o aviso de recepção é assinado por pessoa diferente do citando, presume-se que a respectiva carta foi oportunamente entregue ao destinatário. Trata-se, porém, de uma presunção *juris tantum*, o que significa que poderá ser ilidida mediante prova em contrário. É ao citando que cabe o ónus de alegar e provar que não recebeu a carta, ou que esta lhe foi entregue extemporaneamente.

Não sendo possível a entrega da carta, será *deixado aviso ao destinatário*, identificando-se o tribunal de onde provém e o processo a que respeita, averbando-se os motivos da impossibilidade de entrega e permanecendo a carta durante oito dias à sua disposição em estabelecimento postal devidamente identificado – artº 236º, nº 5.

Se o citando ou qualquer pessoa que se encontre na sua residência ou local de trabalho (que declare estar em condições de entregar prontamente a carta ao citando) se *recusar a assinar* o aviso de recepção ou o recebimento da carta, o distribuidor do serviço postal lavra nota do incidente, antes de o devolver – artº 236º, nºs 2 e 6.

Quando o citando *recuse a assinatura do aviso de recepção ou o recebimento da carta*, o distribuidor postal lavrará nota do incidente antes de a devolver e a citação considera-se efectuada face à certificação da ocorrência – artº 237º-A, nº 3.

No caso de o expediente ter sido devolvido por *o destinatário não ter procedido, no prazo legal, ao levantamento da carta* no estabelecimento postal ou por ter sido *recusada a assinatura do aviso de recepção* ou o *recebimento da carta por pessoa diversa do citando*, é repetida a citação enviando-se nova carta registada com aviso de recepção, advertindo o citando da cominação constante do nº 2 do artº 238º - artº 237º-A, nº 4.

O expediente é deixado pelo distribuidor do serviço postal, que deverá certificar a data e o local exacto em que o *depositou*, remetendo de imediato a certidão ao tribunal; não sendo possível o depósito da carta na caixa do correio do citando, o distribuidor deixa *aviso*, permanecendo a carta durante oito dias à sua disposição em estabelecimento postal devidamente identificado – artºs 237º-A, nº 5 e 236º, nº 5

Nos termos do nº 2 do artº 238º, *a citação considera-se feita* na data certificada pelo distribuidor do serviço postal (no caso de ter depositado o expediente) ou, *no caso de ter deixado o aviso, no 8º dia posterior a essa data*, presumindo-se que o destinatário teve oportuno conhecimento dos elementos que lhe foram deixados.

Frustrando-se a via postal, a citação é efectuada *mediante contacto pessoal do agente de execução com o citando*, ao qual transmitirá os elementos referidos no artº 235º e lavrará certidão que o citando assinará – artº 239º, nºs 1, 2 e 3.

Recusando-se o citando a assinar a certidão ou a receber o duplicado, o agente de execução dá-lhe conhecimento de que o mesmo fica à sua disposição na secretaria judicial, mencionando tais ocorrências na certidão do acto – artº 239º, nº 4.[108] Neste caso, a secretaria notifica ainda o citando, enviando-lhe carta registada com a indicação de que o duplicado nela se encontra à sua disposição – artº 239º, nº 5.

A citação também pode ser promovida por *um empregado do agente de execução*. Neste caso, a citação só é válida se a certidão for assinada pelo citado e posteriormente pelo agente de execução – artº 239º, nº 7.

A citação *por agente de execução* pode ter lugar, *sem se usar previamente a citação por via postal*, quando o autor o requerer na petição inicial – artº 239º, nº 8.

A citação é feita *por funcionário judicial* quando o autor declare, na petição inicial, que assim pretende, pagando para o efeito a taxa fixada no Regulamento das Custas Processuais, bem como quando não haja agente de execução inscrito ou registado em comarca do círculo judicial a que o tribunal pertence – artº 239º, nº 9.

Quando a diligência se configure útil, pode o citando ser previamente *convocado por aviso postal registado*, para comparecer na secretaria judicial, a fim de aí se proceder à citação – artº 239º, nº 10.

No caso de citação mediante contacto pessoal, se o agente de execução ou o funcionário judicial apurar que o citando reside ou trabalha efectivamente no local indicado, não podendo, todavia, proceder à citação por não o encontrar, deixará nota *com indicação de hora certa para a diligência* na pessoa encontrada que estiver em melhores condições de a transmitir ao citando ou, quando tal for impossível, afixará o respectivo aviso no local mais indicado. No dia e hora designados, o agente de execução ou o funcionário fará a citação na pessoa do citando se o encontrar; não o encontrando, a citação é feita na pessoa capaz que esteja em melhores condições de a transmitir ao citando, incumbindo-a o agente de execução ou o funcionário de transmitir

[108] Se o citando assinar um papel em branco onde, depois, é lavrada a certidão da citação, não se pode dizer que assinou a "certidão", daí resultando a nulidade da citação – Ac. S.T.J. 14/5/96, B.M.J. 457, 258.

o acto ao destinatário e sendo a certidão assinada por quem recebeu a citação – artº 240º, nºs 1 e 2.

Não sendo possível obter a colaboração de terceiros, a citação é feita mediante a afixação, no local mais adequado e na presença de duas testemunhas, da nota de citação – artº 240º, nº 4.

Constitui crime de desobediência a conduta de quem, tendo recebido a citação, não entregue logo ao citando os elementos deixados pelo funcionário, do que será previamente advertido – artº 240º, nº 5.

Nos termos do artº 241º, sempre que a *citação se mostre efectuada em pessoa diversa do citando*, em consequência do disposto no nº 2 do artº 236º e na alínea b) do nº 2 do artigo anterior, ou haja consistido na afixação da nota de citação nos termos do nº 4 do artigo anterior, será ainda enviada, pelo agente de execução ou pela secretaria, no prazo de dois dias úteis, carta registada ao citando, comunicando-lhe:

a) A data e o modo por que o acto se considera realizado;
b) O prazo para o oferecimento da defesa e as cominações aplicáveis à falta desta;
c) O destino dado ao duplicado; e
d) A identidade da pessoa em quem a citação foi realizada.

A citação promovida *por mandatário judicial* segue, com as necessárias adaptações, o regime do artº 239º - artº 245º, nº 1.

O mandatário judicial deve, na petição inicial, declarar o propósito de promover a citação por si, por outro mandatário judicial, por via de solicitador ou de pessoa identificada que preste serviços forenses junto das secretarias, no interesse e por conta dos mandatários judiciais. Pode também requerer a assunção de tal diligência em momento ulterior, sempre que outra forma de citação se tenha frustrado - artº 245º, nºs 2 .

Se a citação se não fizer no prazo de 30 dias, contados a partir da sua solicitação, o mandatário judicial dará conta do facto e proceder-se-á então à citação nos termos gerais - artº 246º, nº 2. Quer dizer, a citação nestes moldes, fica dependente de a sua realização se verificar dentro dos 30 dias subsequentes à sua solicitação.

Quando *o réu resida no estrangeiro*, observar-se-á o que estiver estipulado nos tratados e convenções internacionais. Na falta de tratado ou convenção, a citação é feita por via postal, em *carta registada com aviso de recepção*. Se esta se frustrar, a citação poderá ser feita *por intermédio do consulado* português mais próximo, se o réu for português, ou *por carta rogatória*, se não for viável o recurso ao consulado ou se o réu for estrangeiro - artº 247º.

B) - Citação edital

Tem lugar a citação edital nos casos de incerteza do lugar onde se encontra o citando e nos casos em que sejam incertas as pessoas a citar - artº 233º, nº 6.

Quando seja impossível a realização da citação, por o citando estar ausente em parte incerta, a secretaria diligencia obter informação sobre o último paradeiro ou residência conhecida junto de quaisquer entidades ou serviços, designadamente, mediante prévio despacho judicial, nas bases de dados dos serviços de identificação civil, da segurança social, da Direcção-Geral dos Impostos e da Direcção-Geral de Viação e, quando o juiz o considere absolutamente indispensável para decidir da realização da citação edital, junto das autoridades policiais – artº 244º, nº 1.

Esta averiguação oficiosa da secretaria com vista a encontrar o último paradeiro do réu traduz a dúvida do legislador acerca da eficácia da citação edital, pois é sabido que geralmente ela não chega ao conhecimento do citado.

A citação edital pela *incerteza do lugar em que o citando se encontra* é feita pela *afixação de editais* e pela *publicação de anúncios* em dois números seguidos de um dos jornais, de âmbito regional ou nacional, mais lidos na localidade em que esteja a casa da última residência do citando. São *três os editais a fixar:* um *na porta do tribunal* ou do juízo, outro *na porta da casa da última residência* que o citando teve no país e outro *na porta da sede da respectiva junta de freguesia* - artº 248º, nºs 1, 2 e 3.

Não se publicam anúncios nos inventários em que a herança haja sido deferida a incapazes, ausentes ou pessoas colectivas, no processo sumaríssimo e em todos os casos de diminuta importância em que o juiz os considere dispensáveis – artº 248º, nº 4.

Incumbe à parte providenciar pela publicação dos anúncios – artº 248º, nº 5.

A citação edital determinada pela *incerteza das pessoas a citar* é feita em termos semelhantes aos já referidos, conforme resulta do disposto no artº 251º. Afixar-se-á, porém, *um só edital na porta do tribunal* ou do juízo, salvo se os incertos forem citados como herdeiros ou representantes de pessoa falecida, caso em que também são afixados editais na porta da casa da última residência do falecido e na porta da sede da respectiva junta de freguesia, se forem conhecidas e no País - artº 251º (1ª parte).

Os anúncios são publicados num dos jornais, de âmbito regional ou nacional, mais lidos da sede da comarca – artº 251º (2ª parte).

Na acção proposta contra *incertos*, estes *são representados pelo Ministério Público*, nos termos do disposto no artº 16º.

Quando o Ministério Público represente o autor, é nomeado *defensor oficioso* aos incertos – artº 16º, nº 2.

36 - Falta de citação e falsidade da citação

A) - Falta de citação

Nos termos do artº 195º, há falta de citação:

a) Quando o acto tenha sido completamente omitido;

b) Quando tenha havido erro na identidade do citado;

c) Quando se tenha empregado indevidamente a citação edital;

d) Quando se mostre que foi efectuada depois do falecimento do citando ou da extinção deste, tratando-se de pessoa colectiva ou sociedade;

e) Quando se demonstre que o destinatário da citação pessoal não chegou a ter conhecimento do acto, por facto que não lhe seja imputável.

Como já é do nosso conhecimento, a citação edital só deve ter lugar quando os citandos são pessoas incertas ou quando é incerto o seu paradeiro. Sendo assim, quanto ao caso referido na alínea c), facilmente se compreenderá que a citação edital foi empregada indevidamente se as pessoas eram certas ou era conhecido o local onde podiam ser citadas pessoalmente. As restantes alíneas não suscitam qualquer dúvida quanto à sua compreensão.

A nulidade derivada da falta de citação considera-se sanada se o réu ou o Ministério Público intervier no processo sem arguir logo a falta de citação – artº 196º.

Na verdade, se a finalidade da citação é a de dar a conhecer ao réu que foi proposta contra ele uma acção e chamá-lo a juízo para se defender, a sua intervenção satisfaz essa finalidade da citação, desde que o próprio não se mostre interessado em arguir a falta.

Conforme dispõe o artº 197º, havendo vários réus, a falta de citação de um deles tem as seguintes consequências:

a) No caso de litisconsórcio necessário, anular-se-ão todos os actos processuais posteriores às citações;

b) No caso de litisconsórcio voluntário, nada será anulado. Mas se ainda não estiver designado o dia para a audiência de julgamento, pode o autor requerer que o réu seja citado. Este terá oportunidade de apresentar a sua defesa e só depois se procederá à audiência de discussão e julgamento.

Quer dizer, se o litisconsórcio é voluntário (cfr. artº 27º), a falta de citação de um réu, faz com que o processo prossiga sem ele, no caso de já estar na altura de ser designada data para a audiência de discussão e julgamento. A sentença não lhe fará qualquer referência. Tudo parece resultar da ponderação sobre a questão de economia processual, considerando a fase do processo em que foi detectada a falta de citação.

B) - Falsidade de citação

Embora o artº 551º-A se refira à falsidade de qualquer acto judicial, trata de modo particular a falsidade da citação.

A citação constitui um dos actos mais importantes no desenvolvimento do processo pelas razões já sobejamente conhecidas. A sua falsidade compromete todo o processado desde o início.

A arguição da falsidade da citação só suspende a causa quando puder prejudicar a defesa do citando – artº 551º-A, nº 4.

Este normativo legal está em consonância com o que dispõe o artº 198º, nº 4 a respeito da arguição da nulidade da citação. Neste caso, a arguição também só será atendida se a falta cometida puder prejudicar a defesa do citado.

A falsidade da citação deve ser arguida dentro de dez dias, a contar da intervenção do réu no processo – artº 551º-A, nº 1.

A intervenção do réu no processo verifica-se quando o mesmo praticou qualquer acto processual.

A falsidade de qualquer outro acto judicial deve ser arguida no prazo de dez dias, a contar daquele em que deva entender-se que a parte teve conhecimento do acto – artº 551º-A, nº 2.

Quando for notificado da arguição da falsidade da citação, o autor pode requerer a sua repetição, evitando , deste modo, o prejuízo que lhe ocasionaria a suspensão da causa.

Requerida a repetição da citação, o incidente não terá seguimento por se tornar desnecessário – cfr. artº 551º-A, nº 4 *in fine*

37 - Princípio do contraditório

O réu é citado para contestar a acção que contra si foi proposta - artº 480º.

Através da citação dá-se cumprimento ao *princípio do contraditório.*

O princípio do contraditório já tem sido denominado a trave mestra do sistema processual civil.

Tem consagração legal não só na fase dos articulados, mas em todas as fases do processo incluindo na do julgamento, continuando a ser observado na fase do recurso.

Conforme vem referido no relatório do Decreto-Lei nº 329º-A/95, é um princípio estruturante de todo o processo civil[109]. Com base nele se prescreve a proibição da prolação de decisões surpresa, não sendo lícito aos tribunais decidir questões de facto ou de direito, mesmo que de conhecimento oficioso, sem que previamente haja sido facultada às partes a possibilidade de sobre elas se pronunciarem.

Segundo Lebre de Freitas, é hoje entendido como a garantia da participação efectiva das partes no desenvolvimento de todo o litígio, mediante a possibilidade de, em plena igualdade, influirem em todos os elementos (factos, provas, questões de direito) que se encontrem em ligação com o objecto da causa e que em qualquer fase do processo apareçam como potencialmente relevantes para a decisão. O escopo principal do princípio do contraditório deixou assim de ser a *defesa*, no sentido negativo de oposição ou resistência à actuação alheia, para passar a ser a *influência*, no sentido positivo de direito de incidir activamente no desenvolvimento e no êxito do processo.[110]

O princípio do contraditório permite a cada uma das partes "deduzir as suas razões (de facto e de direito), oferecer as suas provas, controlar as provas do adversário, e discretear sobre o valor e resultado de umas e outras".[111]

Este princípio está, como se disse, consagrado em várias disposições legais entre as quais se destaca o artº 3º.

38 – Efeitos da citação

A) - Enunciado

A citação produz efeitos de *ordem substantiva* e efeitos de *ordem processual.*

Como *efeitos de ordem substantiva*, ou *materiais*, podemos referir os seguintes: cessação da boa fé do possuidor, interrupção da prescrição contra o devedor, constituição do devedor em mora.

[109] Assim como o princípio da igualdade das partes e o princípio da cooperação.

[110] Lebre de Freitas, ob. Cit., pág.s 96 e seg.

[111] Cfr. Ac.s T.C., 11º vol., pág. 741 e 20º vol., pág. 495.

Quanto aos *efeitos de ordem processual* ou *adjectivos*, o artº 481º faz alusão à estabilização dos elementos essenciais da causa e inadmissibilidade de o réu propor a mesma acção contra o autor.

B) - Efeitos de ordem substantiva

1 - A citação faz *cessar a boa fé do possuidor* - artº 481º, alínea a).
A posse diz-se de boa fé, quando o possuidor ignorava, ao adquiri-la, que lesava o direito de outrem - artº 1260º, nº 1 do Código Civil.

Quem adquire a posse de uma coisa estando convencido de que não prejudica o direito de outrem é um possuidor de boa fé. A partir do momento em que contra esse possuidor é proposta acção de reivindicação dessa mesma coisa, cessa a situação de boa fé desde a sua citação para a acção. Na verdade, a partir da citação, fica a conhecer que está (ou pode estar) a lesar o direito do autor.

Se a acção vier a ser julgada procedente, o réu é considerado como possuidor de má fé desde o momento da citação.

2 - A citação *interrompe a prescrição* - artº 323º, nº 1 do Código Civil.
Se a favor do réu - devedor de uma certa importância - está a correr o prazo prescricional, a prescrição considera-se interrompida a partir da citação. Conforme resulta do disposto no artº 323º, nº 1 do Código Civil, a citação exprime a intenção de exercer o direito.

O tempo é também na vida do direito um importante factor, um grande modificador das relações jurídicas.[112]

Havendo decorrido o período de tempo fixado na lei e verificando-se as demais condições por esta exigidas, podem adquirir-se direitos pela posse, ou podem extinguir-se obrigações por não ter sido exigido o seu cumprimento.

O fundamento específico da prescrição reside na "negligência do titular do direito em exercitá-lo durante o período de tempo indicado na lei. Negligência que faz presumir ter ele querido renunciar ao direito, ou pelo menos o torna (o titular) indigno da protecção jurídica".[113]

A citação judicial como meio interruptivo da prescrição assenta na ideia de que o titular pretende fazer valer o seu direito.

[112] Luís Cabral de Moncada, Lições de Direito Civil, 4ª edição, Almedina, pág. 729.
[113] Manuel de Andrade, Teoria Geral da Relação jurídica, vol. II, pág.s 445 e seg.

A protecção do credor leva a que se considere a prescrição interrompida logo que decorram cinco dias, após a citação ter sido requerida, mesmo que esta não tenha sido levada a cabo nesse período de tempo, por causa não imputável ao autor - cfr. artº 323º, nº 2 do Código Civil.

A lei não exige ao autor uma diligência excepcional, pedindo-lhe apenas duas coisas: 1 - requerimento da citação com uma antecedência de pelo menos 5 dias em relação ao termo do prazo da prescrição; 2 - que não seja imputável ao autor a causa da demora quando, apesar disso, a citação não foi efectuada antes do termo do prazo. Deve ser interpretada em termos de causalidade objectiva.[114]

Quando se fala em requerimento da citação, não significa que tal tenha de ser feito de modo expresso. Ao propor a acção, o autor pretende a citação do réu, ainda que na petição inicial a não requeira expressamente. Basta, portanto, que a acção tenha dado entrada em juízo com pelo menos 5 dias de antecedência em relação ao prazo da prescrição, para que se considere requerida a citação e, consequentemente, interrompida a prescrição logo que decorram os 5 dias.

A citação produz este mesmo efeito, ainda que tenha sido ordenada por tribunal que venha a ser julgado incompetente para a acção.

A citação, mesmo que venha a ser anulada, não deixa de produzir o efeito interruptivo da prescrição - cfr. artº 323º, n 3 do Código Civil. É que, entretanto, já foi levada ao conhecimento do obrigado a intenção do credor de exercer o seu direito.

Importa, porém, não confundir a *falta* com a *nulidade* de citação. Como se exige que seja levada ao conhecimento do obrigado a intenção de exercer o direito, se *falta* a citação, a prescrição não se interrompe, a não ser nos ter mos excepcionais acima referidos. Se, porém, há *nulidade*, não deixa de haver interrupção se, não obstante a nulidade, se exprimiu aquela intenção.[115]

Para que a citação interrompa a prescrição não é necessário que se tenha verificado no processo em que o autor pretende exercer o direito. Pode ter tido lugar no procedimento cautelar instaurado como preliminar daquela acção.

3 - A partir da citação, *o devedor fica constituído em mora.*
Se a obrigação tem prazo certo para o cumprimento, o devedor deve respeitar esse prazo.

[114] Cfr. Ac. do S.T.J., 30/4/96, B.M.J. 456, 380, o qual refere o Ac. do S.T.J. 20/5/87, B.M.J. 367, 483 e Ac. S.T.J. de 5/5/87, B.M.J. 367, 507.

[115] Cfr. Pires de Lima e Antunes Varela, Código Civil Anotado, vol. I, pág. 210.

Se até ao termo do prazo não cumprir a prestação, ainda possível, por causa que lhe seja imputável, o devedor considera-se constituído em mora – artº 804º, nº 2 do Código Civil.

O devedor só fica constituído em mora depois de ter sido judicial ou extrajudicialmente interpelado para cumprir. Há, porém, mora do devedor, independentemente de interpelação, se a obrigação tiver prazo certo – artº 805º, nºs 1 e 2, alínea a) do Código Civil.

As que não têm prazo, são chamadas obrigações puras. Vencem-se logo que o credor, mediante interpelação, exija o seu cumprimento.

A interpelação é a reclamação feita pelo credor ao devedor para que cumpra.

A interpelação judicial pode ser efectuada através da notificação avulsa – artº 261º - ou por meio de citação do devedor - artº 228º.

A necessidade de interpelação baseia-se no entendimento de que o devedor pode não saber, antes de ser interpelado, que se encontra em atraso quanto ao cumprimento da obrigação.

A citação do réu é, portanto, uma forma de interpelação judicial, que ocasiona o vencimento da obrigação. A partir da citação, o devedor que não cumpra a obrigação, fica constituído em mora.

C) - Efeitos de ordem processual:

1 - *Torna estáveis os elementos essenciais da causa*, nos termos do artigo 268º - artº 481º, alínea b).

Os elementos essenciais da causa são os *sujeitos* (as partes), o *pedido* e a *causa de pedir* (objecto). Nos termos do artº 268º, depois de citado o réu, a instância deve manter-se a mesma, quanto aos elementos essenciais, salvas as modificações consignadas na lei.

Quer dizer que os elementos essenciais da causa são susceptíveis de alteração até à citação do réu. Depois da citação, só admitem as modificações consentidas pela lei. Ora, a lei admite as modificações de natureza *subjectiva*, isto é, quanto aos sujeitos previstas nos artºs 269º, 270º, 271º, 320º e 325º. Admite ainda as modificações *objectivas*, ou seja, quanto ao pedido e à causa de pedir que se encontram consignadas nos artºs 272º e 273º.

Como se verifica, este princípio da estabilidade da instância não é absolutamente rígido. A estabilidade não significa imutabilidade, visto que a própria lei admite algumas modificações.

2 - Inibe o réu de propor contra o autor acção destinada à apreciação da mesma questão jurídica - artº 481º, alínea c).

A partir da citação do réu, fica a este vedado propor e fazer seguir contra o autor acção que tenha *a mesma causa de pedir* e *o mesmo pedido*. Se vier a propor tal acção, estaremos perante um caso de litispendência, prevista no artº 497º e seguintes, visto que *as partes são também as mesmas*, embora com posições invertidas, pois o autor de uma é réu na outra.[116]

A litispendência é uma excepção dilatória - artº 494º, alínea i) - que deve ser deduzida na acção proposta em segundo lugar. Sendo a litispendência julgada procedente, obsta a que o juiz conheça do mérito da acção proposta em segundo lugar. Considera-se proposta em segundo lugar a acção para a qual o réu foi citado posteriormente - artº 499º, nº 1; cfr. ainda o artº 267º, nº 2

D) - Subsistência dos efeitos em caso de anulação da citação

Sem prejuízo do disposto no nº 3 do artº 323º do Código Civil, os efeitos da citação anulada subsistem se o réu for novamente citado em termos regulares dentro de 30 dias, a contar do trânsito em julgado do despacho de anulação - artº 482º.

Como já tivemos ocasião de observar, a citação é nula quando não hajam sido, na sua realização, observadas as formalidades prescritas na lei – artº 198º, nº 1 – se a falta cometida puder prejudicar a defesa do citado – artº 198º, nº 4.

As formalidades a observar constam, designadamente, dos artºs 228º, 235º e 246º, nº 1.

Como já vimos, a anulação da citação não impede o efeito interruptivo da prescrição - artº 323º, nº 3 do Código Civil.

Conforme então salientámos, a interrupção da prescrição, desencadeada por força da citação do réu, subsiste ainda que a citação venha a ser anulada, visto que o autor já exprimiu perante o devedor a sua intenção de exercer o direito.

Para que os efeitos da citação anulada subsistam, importa que se proceda a nova citação, agora em termos regulares, dentro de 30 dias.

Situação semelhante está prevista no artº 289º, nº 2, em que, no caso de absolvição da instância, são mantidos os efeitos civis derivados da proposição da primeira causa e da citação do réu, quando seja possível, se a nova acção

[116] Não obsta à identidade de sujeitos (das partes) e, portanto, à litispendência a circunstância de numa acção figurar como autor aquele que na outra acção figura como réu. Para o efeito, é indiferente a posição que o sujeito ocupa numa e noutra acção.

for intentada ou o réu citado para ela dentro de 30 dias, a contar do trânsito em julgado da sentença de absolvição da instância.

Subsecção II

39 - Contestação

A) - Noção

O segundo articulado é a contestação. Através da contestação é dada ao réu a oportunidade de se defender da pretensão formulada pelo autor na petição inicial. É, em suma, a resposta do réu à petição inicial do autor.

Este articulado, sob o ponto de vista formal, tem um conteúdo semelhante ao da petição inicial.

Na contestação deve o réu individualizar a acção - artº 488º (1ª parte). Significa que deve designar o tribunal, identificar as partes e referir ainda o número do processo, o juízo e a secção por onde corre a acção. Estes últimos elementos não eram conhecidos do autor quando apresentou a petição inicial, porque só passaram a ser conhecidos após a distribuição.

Esta primeira parte é também designada *cabeçalho* ou *intróito.*

Segue-se a *narração* que é a parte do articulado em que o réu expõe (*narra*) as razões de facto e de direito por que se opõe à pretensão do autor, especificando separadamente as excepções que deduza - artº 488º (2ª parte).

A lei impõe, portanto, que se faça a distinção, de forma clara, entre a defesa por impugnação e a defesa por excepção. Assim, se o réu, além de impugnar os factos articulados pelo autor, invocar alguma excepção, deve destacar esta, por forma a que se distinga claramente onde acaba uma e começa a outra forma de defesa.

A razão de ser desta exigência encontra-se justificada no relatório preambular do Decreto-Lei nº 329-A/95 nos termos seguintes: "em matéria de contestação, por razões de clareza e em concretização do princípio da boa fé processual, estabeleceu-se que o réu deverá deduzir e discriminadamente a matéria relativa às excepções deduzidas e formular, a final, em correspectividade com a exigência formal de dedução do pedido que é feita ao autor, as conclusões da sua defesa".

Por último, a *conclusão* deve conter a formulação do respectivo pedido, que pode ser o de absolvição da instância ou o de absolvição do pedido.

Deve ainda o réu indicar os documentos que junta (incluindo a procuração passada a advogado, quando o patrocínio for obrigatório). Sendo obrigatória a constituição de advogado – artº 32º - o articulado deve ser assinado pelo mandatário do réu.

B) - Consequência da falta de requisitos

Como já vimos, a falta de requisitos formais constitui fundamento para que a petição inicial seja recusada pela secretaria, nos termos do artº 474º. A falta daqueles mesmos requisitos, que também devem constar da contestação, constitui igualmente motivo para recusa do seu recebimento por parte da secretaria. Estão neste caso os requisitos referidos nas alíneas a), b), c), f), g), h) e i) do mencionado artº 474º. A recusa de recebimento pela secretaria pode levar o réu a reclamar para o juiz ou a recorrer para a Relação - artº 475º - ou, em vez disso, apresentar novo articulado conforme dispõe o artº 476º.

A contestação deve ser apresentada em duplicado. Se houver vários autores, devem ser oferecidos tantos duplicados quantos os que vivam em economia separada, salvo no caso de serem representados pelo mesmo mandatário - artº 152º.

40 - Modalidades de contestação

A) - Defesa por impugnação

Na contestação cabe tanto a defesa por *impugnação* como por *excepção* - artº 487º. nº 1.

A defesa por *impugnação* ou defesa *directa* é aquela em que o réu nega frontalmente os factos alegados pelo autor ou, sem negar a realidade desses factos, contradiz o efeito jurídico que o autor deles pretende tirar. Por outras palavras, o réu ataca de frente, contradizendo-os, os factos aduzidos pelo autor ou, sem atacar esses factos, contradiz a aplicação que o autor faz do direito aos factos.

Na petição inicial, o autor formula determinado pedido que constituirá o efeito jurídico dos factos que articulou. O réu defende-se por impugnação negando a exactidão dos factos narrados pelo autor, alegando, por conseguinte, que os factos se passaram de modo diferente e, sendo assim, o autor não pode obter o efeito jurídico que teve em vista ao propor a acção.

O réu também pode, em vez de atacar directamente os factos, aceitá-los como estão descritos, mas alegar que tais factos não justificam o pedido formulado pelo autor, isto é, não conduzem ao efeito jurídico que este procura alcançar.

No primeiro caso, o réu apresenta uma versão dos factos diferente da do autor. No segundo caso, a posição do réu não difere da do autor quanto à versão dos factos, mas difere quanto ao regime jurídico.

Por outras palavras, num caso a divergência entre o autor e o réu situa-se no âmbito dos factos, no outro caso, a divergência diz respeito ao tratamento jurídico que o autor pretende para os factos narrados.

É o que se extrai do nº 2 do referido artº 487º (1ª parte). Conforme dispõe este preceito, o réu defende-se por impugnação quando contradiz os factos articulados na petição ou quando afirma que esses factos não podem produzir o efeito jurídico pretendido pelo autor.

Em suma, a contestação pode apresentar-se como *impugnação* dos factos ou como *impugnação* do efeito jurídico.

Se o proprietário de uma casa pretende que o réu lhe pague a importância correspondente à renda devida pelo tempo em que a ocupou, na contestação pode o réu defender-se negando ter ocupado esse imóvel ou, reconhecendo que o ocupou, alegar que o fez, não por via de um contrato de arrendamento, mas a título de comodato e, por isso, nada deve.

B) - Defesa por excepção

O réu defende-se por *excepção* quando alega factos que obstam à apreciação do mérito da acção ou que, servindo de causa impeditiva, modificativa ou extintiva do direito invocado pelo autor, determinam a improcedência total ou parcial do pedido - artº 487º, nº 2 (2ª parte).

Este preceito legal utiliza a palavra excepção em sentido geral, por forma a abranger tanto as *excepções dilatórias* como as *excepções peremptórias.*

Na defesa por *excepção* o réu não nega a realidade dos factos articulados pelo autor, nem contradiz o efeito jurídico que este procura extrair desses factos. O réu opõe-lhe *contra-factos.*

Este modo de defesa supõe a alegação de factos novos. O réu sai para fora do terreno em que o autor se colocou e socorre-se de factos diversos daqueles em que se funda a petição. E pode fazê-lo seguindo uma de duas vias.

1 - O réu alega *factos que obstam à apreciação do mérito da causa*, invocando, por exemplo, a litispendência ou a falta de determinado pressuposto processual, como, por exemplo, a ilegitimidade ou a incompetência do tribunal em razão da matéria.

2 - O réu alega *factos que determinam a improcedência total ou parcial do pedido* quando, por exemplo, o autor pede o pagamento de uma dívida e o réu, sem negar a existência do direito de crédito do autor, alega que a dívida está prescrita ou que já foi paga.

Num e noutro caso, a defesa é *indirecta,* porque o réu não ataca de frente a causa de pedir, não procura destruí-la; o seu ataque é de *flanco*; serve-se de um facto novo que, ou inutiliza a *instância* (excepção dilatória) ou inutiliza o *pedido* (excepção peremptória). Quer dizer, o réu, para se defender, desloca-se para campo diverso daquele em que se encontra o autor e procura, por via *transversal,* obter o fracasso da acção.[117]

As *excepções* que obstam a que o tribunal conheça do mérito da causa e que dão lugar à absolvição da instância ou à remessa do processo para outro tribunal denominam-se *dilatórias* - artº 493º, nº 2.

As *excepções* que consistem na alegação de factos impeditivos, modificativos ou extintivos do direito invocado pelo autor tomam a designação de *excepções peremptórias.* Importam, se forem provadas, a absolvição total ou parcial do pedido - artº 493º, nº 3.

Como resulta do preceito, as excepções são classificadas em conformidade com o efeito que podem produzir:

1 - absolvição da instância (ou remessa do processo para outro tribunal);

2 - absolvição (total ou parcial) do pedido.

Como já dissemos, as primeiras denominam-se *dilatórias* e as segundas chamam-se *peremptórias.* Procuraremos conhecer melhor cada uma delas.

41 - Excepções dilatórias

A) - Enumeração

As excepções dilatórias, como o próprio nome parece indicar, obstam a que se entre na apreciação da relação jurídica material, por faltar alguma coisa a essa pronúncia final; elas não afectam o direito de acção: elas *dilatam*, protelam, adiam a decisão do litígio.[118]

Em vez de extinguirem a acção, apenas a retardam. Embora afastem a possibilidade do conhecimento do mérito da causa naquele momento, não a afastam definitivamente. Quer dizer, a absolvição da instância não obsta a que se possa propor outra acção sobre o mesmo objecto – artº 289º, nº 1.

O artº 494º enumera, a título exemplificativo, as excepções dilatórias. De entre elas, merecem especial reflexão as mencionadas na alínea i): litispendência e caso julgado.

[117] Alberto dos Reis, ob. Cit., vol. III, pág. 24 e seg.

[118] Rodrigues Bastos, Notas ao Código de Processo Civil, vol. III, pág. 43.

B) - Litispendência e caso julgado

As excepções da litispendência e do caso julgado têm algo de comum, visto que ambas pressupõem a repetição de uma causa. Há *litispendência* – como o próprio nome sugere - quando a causa (*litis*) se repete estando a anterior ainda em curso (pendente). Se a repetição se verifica depois da primeira causa ter sido decidida, isto é, julgada por sentença que já não admite recurso ordinário, há lugar à excepção de *caso julgado* – como da palavra também facilmente se intui - cfr. artº 497º, nº 1.

Num caso, pretende-se evitar que corram dois processos *contemporâneos* entre as mesmas partes sobre o mesmo objecto. No outro caso procura-se evitar que volte a ser decidida uma acção que já o havia sido de modo definitivo.

É, porém, irrelevante a pendência da causa perante jurisdição estrangeira, salvo se for outra a solução estabelecida em convenções internacionais - artº 497º, nº 3.

Conforme resulta deste preceito, a pendência de uma causa em tribunal estrangeiro é irrelevante para qualquer efeito, nomeadamente para o efeito de litispendência, a não ser que exista convenção internacional nesse sentido.

Qualquer das excepções (litispendência e caso julgado) tem por fim evitar que o tribunal seja colocado na alternativa de reproduzir ou de contradizer uma decisão anterior - cfr. artº 497º, nº 2.

A lei fornece-nos o conceito de repetição. Repete-se a causa quando se propõe uma acção *idêntica* a outra quanto aos sujeitos, ao pedido e à causa de pedir - artº 498º, nº 1.

Como se vê, tem de verificar-se, *cumulativamente*, a *tripla identidade*.

Há *identidade de sujeitos* quando as partes são as mesmas sob o ponto de vista da sua qualidade jurídica - artº 498º, nº 2.

A identidade dos sujeitos não significa identidade física. Se uma das partes faleceu e, por isso, a sua posição foi ocupada pelos seus sucessores, apesar de serem pessoas fisicamente diferentes, têm a mesma posição sob o ponto de vista da sua qualidade jurídica. Verifica-se, portanto, *identidade* das partes ou sujeitos.

Por outro lado, como já referimos, a diversidade de posição processual não obsta à identidade dos sujeitos. Se numa das acções figurar como *autor* quem na outra tem a posição de *réu*, esse facto não compromete a identidade dos litigantes. As partes são as mesmas, embora ocupem posições opostas em cada um dos processos.

Há *identidade do pedido* quando numa e noutra causa se pretende obter o mesmo efeito jurídico - artº 498º, nº 3.

Sendo o pedido o efeito jurídico pretendido pelo autor, ou seja, a tutela jurisdicional que requer, há identidade do pedido quando numa e noutra causa o autor formula a mesma pretensão.

Há *identidade de causa de pedir* quando a pretensão deduzida nas duas acções procede do mesmo facto jurídico. Nas acções reais a causa de pedir é o facto jurídico de que deriva o direito real; nas acções constitutivas e de anulação é o facto *concreto* ou a nulidade *específica* que se invoca para obter o efeito pretendido - artº 498º, nº 4.

Nas acções de reivindicação, por exemplo, a causa de pedir é o título em que se baseia a aquisição do direito real de que se trata.

Nas acções constitutivas como, por exemplo, nas acções de investigação de paternidade a causa de pedir é o facto jurídico da procriação. Nas acções de anulação é a nulidade específica que se invoca, traduzida em factos concretos.

Sendo detectada a excepção da litispendência, há que evitar que um dos processos prossiga os seus termos. Com essa finalidade, a litispendência deve ser deduzida na acção proposta em segundo lugar. Se a excepção da litispendência invocada for julgada procedente, isto é, se se verificar a tripla identidade de que falámos, será proferido despacho que ponha fim à instância.

Considera-se proposta em segundo lugar a acção para a qual o réu foi citado posteriormente - artº 499º, nº 1.

Como se verifica, não se considera proposta em segundo lugar a acção cuja petição inicial deu entrada mais tarde. A ordem de entrada apenas tem relevância, para este efeito, quando a citação em ambas as acções tenha tido lugar no mesmo dia - cfr. artº 499º, nº 2.

Verifica-se a excepção de *caso julgado* sempre que já tenha sido proferida decisão de *mérito* em processo anterior ou quando tenha sido proferida uma decisão anterior sobre a *relação processual.* Na primeira hipótese designa-se *caso julgado material,* porque a decisão recaiu sobre a relação material ou substantiva. Na segunda, tendo a decisão recaído sobre questões de carácter processual, diz-se que apenas faz *caso julgado formal.*

O caso julgado *material* tem força obrigatória não só dentro do processo em que a decisão foi proferida, mas também fora dele - artº 671º.

O caso julgado *formal* só tem força obrigatória dentro do processo em que os despachos ou as decisões foram proferidos - artº 672º, nº 1.

O caso julgado *formal,* também chamado de simples *preclusão,* apenas impede que no mesmo processo (e não noutro) seja alterada a respectiva decisão.

Em suma, quer no *caso julgado material*, quer no *caso julgado formal*, a decisão não pode ser alterada, se já não for passível de recurso ordinário. A diferença entre um e outro caso reside apenas em que, no primeiro, esse efeito se faz sentir para além do processo em que foi proferida a sentença ou despacho, enquanto que, no segundo caso, o efeito apenas obsta a que a questão apreciada seja decidida de forma diferente dentro do mesmo processo.

Com a revisão do Código de Processo Civil que entrou em vigor em 1997, o caso julgado deixou de ser uma excepção peremptória e passou a ser considerado *excepção dilatória*, como a litispendência.

Perante a excepção do *caso julgado*, por se verificar a repetição de uma causa *idêntica* (quanto aos sujeitos, ao pedido e à causa de pedir) a outra que já foi definitivamente julgada, o juiz abster-se-á de conhecer do mérito. É o único modo de evitar "que o tribunal seja colocado na alternativa de contradizer ou reproduzir uma decisão anterior", preocupação expressa pelo legislador no nº 2 do artº 497º, já acima referido.

É a solução que também se aplica no caso de *litispendência*, pois a preocupação evidenciada neste preceito diz respeito tanto a uma como à outra destas excepções dilatórias.

A força obrigatória atribuída à decisão *transitada em julgado* tem por fim acautelar a certeza jurídica e a segurança do direito e ainda a de proteger o prestígio da administração da justiça, evitando que viesse a ser proferida nova decisão porventura não coincidente com a anterior.

Se, apesar disso, tiverem sido proferidas duas decisões contraditórias sobre a mesma pretensão, cumprir-se-á a que passou em julgado em primeiro lugar - artº 675º, nº 1.

Compreende-se que assim seja, porque, depois de "formado o caso julgado, a situação jurídica que ele declarou e definiu, torna-se imutável; portanto, não pode tal situação ser alterada por caso julgado posterior".[119]

C) - Despacho a proferir perante as excepções dilatórias não sanadas

1 – As excepções dilatórias obstam à decisão de mérito.
O artº 288º, nº 1 refere os casos em que o juiz deve abster-se de conhecer do pedido e proferir despacho de absolvição da instância.

[119] Alberto dos Reis, ob. cit., vol. v, pág. 193.

A primeira referência vai para os casos em que o juiz julgue procedente a excepção da *incompetência absoluta do tribunal*.

Porém, no caso de *incompetência relativa* julgada procedente, o juiz não se limitará a julgar o tribunal incompetente, pois terá ainda de decidir qual o tribunal competente para a acção aí continuar – cfr. artº 111º, nº 1. O processo deverá ser depois remetido para o tribunal competente – cfr. artº 111º, nº 3. Quer dizer, estamos perante um caso em que o despacho a proferir não será o de absolvição da instância (como na generalidade dos casos), mas antes a *remessa do processo para outro tribunal*. É por isso que o artº 493º, nº 2 dispõe que as excepções dilatórias *obstam a que o tribunal conheça do mérito da causa* e dão lugar à *absolvição da instância* ou à *remessa do processo para outro tribunal*.

A seguir, o artº 288º, nº1, alínea b) menciona o caso em que é *anulado todo o processo*. Na verdade, se todo o processo é anulado, não poderia o tribunal proferir decisão de mérito. Terá de absolver o réu da instância. É o que se verifica no caso de ineptidão da petição inicial, que já estudámos – cfr. artº 193º.

Prosseguindo na senda do artº 288º, nº 1 vemos que a alínea c) se refere à *falta de personalidade judiciária* ou *de capacidade judiciária*. É claro que só constituirão excepções dilatórias se não forem sanadas. O despacho a proferir deverá ser o de absolvição da instância.

Na alínea d) o preceito aponta como excepção dilatória a *ilegitimidade* de alguma das partes. Compreende-se que só estando em juízo os verdadeiros titulares da relação material controvertida é que se justificará proferir decisão de mérito. Se tal não acontecer, o tribunal deverá absolver o réu da instância. Como se disse no lugar próprio, a ilegitimidade plural pode ser sanável em certos casos – cfr. artº 269º. A ilegitimidade singular é hoje dificilmente verificável.

Nos termos do artº 288º, nº 1, alínea e) o juiz deve ainda abster-se de conhecer do pedido e absolver o réu da instância quando julgue procedente *alguma outra excepção dilatória* (v. as que se encontram mencionadas no artº 494º).

Como já dissemos, a absolvição da instância não obsta a que se proponha outra acção sobre o mesmo objecto - artº 289º, nº 1. Na verdade, não se tendo chegado a conhecer do mérito da causa, nenhum obstáculo existe a que o autor proponha uma nova acção contra o mesmo réu, com o mesmo pedido e a mesma causa de pedir. Aliás, se a acção vier a ser proposta e o réu citado dentro do prazo de 30 dias, a contar do trânsito em julgado da sentença de absolvição da instância, manter-se-ão, em benefício do autor, os efeitos civis derivados da proposição da primeira acção, sem prejuízo do disposto na lei civil relativamente à prescrição e à caducidade de direitos - 289º, nº 2 (cfr. artº 327º, nºs 2 e 3 e artº 332º do Código Civil).

Tratando-se, porém, de *caso julgado*, o que se pretende evitar com esta excepção é que o tribunal seja colocado na situação de reproduzir uma decisão anterior. Quer dizer, já foi proferida decisão sobre o mérito da causa. Não é, portanto, possível dar ao autor a oportunidade de instaurar uma outra acção com o mesmo objecto. Pretende-se, deste modo, preservar a imagem do tribunal, evitando que seja colocado na situação de repetir uma decisão já transitada em julgado ou de proferir uma decisão contraditória. A instância deve ser julgada extinta, por força do disposto no artº 287º, alínea a).

2 – Caso especial em que a excepção dilatória não obsta à decisão de mérito. A lei prevê em casos especiais a possibilidade de o juiz proferir decisão de mérito, apesar de ter detectado uma excepção dilatória não sanada.

Quer dizer, mesmo subsistindo a excepção dilatória, o tribunal não determinará a absolvição da instância quando, destinando-se a tutelar o interesse de uma das partes, nenhum outro motivo obste, no momento da apreciação da excepção, a que se conheça do mérito da causa e a decisão deva ser integralmente favorável a essa parte - artº 288º, nº 3 (2ª parte).

Se o juiz se considerar habilitado a decidir sobre o mérito da causa, não deverá deixar de proferir a decisão, quando esta seja integralmente favorável à parte cujo interesse era tutelado pelo pressuposto processual que, por faltar, fundamentaria a absolvição da instância. Dito de outro modo: quando o pressuposto em falta (não suprido) se destinava a tutelar o interesse de uma das partes e a decisão a proferir seja inteiramente favorável a essa parte, o juiz não pode deixar de decidir.

Para melhor compreensão, vejamos um exemplo: A, de 17 anos de idade, propôs acção declarativa de condenação contra B, pedindo que este seja condenado a pagar-lhe uma importância que lhe devia. Na contestação, o réu não nega a dívida, mas apenas invoca a incapacidade judiciária do autor, por este ser menor e não estar devidamente representado. O réu termina por pedir que seja absolvido da instância, por força do disposto no artº 288º, nº 1, alínea c).

Na verdade, verifica-se a falta de um pressuposto processual (capacidade judiciária) do autor e, por isso, o réu devia ser, em princípio, absolvido da instância, como requereu.

Porém, não tendo o réu negado a dívida, na contestação, a decisão teria de ser inteiramente favorável ao autor, ou seja, a acção devia ser julgada procedente. Então, por aplicação do nº 3 do artº 288º, o juiz deve proferir decisão de mérito, julgando a acção procedente e condenando o réu a pagar a importância devida ao autor.

Com esta solução respeita-se o princípio da economia processual. Se, considerando a falta do pressuposto processual, o juiz se limitasse a absolver o réu da instância, isso faria com que o autor, agora devidamente representado, tivesse de propor outra acção com o mesmo objecto.

Por outro lado, tendo em conta que o pressuposto processual cuja falta se verifica visaria proteger o autor na sua situação de menoridade, não se justificaria que acabasse por redundar em seu prejuízo, constituindo obstáculo a uma decisão de mérito que já se mostrava ser-lhe inteiramente favorável.

No exemplo apontado, o pressuposto da capacidade judiciária tem por função proteger determinadas pessoas contra a sua inexperiência, como acontece enquanto menores, ou contra o seu deficiente estado mental. Porém, se, apesar da incapacidade judiciária do autor (ou do réu), a acção pode ser decidida a seu favor, não se justifica que o não seja. Se não fosse proferida decisão de fundo, a protecção que a lei lhe quis conceder tornar-se-ia desvantajosa.

Em suma, a constatação da existência de uma excepção dilatória não suprida não constitui obstáculo à decisão de mérito desde que se verifiquem os seguintes requisitos:

1 – Quando o pressuposto processual em falta se destinava a tutelar interesses da parte;

2 – Quando o juiz só se apercebe da existência da excepção dilatória num momento em que já dispõe de todos os elementos necessários para proferir decisão de mérito, sem necessidade de realizar outras diligências;

3 – Quando, com os elementos de que dispõe, a decisão a proferir será inteiramente favorável à parte cujo interesse seria tutelado pelo pressuposto processual em falta.

O tribunal só conhecerá do mérito da causa se estiver em condições de o fazer, por dispor dos elementos necessários para o efeito, no momento em que detectou a ausência do pressuposto. Só nestas circunstâncias se justifica que profira decisão de fundo, em vez de absolver da instância. Neste caso, não há necessidade de procurar previamente a sanação da excepção dilatória. Quer dizer, não deve o juiz procurar sanar a excepção dilatória antes de proferir a decisão de mérito se a parte que é beneficiada com a sanação obterá uma decisão final que lhe é igualmente favorável. Porém, se a existência da excepção dilatória é detectada em momento anterior, quando o tribunal ainda não dispõe de todos os elementos que o levem a poder proferir decisão de mérito favorável à parte, deve o juiz providenciar pelo suprimento da falta de pressupostos processuais susceptíveis de sanação - artº 265º, nº 2.

O pressuposto processual em falta deve ser daqueles que é destinado a proteger os interesses da parte (capacidade judiciária, patrocínio judiciário). Estão, portanto, fora de questão os que visam proteger o interesse público na boa administração da justiça (a competência absoluta do tribunal, a competência internacional, em razão da matéria ou da hierarquia).

Quando, porém, o tribunal se confrontar com a ausência de um pressuposto processual destinado a acautelar os interesses da parte, mas os elementos de que dispõe não são de molde a conduzir a uma decisão favorável a essa parte, não poderá conhecer do mérito da causa, visto que não protegeria os interesses visados pela excepção.

Neste caso, a decisão traria prejuízo à parte, que só terá a beneficiar com o preenchimento do pressuposto em falta.

O tribunal deve conhecer oficiosamente das excepções dilatórias, com exclusão das derivadas de incompetência relativa nos casos não abrangidos pelo disposto no artº 110º, bem como da preterição do tribunal arbitral voluntário - artº 495º.

42 - Excepções peremptórias[120]

A alegação de excepções peremptórias constitui um meio de defesa em que o réu invoca factos *impeditivos, modificativos* ou *extintivos* do direito do autor, ou seja, do efeito jurídico dos factos por este articulados na petição inicial, dando lugar a que o réu seja total ou parcialmente absolvido do pedido - cfr. artºs 487º, nº 2 (*in fine*) e 493º, nº 3.

São factos *impeditivos* os que obstam a que o direito do autor se tenha validamente constituído. Consideram-se como tais os factos que constituem motivos legais da invalidade do negócio jurídico, como, por exemplo, o erro, dolo ou a coacção.

Factos *extintivos são* os que tenham produzido a extinção do direito do autor, depois de validamente formado. Podemos referir, como exemplos, o pagamento, o perdão, a renúncia, a caducidade, a prescrição, etc.

Tomemos como exemplo de facto extintivo o pagamento já efectuado: A propôs acção declarativa de condenação contra B pedindo-lhe o pagamento de uma certa importância em dívida. Se, na contestação, B alegar que já pagou

[120] A palavra peremptório deriva do latim *peremptorius*. Significa que perime, que é terminante, decisivo. Perimir significa pôr termo a uma acção judicial; extinguir-se.

essa dívida, está a defender-se por excepção peremptória, invocando um *facto extintivo* do direito do autor.

Constituem factos *modificativos* os que alteraram os termos do direito do autor como, por exemplo, no caso de ter sido mudado o percurso de uma servidão de passagem, a concessão de moratória ao devedor (alterando assim a data do vencimento da obrigação), etc.. *Reconduzem-se aos factos extintivos*, pois como que terão extinguido parcialmente o direito deduzido contra o réu.[121]

43 - Princípio da concentração da defesa

A) - Enunciado

O réu deve *concentrar* toda a sua defesa na contestação.

Neste sentido, dispõe o artº 489º, nº 1 que toda a defesa deve ser deduzida na contestação, exceptuados os incidentes que a lei mande deduzir em separado.

Trata-se do princípio da *concentração* ou da *preclusão.*

Os factos que não forem alegados dentro do prazo para apresentação da defesa já o não poderão ser. Fica precludida a sua invocação para além desse prazo. Não poderão ser atendidos os meios de defesa que o réu venha a alegar posteriormente. E se tais factos viessem a ser considerados na fundamentação da decisão, isso constituiria um vício da sentença que conduziria à sua nulidade por excesso de pronúncia – cfr. artº 668º, nº 1, alínea d) *in fine.*

Para não correr o risco de preclusão dos meios de defesa, o réu não poderá limitar-se a invocar certa excepção dilatória, mas terá ainda de alegar todos os outros meios de defesa (directa ou indirecta) ao seu alcance. Na verdade, se a excepção viesse a ser julgada improcedente, teria deixado escapar a única oportunidade que a lei lhe concede para se defender.

Dito de modo diferente, o réu não pode limitar-se a arguir, por exemplo, a incompetência do tribunal ou a falta de um qualquer pressuposto processual, mas deve impugnar também os factos alegados pelo autor, se for caso disso, para evitar o risco da preclusão desse modo de defesa. Esta defesa, que se pode dizer eventual, costuma iniciar-se com a expressão *à cautela...*, que é bem elucidativa.

Na contestação deve o réu individualizar a acção e expor as razões de facto e de direito por que se opõe à pretensão do autor, especificando *separadamente* as excepções que deduza – artº 488º.

[121] Manuel de Andrade, ob. cit. pág. 130 e seg.

Através do princípio da concentração, pretende-se obrigar o réu a agir de boa fé, fazendo jogo limpo, por forma a pôr desde logo todas as cartas na mesa, como costuma dizer-se.

Com a mesma finalidade, se obriga o réu a fazer nítida separação entre a defesa por impugnação e a defesa por excepção, para que a contraparte não seja apanhada desprevenida. Como veremos adiante, só à matéria da excepção o autor poderá responder – artº 502º, nº 1 – e as consequências da falta de resposta são as que resultam do artº 505º.

B) - Desvios ao princípio da concentração

1 – Defesa em separado

Este princípio comporta alguns desvios, como resulta do artº 489º.

Desde logo se consideram excluídos desta regra os incidentes que a lei mande deduzir em *separado* - artº 489º, nº 1 *in fine*.

Defesa em separado é a que deve ser deduzida fora da contestação. Constitui exemplo da defesa em separado a dedução da suspeição do juiz. O respectivo requerimento é autuado por apenso, embora deva ser apresentado no prazo concedido ao réu para a contestação - artºs 129º, nº 1 e 128º, nº 1 *in fine*.

2 – Defesa diferida

Outro desvio ao princípio da concentração é o que se traduz na *defesa diferida*.

Conforme resulta do disposto no artº 489º, nº 2, depois da contestação o réu pode ainda apresentar a sua defesa nos seguintes casos: quando alegar factos supervenientes; quando a lei a admita expressamente; quando as questões sejam de conhecimento oficioso.

São considerados *factos supervenientes* tanto os factos ocorridos posteriormente ao termo do prazo fixado para a contestação, como os factos que se verificaram anteriormente, mas de que o réu só tomou conhecimento depois de expirado aquele prazo - cfr. artº 506º, nº 2.

Os factos constitutivos, modificativos ou extintivos do direito que forem supervenientes podem ser deduzidos em articulado posterior ou em novo articulado, pela parte a quem aproveitem, até ao encerramento da discussão – artº 506º, nº 1.

De entre os casos em que *a lei expressamente admite* que a defesa seja deduzida depois da contestação poderemos referir o do artº 102º, nº 2, o do artº 110º, nº 4, o caso de impedimento do juiz previsto no artº 123º, nº 1 e ainda o caso de arguição de nulidades a que alude o artº 204º, nº 2.

Por último, o réu pode apresentar, depois da contestação, os meios de defesa de que o tribunal pode conhecer *oficiosamente*. Sendo permitido ao tribunal conhecer oficiosamente desses factos em qualquer momento, não faria sentido que tais questões não pudessem ser invocadas pelo réu em momento posterior ao termo do prazo para a contestação - cfr. artº 660º, nº 2.

Por outras palavras, se cabe ao tribunal conhecer oficiosamente de certas questões, não necessita o réu de as invocar. Se, apesar disso, o quiser fazer, não pode essa faculdade ser limitada ao momento da contestação. A sua atitude constitui como que uma forma de lembrar ao juiz o dever de tomar em conta o conhecimento dessas questões e, por isso, pode fazê-lo em qualquer momento.

44 - Ónus de impugnação

Outro princípio da defesa que o réu deve observar na contestação é o que consiste no ónus de impugnação dos factos articulados pelo autor.

Ao contestar, deve o réu tomar posição definida perante os factos articulados na petição - artº 490º, nº 1.

Consideram-se admitidos por acordo os factos que não forem impugnados, salvo se estiverem em oposição com a defesa considerada no seu conjunto, se não for admissível a confissão sobre eles ou se só puderem ser provados por documento escrito - artº 490º, nº 2. Cfr. ainda os artºs 354º, alínea b) e 364º, nº 1, ambos do Código Civil.

Ao elaborar a contestação, o réu tem de tomar posição definida perante os factos alegados pelo autor, contradizendo os que não considera verdadeiros. Se o não fizer, os factos sobre os quais não tomou posição, isto é, os factos que não impugnou são considerados admitidos por acordo. Quer dizer, a não impugnação dos factos articulados pelo autor equivale a uma confissão tácita. Significa, portanto, que tais factos não terão de ser incluídos na base instrutória, visto que não serão objecto de prova, dado que não são factos controvertidos - cfr. artº 511º, nº 1. Pelo contrário, os factos não impugnados serão incluídos na matéria de facto assente – artº 511º, nº 2.

A necessidade de impugnação estende-se aos factos alegados pela parte contrária em qualquer outro articulado. Segundo dispõe o artº 505º, a falta de impugnação, em qualquer articulado, dos novos factos alegados pela parte contrária no articulado anterior, tem o efeito previsto no artº 490º.

45 – Desvios à regra que impõe o ónus de impugnação

O artº 490º, nº 2 ressalva três situações em que, apesar de não impugnados, os factos não são considerados como admitidos pelo réu, o que equivale a dizer que terão de ser objecto de prova a fazer pelo autor.

São essas situações as seguintes:

1 – Quando os factos estão em oposição com a defesa considerada no seu conjunto.

Considera-se suficiente a impugnação quando o réu, embora não tenha tomado posição sobre cada um dos factos articulados pelo autor, apresentou uma narração que está em contradição com a que foi exposta na petição inicial. Por isso, não se consideram admitidos por acordo os factos que estiverem em oposição com a defesa considerada no seu conjunto. Assim, por exemplo, se o autor imputar ao réu a prática de certos actos quando este se encontrava em determinado local, basta que o réu alegue que nunca esteve lá para se considerarem impugnados todos os factos cuja imputação se tem de considerar dependente da sua presença nesse local.

A lei considera admitidos por acordo os factos não impugnados pelo réu, porque parte da presunção de que este concorda com o autor acerca da realidade desses mesmos factos. Se, porém, o réu assume na contestação uma posição de defesa que, no seu conjunto, é de oposição à versão apresentada pelo autor, falta a base da presunção de tal acordo acerca dos factos.

Estando a narração dos factos feita pelo réu na contestação em contradição com a que consta da petição inicial, significa que o réu não admite a posição do autor.

Neste caso, embora o réu não tenha impugnado cada um dos factos articulados pelo autor, assume uma posição que é inconciliável com a posição deste no processo.

2 – Quando não é admissível a confissão dos factos

Não podem considerar-se admitidos por acordo, mesmo que não impugnados, os factos sobre os quais não é admissível confissão. É o que se verifica com os factos relativos a direitos indisponíveis - artº 354º, alínea b) do Código Civil.

Não podendo tais factos ser confessados pela parte, não faria sentido que a falta de impugnação pudesse conduzir à sua admissão por acordo. Doutro modo, através da não impugnação, as partes alcançariam um

meio de disporem de direitos que a lei subtraiu à vontade dos respectivos titulares.
Estando em causa direitos indisponíveis, os factos alegados pelo autor terão sempre de ser objecto de prova.

3 – Quando os factos só puderem ser provados por documento escrito
Também não se consideram admitidos por acordo os factos que, embora não impugnados, só possam ser provados por documento escrito. Exigindo a lei que a prova dos factos só possa ser feita por documento, tal prova não poderá ser feita por outro meio e, portanto, igualmente o não pode ser pela admissão por acordo, resultante da não impugnação do facto - artº 364º, nº 1 do Código Civil.
A prova do casamento, por exemplo, que só pode ser feita por meio de certidão emanada do registo civil, não pode ser substituída, na acção de divórcio, por acordo das partes. Quer dizer que, se a autora alegar na petição que é casada com o réu e este nada disser a tal respeito, nem por isso se considera provado o casamento entre ambos.

46 - Impugnação por negação

Se o réu declarar que não sabe se determinado facto é real, a declaração equivale a confissão quando se trate de facto pessoal ou de que o réu deva ter conhecimento e equivale a impugnação no caso contrário - artº 490º, nº 3.

Na verdade, o réu pode não estar em condições de tomar posição definida perante todos os factos articulados na petição inicial. É o que acontece quando ignora determinados factos. Neste caso, não poderá negá-los. Basta alegar que não sabe se tais factos são ou não verdadeiros (reais, como refere o preceito). Porém, a essa declaração de desconhecimento é atribuído sentido diferente, conforme se trata, ou não, de factos pessoais ou de que o réu devia ter conhecimento.

Quando o réu não pode ignorar o facto que lhe é imputado, a declaração de que não sabe se o mesmo é verdadeiro não vale como impugnação. Se o autor alegar que a porta de sua casa foi destruída pelo réu à machadada ou se alegar que o réu lhe provocou um ferimento por lhe ter batido com um pau, não vale como impugnação a afirmação do réu de que desconhece se o facto é ou não real. Esta afirmação não pode ser tida como impugnação. Tratando-se de um facto pessoal, o réu só pode tomar uma de duas posições: ou o confessa ou o nega. Nunca poderá alegar que desconhece se o facto é ou não verdadeiro. Se o fizer, esta posição equivale a confissão do facto.

No caso contrário, isto é, quando o facto é imputado a outra pessoa, a atitude do réu, ao afirmar que desconhece se o facto é ou não verdadeiro, equivale a impugnação. Não se pode exigir que o réu conheça necessariamente os factos praticados por outrem.

Se, na acção proposta pela vítima dum acidente de viação contra a seguradora, o autor alegar que o condutor do veículo conduzia fora de mão, a ré, alegando o seu desconhecimento sobre o facto, está a impugná-lo. Trata-se de um facto que a seguradora desconhece e não tem obrigação de conhecer. O facto terá de ser objecto de prova, a cargo do autor.

A lei exige, portanto, que o réu assuma posição clara sobre os factos articulados pela contraparte.

Enfim, se o réu alega que não sabe se determinado facto é ou não real, essa atitude pode ser entendida como confissão ou como negação do facto. Equivale a confissão quando se trata de um facto pessoal ou de que o réu deva ter conhecimento. Significará negação quando se trata de um facto que nem é pessoal nem é daqueles que o réu não podia ignorar.

Do mesmo modo, a lei não exige o conhecimento dos factos no caso dos incapazes, ausentes e incertos, quando representados pelo Ministério Público ou por advogado oficioso, não lhes sendo aplicável o ónus de impugnação. Assim, a falta de impugnação dos factos não conduz a que se considerem admitidos por acordo - artº 490º, nº 4.

Por um lado, parte-se do princípio de que o advogado oficioso e o Ministério Público não têm dos factos o conhecimento que deve ter a generalidade dos mandatários constituídos pela parte e, por outro lado, atendendo à qualidade das pessoas representadas, seria uma violência aplicar aos seus casos o ónus de impugnação, com as suas legais consequências.

Quando os incapazes estiverem em juízo por intermédio dos seus representantes legais, estão sujeitos ao ónus de impugnação especificada.

47 - Contestação-reconvenção

A) - Noção

Na contestação, como já sabemos, o réu pode defender-se por impugnação ou por excepção (dilatória ou peremptória) – artº 487º.

O réu pode ainda na contestação, ou independentemente dela, deduzir *pedido reconvencional* ou *reconvenção* contra o autor. Neste caso, o réu (*reconvinte*) formula contra o autor (*reconvindo*) um *pedido autónomo*, fundamentado em factos que constituirão a respectiva causa de pedir. Este pedido não é, portanto, uma mera consequência da defesa do réu - cfr. artº 501º.

Na sua defesa, o réu pode terminar por requerer que seja absolvido da instância ou do pedido formulado pelo autor. Se deduzir reconvenção, o réu formula ainda um *pedido autónomo* contra o autor, dando azo a que este tenha de se defender (por impugnação ou por excepção).

Se, por exemplo, o réu invocar a nulidade do contrato com base no qual o autor pediu a sua condenação, terminará por pedir na contestação que lhe seja restituído o que havia prestado, nos termos do disposto no artº 289º do Código Civil. Este pedido não tem, porém, autonomia em relação ao pedido formulado pelo autor, sendo um mera consequência dele. Não é, portanto, pedido reconvencional.

Ao deduzir reconvenção, pode dizer-se que o réu propõe uma nova acção contra o autor. A partir de então temos, no mesmo processo, *duas acções cruzadas*.

Considerando a natureza autónoma da reconvenção, pode ser formulado pedido reconvencional, ainda que o réu não conteste o pedido do autor.

Assim, na acção de despejo, o réu, sem contestar o pedido de despejo, pode formular pedido reconvencional contra o autor para dele haver o preço das benfeitorias por si realizadas no imóvel.

A reconvenção não constitui um ónus do réu, mas uma mera faculdade cujo não exercício lhe não preclude o direito de accionar o autor em acção autónoma.[122] Quer dizer, em vez de reconvir, pode propor separadamente a acção que pretende exercer contra o autor.

B) - Dedução da reconvenção

A reconvenção deve ser expressamente identificada e deduzida separadamente na contestação, expondo-se os fundamentos e concluindo-se pelo pedido, nos termos das alíneas c) e d) do nº 1 do artº 467º - artº 501º, nº 1.

Embora a contestação e a reconvenção constem da mesma peça processual, a reconvenção deve ser claramente destacada, por forma a permitir ao autor compreender facilmente que contra ele também foi proposta uma acção e formulado um pedido, do qual terá de defender-se. A exposição da matéria de facto da reconvenção também tem de se distinguir da defesa, directa ou indirecta, da acção. Assim, se o réu na acção, se defender por impugnação e por excepção e ainda deduzir reconvenção, terá de individualizar cada uma

[122] Anselmo de Castro, Lições de Processo Civil, III, pág. 357, nota 2.

delas. Na contestação da acção, deve a impugnação ser separada da excepção por força do disposto no artº 488º e, por sua vez, a reconvenção deve ser separada de toda a contestação por força do artº 501º, nº 1.

Sendo a reconvenção um articulado em que o réu formula um pedido contra o autor, terá necessariamente de observar os requisitos formais exigidos para a petição inicial, com excepção, claro está, dos que já constam do processo, como sejam, a designação do tribunal e a identificação das partes.

Deve ainda o reconvinte indicar o valor da reconvenção. Se o não fizer é convidado a fazê-lo, sob pena de a reconvenção não ser atendida - cfr. artº 501º, nº 2. O réu tem, pois, de dar satisfação às mesmas exigências que a lei processual estabelece para o autor no que respeita à petição inicial, entre as quais figura a necessidade de declarar o valor da causa, como determina a alínea f) do nº 1 do artº 467º.

O valor do pedido reconvencional soma-se ao valor do pedido deduzido pelo autor (quando os pedidos são distintos) para determinação do valor da causa - artº 308º, nº 2.

Quando, por virtude da soma destes valores, o tribunal singular deixe de ser o competente em razão do valor, deve o juiz oficiosamente remeter o processo para o tribunal competente – artº 98º, nº 2.

Nos termos do artº 137º, alínea b) da Lei nº 52/2008, de 28/8, compete ao tribunal colectivo julgar as questões de facto nas acções de valor superior à alçada dos tribunais da Relação, sem prejuízo dos casos em que a lei de processo exclua a sua intervenção - cfr. artº 646º.

A acção proposta num juízo de média instância cível pode passar a ser da competência dum juízo de grande instância cível, por ampliação do seu valor. Assim, nos termos do disposto no artº 128º, nº 3 da Lei nº 52/2008, de 28/8, são remetidos à grande instância cível os processos pendentes nos juízos de média instância cível em que se verifique a alteração do valor susceptível de determinar a sua competência.

Quando o prosseguimento da reconvenção esteja dependente da efectivação de registo ou de qualquer acto a praticar pelo reconvinte, será o reconvindo absolvido da instância se, no prazo fixado, tal acto não se mostrar realizado - artº 501º, nº 3.

48 – Condições de admissibilidade da reconvenção

A) - Enunciado

Ao permitir a reconvenção, o legislador teve em vista o princípio da economia processual. Por isso, a reconvenção só é admitida em determinadas circunstâncias. A lei faz depender a sua admissibilidade da verificação de certos requisitos, sendo uns de *natureza processual* e outros de ordem objectiva que revelem uma certa *conexão com a acção.*

Os requisitos de admissibilidade, que passaremos a analisar constam dos art^{os} 98º e 274º.

B) - Requisitos de ordem processual

1 - O tribunal da acção é também competente para as questões deduzidas na reconvenção, desde que tenha competência para elas em razão da nacionalidade, da matéria e da hierarquia; se a não tiver, é o reconvindo absolvido da instância - artº 98º, nº 1.

Quer dizer, a lei permite que seja estendida a competência do tribunal da *acção* por forma a abranger a decisão das questões suscitadas na *reconvenção,* nos casos em que normalmente delas não poderia conhecer, segundo as regras da competência em razão do *valor* ou do *território.* Não releva, portanto, que o tribunal não tenha competência em razão do *território* ou em razão do *valor.* Aliás, como já vimos, quando, por virtude da reconvenção, o tribunal singular deixe de ser competente em razão do *valor,* deve o juiz oficiosamente remeter o processo para o tribunal competente - artº 98º, nº 2. Apenas se exige que o tribunal da *acção* tenha competência para conhecer do *pedido reconvencional* em razão da *nacionalidade,* da *matéria* e da *hierarquia.*

2 - Não é admissível reconvenção, quando ao pedido reconvencional corresponda forma de processo diferente da que corresponde ao pedido do autor. Ressalva-se, porém, o caso de a diferença ser proveniente do diverso valor dos pedidos, como acontecerá se ao pedido da *acção* corresponder a forma de processo comum *ordinário* e ao pedido *reconvencional* a forma de processo *sumário* - artº 274, nº 3.

Pretende-se, deste modo, evitar a confusão que se verificaria no caso de aos pedidos *cruzados* corresponderem outras diferentes formas de processo.

Este preceito concede, porém, ao juiz a possibilidade de autorizar a cumulação do pedido do autor e do pedido reconvencional a que correspondam formas de processo que, embora diversas, não sigam uma tramitação manifestamente incompatível. Basta que haja interesse relevante na cumulação ou a apreciação conjunta das pretensões seja indispensável para a justa composição do litígio. Nesta situação, incumbe ao juiz adaptar o processado à cumulação autorizada – artºs 31º, nº 2 e 3.

3 - O artº 274º, nº 4 refere-se ao caso de o pedido reconvencional envolver outros sujeitos que possam associar-se ao reconvinte ou ao reconvindo e faculta ao réu a possibilidade de suscitar a sua intervenção – cfr. artº 326º.

Não sendo caso de litisconsórcio necessário, pode o tribunal entender que há inconveniente na ampliação subjectiva pretendida, sendo-lhe lícito limitar o âmbito da reconvenção às primitivas partes da causa. O indeferimento da requerida intervenção principal provocada equivale à absolvição da instância, quanto ao pedido reconvencional, de terceiros chamados a intervir. Neste caso, podem as acções ser propostas em separado, beneficiando do estatuído no nº 5 do artº 31º, ou seja, do aproveitamento dos efeitos civis decorrentes da propositura da acção e da citação do réu que tenham tido lugar após ter sido deduzido o pedido reconvencional – cfr. artº 274º, nº 5.

4 - Como se depreende da letra do artº 274º, apenas o réu pode reconvir. Não pode o autor usar da mesma faculdade, pois, doutro modo, seria gerada uma infinda cadeia de litígios, com todos os inconvenientes daí resultantes.

C) - Requisitos de ordem substantiva

Deve existir uma certa conexão entre o pedido formulado pelo autor, na acção, e o pedido deduzido pelo réu, na reconvenção. Exige-se esta conexão nos casos que constam das alíneas a) a c) do nº 2 do artº 274º.

1 - Assim, a reconvenção é admissível quando o pedido do réu emerge do mesmo facto jurídico que serve de fundamento à acção ou à defesa – alínea a).

Toda a acção tem como causa de pedir um certo facto jurídico. A reconvenção é admissível quando o pedido reconvencional *emerge da mesma causa de pedir que serve de fundamento à acção* ou que *serve de fundamento à defesa.*

Se o autor, com fundamento num contrato sinalagmático, vier exigir a prestação devida pelo réu, pode este, em reconvenção exigir também a prestação devida pelo autor. *O pedido reconvencional emerge do mesmo facto jurídico que serve de fundamento à acção.*

Mas é também admissível a reconvenção quando o pedido reconvencional *emerge do facto jurídico que serve de fundamento à defesa.*

Assim, por exemplo, intentada acção de reivindicação, é admissível o pedido reconvencional para obter a restituição do sinal em dobro, pela falta de cumprimento da promessa de venda do imóvel habitado pelo réu. O mesmo facto jurídico que serviu de base à defesa do réu (com efeito defensivo útil) permite a formulação do pedido reconvencional.[123]

Outro exemplo muito comum é o da acção proposta com vista a obter o pagamento do preço de produtos fornecidos pelo autor ao réu. Este, na sua contestação, pode alegar os defeitos dos produtos recebidos e pedir, em reconvenção, a indemnização devida pelo cumprimento defeituoso.

2 - A reconvenção é também admissível quando o réu se propõe obter a compensação ou tornar efectivo o direito a benfeitorias ou despesas relativas à coisa cuja entrega lhe é pedida - alínea b).

Quando duas pessoas sejam reciprocamente credor e devedor, qualquer delas pode livrar-se da sua obrigação por meio de compensação com a obrigação do seu credor, verificados que sejam os requisitos referidos no artº 847º do Código Civil.

Se as duas dívidas não forem de igual montante, pode dar-se a compensação na parte correspondente – artº 847º, nº 2 do Código Civil.

A compensação é uma forma de extinção da obrigação. Sendo o crédito do réu de igual montante ao que o autor pede na acção, o réu pode defender-se, *na contestação,* alegando que o autor lhe deve igual quantia à que é por este pedida e, portanto, pretende que a sua dívida seja julgada extinta pela compensação. O réu está, portanto, a *defender-se por excepção peremptória,* pois invoca uma causa extintiva do direito do autor, cuja procedência dará lugar à *absolvição do réu do pedido.* O réu não deduziu nenhum pedido contra o autor, mas apenas se defendeu do pedido por ele formulado. Não deduziu, portanto, reconvenção. Limitou-se a defender-se na contestação.

O réu só pode deduzir *pedido reconvencional* se o seu crédito for de valor superior ao do autor e *pretender exigir o pagamento da parte excedente.* Quer dizer, mesmo quando o crédito do réu é superior, pode apenas pedir a compensação dos dois créditos "na parte correspondente". Neste caso, não querendo exigir o pagamento do excedente, limitar-se-á a invocar o seu crédito, que será reduzido na medida da dívida. Estará, portanto, a defender-se do pagamento

[123] Cfr. Ac. do S.T.J. de 29/4/80, B.M.J. 296, 250.

exigido pelo autor, ou seja, está apenas a contestar tal pagamento. Porém, se quiser receber a parte excedente do seu crédito, terá de fazê-lo, formulando o pedido reconvencional.[124]

Quando o autor propõe acção contra o detentor da coisa (depositário, comodatário ou mandatário) exigindo a sua restituição, pode o réu, em reconvenção, pedir o pagamento de indemnização pelas respectivas despesas que a coisa lhe ocasionou. Do mesmo modo - como já noutro passo foi referido - na acção de despejo, pode o réu deduzir em reconvenção o seu direito a benfeitorias ou a uma indemnização.

3 - A reconvenção é ainda admissível quando o pedido do réu tende a conseguir, em seu benefício, o mesmo efeito jurídico que o autor se propõe obter - alínea c).

É o que se verifica, designadamente, nas acções de divórcio (ou de separação de pessoas e bens).

Na acção, o autor pede que seja decretado o divórcio (ou a separação de pessoa e bens). O réu, estando de acordo com o efeito jurídico pretendido pelo autor, formula, em reconvenção, idêntico pedido. Pede também que seja decretado o divórcio (ou a separação de pessoas e bens), mas, claro, com fundamento nos factos por si alegados na reconvenção, o que equivale a dizer que pretende que a decisão lhe seja favorável. Se a *acção* vier a ser julgada improcedente, existe ainda a possibilidade de ser decretada a dissolução da sociedade conjugal no caso de proceder a *reconvenção.*

Aliás, a separação judicial de pessoas e bens pode ser pedida em reconvenção, mesmo que o autor tenha pedido o divórcio; tendo o autor pedido a separação de pessoas e bens, pode igualmente o réu pedir o divórcio em reconvenção - artº 1795º, nº 1 do Código Civil.

49 - Relação entre a decisão da acção e a do pedido reconvencional

Se a acção for julgada improcedente ou se o réu for absolvido da instância, qualquer dessas decisões não obsta à apreciação do pedido reconvencional, a não ser que este pedido seja dependente do formulado pelo autor na acção – cfr. artº 274º, nº 6.

[124] Cfr. Ac do S.T.J. de 14/1/82, B.M.J. 313, 288.
A compensação não deixará de ser considerada quando o réu tenha, indevidamente, deduzido reconvenção, em vez de se defender por excepção (ibidem).

Tem-se em vista o respeito pelo princípio de *economia processual*. A absolvição do réu (do pedido ou apenas da instância) não obsta ao prosseguimento da reconvenção.

A desistência do pedido na acção, não prejudica a reconvenção, a não ser que o pedido reconvencional seja dependente do formulado pelo autor – artº 296º, nº 2.

O pedido reconvencional é dependente do pedido formulado pelo autor quando só dever ser conhecido no caso de este ser julgado procedente.

Na acção de despejo pode, por exemplo, o réu pedir o pagamento de certa indemnização apenas para o caso de a acção ser julgada procedente. Neste caso, se for julgado improcedente o pedido de despejo, não há que conhecer do pedido reconvencional.

50 - Prazo para a contestação

A) - Prazo com ou sem dilação. Sua contagem

O réu pode contestar no prazo de 30 dias. Este prazo conta-se a partir da citação ou do termo da dilação, quando a esta houver lugar - artº 486º, nº 1.

A dilação é o período de tempo que se adiciona ao prazo previsto para a defesa. É de duração variável conforme o modo como a citação foi levada a efeito. O artº 252º-A faz referência a períodos de dilação de 5, 15 e 30 dias.

Ao prazo de defesa do citando acresce uma dilação de 5 dias quando a citação tenha sido realizada em pessoa diversa do réu, nos termos do nº 2 do artº 236º e dos nºs 2 e 4 do artº 240º; ou quando o réu tenha sido citado fora da área da comarca sede do tribunal onde pende a acção - artº 252º-A, nº 1, alíneas a) e b).

A dilação é de 15 dias quando o réu tenha sido citado para a causa no território das regiões autónomas, correndo a acção no continente ou em outra ilha, ou vice-versa - artº 252º-A, nº 2.

A dilação é de 30 dias quando o réu haja sido citado para a causa no estrangeiro, ou a citação haja sido edital ou se verifique o caso do nº 5 do artº 237º-A - artº 252º-A, nº 3.

A dilatação do prazo que resulta da dilação ocorrerá, portanto, em três casos:

1º - No caso de a citação ter sido feita em pessoa diversa do réu;

2º - No caso de a citação ter sido feita em circunscrição judicial que não seja aquela em que corre a acção;

3º - No caso de a citação ser edital ou feita nos termos do disposto no artº 237º-A, nº 5.

Quando um prazo peremptório se seguir a um prazo dilatório, os dois prazos contam-se como um só – artº 148º. Quer dizer, a soma dos dois é considerada como prazo único.[125]

O prazo é hoje contado de modo contínuo, nos termos do artº 144º.

B) - Prazo no caso de pluralidade de réus

Se a acção foi proposta contra vários réus e o prazo para a defesa de cada um termina em dias diferentes, a contestação de todos ou de cada um deles pode ser oferecida até ao termo do prazo que começou a correr em último lugar - artº 486º, nº 2.

Havendo pluralidade de réus pode o termo final do prazo de cada um ocorrer em datas diferentes. É o que acontece se forem citados em dias diferentes ou se tiverem diferentes prazos de dilação. Neste caso, todos ou qualquer dos réus pode oferecer a contestação até ao termo do prazo que mais tarde findar.

Deste modo, dá-se aos vários réus a possibilidade de combinarem as suas defesas, sem que, todavia, essa solução lhes seja imposta. Todos beneficiam do prazo que termina em último lugar. Por outro lado, o autor não é prejudicado, visto que só será notificado da apresentação das contestações depois de apresentada a última ou de haver decorrido o prazo do seu oferecimento – artº 492º, nº 2.

Se, entretanto, o autor desistir da instância ou do pedido[126] relativamente a algum dos réus não citados, serão os réus que ainda não contestaram notificados da desistência, contando-se a partir da data da notificação o prazo para a sua contestação - artº 486º, nº 3.

Este preceito veio acabar com uma prática ardilosa, que por vezes o autor usava, que consistia em desistir do pedido ou da instância em relação ao réu ainda não citado. Deste modo, fazia com que o réu ou os réus já citados, que ainda não tinham apresentado a contestação, porque o prazo só começaria a contar depois da citação em falta, ficassem na situação de revelia. Na verdade,

[125] Sobre a distinção entre prazo peremptório e prazo dilatório, v. o que ficou dito em 10 – G.

[126] A desistência do pedido extingue o direito que se pretendia fazer valer. A desistência da instância apenas faz cessar o processo que se instaurara – cfr. artº 295º, nºs 1 e 2.
Enquanto a desistência do pedido é livre, a desistência da instância depende da aceitação do réu, desde que seja requerida depois do oferecimento da contestação – artº 296º, nºs 1 e 2.

a citação que aguardavam já não teria lugar, após a desistência, e, nesse caso, o seu prazo já tinha expirado.

Quer dizer, perdiam a oportunidade de contestar os réus que se quiseram prevalecer do prazo de outro réu ainda não citado, em relação ao qual veio, entretanto, o autor desistir da instância ou do pedido.

Para obviar a tais inconvenientes, o prazo para os réus, nestas condições, oferecerem a contestação conta-se a partir da data da sua notificação da desistência e não da data em que o pedido de desistência foi formulado.

C) - Possibilidade de prorrogação do prazo

É possível a prorrogação do prazo para a contestação. A prorrogação pode ser concedida ao Ministério Público quando careça de informações que não possa obter dentro do prazo normal ou tenha de aguardar resposta a consulta feita a instância superior. Deve ser fundamentado o pedido de prorrogação e esta não pode, em caso algum, ir além de 30 dias - artº 486º, nº 4.

Igual prorrogação pode ser concedida quando o tribunal considere que ocorre motivo ponderoso que impeça ou dificulte anormalmente ao réu ou ao seu mandatário judicial a organização da defesa. A prorrogação do prazo para a contestação tem de ser requerida pelo interessado e pode ser concedida, sem audição da parte contrária, até ao limite máximo de 30 dias - artº 486º, nº 5.

Procurou-se, deste modo, ter em conta o princípio da igualdade das partes. Se o autor pode preparar a acção que vai propor, colhendo os elementos de que necessita, não se justificaria um prazo tão curto para o réu quando, devido à complexidade da contestação, se depara com grande dificuldade de estudo e recolha de elementos.

A apresentação do requerimento de prorrogação não suspende o prazo em curso, devendo o juiz decidir dentro de 24 horas e a secretaria deve notificar imediatamente o despacho proferido ao requerente, utilizando para tal um meio expedito. Deste despacho não cabe recurso - artº 486º, nº 6.

Ao estabelecer que o prazo não se suspende, o legislador procurou desmotivar eventuais manobras dilatórias. Doutro modo, o réu poderia ser tentado a pedir a prorrogação perto do final do prazo.

O despacho deve ser proferido no prazo de 24 horas e a secretaria deve notificar o requerente do deferimento ou indeferimento pelo modo previsto para actos urgentes – cfr. artº 176º, nº 5 *in fine* e nº 6.

A urgência requerida nestes casos determina que não seja observado o princípio do contraditório. O juiz decide sem audição da contraparte.

Se o juiz vier a indeferir a pretendida prorrogação depois de esgotado o prazo normal para a contestação, esta não poderá ser validamente apresentada, nem o requerente poderá impugnar o respectivo despacho.

51 - Falta de contestação. Possibilidade de repetição da citação

Se o réu, além de não deduzir qualquer oposição, não constituir mandatário nem intervier de qualquer forma no processo, verificará o tribunal se a citação foi feita com as formalidades legais e mandá-la-á repetir quando encontre irregularidades - artº 483º.

Resulta desta disposição legal a possibilidade de ocorrerem dois tipos de situações quando se verifica que o réu não apresentou contestação.

1ª- O réu, além de não contestar, não deduziu qualquer oposição, não constituiu mandatário nem teve qualquer intervenção no processo.

2ª - O réu, embora não tendo contestado, constituiu mandatário, deduziu alguma forma de oposição ou teve qualquer intervenção no processo.

No primeiro caso, dado que o réu não se manifestou por qualquer forma, torna-se necessário averiguar se foi regularmente citado. A completa *inércia* do réu leva o tribunal a ter dúvidas quanto ao seu conhecimento acerca da pendência da acção. Por isso, o tribunal deve verificar não só se a citação faltou, mas também se foram observadas as formalidades legais. Detectando qualquer irregularidade no acto da citação, o juiz ordenará que esse acto seja repetido.

Se a citação tiver sido efectuada com observância das regras previstas na lei, a falta de contestação provocará a *revelia* absoluta do réu.

No segundo caso o réu evidenciou, pelo seu comportamento no processo, que tomou conhecimento de que foi proposta a acção contra si. Embora não tendo contestado a acção, juntou procuração passada a advogado, juntou documentos, escolheu domicílio ou interveio por qualquer outra forma no processo.

Neste caso, a falta de contestação produz, de forma imediata, a *revelia* do réu.

52 - Efeitos da revelia operante

A) - Confissão tácita dos factos

Se o réu não contestar, tendo sido ou devendo considerar-se citado regularmente na sua própria pessoa ou tendo juntado procuração a mandatário judicial no prazo da contestação, consideram-se confessados os factos articulados pelo autor - artº 484º, nº 1.

A revelia, portanto, *opera* o efeito de serem tidos como confessados pelo réu os factos alegados pelo autor na petição inicial. É a chamada *revelia operante*.

Significa isto que os factos constantes da petição inicial, porque não controvertidos, já não serão objecto de prova, visto que já se consideram provados.

Trata-se de uma confissão *tácita*, também designada *ficta* ou *legal.*

Poderá, porém, o juiz *convidar o autor a suprir qualquer irregularidade ou deficiência da petição inicial*, nos termos do artº 508º, nº 1.

B) - Alteração da estrutura normal do processo

A *revelia operante* provoca uma alteração na estrutura normal do processo. Não tendo havido contestação, já *não há lugar a mais articulados*. Por outro lado, não há factos controvertidos, visto que não foram impugnados os factos alegados pelo autor. Considerando-se provados esses factos (porque não foram impugnados pelo réu) *não há necessidade de elaborar a base instrutória.* Não haverá, assim, necessidade de *fazer a selecção da matéria de facto* com interesse para a decisão da causa. Toda esta simplificação resulta, *a contrario sensu,* do disposto nos artºs 508º-A, nº 1, alínea e) e 508º-B, nº 2.

Não havendo lugar à fixação de base instrutória, torna-se também dispensável a audiência preliminar - artº 508º-B, nº 1, alínea a).

Em suma, passar-se-á imediatamente à fase da *discussão do aspecto jurídico da causa*, visto que *a matéria de facto está decidida.* É, então, dada às partes a oportunidade de se pronunciarem sobre *a matéria de direito.* Com esta finalidade, o processo é facultado para exame, pelo prazo de 10 dias, primeiro ao advogado do autor e depois ao advogado do réu, para alegarem por escrito, e em seguida é proferida sentença, julgando a causa conforme for de direito - artº 484º, nº 2.

C) - Sentença

A sentença, como se vê, é proferida antecipadamente em relação aos casos em que há contestação. Não há necessidade de realizar a audiência de discussão e julgamento, visto que os factos alegados pelo autor se consideram provados.

Na fundamentação da sentença serão tomados em consideração os factos provados, que são a totalidade dos factos com interesse para a decisão, que foram alegados pelo autor - artº 659º, nº 3 - sendo-lhes aplicado o direito.

A sentença não será necessariamente de condenação do réu no pedido. Casos há em que, apesar de se considerarem provados todos os factos que constituem a causa de pedir, é proferida sentença de absolvição do réu da instância pelo *conhecimento oficioso de alguma excepção dilatória.*

O efeito cominatório derivado da revelia não pode obstar a que o tribunal cumpra o dever de conhecer das excepções dilatórias, como lhe impõe o preceituado no artº 495º.

Por outro lado, pode acontecer que os factos alegados pelo autor, apesar de se considerarem provados, por efeito da revelia, sejam insuficientes para julgar procedente a acção. Neste caso, o réu será absolvido do pedido.

Se a resolução da causa se revestir de manifesta simplicidade, a sentença pode limitar-se à identificação das partes, à exposição sumária da fundamentação e à decisão - cfr. artº 484º, nº 3.

É, deste modo, simplificada a actividade do juiz, em consequência do desinteresse manifestado pelo réu.

53 - Revelia inoperante

Nem sempre se verificam os efeitos da revelia operante. Existem as excepções previstas no artº 485º. Trata-se da *revelia inoperante*, ou seja, dos casos em que a falta de contestação não determina que se considerem confessados os factos articulados pelo autor na petição inicial.

Nos termos do artº 485º são os seguintes os casos de *revelia inoperante*:

a) Quando, havendo vários réus, algum deles contestar, relativamente aos factos que o contestante impugnar;

b) Quando o réu ou algum dos réus for incapaz, situando-se a causa no âmbito da incapacidade, ou houver sido citado editalmente e permaneça na situação de revelia absoluta;

c) Quando a vontade das partes for ineficaz para produzir o efeito jurídico que pela acção se pretende obter;

d) Quando se trate de factos para cuja prova se exija documento escrito.

No caso referido na alínea a) a defesa apresentada por um dos réus aproveita aos que não contestaram. Isto acontece tanto no caso de litisconsórcio necessário como no caso de litisconsórcio voluntário.

Considerou o legislador que não faria sentido que, na mesma acção, os mesmos factos pudessem ser considerados como não provados em relação a um dos réus, porque os impugnou, e como provados em relação aos restantes, que não ofereceram contestação.

Além disso, não deve retirar-se aos réus a possibilidade de delegarem em um deles o encargo de contestar no interesse de todos.

Porém, a revelia apenas é afastada em relação aos factos impugnados pelo contestante. Quanto aos factos não impugnados por este aplicar-se-á o disposto no artº 490º, nºs 1 e 2. Por outras palavras, o réu revel apenas beneficiará dos efeitos da contestação do co-réu em relação aos factos por este impugnados.

No caso da alínea b), a excepção aproveita ao *incapaz* (ou aos réus incapazes), quando a causa se situar no âmbito da incapacidade. A lei procura, deste modo, protegê-los contra a falta de contestação tal como o faz quanto ao ónus de impugnação, nos termos do disposto no artº 490º, nº 4.

Se a incapacidade diz respeito à prática de certos factos, a excepção tem o âmbito da incapacidade decretada.

A protecção abrange o incapaz e os restantes réus, ainda que capazes, que com ele tenham sido demandados, para evitar desigualdade de tratamento na decisão sobre a matéria de facto.

A excepção aproveita ainda ao réu que tenha sido *citado editalmente*, sempre que não apresente contestação no prazo legal, não constitua advogado ou não tenha intervenção no processo dentro do mesmo prazo, permanecendo, portanto, na situação de revelia absoluta prevista no artº 483º.

Quando a citação foi feita editalmente – artº 233º, nºs 1 e 6 – justifica-se a inoperância da revelia por se ficar na dúvida sobre se o réu tomou ou não conhecimento da acção proposta contra si. Na maior parte dos casos, o réu não chega a ter esse conhecimento. Se, porém, constituir advogado ou tiver qualquer intervenção no processo dentro do prazo previsto para a contestação, já não beneficiará da excepção, porque se concluirá que tomou conhecimento em tempo de contestar.

No caso da alínea c) a excepção aplica-se aos casos em que a acção diz respeito a relações jurídicas indisponíveis. Nestas acções a vontade das partes é ineficaz para produzir o efeito visado pelo autor.

Relações jurídicas indisponíveis são aquelas sobre as quais não exerce influência o princípio da autonomia da vontade.[127]

É o que se verifica nas acções de estado em que a sentença deve reflectir a verdade objectiva que resulta da procriação, da adopção, do matrimónio ou do parentesco. Não se poderia aceitar o efeito que resultaria da não impugnação dos factos.

Nas acções de investigação de maternidade ou de paternidade, de impugnação de paternidade, de anulação de casamento, de divórcio ou de separação de pessoas e bens os factos articulados pelo autor não se consideram confessados mesmo que o réu, regularmente citado na sua própria pessoa, não deduza

[127] Alberto dos Reis, Comentário, vol. III, pág. 518. Cfr. Lebre de Freitas, ob. cit., págs. 123 e segs.

contestação, porque o que interessa é apurar por todos os meios disponíveis a verdade dos factos.[128]

Nestas acções, se o réu, devidamente citado, não contestar, nem por isso se consideram confessados os factos articulados pelo autor. Nem, aliás, se consideram admitidos por acordo, os factos que o réu tenha reconhecido expressamente. Por isso, o autor sempre terá de fazer a prova dos factos por si alegados para que a acção possa ser julgada procedente.

Pretende a lei evitar que as partes consigam indirectamente um efeito que não poderiam obter pela via do negócio jurídico.

Por último, a alínea d) excepciona os factos para cuja prova se exija documento escrito.

Exigindo a lei um documento escrito para prova de determinado facto, não pode a falta de contestação ser considerada suficiente para que tal facto seja tido como provado – cfr. artº 364º do Código Civil.

Assim, exigindo a lei a celebração de escritura pública para o contrato invocado pelo autor na petição inicial, a falta de contestação não pode conduzir à prova de que se realizou esse mesmo contrato. Por outras palavras, a falta de contestação não é suficiente para que a alegação feita pelo autor, quanto à realização do contrato, seja tida como prova de que este se realizou por escritura pública.

Subsecção III

54 - Réplica

A) - Noção e função da réplica

A réplica constitui o articulado por meio do qual o autor responde à contestação do réu, quando nesta tenha sido deduzida alguma excepção ou tenha sido formulado pedido reconvencional.

A réplica é apenas um *articulado eventual*. Os *articulados normais* são, como já se disse, a petição inicial e a contestação. A réplica só é admitida, conforme resulta do disposto nos nºs 1 e 2 do artº 502º, nos seguintes casos:

1 – Como resposta a alguma *excepção* que haja sido deduzida na contestação, mas somente quanto a esta;

[128] Cfr. Antunes Varela, J. Miguel Bezerra e Sampaio e Nora, ob. cit., págs. 250 e seg.

2 – Como *defesa contra o pedido reconvencional* formulado na contestação (defesa que pode ser por excepção ou por impugnação – cfr. artº 487º, nº 1);
3 – Nas *acções de simples apreciação negativa*, quando o autor pretenda *impugnar os factos constitutivos* que o réu tenha alegado, ou queira *alegar factos impeditivos ou extintivos* do direito invocado pelo réu.

Quando a função da réplica é a de responder a alguma excepção deduzida pelo réu, o autor não pode ir além da matéria desta - artº 502º, nº 1. Se exceder o âmbito da matéria da excepção, o articulado deve ser considerado nulo na parte em que excede tais limites - cfr. artº 201º. Assim, o autor não pode aproveitar a réplica para tentar corrigir, completar ou esclarecer a petição inicial. Pode responder à matéria da excepção, mas não à matéria da impugnação.

A lei não distingue se é uma excepção dilatória ou peremptória. Por isso, a réplica é utilizada tanto para responder à excepção dilatória (no caso de o réu ter invocado factos que obstem à apreciação do mérito da causa) como para responder à excepção peremptória (quando o réu invoque factos impeditivos, modificativos ou extintivos do direito do autor). Não pode, porém, exceder o âmbito da excepção, como se disse.

Quando for deduzida reconvenção, a réplica tem a mesma função que a *contestação* na acção. Através dela, o autor pode apresentar a sua defesa quanto ao pedido reconvencional, onde cabe tanto a defesa por impugnação, como a defesa por excepção - artº 487º, nº 1. A réplica justifica-se pelo respeito pelo *princípio de igualdade das partes* e pelo *princípio do contraditório* - cfr. artºs 3º-A e 3º.

O princípio da igualdade das partes e o do contraditório "estão intimamente associados: com efeito, o segundo deriva do primeiro", já que assegurará "um tratamento igualitário das partes num processo, designadamente ao nível da admissão da prova e da apreciação do seu valor". Daí que "ambos os princípios, assim conexionados, derivam, em última instância do princípio do Estado de direito" encerrando "uma particular garantia de imparcialidade do tribunal perante as partes"[129]

O princípio de igualdade confere igualdade de oportunidades a ambas as partes.[130]

[129] Cfr. Ac.s T.C. 18º vol., pág. 153 citado por Lopes do Rego in Estudos Em Homenagem A Cunha Rodrigues.

[130] Para maior desenvolvimento no que tange a este principio, cfr. António Santos Abrantes Geraldes, Temas da Reforma do Processo Civil, vol. I, pág. 109.

Nas *acções de simples apreciação negativa*, a réplica serve, como se disse, para o autor impugnar os factos constitutivos que o réu tenha alegado e para alegar os factos impeditivos ou extintivos do direito invocado pelo réu - artº 502º, nº 2.

A acção de simples apreciação negativa é aquela em que o autor pretende que o tribunal declare a inexistência de um direito ou de um facto. O autor alega factos com vista a demonstrar que determinada situação jurídica não tem existência.

Cabe ao réu fazer a prova dos factos constitutivos do direito que se arroga, conforme determina o artº 343º, nº 1 do Código Civil.

Se, na contestação, o réu alegar factos constitutivos do direito que se arroga, pode o autor, na réplica, impugnar esses factos ou alegar factos impeditivos ou extintivos do direito invocado pelo réu.

Pode dizer-se que, na *acção de simples apreciação negativa*, a petição inicial serviu para *dar ao réu a oportunidade de invocar o seu direito*. Só a partir deste momento é que o autor está em posição de se poder defender do direito que o réu se arroga. A partir de agora o autor pode defender-se por impugnação ou por excepção. Constitui uma defesa que se situa em momento processual mais tardio.

Para uma melhor compreensão e vistas bem as coisas, nas acções de simples apreciação negativa, o autor, no aspecto processual, é realmente o réu no aspecto substancial.

B) - Falta de impugnação dos factos articulados

Se não for apresentada réplica ou se neste articulado não forem impugnados os novos factos alegados pela parte contrária, tais factos consideram-se admitidos por acordo, nos termos do artº 490º - artº 505º. Devem, porém, ser tidos por impugnados os factos alegados pelo réu que, embora não tenham sido objecto de impugnação na réplica, estejam em oposição com o conjunto dos factos alegados pelo autor em ambos os articulados (petição inicial e réplica) - cfr. artº 490º, nº 2.

No caso de o réu ter deduzido pedido reconvencional, o autor fica na situação de revelia se não replicar. Significa isto que se consideram confessados os factos que servem de causa de pedir à reconvenção - cfr. artº 484º, nº 1.

A revelia é inoperante se se verificarem as circunstâncias referidas no artº 485º, que já analisámos.

Em suma, o ónus de impugnação previsto no artº 490º para a contestação é também aplicável aos articulados posteriores, produzindo a sua falta os mesmos efeitos que se verificam em relação àquele articulado.

C) - Alteração do pedido e da causa de pedir

Quando o processo admitir réplica, esta constitui uma oportunidade para possibilitar a alteração do pedido e da causa de pedir - cfr. artº 273º, nºs 1 e 2.

Embora a lei determine que a citação produz o efeito de tornar estáveis os elementos essenciais da causa - artºs 268º e 481º, alínea b) - permite às partes, em certas circunstâncias, algumas modificações: ampliação, redução ou alteração do pedido e da causa de pedir.

Havendo acordo das partes, a alteração objectiva é possível em qualquer altura do processo, nos termos do artº 272º.

Na falta de acordo, a *causa de pedir* só pode ser alterada ou ampliada na réplica, se o processo a admitir, a não ser que a alteração ou ampliação seja consequência de confissão feita pelo réu e aceita pelo autor – artº 273º, nº 1.

O *pedido* pode também ser alterado ou ampliado na réplica artº 273º, nº 2, 1ª parte.

Além disso, o autor pode, em qualquer altura, reduzir o *pedido*. Sendo a redução do *pedido* desejada pelo autor, nenhum obstáculo se coloca à sua admissibilidade, visto que é sempre favorável ao réu.

A redução equivale à desistência parcial do *pedido* – cfr. artº 296º, nº 2.

O autor também pode ampliar o *pedido* até ao encerramento da discussão em 1ª instância se a ampliação for o desenvolvimento ou consequência do pedido primitivo – artº 273º, nº 2, *in fine*.

Se, por exemplo, numa acção de reivindicação o autor se limitou a pedir a restituição do imóvel, pode, posteriormente, pedir também uma indemnização correspondente ao rendimento que o imóvel produziria durante o tempo em que esteve ocupado pelo réu. Esta ampliação é o desenvolvimento do pedido primitivo.

É permitida a modificação *simultânea* do *pedido* e da *causa de pedir*, desde que tal não implique convolação para relação jurídica diversa da controvertida – artº 273º, nº 6.

Esta disposição legal – permitindo a dupla alteração contanto que não se altere a relação material litigiosa – pôs termo a divergências jurisprudenciais, tendo sufragado a orientação doutrinal dominante.

Constituindo a modificação do *pedido* ou da *causa de pedir* uma das funções da réplica, isso não significa que o autor possa apresentar este articulado sempre que pretenda tal modificação. Pelo contrário, essa modificação pode ser requerida na réplica se o processo admitir este articulado.

55 - Prazo para a apresentação da réplica

A réplica será apresentada dentro de 15 dias, a contar daquele em que for ou se considerar notificada a apresentação da contestação; o prazo será, porém, de 30 dias, se tiver havido reconvenção ou a acção for de simples apreciação negativa - artº 502º, nº 3.

Como se vê, o prazo é dilatado para 30 dias quando a réplica tem uma função equiparada à da contestação - v. artº 486º, nº 1. Se ao réu é concedido o prazo de 30 dias para se defender na contestação, deve ser dado prazo de igual duração ao autor (reconvindo) para se defender da reconvenção contra si deduzida ou para se defender dos factos constitutivos invocados pelo réu na acção de simples apreciação negativa. Em ambos os casos, a réplica constitui para o autor o seu primeiro articulado de defesa.

O prazo - qualquer deles - é prorrogável. A prorrogação pode ser requerida pelo Ministério Público ou pelo autor quando motivo ponderoso impeça ou dificulte anormalmente a apresentação do articulado. A prorrogação tem como tempo limite a duplicação do prazo - cfr. artº 504º.

Subsecção IV

56 - Tréplica

A tréplica é o articulado que constitui a resposta do réu à réplica do autor.

A tréplica é, nos termos do disposto no artº 503º, nº 1, admissível apenas em dois casos:

1 - Quando tiver havido réplica e nesta tiver sido modificado o pedido ou a causa de pedir;

2 - Quando o autor tiver, na réplica, deduzido alguma excepção contra o pedido reconvencional formulado pelo réu.

A tréplica é, portanto, a resposta do réu à modificação do pedido ou da causa de pedir ou é a resposta às excepções deduzidas pelo autor contra a reconvenção.

O conteúdo da tréplica não pode exceder os limites que justificam a sua admissibilidade, ou seja, deve restringir-se à matéria da modificação ou à matéria da defesa contra a excepção oposta à reconvenção - artº 503º, nº 1 *in fine*.

Se exceder esse limite, e na medida em que o exceda, verifica-se uma nulidade processual, nos termos já referidos para situação idêntica no caso da réplica.

Tal como se disse em relação à réplica, também a falta de tréplica ou a falta de resposta quer à excepção deduzida pelo autor na réplica quer à nova causa de pedir, têm o efeito previsto no artº 490º, ou seja, determina que os factos se considerem admitidos por acordo – artº 505º.

Nos termos do disposto no artº 3º, nº 4, tratando-se do último articulado admissível, se o réu nele invocar alguma excepção, pode o autor responder-lhe na audiência preliminar - artº 508º-A - ou, não havendo lugar a ela, no início da audiência final – artº 652º. É o que impõe o respeito pelo princípio do contraditório. Consegue-se, deste modo, conciliar a observância do princípio com a limitação do número de articulados.

Por um lado, não tem de ser alongada a fase dos articulados e, por outro, faculta-se à parte contra a qual foi deduzida uma excepção, o direito de responder a essa excepção.

A resposta é dada oralmente no início da audiência preliminar, se a ela houver lugar, ou, não havendo, no início da audiência final.

57 - Prazo para apresentação da tréplica

A tréplica será apresentada dentro de 15 dias a contar daquele em que for ou se considerar notificada a apresentação da réplica - artº 503º, nº 2.

O prazo pode, a requerimento do interessado, ser prorrogado por um período de tempo que não deverá ser superior a 15 dias, nos termos previstos nos nºs 4, 5 e 6 do artº 486º - cfr. artº 504º.

58 – Notificações

A) - Enunciado

Considerando a importância da notificação, não podemos deixar de lhe fazer uma breve referência e de pôr em destaque o que tem de comum com a citação, que já estudámos. Parece-nos ser este o momento apropriado para o fazer.

A notificação judicial, tal como a citação, têm por fim dar conhecimento a alguém da ocorrência de um certo facto. Emprega-se a citação não só para prevenir o réu de que contra ele foi proposta uma acção, proporcionando-lhe a possibilidade de se defender, mas também para chamar, *pela primeira vez*, ao processo uma pessoa interessada na causa – cfr. 228º, nº 1.

Para as pessoas citadas, passará depois a ser usada a notificação sempre que houver necessidade de lhe dar conhecimento de um facto e ainda quando houver necessidade de chamar alguém a juízo – artº 228º, nº 2.

As notificações *às partes* em processos pendentes são feitas na pessoa dos seus mandatários judiciais – artº 253º, nº 1.

As notificações *avulsas* são as que não dizem respeito a qualquer processo pendente. Só podem ser efectuadas quando forem ordenadas por despacho judicial, a requerimento do interessado. São feitas por agente de execução ou por funcionário de justiça na própria pessoa do notificando – artº 261º, nº 1.

B) - Notificações às partes que constituíram mandatário

Como se disse, as notificações às partes em processos pendentes são feitas na pessoa dos seus mandatários judiciais. Porém, se a notificação se destinar a chamar a parte para a prática de um acto pessoal, além de ser notificado o mandatário, será também expedido pelo correio um aviso registado à própria parte, indicando a data, o local e o fim da comparência – artº 253º, nºs 1 e 2.

Se a parte estiver representada por dois ou mais mandatários, basta a notificação de um deles para se considerar notificada a parte que o constituiu, que é afinal o destinatário da notificação.[131]

Sempre que a parte esteja simultaneamente representada por advogado ou advogado estagiário e por solicitador, as notificações que devam ser feitas na pessoa do mandatário judicial sê-lo-ão sempre na do solicitador – artº 253º, nº 3.

Os mandatários são notificados por carta registada, dirigida para o seu escritório ou para o domicílio escolhido, podendo ser também notificados pessoalmente pelo funcionário quando se encontrem no edifício do tribunal – artº 254º, nº 1.

Os mandatários das partes que pratiquem os actos processuais pelo meio previsto no nº 1 do art.º 150º, ou que se manifestem nesse sentido, são notificados nos termos definidos na portaria prevista no nº 1 do artigo 138º-A – artº 254º, nº 2.

A notificação postal presume-se feita no terceiro dia posterior ao do registo, ou no primeiro dia útil seguinte a esse, quando não o seja – artº 254º, nº 3.

A notificação por transmissão electrónica de dados presume-se feita na data de expedição – art.º 254º, nº 5.

As referidas presunções podem ser ilididas, admitindo prova, feita pelo notificado, de que a notificação não foi efectuada ou ocorreu em data posterior à presumida, por razões que lhe não sejam imputáveis - artº 254º, nº 6.

A notificação não deixa de produzir efeito pelo facto de o expediente ser devolvido, desde que a remessa tenha sido feita para o escritório do mandatário ou para o domicílio por ele escolhido; nesse caso, ou no de a carta não ter

[131] Ac. R.C. de 28/10/80, C.J. Ano V, Tomo IV, 41.

sido entregue por ausência do destinatário, juntar-se-á ao processo o sobrescrito, presumindo-se a notificação feita no dia a que se refere o número anterior – artº 254º, nº 4.

C) - Notificações entre os mandatários das partes

Nos processos em que as partes tenham constituído mandatário judicial, os actos processuais que devam ser praticados por escrito pelas partes após a notificação da contestação do réu ao autor, são notificados pelo mandatário judicial do apresentante ao mandatário judicial da contraparte, no respectivo domicílio profissional, nos termos do artº 260º-A – artº 229º-A, nº 1.

O mandatário judicial que só assuma o patrocínio na pendência do processo comunica o seu domicílio profissional e endereço de correio electrónico ao mandatário judicial da contraparte – artº 229º-A, nº 2.

As notificações entre os mandatários judiciais das partes, nos termos do nº 1 do artº 229º-A, são realizadas por todos os meios legalmente admissíveis para a prática dos actos processuais, aplicando-se o disposto nos artigos 150º e 152º - artº 260º-A, nº 1.

O mandatário judicial notificante deve juntar aos autos documento comprovativo da data da notificação à contraparte, sendo essa junção dispensada quando a notificação seja realizada por transmissão electrónica de dados - artº 260º-A, nº 3.

Se a notificação ocorrer no dia anterior a feriado, sábado, domingo ou férias judiciais, o prazo para a resposta a tal notificação inicia-se no primeiro dia útil seguinte ou no primeiro dia posterior ao termo das férias judiciais, respectivamente, salvo nos processos judiciais que correm termos durante as férias judiciais – artº 260º-A, nº 4 (quanto aos processos urgentes, cfr. artº 144º, nº 1 *in fne*).

D) - Notificações às partes que não constituam mandatário

Se a parte não tiver constituído mandatário, as notificações ser-lhe-ão feitas no local da sua residência ou sede ou no domicílio escolhido para o efeito de as receber, nos termos estabelecidos para as notificações aos mandatários – artº 255º, nº 1.

Exceptua-se o réu que se haja constituído em situação de revelia absoluta, que apenas passará a ser notificado após ter praticado qualquer acto de intervenção no processo, sem prejuízo do disposto no nº 4 – artº 255º, nº 2.[132]

[132] Quanto à revelia absoluta, v. artº 483º.

Se a parte se constituiu na situação de revelia absoluta apenas lhe será notificada a decisão final, se do processo constar a sua residência ou sede – artº 255º, nº 4.

Tendo o réu manifestado completo desinteresse no acompanhamento do processo, justifica-se a dispensa da sua notificação dos outros actos. Porém, a decisão final ser-lhe-á notificada se do processo constar o seu endereço.

No caso de revelia absoluta, as decisões têm-se por notificadas no dia seguinte àquele em que os autos tiverem dado entrada na secretaria, ou em que ocorrer o facto determinante da notificação oficiosa – artº 255º, nº 3.

Esta data em que as decisões se consideram notificadas tem relevância para efeitos do respectivo trânsito em julgado.

No caso de revelia relativa (caso em que o réu, devidamente citado, não contestou a acção, mas constituiu mandatário ou interveio por qualquer outro modo, juntando, por exemplo, documentos), se o réu não tiver constituído advogado, as notificações são-lhe feitas a ele próprio.

E) - Notificações a intervenientes acidentais

As notificações que tenham por fim chamar ao tribunal testemunhas, peritos e outras pessoas com intervenção acidental na causa são feitas por meio de aviso expedido pelo correio, sob registo, indicando-se a data, o local e o fim da comparência – artº 257º, nº 1.

A secretaria entregará à parte os avisos relativos às pessoas que ela se haja comprometido a apresentar, quando a entrega for solicitada, mesmo verbalmente – artº 257º, nº 2.

O agente administrativo ou funcionário público que tiver sido notificado para comparecer em juízo não carece de autorização do superior hierárquico, mas deve informá-lo imediatamente e apresentar-lhe o documento comprovativo da comparência em tribunal, sempre que for notificado para esse efeito – cfr. artº 257º, nº 4.

Além das testemunhas e dos peritos, várias pessoas podem ser intervenientes acidentais. Entre elas, contam-se os intérpretes (artºs 139º a 141º) e os técnicos que são chamados para prestar assistência ao tribunal (artºs 614º e 649º).

Subsecção V

59 - Articulados supervenientes

A) - Sua atendibilidade

Para que os factos supervenientes possam considerar-se atendíveis é necessário que sejam capazes de influenciar a constituição, modificação ou extinção do direito invocado na acção. Esses factos podem ocorrer, ou chegar ao conhecimento de qualquer das partes já depois da entrega do último articulado. Como, porém, o juiz só poderá tê-los em conta na sentença se chegarem a ser alegados, as partes terão de servir-se de articulados supervenientes para o efeito.

O artº 663º determina que a sentença deve atender aos factos constitutivos, modificativos ou extintivos do direito que se produzam até ao encerramento da discussão, quando tais factos, segundo o direito substantivo aplicável, tenham influência sobre a existência ou conteúdo da relação controvertida.

A lei permite, por esta via, que qualquer das partes se sirva de articulado superveniente para alegar os factos que, precisamente por serem supervenientes, não pôde invocar nos articulados normalmente admitidos.

Está em causa o princípio da economia processual, segundo o qual "cada processo deve resolver o máximo possível de litígios".[133]

Em conformidade com este princípio *são proibidos os actos inúteis* – artº 137º; *é permitido que na acção intervenham diversos interessados* do lado activo ou do lado passivo – artº 27º; *é permitida a coligação* de autores e de réus – artº 30º; *é permitida a modificação subjectiva* pela intervenção de novas partes – artº 269º; *é permitida a cumulação de pedidos* – artº 470º; *são admitidos articulados supervenientes* – artº 506º; é admitido que *o tribunal conheça da existência da obrigação ainda antes de esta ser exigível* – artº 662º; *são atendíveis os factos jurídicos supervenientes* – artº 663º.

Os factos constitutivos, modificativos ou extintivos do direito que forem supervenientes podem ser deduzidos em articulado posterior ou em novo articulado, pela parte a quem aproveitem, até ao encerramento da discussão - artº 506º, nº 1.

Este preceito faz referência a *articulado posterior* e a *novo articulado*. A diferença é intuitiva. Se, além dos *articulados normais* (petição inicial e contestação), a acção admite os chamados *articulados eventuais* (réplica e tréplica) os

[133] Manuel de Andrade, ob. cit., pág.s 385 e seg.

factos que não puderam ser alegados no articulado normal poderão sê-lo no *articulado posterior*, isto é, no articulado seguinte a apresentar. Se o processo não admitir os articulados eventuais, os factos supervenientes só poderão ser alegados em *novo articulado.*

B) - Superveniência dos factos

A superveniência dos factos pode ser *objectiva* ou *subjectiva.* É *objectiva* quando os factos ocorreram em momento posterior ao termo do prazo para apresentação do articulado da parte - cfr. artº 506º, nº 2 (*1ª parte*). Diz-se *subjectiva* quando os factos tenham ocorrido dentro do prazo da apresentação do articulado, mas a parte só deles tomou conhecimento depois desse prazo - cfr. artº 506º, nº 2 (2ª parte).

A superveniência *objectiva* é fácil de determinar pela referência ao momento em que ocorreu. Se o facto teve lugar em momento posterior ao termo do prazo de apresentação do articulado em que devia ser invocado, é óbvio que terá de ser considerado superveniente.

A dificuldade apenas se evidencia no caso da superveniência *subjectiva.* Por isso, a lei impõe que seja produzida prova da superveniência – artº 506º, nº 2 *in fine.*

No relatório preambular do Decreto-Lei nº 329-A/95 é considerada a extemporaneidade da superveniência subjectiva em relação à atitude culposa da parte que dos novos factos pretende socorrer-se.

Existe culpa da parte quando, tendo tido conhecimento do facto, não o alegou no articulado que teve de apresentar e também quando não tenha oportunamente tomado conhecimento do facto devido a uma atitude negligente.

Quanto ao grau de culpa, pode entender-se que "só o desconhecimento atempado do facto assente em negligência grave deve obstar à sua alegação em articulado superveniente".[134]

C) - Despacho liminar

Após a apresentação do articulado superveniente, o juiz profere despacho liminar sobre a sua admissão - artº 506º, nº 4 (1ª parte).

O despacho só pode ter um de dois sentidos: de admissão ou de rejeição.

O articulado será *rejeitado* em duas circunstâncias: quando, por culpa da parte, for apresentado fora do tempo ou quando for manifesto que os factos são irrelevantes para a boa decisão da causa - artº 506º, nº 4 (2ª parte).

[134] Miguel Teixeira de Sousa, ob. cit., pág. 299.

Se o articulado *for admitido*, o juiz ordenará no respectivo despacho a notificação da parte contrária para responder no prazo de 10 dias. Os factos que não forem impugnados consideram-se admitidos por acordo - artº 506º, nº 4 conjugado com o artº 505º.

A lei estabelece, como se verifica, um prazo curto para a resposta ao articulado superveniente, com o propósito de evitar que a apresentação deste constitua motivo para atrasar muito o andamento do processo.

D) - Momento de apresentação do articulado superveniente

Conforme dispõe o nº 3 do artº 506º, o novo articulado em que se aleguem factos supervenientes pode ser apresentado num dos 3 momentos seguintes:

1 - *Na audiência preliminar*, se a esta houver lugar, quando os factos tenham ocorrido ou tenham sido conhecidos da parte até ao respectivo encerramento.
É na audiência preliminar que são delimitados os termos do litígio e se fixa a matéria de facto relevante para a decisão da causa. Porém, a audiência preliminar não terá lugar nos casos em que a tramitação do processo a não comporta e também nos casos em que é dispensada pelo juiz.

2 - Quando os factos sejam posteriores ao termo da audiência preliminar ou esta se não tenha realizado, o novo articulado deve ser oferecido *nos 10 dias posteriores à notificação da data designada para a audiência de discussão e julgamento.*

3 - Se os factos forem supervenientes, objectiva ou subjectivamente, ao decêndio posterior à marcação da *audiência de discussão e julgamento*, deve ser *oferecido nesta*.

A audiência de discussão e julgamento é a última oportunidade para os apresentar. Aliás, já o nº 1 do artº 506º estabelece como limite para a apresentação o encerramento da discussão.

O legislador teve em vista, conforme resulta do relatório do Decreto-Lei nº 329-A/95, estabelecer como *balizas* relevantes para trazer ao processo factos supervenientes o *termo da audiência preliminar* e um *momento temporal anterior à data designada para julgamento* que se supõe ser suficiente para possibilitar o pleno exercício do contraditório, sem risco de poder determinar o adiamento da audiência.

A apresentação do novo articulado depois de designado o dia para a audiência de discussão e julgamento não suspende as diligências para ela nem determina o seu adiamento, ainda que o despacho respectivo tenha de ser proferido ou a notificação da parte contrária haja de ser feita ou a resposta desta tenha de ser formulada no decurso da audiência. Se não houver tempo para notificar as testemunhas oferecidas (para a prova dos factos supervenientes), ficam as partes obrigadas a apresentá-las - artº 507º, nº 1.

Quer dizer, se o articulado superveniente for apresentado na audiência final, isso não constitui motivo para o seu adiamento ou suspensão. No decurso da audiência terão lugar o despacho de admissão, a notificação da parte contrária e a resposta por esta formulada. As testemunhas indicadas para depor sobre os novos factos terão de ser apresentadas pelas partes.

São *orais* e ficam consignados na acta a dedução de factos supervenientes, o despacho de admissão ou rejeição, a resposta da parte contrária e o despacho que ordene ou recuse o aditamento à base instrutória, quando qualquer dos actos tenha lugar depois de aberta a audiência de discussão e julgamento. A audiência só se interrompe se a parte contrária não prescindir do prazo de 10 dias para a resposta e apresentação das provas e houver inconveniente na imediata produção das provas relativas à outra matéria em discussão - artº 507º, nº 2.

Em suma, a apresentação dos factos supervenientes é feita *oralmente* quando tais factos só tiverem sido invocados na audiência de discussão e julgamento. Neste caso ficam consignados *na acta* não só *os novos factos alegados*, mas também o *despacho* que sobre eles seja proferido, a *resposta* da parte contrária e o *despacho que recuse ou ordene o aditamento dos factos controvertidos à base instrutória*. Se a parte contrária não prescindir do prazo de 10 dias para formular a resposta e apresentar as provas e houver inconveniente em que se produza imediatamente a prova em relação à restante matéria de facto, *a audiência de discussão e julgamento será interrompida*.

Como resulta do que fica dito, não é aplicável aos articulados supervenientes a prorrogação do prazo para a sua apresentação estabelecida para os outros articulados no artº 504º. Na verdade, a lei não fixa um prazo peremptório para a sua apresentação, sendo esta admissível em função de diversas fases processuais.

E) - Inclusão dos novos factos na base instrutória

Como já referimos, se a contraparte não tomar posição sobre os novos factos alegados, considerar-se-ão admitidos por acordo - cfr. artº 506º, nº 4 *in fine* em conjugação com o artº 505º. Neste caso, não serão incluídos na base instrutória, como se compreende, pois constituem matéria de facto assente.

Se, pelo contrário, os factos forem impugnados, serão incluídos na base instrutória, se esta ainda não estiver elaborada; se já o estiver, ser-lhe-ão aditados, sem possibilidade de reclamação contra o aditamento. Só serão tidos em conta os factos que interessam à decisão da causa - artº 506º, nº 6.

A selecção da matéria de facto com interesse para a decisão da causa é feita nos termos previstos no artº 511º.

Secção III

60 - Fase do saneamento e condensação

Terminada a fase dos articulados, nos quais as partes expuseram as razões de facto e de direito em que alicerçaram a sua posição, está delineado o litígio.

Começa agora uma outra fase cuja finalidade consiste em expurgar o processo das excepções e nulidades, bem como escolher a matéria de facto que há-de ser submetida à actividade instrutória na audiência de discussão e julgamento.

Esta fase visa essencialmente providenciar pelo suprimento das excepções dilatórias, o aperfeiçoamento dos articulados, a definição das questões de facto relevantes para a decisão da causa e a própria decisão da causa nos casos em que tal se revela possível.

Para alcançar estas finalidades prevê a lei processual civil a *audiência preliminar*, antecedida de um verdadeiro *despacho pré-saneador* e seguida do próprio *despacho saneador*.

61 - Despacho pré-saneador

A) - Finalidades do despacho

O despacho pré-saneador tem por finalidade o suprimento das excepções dilatórias supríveis ou o convite ao aperfeiçoamento dos articulados, nos termos constantes do artº 508º.

O juiz pode, mesmo oficiosamente, providenciar pela realização das diligências necessárias à sanação da instância ou convidar as partes a fazê-lo, nos casos em que tal sanação depende de actividade destas. Embora o impulso processual, segundo o *princípio dispositivo*, pertença às partes, é concedida ao juiz a faculdade de desobstruir o caminho processual, por forma a eliminar os obstáculos que poderiam impedir que a instância chegasse ao seu termo normal, isto é, ao conhecimento do mérito da causa e à prolação da sentença.

Com essa finalidade, pode o juiz realizar as diligências necessárias à regularização da instância ou pode convidar as partes a praticar os actos necessários para o efeito.

B) - Suprimento da falta de pressupostos

Dispõe o artº 508º,nº 1, alínea a) que o juiz proferirá despacho destinado a providenciar pelo suprimento das excepções dilatórias, nos termos do nº 2 do artº 265º. Por sua vez, esta disposição legal atribui ao juiz o poder de providenciar, mesmo oficiosamente, pelo suprimento da falta de pressupostos processuais susceptíveis de sanação, determinando a realização dos actos necessários à regularização da instância ou, quando estiver em causa alguma modificação subjectiva da instância, convidando as partes a praticá-los.

São susceptíveis de sanação, por exemplo:

- A falta de personalidade judiciária das sucursais, agências, filiais, delegações ou representações, a qual pode ser sanada mediante a *intervenção da administração principal* e a ratificação ou repetição do processado - artº 8º.

  Assim, o juiz poderá ordenar no despacho a citação da *administração principal.*
- A *incapacidade ou irregularidade de representação,* que podem ser sanadas mediante a intervenção ou citação do representante legítimo ou do curador do incapaz, competindo ao juiz providenciar pela regularização da instância, logo que se aperceba da existência de algum de tais vícios - artºs 23º e 24º.

  Neste caso, incumbe ao juiz a *citação do réu ou de quem o deva representar* – artº 24º, nº 2.
- A *falta, insuficiência ou irregularidade do mandato.* Para a suprir, o juiz fixará um prazo dentro do qual deve ser suprida a falta ou corrigido o vício - artº 40º.
- A *falta de constituição de advogado,* nos casos em que é obrigatória, pode ser suprida no prazo fixado pelo juiz – artº 33º.

Nem sempre os vícios podem ser sanados por diligência do juiz. A sanação, por vezes, está dependente de acto a praticar pelas partes. Neste caso, o juiz convidá-las-á a praticar o acto que significa a sanação.

- Assim, no caso de *ilegitimidade plural,* deve o juiz procurar a sanação, convidando a parte a *requerer a intervenção da pessoa cuja falta determina a ilegitimidade,* nos termos do artº 325º e seguintes - artº 269º; cfr. artº 28º-A.

- A *falta de autorização ou de deliberação* a obter pelo representante pode ser suprida em prazo a fixar pelo juiz, nos termos do artº 25º.

C) - Convite ao aperfeiçoamento dos articulados

O juiz pode igualmente providenciar pelo aperfeiçoamento dos articulados, convidando as partes a corrigir as *irregularidades* ou *deficiências* dos mesmos - artº 508º, nº 2.

Antes da reforma processual, o artº 477º permitia ao juiz proferir despacho de aperfeiçoamento do primeiro articulado - a petição inicial. Actualmente pode proferir despacho de aperfeiçoamento de todos, pois que a oportunidade surge depois de findos os articulados, como já vimos.

A *irregularidade* consiste na falta de requisitos legais ou na falta de junção de documento essencial ou de que a lei faça depender o prosseguimento da causa – artº 508º, nº 2.

Sendo a irregularidade detectada pelo juiz, o despacho pré-saneador deve ser no sentido de convidar a parte a completar o articulado dando satisfação aos *requisitos* exigidos ou a juntar os *documentos* em falta.

A falta de *requisitos* pode respeitar a alguns dos previstos no artº 474º.

Documento essencial é, por exemplo, a certidão de registo do casamento na acção de divórcio ou de separação de pessoas e bens.

O articulado é *deficiente* quando denota insuficiências ou imprecisões na exposição ou concretização da matéria de facto – artº 508º, nº 3.

Trata-se dos casos em que a exposição da matéria de facto é *insuficiente* (deficiente) ou *não é devidamente clara (precisa)*. Há necessidade de aperfeiçoar a exposição da matéria de facto, ou de acrescentar outros elementos de facto, por forma a que se compreenda devidamente a causa de pedir e o pedido (na petição inicial) e a defesa (na contestação).

A insuficiência pode resultar também de a parte ter utilizado conceitos vagos ou conclusivos ou ainda de ter alegado matéria de direito em vez de matéria de facto.

Existe imprecisão na exposição da matéria de facto sempre que esta não é suficientemente inteligível, é incoerente ou é ambígua.

O juiz pode, pois, convidar qualquer das partes a apresentar outro articulado em que se mostrem supridas as insuficiências ou imprecisões na exposição ou na concretização da matéria de facto apontadas no articulado inicialmente produzido - artº 508º, nº 3.

No convite para o aperfeiçoamento dos articulados, o juiz fixa às partes um determinado prazo - artº 508º, nºs 2 e 3.

Se a parte corresponder ao convite, os factos alegados para esclarecimento, aditamento ou correcção do articulado estão sujeitos ao contraditório e às regras gerais sobre o ónus e produção de prova - artº 508º, nº 4.

Quando o juiz não tenha detectado as insuficiências ou imprecisões a suprir no momento de proferir o despacho pré-saneador, isso não determina a preclusão do conhecimento de excepções dilatórias, pois pode fazê-lo na audiência preliminar, nos termos do artº 508º-A, nº 1, alínea c).

D) - Consequências da não aceitação do convite

A lei não prevê quaisquer consequências para a parte que não aceitou o convite ao aperfeiçoamento. Muito menos lhe impõe quaisquer sanções.

Se as partes, apesar do convite, pretendem manter os articulados irregulares, deficientes ou imperfeitos o juiz nada poderá fazer contra isso. Embora igual convite ao aperfeiçoamento seja possível na audiência preliminar – cfr. artº 508º-A, nº 1, alínea c) – entende-se que o mesmo não deve ser repetido.

Por outro lado, a parte não pode interpor recurso do despacho – artº 508º, nº 6.

As consequências da não aceitação do convite variam consoante a situação: se a irregularidade for das previstas no artº 474º, o juiz deve rejeitar o articulado. Aliás, a secretaria devia tê-lo recusado.

Se a falta disser respeito a um documento essencial para prova de um facto, significa que não poderá ser feita a prova desse facto, reflectindo-se na decisão. Se o documento que falta é imprescindível para o prosseguimento da causa, tem como consequência que seja ordenada a suspensão da instância – cfr. artº 276º, nº 1, alínea d).

E) - Limites impostos ao aperfeiçoamento

Se a parte aceitar o convite para o aperfeiçoamento do articulado, ao alterar a matéria de facto deve fazê-lo observando determinadas regras.

As alterações à matéria de facto devem conformar-se com os limites estabelecidos no artº 273º, se forem introduzidas pelo autor, e nos artºs 489º e 490º, quando o sejam pelo réu - artº 508º, nº 5.

Assim, quanto ao autor, o aditamento ou correcção não poderá determinar a alteração do pedido ou da causa de pedir, com desrespeito pelo preceituado no artº 273º, que só admite tal alteração na réplica.

Por outro lado, no que toca ao réu, o aperfeiçoamento da contestação não pode conduzir ao desrespeito pelo princípio que estabelece que toda a defesa é deduzida na contestação (artº 489º) e do ónus de impugnação previsto no artº 490º.

Em suma, a parte convidada a aperfeiçoar o articulado tem de manter-se dentro da causa de pedir – se é o autor – ou dentro da contestação – se é o réu. Não pode aproveitar o convite para apresentar um articulado diferente, com uma completa alteração dos factos.

62 - Audiência preliminar

A) - Convocatória

Depois das diligências necessárias ao suprimento das excepções dilatórias ou ao aperfeiçoamento dos articulados, se a elas houver lugar, é convocada a audiência preliminar, a realizar nos 30 dias seguintes – artº 508º-A, nº 1.

Se não tiver tido lugar o despacho pré-saneador, a audiência preliminar deve ser convocada para os 30 dias subsequentes ao termo da fase dos articulados.

O despacho que designar a audiência preliminar deve indicar o seu objecto e finalidade, de entre as que vêm referidas no nº 1 – artº 508º-A, nº 3.

Pretende-se, deste modo, evitar que as partes sejam surpreendidas com a discussão de finalidades não previamente fixadas. No entanto, a designação não constitui caso julgado sobre a possibilidade de apreciação imediata do mérito da causa – artº 508º-A, nº 3. Na verdade, o conhecimento do mérito da causa está necessariamente dependente da discussão dos argumentos invocados pelas partes no decurso da audiência preliminar.

B) - Finalidades da audiência preliminar

A audiência preliminar propõe-se alcançar dois tipos de finalidades: *finalidades principais* – indicadas no nº 1 do artº 508º-A – e *finalidades complementares* – previstas no nº 2 do mesmo artº 508º-A.

A audiência preliminar é convocada para a realização das *finalidades principais*. Por isso, no despacho que designa a audiência, torna-se indispensável a sua indicação.

As *finalidades complementares* dizem respeito a actos de instrução e da audiência final.

C) - Dispensa da audiência preliminar

Conforme dispõe o artº 508º-B, o juiz pode dispensar a audiência preliminar quando:

a) Destinando-se à fixação da base instrutória, a simplicidade da causa o justifique;
b) A sua realização tivesse como fim facultar a discussão de excepções dilatórias já debatidas nos articulados ou do mérito da causa, nos casos em que a sua apreciação revista manifesta simplicidade.

Como se verifica, a *simplicidade* pode justificar a dispensa da audiência preliminar.

1 - A simplicidade da *selecção da matéria de facto*, quando a audiência preliminar se destinava à fixação da base instrutória, ou seja, da matéria de facto controvertida (e, por conseguinte, também da matéria de facto considerada assente). A simplicidade da selecção da matéria de facto verifica-se geralmente no caso de os articulados serem pouco extensos.

Se o réu não contestar a acção, nos casos em que a revelia se considera inoperante, não haverá selecção da matéria de facto. É o que resulta *a contrario sensu* do disposto nos artºs 508º-A, nº 1, alínea e) e 508º-B, nº 2. Por isso, a audiência preliminar não deve ser convocada com essa finalidade.

2 - A audiência preliminar é igualmente dispensável quando a sua realização se destinasse a facultar *a discussão de excepções dilatórias*, que já foram debatidas nos articulados, ou quando a decisão sobre as excepções se reveste de manifesta *simplicidade*.

Na verdade, se a *excepção já foi debatida nos articulados* não se justifica que seja convocada a audiência preliminar com a finalidade de nova discussão a esse respeito. Se a excepção não foi debatida nos articulados, mas a decisão, devido à sua simplicidade, não suscita quaisquer questões, também não se justifica a convocatória.

Vejamos agora o caso em que a *excepção dilatória foi invocada por uma das partes e não contestada pela contraparte*. Importa distinguir *se a excepção é ou não de conhecimento oficioso. Se não é*, a não contestação significa a admissão dos factos que lhe estão subjacentes, pelo que já não se justifica a discussão. Se, pelo contrário, a excepção *é de conhecimento oficioso* (artº 495º), não tinha que ser invocada pela parte. Se, apesar disso, a parte a invocou, a não contestação pela contraparte não significa a admissão por acordo dos factos em que se fundamenta. Por tudo isto, não se justifica a convocatória da audiência preliminar com vista à sua discussão.

Quando a *excepção é de conhecimento oficioso e não foi alegada* por nenhuma das partes (como não tinha que ser), o tribunal deve convocar a audiência preliminar para a sua discussão a fim de evitar as decisões surpresa. Pode, porém, dispensar a audiência preliminar se o julgamento da excepção se revelar de manifesta simplicidade.

3 - Quando a audiência preliminar se destinasse a facultar a discussão sobre o *mérito da causa*, a simplicidade do seu conhecimento também constitui fundamento para dispensar a sua convocatória.

Tendo sido dispensada a audiência preliminar, o conhecimento destas questões terá lugar no despacho saneador, conforme dispõe o artº 510º.

A dispensa da audiência preliminar fora dos casos previstos no artº 508º-B pode constituir nulidade secundária, que poderá ser arguida pela parte interessada nos termos do disposto nos artºs 201º, 203º e 205º.

63 - Finalidades principais da audiência preliminar

A) - Síntese das finalidades principais ou essenciais previstas na lei

O artº 508º-A, nº 1 prevê as finalidades principais ou essenciais que devem ser indicadas no despacho que convocar a audiência preliminar. São elas, em síntese, as seguintes: a) tentativa de conciliação; b) discussão de facto e de direito; c) delimitação dos termos do litígio e aperfeiçoamento dos articulados; d) saneamento do processo; e) selecção da matéria de facto.

B) - Tentativa de conciliação das partes

A primeira das finalidades da audiência preliminar, referida na alínea a) é a tentativa de conciliação.

Só é possível a conciliação quando a causa couber no âmbito dos poderes de disposição das partes. Não pode haver conciliação no domínio dos direitos indisponíveis.

A tentativa de conciliação pode ter lugar em qualquer estado do processo, desde que as partes conjuntamente a requeiram ou o juiz a considere oportuna. As partes não podem ser convocadas exclusivamente para esse fim mais que uma vez - cfr. artº 509º, nº 1.

Assim, se o juiz a julgar oportuna, pode convocar as partes para tentar a sua conciliação. Não poderá, porém, convocá-las mais do que uma vez exclusivamente com essa finalidade. Isto não significa que o juiz não deva aproveitar todas as oportunidades que se lhe deparem para tentar conciliar as partes, embora estas não tenham sido convocadas para esse fim.

As partes são notificadas para comparecer pessoalmente quando residam na área da comarca ou na respectiva ilha, tratando-se das regiões autónomas, ou quando, aí não residindo, a comparência não represente sacrifício considerável, atenta a natureza e o valor da causa e a distância da deslocação. As partes poderão fazer-se representar por mandatário judicial munido de procuração com poderes especiais - artº 509º, nº 2.

Na verdade, os mandatários judiciais para que possam transigir sobre o objecto da acção, terão de estar munidos de procuração que a tal expressamente os autorize – artº 37º, nº 2.

A tentativa de conciliação é presidida pelo juiz e terá em vista a solução de equidade mais adequada aos termos do litígio - artº 509º, nº 3.

A solução de *equidade* não tem que atender à norma jurídica aplicável à questão em litígio. É a "justiça do caso concreto", em que geralmente se verifica cedência de uma e da outra parte, com o fim de pôr termo à questão litigiosa. As partes são muitas vezes movidas pelo desejo de acabar com uma situação incómoda ou por não quererem correr o risco da incerteza quanto ao desfecho da acção.

Se a tentativa de conciliação se frustrar, ficarão consignados na acta os fundamentos que, no entendimento das partes, justificam a persistência do litígio - artº 509º, nº 4.

As partes terão, portanto, de indicar as razões por que rejeitam as possíveis soluções de equidade sugeridas pelo juiz. Fica, deste modo, delimitado o litígio naquilo que obsta à conciliação. Pode também servir para "evitar que a falta de conciliação se fique a dever a motivos fúteis ou insignificantes".[135]

C) - Discussão de facto e de direito

Outra das finalidades principais da audiência preliminar consiste em facultar às partes a discussão de facto e de direito, nos casos em que ao juiz cumpra apreciar excepções dilatórias ou quando tencione conhecer imediatamente, no todo ou em parte, do mérito da causa - alínea b) do nº 1 do artº 508º-A.

A audiência preliminar dá, assim, possibilidade às partes de apresentarem as suas alegações, de facto e de direito, nos casos em que ainda não haviam tido oportunidade para o fazer. Não só é dado cumprimento ao princípio do contraditório, previsto no artº 3º, nº 4, como se evita que sejam proferidas "decisões surpresa".

[135] Miguel Teixeira de Sousa, ob. cit., pág. 309.

D) - Discutir a posição das partes

A audiência preliminar destina-se ainda a discutir as posições das partes, com vista à delimitação dos termos do litígio, e a suprir as insuficiências ou imprecisões na exposição da matéria de facto que ainda subsistam ou se tornem patentes na sequência do debate - alínea c) do mesmo nº 1 do artº 508º-A.

Ao discutir as posições das partes, procura-se atingir uma dupla finalidade: por um lado, circunscrever as divergências entre as partes, distinguindo aquilo que é essencial do que é acessório nas suas posições; por outro, pretende-se evitar que as insuficiências e imprecisões dos articulados na exposição da matéria de facto possam criar uma realidade processual distinta da realidade das coisas.[136]

No que tange à delimitação dos termos do litígio, a discussão pode abranger não só o enquadramento jurídico da pretensão do autor, como incidir sobre matéria de facto.

A audiência preliminar constitui o momento oportuno não só para *responder às excepções deduzidas no último articulado*, como já dissemos - artº 3º, nº 4 - mas também para *alegar os factos supervenientes* que hajam ocorrido ou sido conhecidos até ao respectivo encerramento, como também já se disse - artº 506º, nº 3, alínea a).

As *insuficiências ou imprecisões* na exposição da matéria de facto são as que *subsistam* depois do primeiro momento de depuração previsto no artº 508º, *ou que se tornem evidentes após os debates.*

E) - Despacho saneador

Outra das finalidades da audiência preliminar pode ser a de proferir despacho saneador, nos termos do artº 510º - alínea d) do nº 1 do artº 508º-A.

O despacho saneador é logo ditado para a acta, se houver lugar à audiência preliminar. Quando, porém, a complexidade das questões a resolver o exija, o juiz poderá excepcionalmente proferi-lo por escrito, no prazo de 20 dias. Neste caso, ordenará a suspensão da audiência e fixará logo data para a sua continuação, se for caso disso - artº 510º, nº 2.

Como resulta do disposto nas alíneas a) e b) do nº 1 do artº 510º, o despacho saneador destina-se a conhecer das excepções dilatórias e das nulidades processuais, bem como à apreciação, total ou parcial, do pedido ou dos pedi-

[136] Teixeira de Sousa, ob. cit. , pág. 309.

dos deduzidos pelo autor, e ainda de alguma excepção peremptória deduzida pelo réu.

F) - Seleccionar a matéria de facto

Quando a acção tenha sido contestada, a audiência preliminar pode destinar-se ainda a seleccionar, após debate, a matéria de facto relevante que se considera assente e a que constitui a base instrutória da causa, nos termos do artº 511º, decidindo as reclamações deduzidas pelas partes - alínea e) do nº 1 do artº 508º-A,

Como claramente resulta do preceito, a selecção da matéria de facto só terá lugar se tiver havido contestação do réu ou de algum dos réus. Não tendo a acção sido contestada, estão em causa apenas os factos articulados pelo autor e, por isso, torna-se desnecessário proceder à selecção dos factos com interesse para a decisão.

Quando a acção foi contestada, a selecção da matéria de facto relevante é precedida de debate e é feita nos termos definidos pelo artº 511º, nº 1. Ao seleccionar a matéria de facto relevante para a decisão da causa devem ter-se em conta as várias soluções plausíveis da questão de direito.

A matéria de facto seleccionada é apenas a que consta dos articulados, dado que o juiz, na elaboração da sentença, só dela pode servir-se - artº 664º. Porém, desta matéria de facto nem toda a que foi articulada pelas partes deve ser seleccionada, pois que apenas interessam os factos que sejam relevantes para a decisão da causa. Todavia, se acerca da questão de direito se tiverem formado na doutrina ou na jurisprudência várias correntes de orientação, devem ser seleccionados todos os factos que poderão interessar a qualquer dessas correntes e não apenas os factos que o juiz considere relevantes em função da solução jurídica por si perfilhada. Por um lado, o juiz que procede à selecção da matéria de facto pode não ser o mesmo que irá proferir a sentença e, por outro lado, a sentença poderá vir a ser reapreciada por um tribunal superior, no caso de ser interposto recurso. Por estas razões, interessa que sejam incluídos na base instrutória todos os factos que puderem servir de fundamento às várias soluções.

Devem distinguir-se os factos dos juízos de facto, ou seja, juízos de valor sobre a matéria de facto.

Os factos (matéria de facto) abrangem principalmente as ocorrências concretas da vida real. Os juízos de facto situam-se na meia encosta entre os puros factos (que ocorrem na planície terrena da vida) e as questões de direito (situadas nas cumeadas das normas jurídicas).[137]

[137] Antunes Varela, R.L.J., Ano 122º, 219.

Em suma, a primeira operação consiste em seleccionar os factos relevantes para a decisão da causa. Depois, de entre estes, uns haverá que, por não terem sido impugnados, se têm de considerar admitidos por acordo. Estes, sobre os quais já não há necessidade de fazer prova, constituem a *matéria de facto assente* ou *provada*. Os outros, os *factos controvertidos*, que necessitam de ser provados, constituirão a *base instrutória* - artºs 508º-A, nº 1, alínea e) e 511º, nº 1.

Como já se disse, a selecção deve incidir apenas sobre matéria de facto e não conter questões de direito. Deve cingir-se às ocorrências da vida real e evitar os conceitos jurídicos.

A matéria de facto consta da *base instrutória* sob a forma interrogativa e será objecto de decisão, por meio de respostas do tribunal, após a audiência de discussão e julgamento. O tribunal não poderá responder sobre questões de direito. Se o fizer, as respostas têm-se por não escritas – artº 646º, nº 4.

A base instrutória deve, portanto, ser expurgada de tudo quanto seja *questão de direito*, de tudo quanto envolva noções jurídicas (v. g. a de ofensa grave). Devem dela constar os factos materiais que possam interessar a estas noções. O órgão competente para conhecer do direito ajuizará depois se eles (os que estiverem provados segundo a decisão proferida sobre a matéria de facto) correspondem ou não aos elementos integradores dessas noções. Por vezes o mesmo termo é usado na linguagem jurídica e na linguagem comum. Deve arredar-se o emprego desse termo, mas quando figure na base instrutória, deve entender-se que foi tomado no seu sentido vulgar. Assim, os termos "pagar", "emprestar", "vender", etc.[138]

"Na medida em que podemos tomar os conceitos jurídicos pelo seu sentido vulgar, deixa o termo de se dever considerar jurídico e sujeito ao regime para este reservado.[139]

[138] Manuel de Andrade, ob. cit., pág. 186.

[139] Castro Mendes, O Conceito de Prova, pág. 570.

O critério que os escritores aceitam para distinguir a matéria de facto da matéria de direito é o seguinte: há matéria de direito sempre que, para se chegar a uma solução, há necessidade de recorrer a uma disposição legal, ainda que se trate da interpretação de uma simples palavra da lei; há matéria de facto quando o apuramento das realidades se faz à margem da aplicação directa da lei, por averiguação de factos cuja existência não depende da interpretação a dar a nenhuma norma jurídica – Ac. R.P. de 24/7/59, *in* Jurisprudência das Relações, ano 5º, pág. 741.

Constituem matéria de facto as palavras que encerram um significado material e "que está ao alcance de qualquer pessoa, inclusivamente de rudimentar cultura" – Ac.R.L. de 22/2/57, Jurisprudência das Relações, ano 3º, pág. 136.

Não devem ser incluídos na *base instrutória* os factos *notórios*, pois não carecem de prova e nem sequer de alegação.

Consideram-se factos notórios os que são do conhecimento geral - artº 514º. Facto notório é, por definição, facto conhecido. Mas não basta qualquer conhecimento; é indispensável um conhecimento de tal modo extenso, isto é, elevado a tal grau de difusão que o facto apareça, por assim dizer, revestido de carácter de certeza.

A notoriedade implica necessariamente a ideia de publicidade.

Facto notório é, por essência, facto de conhecimento geral, facto de conhecimento pelo público. Conhecimento geral não é o mesmo que conhecimento por parte de todos os cidadãos portugueses; é o conhecimento por parte da grande maioria dos cidadãos do País, ou antes, por parte da massa dos portugueses que possam considerar-se regularmente informados, isto é, acessíveis aos meios normais de informação.[140]

Devem ainda ser incluídos na base instrutória os factos sobre os quais não é admissível a confissão, mesmo que não tenham sido impugnados - artº 490º, nº 2 (cfr. artº 354º do C.C.).

As partes podem *reclamar contra a selecção da matéria de facto*, incluída na base instrutória ou considerada como assente, com fundamento em deficiência, excesso ou obscuridade - artº 511º, nº 2.

As *reclamações* baseiam-se essencialmente no seguinte:

1º - pretende-se que sejam *acrescentados certos factos* à base instrutória por se considerar que também são relevantes para a decisão da causa;

2º - pretende-se que sejam *retirados da matéria de facto assente* e *passem para a base instrutória* certos factos por se entender que foram impugnados;

"A matéria daqueles quesitos é puramente de facto, porque a sua apreciação podia ser feita directamente por qualquer pessoa sem necessidade de interpretar ou aplicar qualquer disposição legal" – Ac. S.T.J. de 6/10/70, B.M.J. 200, 229.

"Há, pois, que delimitar conceitualmente a matéria de direito e a matéria de facto, entendendo-se por aquela tudo o que expressamente seja definido ou conceitualizado nas leis positivas com um sentido especial, diferente ou mais preciso do que o corrente; constitui matéria de facto tudo aquilo a que a lei positiva não dá uma entidade própria, "a se", com diferenciação reconhecida – Ac. R.C. de 28/7/76, C.J. 1976, 349.

Deve ser considerada matéria de facto "toda e qualquer expressão contida na lei, de sentido gramatical claro e inconfundível, e que nela não tenha figuração jurídica autónoma – Manuel Pinheiro da Costa, Scientia Jurídica, Tomo IV, pág.s 436 e 437.

[140] Alberto dos Reis, ob. cit., vol. III, pág.s 258 e seg.; V. ainda Ac. S.T.J. de 26/9/95, B.M.J. 449, 293.

3º - pretende-se o inverso, isto é, que sejam *retirados da base instrutória*, e tidos por factos já assentes, certos factos por se entender que foram admitidos pela contraparte, *porque não foram impugnados* por esta;

4º - pretende-se que seja dada a certos factos *uma redacção diferente*: para os tornar mais claros ou mais de acordo com o que foi alegado nos articulados.

O *despacho* que for proferido sobre as reclamações só pode ser impugnado no recurso que vier a ser interposto da decisão final - artº 511º, nº 3.

A selecção da matéria de facto e, portanto, a base instrutória não tem eficácia preclusiva, visto que pode ser alterada, pois não transitou em julgado. Por outras palavras, a selecção da matéria de facto – tenha ou não havido reclamação – *não constitui caso julgado quanto às questões que pode suscitar.*

O presidente do tribunal colectivo pode, até ao encerramento da discussão e julgamento, providenciar pela ampliação da base instrutória da causa - artº 650º, nº 2, alínea f).

64 - Finalidades complementares da audiência preliminar

Dispõe o nº 2 do artº 508º-A que, quando haja lugar à audiência preliminar, ela destinar-se-á complementarmente a:

a) *Indicar os meios de prova* e decidir sobre a admissão e a preparação das diligências probatórias, requeridas pelas partes ou oficiosamente determinadas, salvo se alguma das partes, com fundadas razões, requerer a sua indicação ulterior, fixando-se logo o prazo.

A indicação dos meios de prova tem lugar na audiência preliminar, mas pode ser feita em prazo fixado pelo juiz, quando alguma das partes, com fundadas razões, requerer o adiamento dessa indicação.

A indicação dos meios de prova pode também ser feita nos 5 dias subsequentes à realização da audiência preliminar a que faltaram as partes ou os seus mandatários, devidamente convocados – artº 508º-A, nº 4.

Na verdade, não constitui motivo de adiamento a falta das partes ou dos seus mandatários – artº 508º-A, nº 4. A parte que não compareceu à audiência preliminar, na qual devia *indicar os meios de prova*, terá oportunidade de ainda o fazer nos cinco dias subsequentes àquele em que a mesma teve lugar, bem como, no mesmo prazo, *requerer a gravação da audiência final* ou *a intervenção do colectivo.*

A notificação nos termos e para os efeitos previstos no artº 512º não resolvia o problema do faltoso no que toca à apresentação da prova, visto que tal notificação só terá lugar quando não se tenha realizado a audiência preliminar.

O prazo de cinco dias conta-se a partir da data em que se realizou a audiência preliminar, o que significa que o mandatário faltoso não será notificado para poder exercer tais faculdades.

A apresentação do *rol de testemunhas* e o requerimento de outras provas podem, portanto, ter lugar em diversos momentos processuais:

1 - no final da petição inicial – artº 467º, nº 2;

2 - no final da contestação, por respeito pelo princípio da igualdade das partes; 3 - na audiência preliminar – artº 508º-A, nº 2, alínea a);

4 - nos 5 dias posteriores, se a parte tiver faltado à audiência preliminar;

5 - em 15 dias, depois de notificada para o efeito, se não se tiver realizado a audiência preliminar – artº 512º, nº 1.

b) Outra das finalidades complementares da audiência preliminar consiste em *designar*, sempre que possível, *a data para a realização da audiência final*, quando o processo esteja em condições de prosseguir, tendo em conta a duração provável das diligências probatórias a realizar antes do julgamento.

Procura-se aproveitar a presença dos advogados das partes para designar a data da audiência de discussão e julgamento, estabelecendo o *acordo de agendas* a que alude o artº 155º.

Considera-se que está em condições de prosseguir para julgamento o processo que não deva terminar no saneador. Visto por outro ângulo, o processo deve terminar no saneador quando nesse momento já é possível conhecer imediatamente do mérito da causa e proferir sentença - cfr. artº 510º, nº 1, alínea b) e nº 3 (*in fine*).

c) *Requerer a gravação da audiência final ou a intervenção do colectivo.*

O *registo* dos depoimentos prestados na audiência final é feito nos termos dos artºs 522º-B e 522º-C.

A discussão e julgamento da causa são feitos com intervenção do *tribunal colectivo*, se ambas as partes assim o tiverem requerido, desde que essa intervenção seja admitida no caso concreto – artº 646º, nºs 1 e 2.

65 - Significado e objectivos do despacho saneador

A) - Funções e proferimento do despacho saneador

Ao despacho saneador é atribuída a função de *sanear* o processo, através do conhecimento das questões que se prendem com a regularidade da instância, que ainda não tenham sido apreciadas e, eventualmente, a do imediato *conhecimento do mérito da causa,* se tal se mostrar possível já nesta fase.

Se não houver que proceder à convocação da *audiência preliminar*, o juiz, logo que terminem os articulados, profere despacho saneador, no prazo de vinte dias - artº 510º, nº 1.

Não havendo lugar à realização da audiência preliminar, se a acção tiver sido contestada e houver de prosseguir, o juiz, no despacho saneador, *selecciona a matéria de facto*, mesmo por *remissão* para os articulados; as *reclamações* das partes são, após contraditório, logo decididas – artº 508º-B, nº 2.

Como se vê, o preceito prevê a possibilidade de a *selecção da matéria de facto* (a que já está assente e a que necessita de prova) se fazer *remetendo para os articulados* de onde constam os respectivos factos. As *reclamações* sobre a selecção da matéria de facto é imediatamente decidida, depois de ter sido respeitado o contraditório.

Se houver lugar a audiência preliminar, o despacho saneador *será oral*, devendo *ser ditado para a acta*. Excepcionalmente, quando a complexidade das questões a decidir o exija, *poderá o juiz proferi-lo por escrito*, no prazo de vinte dias, suspendendo-se a audiência. Entretanto será fixada data para a sua continuação, se for caso disso – artº 510º, nº 2.

B) - Saneamento

A função de saneamento está expressa na alínea a) do nº 1 do artº 510º, na qual se determina que o despacho saneador se destina a conhecer das excepções dilatórias e nulidades processuais que hajam sido suscitadas pelas partes, ou que, face aos elementos constantes dos autos, deva apreciar oficiosamente.

Quando for suscitada uma *excepção dilatória* que seja insanável ou que não foi sanada até ao momento, o juiz terá de conhecer da mesma. No caso de a julgar procedente, isso obstará a que o processo prossiga. Será então proferido despacho saneador a *absolver o réu da instância*. Idêntico procedimento se verificará nos casos em que se impõe o conhecimento oficioso.

As *nulidades do processo* constituem vícios de carácter formal que consistem na prática de um acto que a lei não admite, assim como na omissão de um acto ou de uma formalidade que a lei prescreve – cfr. artº 201º.

As nulidades do processo podem definir-se como sendo "quaisquer desvios do formalismo processual prescrito na lei, e a que esta faça corresponder – embora não de modo expresso – uma invalidação mais ou menos extensa de actos processuais (artº 201º; cfr. artºs 194º, 195º e 198º - 200º).[141]

O artº 202º dispõe sobre as nulidades de que o tribunal conhece oficiosamente e das que só pode conhecer sobre *reclamação* dos interessados.

O artº 206º refere as nulidades que devem ser conhecidas no despacho saneador, se o não tiverem sido em momento anterior, pois o juiz pode fazê-lo logo que delas se aperceba. As outras devem ser apreciadas logo que sejam *reclamadas*.[142]

Se, na altura do despacho saneador, o juiz não se considerar habilitado a decidir sobre matéria de que lhe cumpra conhecer, por o processo não conter todos os elementos que lhe permitam tomar a decisão, pode *relegar* para a sentença final o conhecimento da mesma. Do respectivo despacho não cabe recurso - artº 510º, nº 4.

C) - Valor do despacho que conheça de alguma excepção ou nulidade

Quando no despacho saneador o juiz conheça de qualquer excepção dilatória ou nulidade processual, o despacho, logo que transite, apenas constitui caso julgado formal em relação às questões *concretamente apreciadas* - artº 510º, nº 3.

Por vezes, não é invocada qualquer excepção dilatória ou nulidade e o juiz também não tem de conhecer oficiosamente de qualquer destes vícios. Lavra então um *despacho genérico*, que costuma designar-se *despacho "tabelar"* em que afirma que *o tribunal é competente, as partes são legítimas* e *têm personalidade* e *capacidade judiciária, não existem excepções* ou *nulidades* que obstem ao conhecimento do mérito da causa e cumpra apreciar.

Importa averiguar que valor tem um despacho deste teor ou semelhante.

Como facilmente se compreende, no despacho genérico *nenhuma excepção ou nulidade foi concretamente apreciada*. Só teria sido concretamente apreciada se no despacho saneador se tivesse decidido, julgando-a procedente ou improcedente, alguma questão acerca de qualquer delas. O despacho saneador que se limitou a uma apreciação genérica não faz caso julgado, o que significa que nada obstará a que seja posteriormente apreciada qualquer excepção dilatória ou nulidade.

[141] Manuel de Andrade, ob. cit. Pág. 175.

[142] Quanto ao modo de arguição das nulidades estabeleceu-se a doutrina de que "dos despachos se recorre e contra as nulidades se reclama" - Alberto dos Reis, Comentário ao Código de Processo Civil, vol. II, pág. 507; Também Anselmo de Castro se refere à máxima tradicional - das nulidades reclama-se, dos despachos recorre-se - *in* Lições de Processo Civil, vol. III, pág. 221.

Qualquer destas questões só depois de *concretamente apreciada* é que, após o trânsito do respectivo despacho, adquire a força de caso julgado formal. Em suma, o despacho só aprecia *concretamente* as questões em relação às quais foram suscitadas dúvidas que teve de decidir, num ou noutro sentido, isto é, julgando-as procedentes ou improcedentes.

D) - Decisão de mérito

No despacho saneador pode ainda conhecer-se do mérito da causa, sempre que o estado do processo, sem necessidade de mais provas, permita a apreciação, total ou parcial, do ou dos pedidos deduzidos ou de alguma excepção peremptória - artº 510º. nº 1, alínea b).

O estado do processo permitirá conhecer imediatamente do mérito da causa, sem necessidade de mais provas, nos casos em que a questão suscitada é apenas de direito e também nos casos em que, sendo de direito e de facto ou só de facto (como se dizia antes da reforma), o processo contiver todos os elementos para uma decisão conscienciosa. Neste caso, os factos essenciais para poder proferir sentença são considerados provados por outra via, sem necessidade de julgamento: ou por documento junto aos autos, ou porque, não tendo sido impugnados, se consideram admitidos por acordo, nos termos do art.º 490º, nº 2. Sendo assim, não havendo factos relevantes para a decisão da causa necessitados de prova, não haverá lugar à audiência de julgamento e, portanto, o estado do processo permite conhecer imediatamente do mérito da causa.

Trata-se de uma antecipação da decisão, que normalmente só seria proferida a final, nos termos do disposto no artº 658º. A decisão fica tendo, para todos os efeitos, o valor de sentença - artº 510º, nº 3 *in fine*.

Se para a decisão o juiz sentir necessidade de mais provas, terá de seleccionar a matéria de facto que há-de submeter a julgamento na audiência final. Só depois de decidida a matéria de facto, poderá proferir sentença, que consistirá em aplicar o direito substantivo aos factos provados.

Mantém-se actual a doutrina do Assento do S.T.J., de 13/4/90, ao decidir que "não é admissível recurso para o S.T.J. dos acórdãos da Relação que, revogando o saneador-sentença que conhecera do mérito da causa, ordena o prosseguimento do processo, com elaboração de especificação e questionário" (actualmente matéria de facto assente e base instrutória – artº 511º).[143]

[143] Assento do S.T.J. publicado no D.R., II série, nº 176, 1/8/94, pág. 7780.

O nº 5 do artº 510º é uma consequência da eliminação das acções possessórias de entre os processos especiais. Embora as acções possessórias, a partir da reforma processual, sigam a forma de processo comum, continua a ter cabimento o regime que constava do artº 1036º (agora revogado) com fundamento nos princípios consagrados nos artºs 1268º e 1278º do Código Civil, segundo os quais "o possuidor goza da presunção da titularidade do direito" e deve "ser mantido ou restituído (à sua posse) enquanto não for convencido na questão da titularidade do direito".

Secção IV

66 - Fase da instrução

A) - Seu objectivo

A instrução tem por objecto os factos relevantes para o exame e decisão da causa que devam considerar-se controvertidos ou necessitados de prova – artº 513º.

Como se verifica, a lei faz referência aos *factos controvertidos* e aos *factos necessitados de prova.*

Os *factos controvertidos* devem constar da base instrutória. Trata-se dos factos alegados por uma das partes e impugnados pela outra. Estes factos necessitam de ser submetidos a prova, visto que não estão admitidos por acordo. São factos em relação aos quais as partes assumem posições divergentes.

Em determinadas acções, nomeadamente nas acções acerca do estado das pessoas, mesmo que os factos articulados pelo autor não tenham sido impugnados pelo réu, nem por isso são considerados como tendo sido admitidos por acordo. Trata-se de casos em que a revelia é inoperante e, por isso, o autor tem de fazer a prova dos factos por si alegados, apesar de não terem sido contrariados pelo réu – cfr. artº 485º. Nestes casos, embora não sendo controvertidos, são *factos necessitados de prova.*

A necessidade de prova justifica-se porque se trata de factos que estão subtraídos à livre disponibilidade das partes - artº 485º, alínea c). Se o réu tiver oferecido contestação, mesmo que não tenha impugnado esses factos, deverão ser incluídos na base instrutória, para serem submetidos a prova na audiência final.

Em qualquer caso, nunca se procederá, porém, à elaboração da base instrutória, se a acção não tiver sido contestada – cfr., *a contrario sensu,* artº 508º-B, nº 2.

A prova serve para criar no espírito do juiz a convicção acerca da veracidade de cada um dos factos – cfr. artº 655º. A função das provas, segundo vem definida no artº 341º do Código Civil, consiste na demonstração da realidade dos factos.

A prova não é uma certeza lógica, mas tão só um alto grau de probabilidade, suficiente para as necessidades práticas da vida (certeza histórico-empírica) [144]

Não se pode pretender uma certeza absoluta, própria das ciências matemáticas. Os factos sobre que versa são geralmente ocorrências da vida quotidiana que se situam no passado, os quais dificilmente poderiam ser integralmente reconstituídos.

A prova visa apenas, de acordo com critérios de razoabilidade essenciais à aplicação do Direito, criar no espírito do julgador um estado de *convicção*, assente na certeza relativa do facto.[145]

A lei é, em certas circunstâncias, menos exigente quanto à prova, contentando-se com uma prova *sumária*. É o que acontece nos procedimentos cautelares em que é suficiente a *summaria cognitio*. Para decretar a providência basta que o juiz se convença da probabilidade séria da existência do direito e se mostre suficientemente fundado o receio da sua lesão - artº 387º, nº 1. Neste caso, o grau de exigência é bastante menor do que aquele que o tribunal procura na verdadeira prova, como acontece na acção de que a providência cautelar depende ou noutra qualquer acção.

B) - Diferença entre o conhecimento dos factos e o do direito

A prova a fazer tem sempre por objecto a matéria fáctica e não a matéria de direito. Aliás, como se sabe, o juiz só pode servir-se dos factos articulados pelas partes, mas não está sujeito às alegações das partes no tocante ao direito – artº 664º.

O juiz deve ter o conhecimento da norma que há-de ser aplicada à matéria de facto provada. Porém, quando se trata de *direito consuetudinário*, de *direito local* ou de *direito estrangeiro* compete à parte que o invocou fornecer o respectivo conteúdo ao tribunal. Isso não significa, porém, que o tribunal deva ter uma atitude de completa negligência quanto ao seu conhecimento. Podemos dizer que deve existir *cooperação* entre as partes e o tribunal.

É à parte que invocou o direito consuetudinário, local ou estrangeiro, que cabe o ónus de provar a sua existência e conteúdo, embora o tribunal deva

[144] Manuel de Andrade, Noções Elementares de Processo Civil, pág. 190 e seg.

[145] Antunes Varela, J. Miguel Bezerra e Sampaio e Nora, Manual de Processo Civil, pág. 435 e seg.

procurar, oficiosamente, obter o respectivo conhecimento - artº 348º, nº 1 do Código Civil.

Da *cooperação* das partes com o juiz resultará normalmente a determinação do conteúdo do direito estrangeiro aplicável. Porém, no caso de tal não ser conseguido, não pode decidir-se contra a parte a quem incumbia fazer a prova do seu conteúdo, com esse fundamento. Não se trata, na verdade, de um facto, pelo que não tem aplicação a regra que resulta do artº 490º.

Se o tribunal não consegue estabelecer de modo preciso o conteúdo das normas do direito estrangeiro relativas ao caso *sub judice,* mas consegue informar-se com segurança acerca dos princípios gerais informadores desse direito na matéria em questão, deverá decidir o ponto litigioso de harmonia com tais princípios.[146]

C) - Factos que não carecem de prova

Em princípio, carece de prova toda a matéria de facto que consta da base instrutória. Para esta devem ser seleccionados os factos que tenham interesse para a decisão da causa, segundo as várias soluções plausíveis da questão de direito, que deva considerar-se controvertida - artº 511º, nº 1.

Como já foi referido, se a questão de direito admitir, na doutrina ou na jurisprudência, mais do que uma solução, a base instrutória deve conter os factos que sirvam qualquer dessas soluções. A prova deve, portanto, incidir sobre todos esses factos.

Existem, porém, factos que *não carecem de prova* e *nem sequer de alegação*. São os chamados factos notórios - a que já nos referimos - considerando-se como tais os que são de conhecimento geral - artº 514º, nº 1.[147]

Além desses, também *não carecem de alegação* os factos de que o tribunal tem conhecimento por virtude do exercício das suas funções.[148] Quando deles se

[146] Ferrer Correia, D.I.P., 1969, pág.s 711e segs.

[147] A fixação dos factos materiais da causa, mesmo que notórios, cabe às instâncias.
O S.T.J. vem entendendo que o decidir se certo facto é ou não notório é matéria de facto da competência das instâncias. Porém, se por um lado já foi considerado que a decisão das instâncias é censurável pelo Supremo, outros acórdãos deste tribunal permitem que o Supremo verifique se a decisão se conteve dentro dos limites legais ou referem que o Supremo pode apoiar-se em actos que considere notórios, apesar de não fixados pelas instâncias, ou admitem que o Supremo pode basear-se em factos que considere notórios, mau grado ter havido respostas negativas a esses factos negativos quesitados – cfr. Ac. Do S. T.J. de 5/3/96, B.M.J. 455, 420.

[148] O facto deve constar de um outro processo em que o juiz teve intervenção, no exercício das suas funções. Dizendo o preceito que não carece de alegação, não significa, que não careça de prova. Esta deve fazer-se por documento.

socorra, o tribunal deve fazer juntar ao processo documento que os comprove - artº 514º, nº 2.

D) - Início e termo da fase

A fase da instrução tem o seu início com a indicação dos meios de prova. Como já se disse, se houver lugar à audiência preliminar, é nesta que devem ser indicados os meios de prova e requeridas quaisquer diligências probatórias, a gravação da audiência final ou a intervenção do tribunal colectivo - artº 508º-A, nº 2, alíneas a) e c).

Tendo sido dispensada a audiência preliminar, nos casos previstos no artº 508º-B, a secretaria notifica as partes do despacho saneador e para, em 15 dias, apresentarem o rol de testemunhas, requererem outras provas, ou alterarem os requerimentos probatórios que hajam feito nos articulados, e requererem a gravação da audiência final ou a intervenção do tribunal colectivo - artº 512º, nº 1.

Os actos de instrução podem ter lugar antes do período de instrução do processo, no sentido cronológico. Assim, é possível a produção antecipada de prova quando haja justo receio de que venha a tornar-se impossível ou muito difícil o depoimento de certas pessoas ou a verificação de certos factos por meio de arbitramento ou inspecção - artº 520º.

Por outro lado, o autor pode apresentar o rol de testemunhas e requerer outras provas na petição inicial - artº 467º; nº 2. Por respeito pelo *princípio da igualdade das partes* - artº 3º-A - o réu poderá tomar idêntica atitude, apresentando o rol de testemunhas na contestação. Os requerimentos probatórios podem ser alterados, como acima se disse, nos termos do disposto no artº 512º e seguinte.

Com o respectivo articulado podem as partes apresentar ainda os documentos destinados a fazer prova da acção ou da defesa - artº 523º, nº 1.

Dissemos quando se pode considerar o início da fase de instrução. Resta-nos dizer quando termina, sendo certo que tal conhecimento se reveste de grande importância, como veremos no momento adequado. Podemos desde já avançar que a fase da instrução termina com a realização da audiência final - artºs 508º-A, nº 2, alínea b) e 512º, nº 2.

67 - Natureza do direito probatório

O conjunto de normas que regulam a prova dos factos que interessam à decisão da causa pode ser designado de *direito probatório.*

Conforme a sua natureza *substantiva* ou *adjectiva,* as normas do direito probatório encontram-se incluídas no Código Civil ou no Código de Processo Civil.

As normas de natureza substantiva constituem o direito probatório *material* que regula o *ónus da prova*, a *admissibilidade dos meios de prova* e a sua *força ou valor*.

Por sua vez, o direito probatório *formal* regula o *modo como as provas devem ser requeridas* e o seu *modo de produção em juízo*.

Para formar a convicção do juiz podem ser utilizados vários *meios de prova*. Do Código Civil constam os seguintes: prova por presunções – artº 349º e seguintes; prova por confissão – artº 352º e seguintes; prova documental – artº 362º e seguintes; prova pericial – artº 388º e seguinte; prova por inspecção – artº 390º e seguinte; prova testemunhal – artº 392º e seguintes.

O Código de Processo Civil dispõe acerca do aspecto formal destas provas no capítulo que trata da instrução do processo – artºs 513º e seguintes – acrescentando ainda a prova por apresentação de coisas móveis – artº 518º.

68 - Admissibilidade dos meios de prova e suas limitações

O artº 655º, nº 1 consagra o princípio da *livre convicção do julgador* ao determinar que os juízes decidem segundo a sua prudente convicção acerca de cada facto.

Para formar a convicção dos juízes podem as partes, em princípio, servir-se de quaisquer meios de prova.

A lei estabelece, porém, algumas limitações à regra da livre admissibilidade dos meios de prova no nº 2 do mencionado artº 655º.

Umas vezes é a lei substantiva que impõe a observância de certas formalidades, outras vezes as limitações derivam da lei processual.

Como exemplo das primeiras, podemos referir as que exigem que a prova seja feita por meio de documento (é o caso da prova do casamento) e as que afastam a admissibilidade da prova testemunhal - artºs 393º a 395º do Código Civil.

Podemos apontar como limitações provenientes da lei processual as disposições que estabelecem os impedimentos para depor como testemunhas ou a recusa legítima para prestar depoimento - artºs 617º e 618º.

69 - Valor das provas

Como se disse, as provas são apreciadas livremente pelos juízes. No entanto, prova livre não quer dizer prova arbitrária ou caprichosa. Muito menos significa que é lícito ao tribunal julgar os factos como lhe aprouver, segundo as provas, sem provas, ou até contra as provas.

Prova livre significa que o julgador não está subordinado a regras ou critérios formais estabelecidos na lei.[149]

[149] Alberto dos Reis, ob. cit., vol. IV, 543 e seg.

Prova livre significa que o juiz formará, com *prudência,* a sua convicção acerca de cada facto - cfr. artº 655º, nº 1.

Se ficar na dúvida, dado que não lhe é permitido abster-se de julgar, proferirá decisão contra a parte a quem cabia o *ónus* de provar o facto, como veremos.

Os meios de prova podem ter diversos graus de aptidão para influenciar a convicção do juiz. Sob tal aspecto, a prova pode ser *bastante* (ou *suficiente*), prova *plena* e prova *plenissima.*

Prova *bastante* (ou *suficiente*) é a que chega para fundamentar a convicção do juiz acerca da existência de um determinado facto, mas que cede perante *contraprova.*

Diz-se *contraprova* a actividade da parte contrária capaz de lançar no espírito do julgador a dúvida sobre o facto que foi objecto de prova. A *contraprova* invalida a prova. Não necessita de criar no espírito do julgador a convicção de que o facto em causa não é verdadeiro. Basta que neutralize a respectiva prova - cfr. artº 346º do Código Civil.

Assim, se cabe ao autor o ónus de provar determinado facto, deve, por qualquer meio, convencer o julgador da existência desse facto, de modo a que fique afastada qualquer dúvida. Se, porém, o réu fizer nascer, no espírito do julgador, a dúvida acerca da existência desse facto, tanto basta para neutralizar a prova produzida pelo autor. No caso de dúvida, funciona a regra do ónus da prova – v. parte final do mesmo artº 346º do Código Civil.

Prova *plena* é a que só cede perante a prova do contrário. Não basta a neutralização feita através da contraprova. Produzida a prova *plena* é irrelevante a situação de dúvida que se procurou gerar no espírito do julgador. Torna-se necessário convencer o juiz da existência do facto contrário.

Conforme dispõe o artº 347º do Código Civil, a prova legal plena só pode ser contrariada por meio de prova que mostre não ser verdadeiro o facto que dela for objecto.

Como exemplo, podemos apontar o disposto no artº 371º do Código Civil. Segundo este preceito, os documentos autênticos fazem prova plena dos factos que referem como praticados pela autoridade ou oficial público respectivo.

Neste caso, a força probatória dos documentos autênticos só pode ser ilidida com base na sua falsidade - cfr. artº 372º, nº 1 do Código Civil.

A prova *plenissima* é a que não admite sequer prova do contrário.

É o que se verifica em relação à presunção estabelecida no artº 1260º, nº 3 do Código Civil: a posse adquirida por violência é sempre considerada de má fé.[150]Trata-se de um imperativo estabelecido pela lei como uma espécie de sanção contra a posse adquirida por meio violento. Esta posse é sempre considerada de má fé, ainda que seja titulada.

70 - Provas pré-constituídas e provas constituendas.

Segundo outro critério, a lei classifica as provas em pré-constituídas e provas constituendas. É o que se verifica, por exemplo, no artº 517º, nº 2. Ao estabelecer o princípio da audiência contraditória, este preceito tem em conta esta classificação no que concerne à intervenção da parte.

As provas constituendas são as que se constituem no decurso da instrução do processo. Só se formam quando surge a necessidade de demonstrar a realidade do facto. A parte, que não seja revel, é notificada para todos os actos de preparação e produção da prova e é admitida a intervir nesses actos.

Como exemplo de prova que se constitui no decurso do processo pode referir-se a *prova pericial*, a *prova testemunhal* e *depoimento de parte.*

Quanto à *prova pericial*, as partes começam por ser ouvidas sobre a nomeação do perito, nos termos do artºs 568º, nº 2 e 569º. Se a perícia for requerida por uma das partes, deve esta indicar no requerimento o respectivo objecto – artº 577º - e a parte contrária será ouvida sobre o objecto proposto – artº 578º.

Na *prova testemunhal* o interrogatório da testemunha é feito pelo advogado da parte que a ofereceu, podendo o mandatário da parte contrária fazer as instâncias que julgar necessárias para completar ou esclarecer o depoimento – artº 638º. O controlo dos depoimentos pode ainda ser feito através da contradita – artº 640º - ou requerendo a acareação – artº 642º.

O mesmo sucede com o *depoimento de parte.*

As provas *pré-constituídas* são as que já estão formadas antes do processo, ou seja, já existiam antes de nascer a necessidade da sua apresentação. Deve facultar-se à parte que as não ofereceu a possibilidade de impugnar tanto a respectiva admissão como a sua força probatória.

É o que se verifica com a *prova documental.* A apresentação do documento é notificada à parte contrária – artº 526º. Se o documento for requisitado pelo tribunal, a sua obtenção deve ser notificada a ambas as partes – artº 539º.

A genuinidade do documento pode ser impugnada nos termos do artº 544º.

Resumindo, as provas classificam-se de *constituendas* quando o meio de prova se forma depois de surgir a necessidade de o utilizar, enquanto que nas provas *pré-constituídas* o meio de prova já está formado antes de se tornar neces-

[150] Cfr. Antunes Varela, J. Miguel Bezerra e Sampaio e Nora, ob. cit., págs. 472 e seg.

sária a sua utilização. A parte interessada tem de *requerer ao tribunal a admissão*, quando se trata de prova *pré-constituída*, ou *requerer a produção* quando está em causa a prova *constituenda*.

71 - Produção antecipada da prova

As provas são geralmente oferecidas, como se sabe, no período de instrução e a sua produção realiza-se normalmente na audiência final - cfr. artº 652º, nº 3.

Porém, nos termos do disposto no artº 520º, havendo justo receio de vir a tornar-se impossível ou muito difícil o depoimento de certas pessoas ou a verificação de certos factos por meio de arbitramento ou inspecção é excepcionalmente admitida a produção antecipada da prova, designada *ad perpetuam rei memoriam*.[151]

Em primeiro lugar o preceito refere a possibilidade de ser antecipado o *depoimento*. Ora, só existe o depoimento de parte e o de testemunhas.

Se foi indicada como *testemunha* uma pessoa que, por exemplo, se propõe ir para o estrangeiro antes da realização da audiência final, torna-se necessário antecipar o seu depoimento, a fim de não prejudicar o apuramento da verdade, quando esse depoimento é considerado essencial para a decisão da causa.

O mesmo se diga do depoimento de parte, que adiante estudaremos.

O legislador também foi sensível ao risco de ver apagados determinados vestígios de factos, se o interessado na respectiva prova fosse obrigado a aguardar o momento normalmente utilizado para a realização do *arbitramento* ou *inspecção judicial*.

A produção antecipada de prova pode, portanto, ser requerida não só em relação ao *depoimento* de pessoas (da parte ou da testemunha) como também ao *arbitramento* ou *inspecção*. Basta que haja justo receio de vir a tornar-se impossível ou muito difícil a prova que por tais meios se procurava obter.

O depoimento, o arbitramento ou a inspecção podem mesmo realizar-se *antes de ter sido proposta qualquer acção*.

Aquele que requerer a prova antecipada deve justificar sumariamente a necessidade da antecipação - artº 521º, nº 1. Nesse sentido deve alegar as circunstâncias que tornam impossível ou muito difícil a produção da prova no momento em que normalmente teria lugar – a audiência de discussão e julgamento.

[151] Esta expressão latina – para lembrança perpétua da coisa, do facto – é utilizada nos laudos de vistoria (como, por exemplo, nas expropriações) e foi, em tempos, inscrita em monumentos, medalhas, etc.

Deve ainda o requerente mencionar com precisão *os factos* sobre que há-de recair a produção antecipada de prova (visto que o juiz só a autorizará se tais factos forem relevantes para a decisão) e *identificar as pessoas* que hão-de ser ouvidas quando se trate de depoimento de parte ou de testemunhas - artº 521º, nº 1.

Quando seja requerida a diligência antes da propositura da acção, deve ainda o requerente indicar sucintamente *o pedido* e *os fundamentos da acção* que pensa instaurar e ainda *identificar a pessoa contra quem pretende fazer uso da prova* - artº 521º, nº 2.

A pessoa contra quem se pretende fazer uso da prova é notificada pessoalmente, a fim de garantir o respeito pelo princípio do contraditório - ainda artº 521º, nº 2.

A intervenção da parte contrária e a participação do tribunal garantem força probatória igual à que teria no caso de a prova ter sido realizada no momento processual próprio.

No decurso da acção, a produção de prova antecipada pode ser requerida não só pelo autor como também pelo réu. A lei não distingue e nenhuma razão haveria para distinguir. Tanto um como o outro podem sentir justo receio de que a prova venha a tornar-se difícil ou impossível quando chegar o momento próprio.

Se a acção ainda não tiver sido proposta, também não há dúvida de que o futuro autor pode requerer a produção antecipada de prova, pois tal possibilidade resulta claramente do disposto no artº 521º, nº 2.

Porém, não se vê razão para não atribuir ao futuro réu a mesma faculdade. Conforme ensina Alberto dos Reis, [152] a expressão contida no artº 521º, nº 2, na parte em que impõe ao futuro autor que indique o pedido e os fundamentos da demanda, deve ser adaptada por forma a que o futuro réu tenha de indicar o pedido e os fundamentos da acção que contra si pode ser eventualmente proposta.

Refere ainda o mesmo Mestre,[153]que já "a Ordenação expressamente permitia que a chamada prova *ad perpetuam rei memoriam* fosse requerida pelo réu antes de começar a demanda".

[152] Alberto dos Reis, ob. cit., vol. III, pág. 339.

[153] Ob. e loc. cit., pág. 338.

Requerida a produção antecipada da prova, antes da acção ter sido proposta, não se torna obrigatória a observância de prazo para a propositura da acção.

72 - Valor das provas fora do processo onde foram produzidas

Os depoimentos e arbitramentos produzidos num processo com audiência contraditória da parte podem ser invocados noutro processo contra a mesma parte - artº 522º, nº 1.

Quer dizer, desde que tenha sido observado o princípio da audiência contraditória, a prova feita num determinado processo pode ser aproveitada num outro processo instaurado contra a mesma parte. Na verdade, se lhe foi concedida a faculdade de se defender, facilmente se aceitará que a prova possa ser utilizada contra a mesma pessoa num outro processo em que é formulada uma nova pretensão que assenta no mesmo facto.

Mas o aproveitamento da prova abrange apenas os *depoimentos* - o depoimento de parte e o depoimento prestado por testemunhas - e os *arbitramentos.*

A lei ressalva, porém, o caso da confissão feita num processo que só vale como judicial nesse processo -- artº 355º, nº 3 do Código Civil.

Compreende-se que a parte só tenha confessado por estarem em jogo interesses de pouca monta. Por isso, tem de admitir-se que poderá ser diferente a sua atitude noutro processo em que os valores sejam mais elevados.

O preceito não faz referência à *prova por documento* ou à *inspecção judicial.*

Quanto à *prova por documentos* compreende-se facilmente a omissão, pois a parte poderá apresentar o documento (através de certidão ou requerendo o seu desentranhamento) na nova acção. Por isso, não se justificaria que fosse atribuído valor extra-processual a este meio de prova.

Por seu turno, a *inspecção judicial* não tem valor fora do processo em que foi efectuada, devido à natureza pessoal do resultado alcançado, visto que se trata da observação feita directamente pelo juiz. A conclusão a que chegou um juiz não tem de ser necessariamente a mesma a que chegará outro juiz em processo diferente – cfr. artº 612º.

O artº 522º estabelece duas limitações ao valor da prova fora do processo em que foi produzida.

Uma delas diz respeito ao caso em que o regime de produção da prova no primeiro processo oferece às partes *garantias inferiores* às do segundo. Neste caso, os *depoimentos* e *arbitramentos* produzidos no primeiro processo só valem no segundo como princípio de prova - artº 522º, nº 1 (2ª parte).

É o que acontece, por exemplo, com a *perícia* levada a efeito, em processo sumaríssimo, por um só perito – artº 796º, nº 5 – e a *perícia colegial* realizada em processo ordinário, no caso previsto no artº 569º.

A outra limitação refere-se ao caso de ter sido *anulado* o primeiro processo na parte relativa à produção da prova que se pretende invocar. Neste caso cessa o valor extra-processual das provas - artº 522º, nº 2.

73 - Princípio da audiência contraditória na fase de instrução

O princípio do contraditório deve ser fundamentalmente observado na fase da instrução do processo, constituindo um dos princípios fundamentais para que as provas mereçam a necessária credibilidade.

Trata-se de proporcionar a cada uma das partes a possibilidade de defesa contra as provas oferecidas pela outra, ou a ambas as partes a possibilidade de se pronunciarem sobre as provas trazidas ao processo por iniciativa do tribunal.

O artº 517º, nº 1 enuncia o princípio do contraditório nos termos seguintes: salvo disposição em contrário, as provas não serão admitidas nem produzidas sem audiência contraditória da parte a quem hajam de ser opostas - artº 517º, nº 1.

Por sua vez, o nº 2 do mesmo artº 517º regula a aplicação do princípio em conformidade com a natureza da prova.

Assim, no que toca às *provas constituendas* (as que se formam no decurso do processo) a parte será notificada, quando não for revel, para todos os actos de produção e preparação da prova e será admitida a intervir nesses actos. É o que se passa, por exemplo, no caso da prova pericial: se foi requerida por uma das partes, esta indicará logo o respectivo objecto e a contraparte será ouvida sobre o objecto proposto, podendo aderir a ele ou propor a sua ampliação ou restrição – artºs 577º e 578º.

Em relação às provas pré-constituídas (as que já existiam antes do processo) é facultada à parte que as não ofereceu a possibilidade de impugnar não só a sua admissibilidade como também a sua força probatória. Assim, a parte deve ser notificada da apresentação de um documento que tenha sido oferecido com o último articulado (ou depois dele) – artº 526º - para que possa pronunciar-se sobre a sua admissibilidade como prova e sobre o seu valor probatório – artºs 544º e 546º. Com a mesma finalidade serão notificadas ambas as partes quando o documento tenha sido requisitado pelo tribunal - artº 539º.

74 - Factos que o juiz deve considerar na decisão

Num sistema processual baseado no *princípio dispositivo*, o juiz só pode julgar com fundamento nos factos alegados e provados *pelas partes*, não podendo indagar por sua iniciativa os factos relevantes para a decisão. O tribunal não pode, portanto, suprir as deficiências das partes no que toca às alegações dos factos e no que toca à respectiva prova. As partes *dispõem* do processo como da relação jurídica. O juiz limita-se a exercer o papel de árbitro e controla a observância das regras processuais.

Tendo em vista privilegiar a verdade material, no nosso sistema jurídico "procede-se a uma ponderação entre os princípios do dispositivo e da oficiosidade, em termos razoáveis e adequados". "Assim, no que se refere à exacta definição da regra do dispositivo, estabelece-se que a sua vigência não preclude ao juiz a possibilidade de fundar a decisão não apenas nos factos alegados pelas partes mas também nos factos instrumentais que, mesmo por indagação oficiosa, lhes sirvam de base".[154]

Em conformidade com a orientação preconizada, o nº 1 do artº 264º atribui a cada uma das partes o ónus de alegar os factos que lhe interessam para sustentar a sua posição. O autor terá de alegar os factos constitutivos do direito que se arroga, os quais consubstanciam a respectiva causa de pedir. Por seu turno ao réu caberá alegar as excepções, ou seja, os factos impeditivos, modificativos ou extintivos do direito invocado pelo autor, para que a acção venha a ser julgada improcedente.

Determina o nº 2 do mesmo artº 264º que o juiz só pode fundar a decisão nos factos alegados pelas partes, sem prejuízo do disposto nos artigos 514º e 665º e da consideração, mesmo oficiosa, dos factos instrumentais que resultem da instrução e discussão da causa.

Quer dizer, o juiz só pode servir-se dos factos (*essenciais*) articulados pelas partes – artº 664º - para além dos *factos notórios* previstos no artº 514º (visto que não carecem de alegação nem de prova) e dos *factos que revelam uso anormal do processo* previstos no artº 665º. No entanto, pode ainda o juiz tomar em conta, mesmo oficiosamente, os *factos instrumentais* que resultem da instrução e discussão da causa.

Acrescenta o nº 3 do artº 264º que serão ainda considerados na decisão os *factos essenciais* à procedência das pretensões formuladas ou das excepções deduzidas que sejam *complemento* ou *concretização* de outros que as partes hajam oportunamente alegado e resultem da instrução e discussão da causa, desde

[154] Cfr. relatório preambular do D.L. nº 329-A/95, de 12/12.

que a parte interessada manifeste vontade de deles se aproveitar e à parte contrária tenha sido facultado o exercício do contraditório.

Fazendo o preceito referência a factos *essenciais, instrumentais* e *complementares*, impõe-se que os saibamos distinguir.

Como resulta do acima exposto, às partes compete alegar os factos *essenciais*. São os factos que integram a causa de pedir ou fundamentam as excepções. Por outras palavras, são os factos que concretizam a norma jurídica em que se fundamenta o direito invocado pelo autor ou se baseia a defesa do réu. São, em suma, os factos que, se vierem a ser provados, são decisivos para que a acção ou a excepção possa ser julgada procedente. Em princípio, o juiz só pode servir-se destes factos.

Os *factos instrumentais* destinam-se a realizar a prova indiciária dos factos essenciais, já que através deles se poderá chegar, mediante presunção judicial, à demonstração dos factos essenciais correspondentes – assumindo, pois, em exclusivo, uma função probatória e não uma função de preenchimento e substanciação jurídico-material das pretensões e da defesa.[155]

Os factos *instrumentais* podem ser carreados para o processo pelo juiz, suprindo deste modo a falta de alegação pelas partes, com vista à justa composição do litígio.

Para Anselmo de Castro, factos *indiciários, instrumentais* ou *simples* "são factos que não pertencem à norma fundamentadora do direito e em si lhe são indiferentes e que apenas servem para, da sua existência, se concluir pela dos próprios factos fundamentadores do direito ou da excepção - factos constitutivos. Por outras palavras: têm apenas a função possível de factos-base de presunção".[156]

Segundo Castro Mendes, factos *instrumentais* são os que interessam indirectamente à solução do pleito por servirem para demonstrar a verdade ou falsidade dos factos pertinentes.[157]

Assim, os *factos essenciais* ou *fundamentais* são os que integram a previsão da norma em que se funda a pretensão do autor (ou reconvinte) ou a excepção deduzida pelo réu (ou reconvindo). São os factos indispensáveis à procedência da acção ou da excepção.

Os *factos instrumentais* servem para prova dos *factos essenciais* e só estes últimos podem preencher, no caso concreto, a previsão da norma jurídica.

[155] Lopes do Rego, Comentários ao Código de Processo Civil, pág. 200.

[156] Direito Processual Civil Declaratório, 3º, pág. 275.

[157] Direito Processual Civil, 1968,, 2º, pág. 208.

Sobre os factos *instrumentais* possui o juiz poderes inquisitórios que lhe advêm do disposto nos artºs 264, nº 2 e 265º, nº 3.

O juiz pode, oficiosamente ou por sugestão das partes, investigar os *factos instrumentais* no decurso da audiência, tendo em vista o apuramento da verdade material e a justa composição do litígio – cfr. artº 265º, nº 3.

Os *factos instrumentais* podem ser conhecidos pelo tribunal, sem que tenham sido alegados pelas partes, se resultarem da discussão da causa. O tribunal, servir-se-á deles para obter, de forma indirecta, a prova dos *factos principais*, estes sim, alegados pelas partes.

Quer dizer, quanto aos *factos essenciais* funciona o princípio dispositivo, o que significa que têm de ser alegados e provados pelas partes. Quanto aos *factos instrumentais*, o tribunal pode suprir a negligência ou inactividade das partes, carreando-os para o processo e submetendo-os a prova.

Como resulta do que fica dito, os *factos instrumentais* não necessitam de ser incluídos na base instrutória, prevista no artº 511º.

Suponhamos que numa acção em que se discute a responsabilidade civil por acidente de viação, o autor alegou que o condutor do veículo causador do acidente conduzia, dentro da cidade, a uma velocidade superior a 90 km/ hora.

O autor não consegue fazer a prova da velocidade a que o veículo seguia quando se deu o embate. Se, entretanto, no decurso do julgamento, ficar provado que o veículo deixou no pavimento um rasto de travagem de cerca de 35 metros, este facto, apesar de não ter sido alegado, pode ser utilizado como facto instrumental com aptidão para concorrer para a prova da velocidade a que o veículo seguia no momento em que se deu o acidente. Trata-se de um *facto instrumental* – que serve de prova ao *facto essencial* alegado – em relação ao qual o juiz tem poderes inquisitórios, com vista ao apuramento da verdade. Este facto constitui a base da presunção do *facto essencial* – velocidade a que o veículo circulava.

Resta-nos aludir aos *factos complementares*. Trata-se de factos essenciais à procedência das pretensões formuladas ou das excepções deduzidas que sejam complemento ou concretização de outros oportunamente alegados pelas partes. Estes factos resultaram da instrução e discussão da causa.

Tais factos podem ser considerados na decisão, desde que a parte a quem aproveitam manifeste vontade de se servir deles e à parte contrária tenha sido proporcionado o exercício do contraditório. Esta dependência da vontade da parte quanto ao seu aproveitamento, leva-nos a concluir que nenhuma limitação sofre o *princípio do dispositivo*. O *princípio do contraditório* também será respeitado. Só não tem o mesmo tratamento o *princípio da preclusão*. Na verdade, o facto complementar não foi alegado no momento em que o foram os outros factos essenciais.

Os factos complementares pressupõem a existência de uma certa *conexão* com a matéria de facto alegada.

Continuando a referir como exemplo um caso de responsabilidade civil por acidente de viação, podemos conceber a seguinte hipótese: o autor não alegou que o condutor do veículo segurado na ré conduzia na qualidade de comissário prevista no artº 500º do Código Civil. A procedência da acção pode depender da prova deste facto essencial. É evidente a conexão com a matéria de facto alegada pelo autor. Trata-se de um *facto complementar* que poderá ser utilizado desde que o autor manifeste tal intenção e seja dado cumprimento ao princípio do contraditório.

Concluindo, os *factos instrumentais* podem ser conhecidos pelo tribunal, mesmo que não tenham sido alegados, se resultarem da instrução e discussão da causa.

Os *factos complementares* que resultem da instrução e discussão da causa podem ser considerados na decisão, ainda que não tenham sido alegados, desde que a parte a quem interessam manifeste vontade de se aproveitar deles e à contraparte tenha sido dada a oportunidade de exercer o contraditório.

Porém, os *factos essenciais* só podem ser conhecidos pelo tribunal e servir de fundamento à decisão, se tiverem sido oportunamente invocados.

75 - Princípio da cooperação

O *princípio da cooperação* encontra-se definido no artº 266º. Conforme dispõe o nº 1 do preceito, na condução e intervenção no processo, devem os magistrados, os mandatários judiciais e as próprias partes cooperar entre si, concorrendo para se obter, com brevidade e eficácia, a justa composição do litígio.

Este princípio deve ser entendido como recíproco nas relações que se estabelecem entre as partes e entre estas e o tribunal, impondo-se ainda a terceiros.

A cooperação "leva frequentemente a falar duma *comunidade de trabalho* entre as partes e o tribunal para a realização da função processual".[158]

Conforme dispõe o artº 519º, nº 1, todas as pessoas, mesmo que não sejam partes, têm o dever de prestar a sua colaboração para a descoberta da verdade.

[158] José Lebre de Freitas, ob. cit., pág. 153.

Como se verifica, o dever de cooperação impõe-se não só às partes, mas a todas as pessoas. Os que recusarem a colaboração devida serão condenados em multa – artº 519º, nº 2.

A condenação em multa não afasta a possibilidade de o tribunal utilizar ainda os meios coercitivos que forem possíveis, ou seja, nada impede que, após a condenação em multa, o juiz ordene a apreensão de documentos – artºs 532º e 533º - ou ordene que a testemunha, que faltou sem justificação, compareça sob custódia - artº 629º, nº 4.

Quando a recusa é proveniente da *parte* e se torna inviável a realização da diligência através do emprego de meios coercitivos, o tribunal apreciará livremente o valor da recusa para efeitos probatórios.

É o que acontece, por exemplo, quando, para efeitos de investigação de paternidade, o pretenso pai se recusa a sujeitar-se ao exame hematológico. Não sendo viável o recurso à força para a realização de tal exame, porque tal atitude ofenderia o direito à integridade física do recusante, o tribunal apreciará livremente a prova.[159] Assim, o tribunal pode ser levado a concluir que o pretenso pai tinha razões para recear seriamente o resultado do exame hematológico.

Se a *parte* contrária tiver culposamente tornado impossível a prova do onerado, *inverte-se o ónus da prova* – artº 519º, nº 2 conjugado com o artº 344º, nº 2 do Código Civil. Assim, o ónus da prova do facto passa a caber à parte que culposamente criou essa impossibilidade à contraparte.

Quando o recusante for *parte*, pode ainda ser condenado em multa, como litigante de má fé – artº 456º, nº 1 e nº 2, alínea c).

O dever de colaboração inclui ainda a obrigação que incumbe às *partes* e *seus representantes* ou *mandatários judiciais* de prestar os esclarecimentos que lhe forem pedidos pelo juiz, nos termos do disposto no artº 266º, nºs 2 e 3.

Este dever tem como limites – que legitimam a recusa em obedecer – os que vêm consagrados no artº 519º, nº 3:

a) violação da integridade física ou moral das pessoas;
b) Intromissão na vida privada ou familiar, no domicílio, na correspondência ou nas telecomunicações;
c) Violação do sigilo profissional ou de funcionários públicos, ou do segredo de Estado, sem prejuízo do disposto no nº 4.

[159] Cfr., porém, o Ac. do S.T.J. de 11/3/97, C.J., ano V, T.1, 145.

A licitude da recusa tem fundamento no artº 32º, nº 8 da Constituição da República que determina a nulidade de todas as provas obtidas mediante tortura, coacção, ofensa da integridade física ou moral da pessoa, abusiva intromissão na vida privada, no domicílio, na correspondência ou nas telecomunicações.

Como exemplo da cooperação a prestar pelo *tribunal* pode apontar-se o que resulta do disposto no artº 266º, nº 4: sempre que alguma das partes alegue justificadamente dificuldade séria em obter documento ou informação que condicione o eficaz exercício de faculdade ou o cumprimento de ónus ou dever processual, deve o juiz, sempre que possível, providenciar pela remoção do obstáculo.

O tribunal pode, oficiosamente ou a requerimento de alguma das partes, determinar a prestação de informações pelos serviços administrativos - artº 519º-A, nº 1. Pode também, oficiosamente ou a requerimento de qualquer das partes, requisitar informações, pareceres técnicos, plantas, fotografias, desenhos, objectos ou outros documentos necessários ao esclarecimento da verdade - artº 535º, nº 1.

O juiz pode ainda oficiosamente determinar a realização de perícia colegial - artº 569º, nº 1, alínea a) ou uma segunda perícia, desde que a julgue necessária para o apuramento da verdade - artº 589º, nº 2.

Além disso, o tribunal pode, por sua iniciativa, inspeccionar coisas ou pessoas - artº 612º, nº 1.

Pode também o tribunal, por sua iniciativa, inquirir uma pessoa que não foi oferecida como testemunha, se houver razões para presumir que essa pessoa tem conhecimento de factos importantes para a boa decisão da causa - artº 645º, nº 1.

A cooperação do tribunal para com as partes verifica-se ainda nos casos em que impõe ao juiz o dever de convidar as partes a suprir deficiências ou imprecisões na exposição da matéria de facto – artºs 508º e 508º-A, nº 1, alínea c).

76 - Ónus da prova

Determina o artº 8º, nº 1 do Código Civil que o tribunal não pode abster-se de julgar, invocando a falta ou obscuridade da lei ou alegando dúvida insanável acerca dos factos em litígio.

Ainda que o juiz tenha dúvidas quanto à ocorrência ou não ocorrência dos factos, não pode deixar de proferir uma decisão de fundo sobre a questão suscitada. Tem de definir a relação material controvertida, como se no seu espírito se tivesse formado uma verdadeira convicção acerca da prova dos factos. Tem, em suma, de dirimir o conflito suscitado entre as partes.

Qual deve ser, nestes casos, o sentido da sua decisão ?

São as regras do *ónus da prova* que definem o critério que o juiz deve adoptar para proferir a decisão.

O ónus da prova traduz-se, para a parte a quem compete, no encargo de fornecer a prova do facto visado, incorrendo nas desvantajosas consequências de se ter como líquido o facto contrário, quando omitiu ou não logrou realizar essa prova; ou na necessidade de, em todo o caso, sofrer tais consequências se os autos não contiverem prova bastante desse facto (trazida ou não pela mesma parte).[160]

A parte sobre a qual impende o ónus da prova tem de alegar o facto e de trazer ao processo os respectivos elementos de prova, que sejam suficientes para formar a convicção do juiz. Se não alcançar tal objectivo, o juiz decidirá contra ela.

Não é, porém, indispensável que a prova seja feita pela parte sobre a qual recai o ónus. O que importa é que a prova seja feita, isto é, que o juiz fique convencido. A prova pode ser produzida pela outra parte ou ser obtida por iniciativa do juiz, nos casos em que tal se torna possível.

Se o juiz ficar com dúvidas sobre a realidade do facto, deve decidir contra a parte a quem incumbia o ónus da prova desse facto, visto que não pode abster-se de julgar com o fundamento de que não ficou devidamente esclarecido acerca do mesmo. É aqui que reside a principal importância das regras sobre o ónus da prova estabelecidas no artº 342º do Código Civil.

77 - Princípio da aquisição processual

O tribunal deve tomar em consideração todas as provas produzidas, tenham ou não emanado da parte que devia produzi-las, sem prejuízo das disposições que declarem irrelevante a alegação de um facto, quando não seja feita por certo interessado - artº 515º.

Quer dizer, todas as provas devem ser consideradas pelo juiz, mesmo as que foram aduzidas por uma das partes e são favoráveis à parte contrária.

O preceito constitui a emanação do princípio da *aquisição processual.* As provas produzidas no processo consideram-se como *adquiridas* para o efeito da decisão do mérito da causa, sem que interesse averiguar qual das partes as produziu. O que importa é que os factos relevantes para a decisão estejam

[160] Manuel de Andrade, ob. cit., pág. 196.

provados, sendo indiferente que a prova tenha emanado da parte onerada ou da contraparte. Sendo assim, a parte onerada não é necessariamente vítima da sua incúria, pois pode colher os benefícios da actividade probatória alheia.[161]

Significa este princípio que "os materiais (afirmações e provas) aduzidos por uma das partes ficam *adquiridos* para o processo. São atendíveis mesmo que sejam favoráveis à parte contrária".[162]

Sendo assim, o documento apresentado para prova de um facto já não poderá ser retirado (desentranhado) senão depois de passar em julgado a decisão que põe termo à causa – artº 542º, nº 3. Na verdade, se a parte que o apresentou veio a arrepender-se, por verificar que a prova aproveita afinal à parte contrária, já o não poderá retirar. A prova foi *adquirida para o processo.*

Para evitar isto, por vezes a parte desiste da inquirição de uma ou algumas das suas testemunhas para evitar correr o risco de fazer a prova do facto ou dos factos que a parte contrária, a quem cabia o ónus, não logrou fazer.

Com este princípio tem-se em vista obter uma decisão do pleito que esteja, o mais possível, em conformidade com a situação real.

A segunda parte do preceito contém um *desvio* a tal princípio ao ressalvar as disposições que declarem irrelevante a alegação de um facto, quando não seja feita por certo interessado. Enquadra-se neste desvio, a invocação da prescrição.

Determina o artº 303º do Código Civil que a prescrição necessita, para ser eficaz, de ser invocada, judicial ou extrajudicialmente, por aquele a quem aproveita.

O mesmo acontece com a apreciação da caducidade em matéria relativa a direitos disponíveis – artº 333º, nº 2 do Código Civil.

De igual modo, o artº 287º do Código Civil só atribui legitimidade para arguir a anulabilidade às pessoas em cujo interesse a lei a estabelece.[163]

78 - Critérios de repartição do ónus da prova

A) - Regra geral

O artº 342º do Código Civil contém a regra geral sobre a repartição do ónus da prova. Àquele que invocar um direito cabe fazer a prova dos factos cons-

[161] Cfr. Alberto dos Reis, ob. cit., vol. III, pág. 273.

[162] Manuel de Andrade, ob. cit., pág. 383.

[163] Cfr. artº 496º.

titutivos do direito alegado. À parte contrária cabe a prova dos factos impeditivos, modificativos ou extintivos daquele direito.

Dito de outro modo, a cada uma das partes cabe o ónus de provar os factos que constituem o pressuposto das normas de cuja aplicação depende o êxito da sua pretensão.

O autor, porque tem o ónus da acção, cabe-lhe por isso mesmo alegar e provar os factos que servem de apoio à pretensão que pela acção se propõe fazer valer. O réu, porque tem o ónus da excepção, tem por esse motivo de alegar e provar os factos que estão na base dela.[164]

Os factos que servem de fundamento à acção são os factos constitutivos. O autor propõe a acção para fazer valer certo direito que se arroga contra o réu. Cumpre-lhe, portanto, demonstrar que é titular desse direito, invocando determinada norma legal que reconhece o direito e provando os factos de que a norma faz depender a sua existência.

A prova dos factos que podem ter o efeito de impedir, modificar ou extinguir o direito cabe ao réu.

Em suma, cada uma das partes tem o ónus de provar os factos que constituem os pressupostos da norma que lhe é favorável .[165]

Suponhamos que na acção o autor pede que o réu seja condenado a pagar-lhe um determinado crédito. O réu pode invocar o pagamento, o perdão ou a prescrição. Ao autor cabe o ónus de alegar e provar os factos constitutivos do crédito que invoca. Ao réu compete invocar e provar os factos extintivos daquele crédito.

Ao réu, por meio da contraprova, convém convencer o juiz de que o facto alegado pelo autor não é verdadeiro ou, pelo menos, convém criar a dúvida no espírito do juiz acerca desse facto. No caso de dúvida, o juiz terá de decidir contra a parte a quem cabia o ónus de provar o facto.

A regra enunciada no artº 342º do Código Civil no sentido de que a prova dos factos constitutivos do direito compete àquele que o invoca e que a prova dos factos impeditivos, modificativos ou extintivos desse direito cabe àquele contra quem a invocação é feita assenta no pressuposto de que se encontra resolvida a qualificação do facto. Mas nem sempre assim acontece. Por isso, o nº 3 deste preceito estabelece que, em caso de dúvida os factos devem ser considerados como constitutivos do direito.

164 Alberto dos Reis, ob. cit., vol. III, pág. 277.

165 Alberto dos Reis, ob. e loc. cit.

A lei, mostra assim o critério a seguir no caso em que, por exemplo, se suscita a dúvida sobre se o facto é constitutivo ou se, pelo contrário, a sua falta é que deve ser tida como um facto impeditivo.

Mas as dúvidas também podem suscitar-se a outro nível. Pode surgir a *dúvida sobre a prova* do facto, assim como também a *dúvida a respeito da parte a quem incumbe o ónus da prova*. A solução encontrada para estas dúvidas vai no sentido adverso à parte a quem o facto aproveitaria.

A dúvida sobre a realidade de um facto ou sobre a repartição do ónus da prova resolve-se contra a parte a quem o facto aproveita - artº 516º.

B) - Ónus da prova em casos especiais

1 - A lei prevê alguns casos especiais que evidenciam alguma diferença no confronto com a regra geral atrás enunciada. Assim, o artº 343º do Código Civil estabelece que nas acções de simples apreciação ou declaração negativa, compete ao réu a prova dos factos constitutivos do direito que se arroga - nº 1 do artº 343º do Código Civil.[166]

As *acções de simples apreciação negativa* destinam-se a obter unicamente a declaração da inexistência de um direito ou de um facto – artº 4º, nº 2, alínea a).

Nestas acções a *posição processual* das partes é contrária à sua *posição substancial*. O autor, no aspecto formal ou processual, é realmente o réu, no aspecto substancial, e vice-versa. Daí o encargo que impende sobre o réu de produzir a prova dos factos que normalmente estão a cargo do autor (factos constitutivos do direito). Não existe, pois, verdadeira inversão do ónus da prova, como à primeira vista podia parecer.

O que dá origem à acção é o facto de *o réu se arrogar determinada pretensão*; ao réu deve, por isso, incumbir a prova de que a sua pretensão é fundada.[167]

Também se partiu do princípio de que é mais fácil provar a existência do que a inexistência de um direito ou de um facto.[168]É, portanto, ao réu que incumbe a prova dos factos constitutivos do seu direito, em vez de se exigir do autor a prova de que o réu não tem o direito que se arroga.

[166] É de simples apreciação negativa a acção em que a autora pede que se considere sem efeito a escritura de justificação notarial por os réus não serem donos do terreno a que aludem – Ac. do S.T.J. de 26/4/94, C. J. 1994, Ano II, T2, 68.

[167] Cfr. Alberto dos Reis, ob. cit., vol. III, pág. 289.

[168] Nas acções de simples apreciação negativa o prazo para a réplica passa a ser o dobro – cfr. artº 502º, nº 3.

2 - Nas acções que devam ser propostas dentro de certo prazo a contar da data em que o autor teve conhecimento de determinado facto, cabe ao réu a prova de o prazo ter já decorrido, salvo se outra for a solução especialmente consignada na lei - nº 2 do artº 343º do Código Civil.

Também neste caso se considerou ser mais fácil ao réu fazer a prova da data em que o autor tomou conhecimento do facto do que ao autor a prova de que não teve dele conhecimento até determinada data. Entendeu-se igualmente que existe dificuldade em provar os *factos negativos* e, por isso, impôs-se ao réu o ónus de provar que o autor teve conhecimento do facto há mais tempo do que o prazo legal para a propositura da acção. Podem apontar-se alguns exemplos de acções que devem ser propostas dentro de certo prazo, previstos no Código Civil: as acções de anulação do negócio jurídico - artº 287º, nº 1 - as acções de preferência - artº 1410º, nº 1.

3 - Se o direito invocado pelo autor estiver sujeito a condição suspensiva ou a termo inicial, cabe-lhe a prova de que a condição se verificou ou o termo se venceu; se o direito estiver sujeito a condição resolutiva ou a termo final, cabe ao réu provar a verificação da condição ou o vencimento do prazo - nº 3 do artº 343º do Código Civil.

Se o autor invoca o direito como condicional ou sujeito a termo inicial cabe-lhe a prova de que a condição (suspensiva) já se verificou ou que o termo já chegou. Se é o réu quem invoca condição resolutiva ou o termo final, compete-lhe provar a verificação dessa condição ou o vencimento do prazo. Neste último caso justifica-se que o ónus da prova impenda sobre o réu, dado que este se defende por excepção, invocando um facto extintivo do direito do autor.

C) - Inversão do ónus da prova

A inversão do ónus da prova consiste em impor a demonstração da realidade dos factos (a prova) à parte que não teria tal ónus segundo o critério geral.

Inverte-se o ónus da prova quando haja presunção legal, dispensa ou liberação do ónus da prova, ou convenção válida nesse sentido, e, de um modo geral, sempre que a lei o determine - nº 1 do artº 344º do Código Civil.

As *presunções legais* não são, verdadeiramente, meios de prova, mas inversões do ónus da prova. A inversão do ónus da prova está contida em toda a presunção legal, pois a parte, a favor da qual existe, fica liberta da prova do facto presumido (embora não da base da presunção, isto é, do facto em que a presunção assenta) e à parte contrária é imposto o ónus de provar que a presunção não vale.[169]

Sempre que a lei *presume* determinado facto contra o réu, não é ao autor, a quem o facto aproveita, mas ao réu, a quem o facto prejudica, que cabe o ónus da sua prova - cfr. artºs 349º e 350º do Código Civil.

A inversão do ónus da prova - conforme determina o mesmo artº 344º, nº 1 do Código Civil - pode também resultar de ter sido *liberada* ou *dispensada* de tal ónus a parte a quem, segundo a regra geral, o mesmo caberia, o que significa que passou a impender sobre a parte contrária.

No que toca à *dispensa ou liberação do ónus da prova* ou *convenção válida nesse sentido*, podemos dizer que, ao estabelecer determinadas regras sobre o ónus da prova, teve a lei por finalidade proteger a parte não onerada. Nada impede, porém, que esta se disponha a renunciar a tal protecção legal e até que ambas as partes convencionem a alteração de tais regras.

A *convenção* tem, porém, os limites impostos pelo artº 345º do Código Civil.

Como exemplo da inversão do ónus da prova por determinação da *lei* podemos referir o artº 493º, nº 1 do Código Civil, que *presume* a culpa de quem tem a seu cargo a vigilância de coisas ou de animais ou exerce uma actividade perigosa.

Podemos igualmente referir o artº 1260º, nº 2 do Código Civil, que dispõe que a posse titulada se presume de boa fé, e a não titulada de má fé. Sendo assim, o possuidor cuja posse seja titulada está dispensado ou liberado de provar a sua boa fé. Como consequência desta liberação cabe ao dono da coisa provar a má fé do possuidor.

Por sua vez o nº 2 do artº 344º do Código Civil determina que há também inversão do ónus da prova quando a parte contrária tiver culposamente *tornado impossível a prova* que ao onerado competia fazer.

Assim, se o réu destruiu um determinado documento e, devido ao seu acto, tornou impossível a prova do facto constitutivo do direito invocado pelo autor, inverte-se o ónus da prova, incidindo sobre o réu o ónus de provar a inexistência desse facto – cfr. artº 530º, nº 2.

79 - Prova por apresentação de coisas móveis ou imóveis

Chegou o momento de estudar os diversos meios de prova. Começaremos por um meio de prova que não vem regulado na lei substantiva, mas sim na lei adjectiva.

[169] Rodrigues Bastos, Das Relações Jurídicas, V, pág. 64, nota (1).

Quando a parte pretenda utilizar, como meio de prova, uma coisa móvel que possa, sem inconveniente, ser posta à disposição do tribunal, entregá-la-á na secretaria dentro do prazo fixado para a apresentação de documentos, onde a parte contrária a poderá examinar e dela colher fotografia - artº 518º, nº 1.[170]

No fundo, a prova por *exibição da coisa* está muito próxima da prova por apresentação de *documentos*. A parte oferece documentos para com eles fazer a prova de determinados factos; a parte oferece a coisa para com ela demonstrar que são verdadeiras certas afirmações que fez em matéria de facto.[171]Existe, no entanto, uma diferença: a coisa móvel não se junta ao processo como acontece no caso de ser um documento o meio de prova.

Como resulta do preceito, a apresentação pode ser de coisas *móveis* ou *imóveis*. Tratando-se de coisa *móvel* que, sem inconveniente, possa ser posta à disposição do tribunal, será entregue na secretaria. Sendo, como se disse, equiparada à prova documental, a apresentação terá lugar dentro do prazo fixado para a apresentação de documentos – cfr. artºs 523º e 524º.

Para que o juiz possa aquilatar da pertinência da prova oferecida, deve o requerente indicar os factos que pretende provar por meio da coisa apresentada.

A contraparte será notificada para examinar a coisa e colher a fotografia dela.

Se a apresentação for de coisas *imóveis*, ou *móveis que não possam ser depositados na secretaria*, a parte requererá que seja notificada a parte contrária para poder exercer a faculdade de os examinar e fotografar. A notificação deve ser requerida dentro do prazo em que pode ser oferecido o rol de testemunhas - cfr. artº 508º-A, nº 2, alínea a) ou artº 512º, nº 1.

Trata-se de provas *pré-constituídas*, pelo que deve facultar-se à parte contrária a impugnação não só da admissão mas também da sua força probatória, como já vimos – cfr. artº 517º, nº 2 *in fine*.

A apresentação da coisa não priva a parte da possibilidade de realização de *prova pericial* ou *por inspecção* sobre essa mesma coisa - artº 518º, nº 3.

[170] Considerando a definição que a lei fornece acerca de documento como sendo "qualquer objecto elaborado pelo homem com o fim de reproduzir ou representar uma pessoa, coisa ou facto" (artº 362º do C. Civil), hoje é muito limitada a distinção que pode elaborar-se entre a apresentação de coisas móveis e a apresentação de documentos – Rodrigues Bastos, ob. cit., vol. III, pág. 80.

[171] Alberto dos Reis, ob. cit., vol. III; pág. 317.

80 - Prova por presunções

"Posto que o legislador haja incluído entre as provas as presunções, a verdade é que estas não constituem prova, nem mesmo indirecta ou circunstancial, porque são, apenas, processo mental de investigar, por meio de induções e deduções, uma verdade provável, revelada por determinadas circunstâncias, ou como tal havida por disposição expressa na lei".[172]

Presunções são as ilações que a lei ou o julgador tira de um facto conhecido para firmar um facto desconhecido - artº 349º do Código Civil.

Como se verifica, a presunção pode ser estabelecida pela lei ou admitida pelo julgador. No primeiro caso, a presunção diz-se *legal* ou *de direito* e no segundo diz-se *judicial, natural* ou *de facto.*

Como exemplos de presunções *legais* podemos referir, entre outras, as que se encontram previstas nos seguintes artigos do Código Civil: 493º, nºs 1 e 2; 799º, nº 1; 1260º, nº 2; 1268º, nºs 1 e 2; 1371º, nºs 1 e 2; 1826º, nº 1; 2071º, nºs 1 e 2; 2315º, nº 2 e 2316º.

As presunções *legais*, conforme a sua eficácia probatória, denominam-se presunções *juris et de jure* (absolutas) ou presunções *juris tantum* (relativas) - cfr. artº 350º, nº 2 do Código Civil.

As presunções *juris et de jure* ou absolutas não admitem prova em contrário; são irrefutáveis. Quer dizer, o facto desconhecido que como ilação se deduz do facto conhecido tem de ser aceite, necessariamente, como certo.[173]

Como exemplo, pode ser referido o caso em que o terceiro adquiriu o direito posteriormente ao registo da acção de simulação. A aquisição *presume-se sempre* de má fé - artº 243º, nº 3 do Código Civil.

As presunções *juris tantum* ou relativas podem ser ilididas mediante prova em contrário.

Em regra, as presunções legais, admitem prova em contrário. Só nos casos em que a lei proibir que a presunção seja ilidida, mediante prova em contrário, deverá considerar-se absoluta ou *juris et de jure.*

As presunções *judiciais* ou *naturais* têm por base as lições da experiência ou as regras da vida. O juiz, no seu prudente arbítrio, deduz de certo facto conhecido um facto desconhecido, porque a sua experiência da vida lhe ensina que aquele é normalmente indício deste.[174]

[172] Cunha Gonçalves, Tratado de Direito Civil, XIV, pág. 376.

[173] Alberto dos Reis, ob. cit., III, 248.

[174] Alberto dos Reis, ob. cit., 249.

As presunções *judiciais* ou *naturais* assumem um papel de grande importância, pois que existem determinados factos que raramente poderiam ser objecto de prova directa. Assim, por exemplo, a prova do adultério não se obtém, geralmente, por outra via que não seja através de presunções.[175]

As presunções naturais são admitidas por lei. Não são, porém, especialmente estabelecidas por lei e, por esta razão, se distinguem das presunções legais.

A prova por presunções legais não tem autonomia processual. A presunção assenta sobre uma *base* (um facto) que tem de ser provado por qualquer meio previsto na lei processual. A presunção não elimina o ónus da prova, nem modifica o resultado da sua repartição entre as partes. Apenas altera o *facto* que ao onerado incumbe provar: em lugar de provar o *facto presumido*, a parte onerada terá de demonstrar a realidade do facto que serve de *base* à presunção.[176]

Conforme determina o artº 350º, nº 1 do Código Civil, quem tem a seu favor a presunção legal escusa de provar o facto a que ela conduz. Terá, no entanto, de provar o facto que serve de veículo ao facto *presumido*. Para tal deverá servir-se de quaisquer meios processuais ao seu alcance.

A prova por presunção, exceptuando o caso das presunções *juris et de jure*, admite a contraprova e, por maioria de razão, a prova do contrário. Esta prova do contrário, bem como a contraprova, dirige-se contra o *facto presumido*, visando convencer o juiz de que, não obstante a realidade do facto que serve de base à presunção, o *facto presumido* não se verificou ou o direito presumido não existe.[177]

A prova por *presunções judiciais* só é admitida nos casos e termos em que é admitida a prova testemunhal - artº 351º do Código Civil.

[175] A alteração das respostas do Colectivo, mediante a presunção judicial, só é legalmente admissível quando se verifica alguma das situações previstas no artº 712º do C.P.C. – R.L.J., ano 122º, 209. Embora as duas instâncias possam e devam, na apreciação da prova, servir-se de presunções judiciais, a Relação não pode modificar a resposta a um quesito... se não ocorrer qualquer das hipóteses do artº 712º. – V. Ac.ˢ S.T.J. de 9/3/95, B.M.J. 445, 424; de 13/2/85, B.M.J. 344, 361; de 9/3/95, B.M.J. 445, 423; de 21/9/95, B.M.J. 449, 273.

[176] Antunes Varela, J. Miguel Bezerra e Sampaio e Nora, ob. cit., pág. 503.

[177] Antunes Varela, J. Miguel Bezerra e Sampaio e Nora, ob. cit., pág. 504.

81 - Prova por documentos

A) - Noção

A palavra "documento" tem sido usada com as mais variadas extensões.

Pela ordem decrescente de amplitude do conceito, ora significa "qualquer meio de prova", ora "qualquer meio objectivo de prova, com exclusão do testemunho", ora tem o sentido de "qualquer objecto que traduza uma vontade ou pensamento", ora, enfim, tem o alcance de "escrito contendo facto ou objecto".[178]

O Código Civil define prova documental e documento do modo seguinte: prova documental é a que resulta de documento; diz-se documento qualquer objecto elaborado pelo homem com o fim de reproduzir ou representar uma pessoa, coisa ou facto - artº 362º do Código Civil.

Trata-se de um sentido amplo mais ligado ao direito substantivo - cfr. artº 368º do Código Civil.

No direito processual civil faz-se normalmente referência ao documento em sentido estrito, isto é, ao *escrito* que contém uma *declaração de ciência* (narrativo) ou uma *declaração de vontade* (constitutivo).

Embora os artºs 527º e 535º se refiram também aos documentos em sentido lato, a prova documental baseia-se geralmente em documentos em sentido estrito.

B) - Classificação dos documentos

Os documentos escritos podem ser *autênticos* ou *particulares,* conforme a sua proveniência.

Autênticos são os documentos exarados, com as formalidades legais, pelas autoridades públicas nos limites da sua competência ou, dentro do círculo de actividade que lhe é atribuído, pelo notário ou outro oficial público provido de fé pública - artº 363º, nº 2 do Código Civil.

Os documentos autênticos podem, portanto, ser exarados por qualquer autoridade ou por oficial público. Devem, porém, ser exarados com respeito pelas formalidades legais. Além disso, quando provenientes de uma autoridade pública, devem ser lavrados dentro dos limites da sua competência e, quando provenientes de oficial público, deve este estar autorizado a atribuir-lhes fé pública. [179]

[178] Cunha Gonçalves, ob. cit., XIII, pág. 623.

[179] A palavra "autêntico", além do sentido que aqui lhe é atribuído, pode ser utilizada no sentido de que provém realmente da pessoa a quem é atribuído, isto é, no sentido de genuíno – como adiante veremos.

Todos os outros documentos são *particulares* - artº 363º, nº 2 do Código Civil *in fine.*

Entre os documentos *autênticos* e os *particulares* se situam os documentos *autenticados* que são documentos *particulares,* quanto à sua origem, mas que foram confirmados pelas partes, perante o notário - artº 363º, nº 3 do Código Civil. Nestes documentos é lavrado um termo notarial de autenticação, do qual consta a declaração das partes, perante o notário, de que lhes foi lido, de que estão cientes do seu conteúdo e que este corresponde à sua vontade. Em suma, o documento particular tem-se por autenticado quando as partes confirmaram o seu conteúdo perante o notário.

C) - Autenticidade dos documentos

Tratando-se de documento *autêntico,* presume-se que o mesmo provém da autoridade ou oficial público a quem é atribuído, quando estiver subscrito pelo autor com assinatura reconhecida por notário ou com o selo do respectivo serviço - artº 370º, nº 1 do Código Civil.

A presunção de autenticidade pode ser ilidida mediante prova em contrário. Quando, porém, pelos sinais exteriores do documento, seja manifesta a sua falta de autenticidade, o tribunal pode declará-la oficiosamente - artº 370º, nº 2.

Os documentos *particulares autenticados* têm a força probatória formal dos documentos *autênticos,* mas não os substituem quando a lei exija documento desta natureza para a validade do acto - artº 377º do Código Civil.

Quanto aos documentos *particulares,* mesmo que se mostrem escritos e assinados pela pessoa a quem são imputados, é necessário provar a sua proveniência. É à parte que apresenta o documento que cabe fazer a prova da sua autenticidade.

A letra e a assinatura, ou só a assinatura, de um documento particular consideram-se verdadeiras em três situações possíveis, conforme resulta do disposto no artº 374º do Código Civil:

1 - Quando reconhecidas ou não impugnadas pela parte contra quem o documento é apresentado.
Quer dizer, se a parte contra quem o documento é apresentado nada disser, considera-se provada a sua autenticidade, isto é, a autoria ou procedência, do documento.

2 - Quando a parte contra quem o documento é apresentado declare não saber se a letra e a assinatura ou só a assinatura lhe pertencem, apesar de lhe serem atribuídas.

Neste caso, atribui-se à declaração de desconhecimento feita pela contraparte um significado paralelo ao que o artº 490º, nº 3 atribui à declaração produzida pelo réu de que desconhece se determinado facto pessoal (ou de que deva ter conhecimento) é ou não verdadeiro. Num caso consideram-se como verdadeiras a letra e a assinatura ou só a assinatura e, no outro, a declaração do réu equivale a confissão do facto. Na verdade, sendo-lhe imputada a letra e a assinatura ou só a assinatura, não pode a parte limitar-se a dizer que nada sabe a tal respeito. Se o fizer, tem de entender-se a sua atitude como confissão.

3 - Quando a letra e a assinatura sejam tidas legal ou judicialmente como verdadeiras.

Incumbe à parte que apresentar o documento fazer a prova da sua veracidade se a parte contra quem é apresentado impugnar a veracidade da letra ou da assinatura, ou declarar que não sabe se são verdadeiras não lhe sendo elas imputadas - artº 374º, nº 2 do Código Civil.

A impugnação da genuinidade do documento está prevista no artº 544º.

D) - Força probatória dos documentos

Depois de se ter feito uma breve referência à proveniência (autenticidade) dos documentos, interessa agora conhecer a força probatória dos mesmos.

Os documentos *autênticos* fazem prova plena dos factos que referem como praticados pela autoridade ou oficial público respectivo, assim como dos factos que nele são atestados com base nas percepções da entidade documentadora; os meros juízos pessoais do documentador só valem como elementos sujeitos à livre apreciação do julgador - artº 371º, nº 1 do Código Civil.

Conforme resulta do preceito legal, os factos constantes do documento *autêntico* devem ser agrupados em três categorias.

1 - Ressaltam em primeiro lugar os factos referidos no documento como tendo sido *praticados pela entidade documentadora*. Destes factos faz o documento *prova plena*. Só podem ser impugnados mediante prova do contrário, isto é, arguindo a sua falsidade, nos termos do artº 372º, nº 1 do Código Civil.

Assim, são tidas como verdadeiras, com força probatória plena, as afirmações da entidade documentadora de que o documento *foi lido em voz alta*, que foi *explicado aos outorgantes*, que *foi verificada a identidade das partes*, que as *rasuras* e *emendas* foram *ressalvadas antes das assinaturas*.

2 - Ainda abrangidos pela força probatória dos documentos autênticos são os factos não praticados pelo documentador, mas por ele *atestados com base nas suas percepções*.

Trata-se dos factos de que o documentador se apercebeu. São os factos que se passaram na sua presença. Consta da escritura de compra e venda que um dos outorgantes *declarou pretender* comprar determinado prédio e que o outro *declarou aceitar* vender-lho por *determinado preço,* que *declarou ter já recebido.*

Quanto a estes factos, a força probatória plena do documento não vai além das percepções do notário. Assim, apenas se considera plenamente provado que cada um dos outorgantes proferiu as declarações nele contidas. Não se considera plenamente provado que um dos outorgantes pretendeu comprar e que o outro aceitou vender, nem que o preço ajustado é o que consta do documento.

O documento não prova plenamente a sinceridade das declarações prestadas na presença do documentador, nem a sua validade ou eficácia jurídica.

Quando nele se declara que o vendedor recebeu parte do preço na presença do notário e que a parte restante já lhe havia sido anteriormente entregue, o documento só prova plenamente a entrega daquela parte do preço e as declarações feitas a propósito. Não prova, porém, que a primeira parte do preço tenha sido entregue.

Não tendo o documento força probatória plena em relação a estes factos, os mesmos podem ser impugnados por qualquer das partes, não tendo, para o efeito, de arguir a falsidade do documento.

Em suma, o documento faz prova plena quanto aos actos praticados pelo documentador e quanto às declarações perante ele emitidas, mas não quanto à veracidade ou ausência de qualquer vício destas.

3 - Por último, estabelece o preceito que os factos que traduzem *meros juízos pessoais* do documentador valem apenas como *elementos sujeitos à livre apreciação do julgador.*

É o que se passa, por exemplo, no caso de se afirmar no documento que o testador se encontrava no seu juízo perfeito ou que agiu livre de qualquer coacção. Tais afirmações ultrapassam as percepções do documentador. Não fazem prova plena, mas podem ter algum valor probatório. O juiz apreciá-los-á livremente.

Os documentos *particulares* (incluindo os *autenticados*), logo que apurado que eles provêm da pessoa a quem são atribuídos, considera-se plenamente provado que essa pessoa emitiu as declarações que dos mesmos constam, sem prejuízo da arguição e prova da falsidade do documento - artº 376º, nº 1 do Código Civil.

Estando estabelecida a autenticidade da assinatura, presume-se a autenticidade do texto. Esta presunção admite, no entanto, prova em contrário.

Mas nem todos os factos contidos nessas declarações se consideram provados.

Apenas se consideram provados os factos contrários aos interesses do declarante - artº 376º, nº 2 do Código Civil. Quanto aos restantes, o julgador é livre na sua apreciação.

Assim, se no documento escrito e assinado, ou só assinado pelo réu, este declarar que recebeu nesse dia 5000 de A e entregou 1000 a B, ter-se-á como plenamente provado que ele recebeu, realmente, os 5000 de A, porque o facto lhe é desfavorável; mas não ficará provado que ele entregou, efectivamente, 1000 a B .[180]

Tratando-se de declarações de ciência, ninguém pode ser testemunha em causa própria.

Porém, se as declarações só em parte forem desfavoráveis ao declarante, a contraparte que quiser aproveitar-se da parte favorável, terá de aceitar também a parte desfavorável, ou de provar que essa parte não corresponde à verdade - artº 376º, nº 2 *in fine* do Código Civil (cfr. artº 360º do mesmo diploma). Neste sentido, as declarações são indivisíveis. Porém, a possibilidade de prova do contrário só existe para os documentos narrativos e não para os documentos dispositivos [181].

Trata-se do *princípio da indivisibilidade* consagrado no artº 360º do Código Civil que impõe à parte que pretende aproveitar-se da parcela do documento que contém uma declaração confessória, como prova plena, o ónus de provar a inexactidão da narração de outros factos ou circunstâncias tendentes a infirmar a eficácia do facto confessado.

E) - Apresentação dos documentos em poder das partes

Os documentos destinados a fazer prova dos fundamentos da acção ou da defesa devem ser apresentados com o articulado em que se aleguem os factos correspondentes - artº 523º, nº 1.

Quer dizer, os documentos devem ser oferecidos juntamente com o respectivo articulado, até mesmo quando se trata de articulado superveniente - artº 506º, nº 5.

Verifica-se, portanto, que os documentos devem ser normalmente juntos ao processo, não no período de instrução, mas em período anterior, na fase dos articulados.

[180] Antunes Varela, J. Miguel Bezerra e Sampaio e Nora, ob. cit., pág. 524.

[181] Cfr. Manuel de Andrade, ob. cit., pág. 231.

Acontece, por vezes, que a parte não junta os documentos com o articulado em que alega os factos cuja prova com eles pretende fazer. Se isso acontecer, não fica a parte impedida de requerer a sua junção em momento posterior.

Assim, a parte que não apresentou os documentos com o articulado respectivo, pode fazê-lo até ao encerramento da discussão em 1ª instância. Terá, porém, de alegar e provar que os não pôde apresentar com o articulado, sob pena de ser condenada em multa - artº 523º, nº 2.

A parte que não apresentar o documento com o articulado terá de convencer o tribunal de que só teve conhecimento dele posteriormente a esse momento processual ou de que não lhe foi possível obtê-lo anteriormente. Se não conseguir fazer tal prova, será condenada em multa.

"Não se priva a parte do direito de juntar os documentos, porque estes podem ser necessários para esclarecer a questão e habilitar o juiz a proferir decisão justa, mas pune-se com multa a negligência ou malícia da parte em guardar para o fim documentos que podia juntar com os articulados. A imposição de multa cessa, se não houve malícia nem incúria..."[182]

Depois do encerramento da discussão só são admitidos, no caso de recurso, os documentos cuja apresentação não tenha sido possível até àquele momento ou os documentos supervenientes - artº 524º, nº 1 e ainda artº 693º-B.

Se a apresentação de documento de que a parte não tivesse conhecimento, ou de que não tivesse podido fazer uso, no processo em que foi proferida a decisão pode servir de fundamento ao recurso de revisão, por maioria de razão pode ser apresentado no recurso ordinário - v. artº 771º, alínea c).

Quando os documentos se destinem a fazer prova de factos posteriores aos articulados, ou cuja apresentação se tenha tornado necessária por virtude de ocorrência posterior, podem ser oferecidos em qualquer estado do processo - artº 524º, nº 2.

Permite-se, neste preceito, a apresentação de documentos em momento posterior ao encerramento da discussão em 1ª instância quando dizem respeito a factos posteriores aos articulados ou quando a sua apresentação se veio a tornar necessária devido a ocorrência posterior.

Se a circunstância que justifica a necessidade da apresentação do documento tiver lugar antes da alegação do recurso, a sua junção deve ser feita com a alegação.

[182] Alberto dos Reis, ob. cit., vol. IV, pág. 7.

F) - Documentos em poder da contraparte ou de terceiros

Se o documento estiver em poder da parte contrária, o interessado requererá que ela seja notificada para o apresentar dentro do prazo que lhe for fixado pelo tribunal. Nesse requerimento a parte deve identificar, na medida do possível, o documento e especificará os factos que com ele se propõe provar - artº 528º, nº 1.

O juiz ordenará a notificação, se os factos que a parte pretende provar tiverem interesse para a decisão da causa - artº 528º, nº 2.

Se o notificado não apresentar o documento, sem nada alegar, fica sujeito a ser condenado em multa, nos termos do disposto no nº 2 do artº 519º - artº 529º.

Se declarar que não possui o documento, cabe ao requerente provar, por qualquer meio, que tal declaração não corresponde à verdade - artº 530º, nº 1.

Se alegar que possuiu o documento, mas que este desapareceu ou foi destruído, incumbe-lhe provar que tal aconteceu sem culpa sua, a fim de evitar que contra si se inverta o ónus da prova, em conformidade com o que dispõe o artº 344º, nº 2 do Código Civil - artº 530º, nº 2.

Se o documento estiver em poder de terceiro, a parte requererá que o possuidor seja notificado para o entregar na secretaria, dentro do prazo que for fixado. Neste caso, também o requerente deve identificar o documento e especificar os factos que com ele quer provar - artº 531º.

O tribunal pode ordenar a apreensão do documento e condenar o notificado em multa, quando ele não efectuar a entrega, nem fizer nenhuma declaração, ou quando declarar que não possui o documento e o requerente provar que a declaração é falsa - artº 532º.

Porém, se o possuidor alegar justa causa para não efectuar a entrega do documento, será obrigado, sob pena de multa, a facultá-lo para ser fotografado, examinado judicialmente, ou se extraírem dele as cópias ou reproduções necessárias - artº 533º.

G) - Livros de escrituração comercial e documentos a ela relativos

A exibição judicial, por inteiro, dos livros de escrituração comercial e dos documentos a ela relativos rege-se pelo disposto na legislação comercial - artº 534º.

Esta exibição obedece, portanto, a certos requisitos previstos no Código Comercial.

Assim, a exibição da escrituração mercantil e dos documentos a ela relativos, só pode ser ordenada a favor dos interessados, em questões de sucessão universal, comunhão ou sociedade e no caso de insolvência – artº 42º do Código Comercial.

Fora dos casos previstos no artigo anterior, só pode proceder-se a exame da escrituração e dos documentos dos comerciantes, a instâncias da parte ou oficiosamente, quando a pessoa a quem pertençam tenha interesse ou responsabilidade na questão em que tal apresentação for exigida - artº 43º, nº 1 do Código Comercial.

Além disso, o exame da escrituração e dos documentos do comerciante ocorre no domicílio profissional ou sede deste, em sua presença, e é limitado à averiguação e extracção dos elementos que tenham relação com a questão – artº 43, nº 2 do Código Comercial.

H) - Documentos requisitados pelo tribunal

Incumbe ao tribunal, por sua iniciativa ou a requerimento de qualquer das partes, requisitar informações, pareceres técnicos, plantas, fotografias, desenhos, objectos ou outros documentos necessários ao esclarecimento da verdade - artº 535º, nº 1.

O tribunal só pode requisitar os documentos necessários ao esclarecimento da verdade.

A requisição pode ser feita a organismos oficiais, às partes ou a terceiros - artº 535º, nº 2.

As partes e terceiros que não cumpram a requisição incorrem em multa, salvo se justificarem o seu procedimento, sem prejuízo dos meios coercitivos destinados ao cumprimento da requisição - artº 537º.

I) - Documentos passados em país estrangeiro

Os documentos autênticos passados em país estrangeiro, consideram-se legalizados desde que a assinatura do funcionário público esteja reconhecida por agente diplomático ou consular português no Estado respectivo e a assinatura deste agente esteja autenticada com o selo branco consular respectivo - artº 540º, nº 1.

Como se vê, a legalização de documento autêntico passado no estrangeiro consiste no reconhecimento da assinatura do funcionário que o lavrou. O reconhecimento deve ser feito pelo agente diplomático ou consular português no respectivo Estado. A assinatura deste, por sua vez, deve ser autenticada com o selo branco da repartição.

Se os documentos particulares lavrados fora de Portugal estiverem legalizados por funcionário público estrangeiro, a legalização carece de valor se não obtiver o reconhecimento (consular) exigido no número anterior - artº 540º, nº 2.

Actualmente não se torna obrigatória a legalização de documentos passados em país estrangeiro, na conformidade da lei desse país. Os tribunais devem atribuir-lhes valor probatório independentemente da legalização. Esta poderá, porém, ser exigida no caso de se suscitarem dúvidas quanto à sua autenticidade. É o que determina o artº 365º do Código Civil.

Se o documento não estiver legalizado, nos termos da lei processual, e houver fundadas dúvidas acerca da sua autenticidade ou da autenticidade do reconhecimento, pode ser exigida a sua legalização – artº 365º, nº 2 do Código Civil.

J) - Notificação à contraparte

Quando o documento for oferecido com o último articulado ou depois dele, a sua apresentação deve ser notificada à parte contrária - artº 526º.

Com esta notificação tem-se em vista permitir à parte contrária pronunciar-se quanto à veracidade do documento. Como se sabe, a letra e a assinatura, ou só a assinatura, consideram-se verdadeiras quando não impugnadas – cfr. artº 374º do Código Civil.

À parte notificada não é permitido, ao pronunciar-se, ir além do objectivo consignado na lei.

Se, no momento da apresentação do documento pela parte, estiver presente a contraparte, esta não será notificada da apresentação, como é evidente – ainda artº 526º. Não significa, porém, que é obrigada a pronunciar-se sobre o documento imediatamente. Pode pedir que lhe seja fixado prazo para o examinar, como o pode fazer na situação paralela prevista no artº 651º, nº 1, alínea b) e nº 4.

Se o documento for oferecido com as alegações que admitem resposta, é neste articulado que a contraparte tem a oportunidade de se pronunciar sobre a veracidade do documento – artº 526º *in fine*.

Com a finalidade prevista no mesmo artº 526º, exige no artº 152º, nº 2 que o documento seja acompanhado da necessária cópia.

A obtenção dos documentos requisitados pelo tribunal deve ser notificada a ambas as partes - artº 539º.

L) - Impugnação da genuinidade de documento

Deve ser feita no prazo de 10 dias a impugnação da letra ou assinatura do documento particular ou da exactidão da reprodução mecânica, a negação das instruções a que se refere o nº 1 do artigo 381º do Código Civil e a declaração de que não se sabe se a letra ou a assinatura do documento particular é verdadeira – artº 544º, nº 1.

1 – *Impugnação da letra ou assinatura*
Como já foi referido, nos termos do artº 374º, nº 1 do Código Civil, a letra e a assinatura, ou só a assinatura, são tidas por verdadeiras quando reconhecidas ou não impugnadas pela parte contra quem o documento é apresentado.

2 - *Impugnação da exactidão da reprodução mecânica.*
Essas reproduções fazem prova plena dos factos e das coisas que representam se a parte contra quem o documento é apresentado não impugnar a sua exactidão. Se houver impugnação, a sua veracidade terá de ser demonstrada por outros meios - cfr. artº 368º do Código Civil.

Quanto às fotocópias de documentos cfr. artº 387º do Código Civil.

3 - *Negação das instruções a que se refere o nº 1 do artº 381º do Código Civil.* Se o credor escrever, ou mandar escrever segundo instruções suas, em seguimento, à margem ou no verso do documento que ficou em seu poder, alguma nota que favoreça a exoneração do devedor, tal nota faz prova do facto anotado – cfr. artº 381º, nº 1 do Código Civil.

Idêntico valor é atribuído à nota escrita pelo credor, ou segundo instruções suas, em seguimento, à margem ou no verso do documento de quitação ou de título de dívida em poder do devedor – cfr. artº 381º, nº 2 do Código Civil.

4 - *Declaração* feita pela contraparte *de que não sabe se a letra ou a assinatura do documento particular é verdadeira* (não lhe sendo imputada) – cfr. artº 374º , nº 2 do Código Civil.

O prazo para a impugnação da genuinidade do documento deve ser contado a partir da sua apresentação, se a parte estiver presente, ou da notificação da junção, no caso contrário - artº 544º, nº 1 *in fine.*

Tratando-se de documento junto com articulado que não seja o último, deve ser feita no articulado seguinte e, se o documento for junto com a alegação do recorrente, deve ser feita dentro do prazo para a apresentação da alegação do recorrido - artº 544º, nº 2.

No mesmo prazo deverá ser feito o pedido de confronto de certidão ou da cópia com o original ou com a certidão de que foi extraída – artº 544º, nº 3; cfr. artº 385º do Código Civil.

M) - Arguição de falsidade do documento
O artº 546º, nº 1 estabelece para a ilisão da autenticidade ou da força probatória de documento o mesmo prazo previsto no artº 544º.

A parte pode arguir a falsidade do documento ou a força probatória a ele atribuída, nas situações previstas naquele preceito.

O próprio apresentante pode arguir a falsidade parcial do documento, quando se queira valer da parte não viciada do mesmo - artº 547º, nº 1.

A parte contrária é notificada para responder, salvo se a arguição houver sido feita em articulado que não seja o último; neste caso poderá responder no articulado seguinte - artº 548º, nº 1.

Com a arguição e com a resposta, podem as partes requerer a produção de prova - artº 549º, nº 1.

São inseridos ou aditados à base instrutória (no caso de esta já ter sido anteriormente fixada) os factos que interessem à apreciação da arguição - artº 549º, nº 2.

A produção da prova, bem como a decisão, terão lugar juntamente com a da causa, cujos termos se suspenderão para o efeito, quando necessário - artº 549º, nº 3.

Como se verifica, a arguição de vícios dos documentos não é processada como incidente com tramitação autónoma da da causa, salvo nos casos previstos no artº 550º.

"O incidente de falsidade foi excluído do elenco típico dos incidentes da instância e diluído no amplo incidente atípico e de objecto diversificado de impugnação da genuinidade e elisão da autenticidade e da força probatória de documentos *lato sensu*".[183]

Na verdade, resulta do disposto nos artºs 544º e 549º, em conjugação com a revogação dos artºs 360º a 370º (que diziam respeito ao incidente de falsidade) que actualmente a arguição de tal vício não origina um incidente próprio, com tramitação autónoma, em relação à causa onde é suscitado. Quer dizer, em regra, a arguição do referido vício é processada e decidida juntamente com a da causa. A produção da prova e a decisão do vício terão lugar juntamente com a da causa, ainda que tenham de suspender-se os trâmites desta, se necessário.

Há casos, porém, em que a arguição terá de ser processada como incidente. É o que acontece nos casos previstos no artº 550º. Como incidente, a sua tramitação obedecerá à regra geral estabelecida pelo artº 302º, em tudo o que não estiver especialmente regulamentado.

[183] Salvador da Costa, Os Incidentes da Instância, pág. 257.

82 - Prova por confissão

A) - Noção

Conforme dispõe o artº 352º do Código Civil, confissão é o reconhecimento que a parte faz da realidade de um facto que lhe é desfavorável e favorece a parte contrária.

É uma declaração de ciência e não uma declaração de vontade.

A parte reconhece como verdadeiro um facto, apesar de ter interesse em o contestar. Precisamente por isso é que a confissão tem a força de *prova plena*. Se a parte confessa o facto, tendo aliás interesse em o impugnar ou negar, deve naturalmente concluir-se que o facto é verdadeiro.

A parte confessa o facto, porque está convencida de que ele é exacto, e não porque queira fazê-lo passar por verdadeiro. É neste sentido que se diz: a confissão é uma declaração de ciência e não uma declaração de vontade.[184]

Tratando-se do reconhecimento de um facto que lhe é desfavorável e favorece a contraparte, a confissão tanto pode emanar do autor como do réu.

O facto confessado é considerado facto assente.

B) - Confissão do pedido

Diferente da confissão como meio de prova é a *confissão do pedido*.

A confissão do pedido não é um meio de prova, mas um meio de extinção da instância - cfr. artº 287º, alínea d).

A *confissão do pedido*, como é óbvio, apenas pode partir do réu, pois é a ele que o autor dirige o pedido cfr. artº 293º, nº 1. O réu, confessando o pedido, reconhece o direito do autor, o que terá como consequência vir a acção a ser julgada procedente, sendo o réu condenado no pedido.

A confissão como meio de prova, sendo apenas o reconhecimento de um ou alguns factos, quando emana do réu pode conduzir ou não à procedência da acção e à sua condenação no pedido formulado pelo autor. A acção só será julgada procedente e, consequentemente o réu condenado no pedido, quando o facto ou os factos confessados sejam suficientes para o tribunal poder proferir decisão nesse sentido.

Em suma, enquanto que uma é a confissão *de um facto* , a outra é a confissão *do direito* do autor.

[184] Alberto dos Reis, ob. cit., IV, pág. 67.

C) - Modalidades da confissão

A lei distingue, em primeiro lugar, entre confissão *judicial* e confissão *extrajudicial* - artº 355º, nº 1 do Código Civil.

A confissão *judicial* é a feita em juízo. A confissão *extrajudicial* é a feita por algum modo diferente da confissão judicial – artº 355º, nºs 2 e 4 do Código Civil.

É considerada confissão *judicial*, quer o processo em que é feita seja de jurisdição contenciosa quer seja de jurisdição voluntária; quer se trate de um tribunal comum quer de um tribunal arbitral. Por outro lado, considera-se ainda confissão *judicial* a que foi feita em tribunal que depois veio a ser declarado incompetente - nº 2 do mesmo artº 355º do Código Civil.

Porém, a confissão feita num processo só vale como judicial nesse processo. A confissão realizada em qualquer procedimento preliminar (como o procedimento cautelar) ou incidental só vale como confissão *judicial* na acção correspondente - artº 355º, nº 3 do Código Civil.

A confissão só tem valor dentro do processo em que foi feita, porque a parte pode ter sido movida pelos interesses que estão em causa nesse processo, como já tivemos ocasião de referir. Numa outra acção em que estiverem em jogo interesses de maior monta, poderá adoptar comportamento diferente.

Por sua vez, a confissão *judicial* pode ser *espontânea* ou *provocada*. Chama-se *espontânea* a que é feita por iniciativa do confitente e *provocada a* que tem lugar quando é requerida pela parte contrária (ao requerer o depoimento de parte) ou ocorreu quando a parte prestava esclarecimentos ou informações (solicitados pelo juiz) – cfr. artº 356º do Código Civil. Na verdade, o juiz, por sua iniciativa, ou a requerimento de qualquer das partes, pode determinar a comparência pessoal das partes para a prestação de depoimento sobre factos que interessam à decisão da causa - artº 552º.

A confissão judicial *espontânea* pode ser feita nos articulados, segundo as prescrições da lei processual, ou em qualquer outro acto do processo, firmado pela parte pessoalmente ou por procurador especialmente autorizado - artº 356º, nº 1 do Código Civil.

Sendo o articulado assinado pelo advogado, a confissão nele feita vincula a parte que representa, salvo se for rectificada ou retirada antes de a contraparte a ter aceitado especificadamente – artº 38º.

Fora dos articulados, as declarações feitas pelo mandatário da parte, oralmente ou por escrito, sem estar munido de procuração com poderes especiais, não valem como confissão. Nestes casos, o advogado, para confessar em nome do seu constituinte, necessita de estar munido de procuração com poderes especiais – cfr. artº 37º, nº 2.

A *confissão extrajudicial* não tem autonomia processual. Advém ao processo pela via da *prova documental* ou pela via da *prova testemunhal*. Quando proveniente de documento, pode ser *autêntica* ou *particular*, em conformidade com a natureza do documento - documento autêntico ou particular - em que está escrita - cfr. artº 358º, nº 2 do Código Civil.

A confissão particular pode não ser escrita, mas sim *verbal* ou *oral*.

A confissão pode ainda ser *expressa* ou confissão *tácita, ficta* ou *presumida*.

Confissão *expressa* é a que é feita directamente por palavras, de forma explícita.

Confissão *tácita, ficta* ou *presumida* é a que resulta de uma presunção legal. A lei processual, partindo de certo comportamento da parte, considera reconhecido determinado facto que lhe é desfavorável e favorece a parte contrária. É o que se verifica quanto aos factos não impugnados, nos casos previstos nos artºs 484º e 490º, nº 2.

A doutrina e a jurisprudência têm questionado que se trate de verdadeira confissão.[185]

D) - Força probatória da confissão

A confissão *judicial* escrita tem força probatória plena contra o confitente - artº 358º, nº 1 do Código Civil. Não admite prova em contrário e, muito menos, contraprova. A confissão *judicial* escrita, assim como a extrajudicial, só pode ser declarada nula ou anulada, nos casos previstos no artº 359º do Código Civil, quando provém de erro ou outro vício da vontade.

A confissão *extrajudicial* feita em documento autêntico ou particular considera-se provada nos termos aplicáveis a estes documentos. Se for feita à parte contrária ou a quem a represente, tem força probatória plena - artº 358º, nº 2 do Código Civil.

A confissão *extrajudicial* feita verbalmente, nos casos em que é admitida a prova testemunhal, é livremente apreciada pelo tribunal - artº 358º, nº 3 do Código Civil.

São, do mesmo modo, livremente apreciadas pelo tribunal a confissão *judicial* verbal, a confissão *extrajudicial* feita a terceiro e a confissão contida em testamento - artº 358º, nº 4 do Código Civil.

[185] Cfr. Antunes Varela, J. Miguel Bezerra e Sampaio e Nora, ob. cit., pág. 544; cfr. ainda Manuel de Andrade, ob. cit., pág. 244.

E) - Quem pode confessar

Para que a confissão possa ser eficaz, devem verificar-se determinados requisitos, dada a importância das consequências que resultam da declaração confessória.

A lei substantiva refere em primeiro lugar a *capacidade* do confitente.

A confissão só é eficaz quando feita por pessoa com *capacidade* e poder para dispor do direito a que o facto confessado se refira - artº 353º, nº 1 do Código Civil.

A pessoa que tiver *capacidade de exercício* (de direitos) *limitada* só pode confessar dentro dos limites da sua *capacidade.* É o que se passa quanto aos menores e aos inabilitados. Nestes casos, a confissão só é válida na medida em que tenham o poder de dispor do direito a que se refere o facto confessado - artº 553º.

Como já sabemos, os menores e os inabilitados, apesar de serem incapazes, podem praticar actos excepcionalmente válidos, nos termos do disposto nos artºs 127º, 139º e 156º do Código Civil.

Outro dos requisitos é o da *legitimidade* do confitente. O depoimento de representantes legais de incapazes, pessoas colectivas ou sociedades só tem valor de confissão nos precisos termos em que possam obrigar os seus representados - artº 553º, nº 2.

Na verdade, pela confissão dá-se oportunidade à parte contrária de produzir prova com eficácia plena. Por isso, não se lhe pode atribuir eficácia quando emana de alguém que não poderá dispor do direito a que o facto respeita.[186]

F) - Confissão no caso de litisconsórcio ou de substituição legal

No caso de litisconsórcio, a confissão tem ou não eficácia conforme se trate de *litisconsórcio voluntário* ou *litisconsórcio necessário.*

No primeiro caso, a confissão do litisconsorte é eficaz, embora o seu efeito se restrinja ao interesse do confitente. A confissão do litisconsorte *voluntário* só a ele diz respeito.

No caso do litisconsórcio *necessário* (cfr. artºs 28º e 28º-A), devido à unicidade da acção, a confissão não é eficaz – cfr. artº 353º, nº 2 do Código Civil. Não seria razoável que um deles pudesse prejudicar com a sua confissão o interesse dos outros.

[186] Nas sociedades comerciais são os seus representantes que fazem o depoimento de parte - artº 553º, nº 2. Os representantes das sociedades comerciais por quotas são os gerentes – cfr. Ac. S.T.J. de 16/4/96, B.M.J. 456, 439.

Também a confissão feita por um *substituto processual* não é eficaz contra o substituído - artº 353º, nº 3 do Código Civil. Justifica-se esta disposição legal, porque o substituto está a exercer um direito alheio de que não pode dispor. O substituto processual é admitido como parte no processo, apesar de não ser sujeito da relação material controvertida. Exerce, pois, em nome próprio, o direito de outrem, como acontece no caso de sub-rogação do credor prevista no artº 606º e seguintes do Código Civil.

G) - Confissão feita nos articulados

Como já vimos, as afirmações e confissões expressas de factos, feitas pelo mandatário nos articulados, vinculam a parte, salvo se forem rectificadas ou retiradas enquanto a parte contrária as não tiver aceitado especificadamente - artº 38º.

As afirmações expressas nos articulados, feitas pelo mandatário no exercício do patrocínio da parte, entendem-se prestadas em conformidade com informações do mandante.

Também o artº 567º, nº 1 considera a confissão irretractável. E acrescenta no seu nº 2 que as confissões expressas de factos, feitas nos articulados, podem ser retiradas, enquanto a parte contrária as não tiver aceitado especificadamente.[187]

Para que a confissão expressa de factos, feita nos articulados, se torne irretractável, é, portanto, necessário que a aceitação se faça de forma *especificada*. Não basta uma aceitação genérica, como por vezes se verifica, usando uma fórmula semelhante a esta: "aceitam-se as confissões úteis, para que não possam ser retiradas".

Deve indicar concretamente a afirmação produzida pela contraparte que aceita como confissão.

As confissões enquanto puderem ser retractadas também poderão ser rectificadas, ou seja, esclarecidas.

H) - Casos de inadmissibilidade da confissão

A confissão não faz prova contra o confitente nos casos referidos nas diversas alíneas do artº 354º do Código Civil.

Nestes casos, o pedido de depoimento de parte, com tal objectivo, deve ser indeferido, visto que, mesmo que o depoente confessasse os factos articula-

[187] Fora dos articulados, o mandatário necessita de autorização especial para poder confessar em nome do mandante – cfr. artº 356º, nº 1 do Código Civil.

dos pela contraparte, a "confissão" não faria prova contra si, nem sequer com o valor atenuado atribuído pelo artº 361º do Código Civil.

O primeiro dos casos mencionados no artº 354º do Código Civil diz respeito à confissão que, por lei, é declarada insuficiente ou que recai sobre factos cujo reconhecimento ou investigação a lei proíba – alínea a) do artº 354º do Código Civil.

A confissão é *insuficiente* sempre que a lei determine que os factos só possam ser provados por documento, como acontece no caso dos negócios jurídicos para cuja celebração a lei exige escritura pública. [188]

Como exemplo de *factos cujo reconhecimento ou investigação a lei proíbe*, podemos apontar o caso da filiação incestuosa ou o da inadmissibilidade do reconhecimento de maternidade ou paternidade em contrário da que consta do registo do nascimento - v., respectivamente, artºs 1866º, alínea a), 1815º e 1848º, todos do Código Civil.

Também não é admissível a confissão se recair sobre factos relativos a direitos indisponíveis – alínea b) do artº 354º do Código Civil.

Entre os *direitos indisponíveis* referiremos os que dizem respeito ao estado das pessoas.

Assim, a confissão não é eficaz nas acções de impugnação de paternidade, nas acções de investigação de maternidade ou de paternidade, nas acções de anulação de casamento, de divórcio e de separação de pessoas e bens.

Também há direitos patrimoniais indisponíveis: são todos aqueles que não podem ser renunciados, como o direito a alimentos - artº 2008º do Código Civil.[189]

[188] O casamento, na acção de divórcio, só pode ser provado por documento. Exige-se, portanto, a certidão do respectivo registo. Porém, se o que se discute é um contrato validamente celebrado e as obrigações que daí decorrem, isto é, nos casos em que o casamento não é directa ou indirectamente o tema a decidir, grande parte da jurisprudência tem entendido que a prova se pode fazer por qualquer meio, incluindo a confissão. Nestes casos estaremos a movimentar-nos no campo dos direitos disponíveis referidos à liberdade contratual e à autonomia privada e não no domínio dos direitos indisponíveis. Não sendo, portanto, o casamento a problemática a analisar, não é necessária a respectiva certidão de registo, se o facto não é controvertido – V., entre outros, Ac. R.E., 7/12/82, C.J., V, 269; Ac R.E., 2475784, B.M.J. 339, 474; Ac. R.C., 25/6/85, C.J. III, 99; Ac. R.E., 13/12/82, C.J.V, 80.
Não se exige a certidão de registo de casamento para prova do casamento quando, na acção, o *thema decidendum* é a condenação no pagamento de uma dívida, conforme diversa jurisprudência – Ac. R.L. 26/1/95, C.J. I, 105; Ac. R.C. 25/7/85, C.J. III, 99.

[189] Pires de Lima e Antunes Varela, Código Civil Anotado, vol. I, pág. 231.

Nestes casos, a revelia é inoperante, conforme resulta do disposto no artº 485º, alínea c).

Nas acções sobre o estado das pessoas, se o réu não contestar - artº 484º, nº 1 - ou se, embora tenha contestado, não tiver impugnado determinados factos - artº 490º, nºs 1 e 2 - os factos articulados na petição inicial não podem considerar-se confessados, pelo que devem ser integrados na base instrutória - artº 511º, nº 1.

Não é ainda admissível a confissão, se o facto for *impossível* ou notoriamente *inexistente* - alínea c) do artº 354º do Código Civil.

Não se deve confundir a prova de um *facto impossível* com a impossibilidade de provar certo facto. O preceito refere-se à impossibilidade absoluta e esta só se verifica quando não houver qualquer dúvida sobre ela. Por isso, o juiz deve ser muito cauteloso em defini-la, para cada caso, não vá ter-se como impossível aquilo que só se nos afigura tal em virtude de ignorarmos que certa causa pode produzir determinados efeitos.[190]

I) - Princípios por que se rege a confissão

São dois os princípios por que se rege a confissão: *irretractabilidade* e *indivisibilidade.*

Como já referimos - na alínea G) deste número - a confissão é *irretractável,* conforme dispõe o artº 567º, nº 1. Significa que, depois de emitida a confissão, já não pode ser retirada.

Como então também referimos, este princípio sofre uma excepção, quando a confissão é feita nos articulados. Assim, as confissões expressas de factos, feitas nos articulados, podem ser retiradas, enquanto a parte contrária as não tiver aceitado especificadamente - artºs 567º, nº 2 e 38º.

Verifica-se aceitação especificada quando a parte que é favorecida pelo reconhecimento dos factos em que a confissão se traduz, faça referência directa aos factos confessados. Não serve uma referência genérica.

O princípio da *indivisibilidade* consta do artº 360º do Código Civil nos seguintes termos: se a declaração confessória, judicial ou extrajudicial, for acompanhada da narração de outros factos ou circunstâncias tendentes a infirmar a eficácia do facto confessado ou a modificar ou extinguir os seus efeitos, a parte que dela quiser aproveitar-se como prova plena tem de aceitar

[190] Rodrigues Bastos, Das Relações Jurídicas, vol. V, pág. 97.

também como verdadeiros os outros factos ou circunstâncias, salvo se provar a sua inexactidão.

Quer dizer, se a declaração confessória for acompanhada da narração de qualquer facto favorável ao confitente, a contraparte só pode aceitar a declaração na sua totalidade - factos favoráveis e factos desfavoráveis - embora lhe seja permitido fazer prova de que não é exacta a parte que lhe é desfavorável. Desde que prove a inexactidão dos factos favoráveis ao confitente, aproveitará a força probatória plena dos factos que ao confitente são desfavoráveis.

Não fazendo tal prova nem querendo aceitar a confissão na sua totalidade, então não poderá aproveitar-se da parte que lhe é favorável, o que significa que terá de fazer a prova inclusivamente do facto confessado.

Entende-se que não seria justo que a parte contrária pudesse sacar em seu proveito a presunção de seriedade do confitente que a lei estabelece, e a repudiasse ao mesmo tempo na parte em que a declaração contraria os seus interesses.[191]

J) - Depoimento de parte

Conforme dispõe o artº 356º, nº 1 do Código Civil, a confissão judicial *espontânea* pode ser feita nos articulados, segundo as prescrições da lei processual, ou em qualquer outro acto do processo, firmado pela parte pessoalmente ou por procurador especialmente autorizado.

Fora dos articulados, a confissão pode ser feita por documento autêntico ou particular ou por termo no processo, sendo este tomado pela secretaria mediante simples pedido verbal dos interessados - artº 300º, nºs 1 e 2.

A confissão pode, porém, ser *provocada*, como já se disse.

Conforme dispõe o artº 552º, nº 1, o juiz pode, em qualquer estado do processo, determinar a comparência pessoal das partes para a prestação de depoimento sobre factos que interessam à decisão da causa.

É uma consequência do princípio da cooperação, previsto nos artºs 266º e 519º, que confere ao juiz, em qualquer altura do processo, a faculdade de convidar as partes ou os seus mandatários (ou até outras pessoas) a fornecer esclarecimentos sobre a matéria de facto ou de direito.

O depoimento de parte pode também ser requerido por alguma das partes - artº 552º, nº 2.

[191] Pires de Lima e Antunes Varela, Código Civil Anotado, vol. I, pág. 235.

Do depoimento prestado pelas partes, ou das suas informações ou esclarecimentos prestados ao tribunal, pode resultar confissão de um ou alguns factos - cfr. artº 356º, nº 2 do Código Civil.

Os simples esclarecimentos ou afirmações, que não possam valer como confissão, podem valer como *elementos probatórios*, sujeitos a livre apreciação do tribunal – artº 361º do Código Civil.

Cada uma das partes pode requerer não só o depoimento da *parte contrária*, mas também o dos seus *compartes* - artº 553º, nº 3.

O réu só pode pedir o depoimento de parte do seu co-réu, se no processo tiverem posições divergentes sobre um facto que favorece um e desfavorece o outro.[192]

Na verdade, a parte não pode requerer o seu próprio depoimento. O depoimento de parte só tem cabimento quando incida sobre factos que são desfavoráveis ao depoente. O objectivo do depoimento de parte consiste em procurar obter a sua confissão de um ou vários factos.

A confissão é o reconhecimento que a parte faz da realidade de um facto que lhe é desfavorável e favorece a parte contrária - artº 352º do Código Civil.

O depoimento de parte é distinto da confissão, visto que aquele é apenas um meio de provocar esta. Pode haver depoimento de parte sem que haja confissão de qualquer facto.

Só pode ser requerido o depoimento de parte que incida sobre factos pessoais ou de que o depoente deva ter conhecimento - artº 554º, nº 1.[193]

Não é, porém, admissível o depoimento sobre factos criminosos ou torpes, de que a parte seja arguida - artº 554º, nº 2.

[192] Ac. da R.L., de 15-12-94, C.J. Ano XIX, Tomo V, 127

[193] A restrição do objecto do depoimento de parte a factos pessoais ou de que o depoente deva ter conhecimento justificava-se no tempo "em que a parte era havida como confessa se, notificada pessoalmente para depor, não comparecesse nem justificava impedimento; entendia-se ser absurdo colocar a parte perante o dilema de confessar expressamente ou ser havida como confessa em relação a factos que desconhecia. Hoje, porém, em que já não é aplicável essa sanção (Cod. Civ., artº 357º, nº 2), não se compreende por que razão se há-de limitar desse modo o depoimento pessoal, coarctando à parte a faculdade de reconhecer como verdadeiros *quaisquer* factos que lhe sejam desfavoráveis, quer devesse ou não conhecê-los; se os confirma é porque eles chegaram ao seu conhecimento" – Rodrigues Bastos, ob. cit., vol. III, pág.111.

Como factos *torpes* devem entender-se os factos que, embora não sejam criminosos ou ilegais, são todavia contrários à moral pública ou reprovados pelos bons costumes.[194]

A parte não terá, assim, de ser colocada perante o dilema de ter de mentir ou ter de confessar uma conduta de que se envergonha.

O depoimento também não pode recair sobre os factos referidos no artº 354º do Código Civil, a que já fizemos referência.

Nos casos em que a confissão não faz prova contra o confitente, não pode ser requerido o depoimento de parte, como se compreende. Destinando-se o depoimento de parte a obter a sua confissão e não sendo esta possível em relação a certas matérias, ou em relação a certos factos, deve o juiz indeferir o requerimento, pois que seria um acto inútil, que não é lícito realizar no processo, por força do disposto no artº 137º.

L) - Modo e momento de prestação do depoimento de parte

O depoimento deve, em regra, ser prestado na audiência de discussão e julgamento, salvo se for urgente ou o depoente estiver impossibilitado de comparecer no tribunal - artº 556º, nº 1.

Actualmente o artº 623º prevê a possibilidade de inquirição de testemunhas por teleconferência. O regime de prestação de depoimentos através de teleconferência previsto no artº 623º é aplicável às partes residentes fora da comarca ou da respectiva ilha, no caso das Regiões Autónomas – artº 556º, nº 2 .

Pode ainda o depoimento ser prestado na audiência preliminar, aplicando-se, com as adaptações necessárias, o disposto no número anterior – artº 556º, nº 3; cfr. artº 508º-A, nº 2, alínea c).

Se ambas as partes tiverem de depor perante o tribunal da causa, depõe em primeiro lugar o réu e depois o autor. Se tiverem de depor mais de um autor ou de um réu, não poderão assistir ao depoimento de qualquer deles os compartes que ainda não tenham deposto - artº 558º, nºs 1 e 2.

O tribunal exigirá que o depoente preste o seguinte juramento: "Juro pela minha honra que hei-de dizer toda a verdade e só a verdade". Antes, porém, o tribunal far-lhe-á sentir a importância moral do juramento que vai prestar e o dever de ser fiel à verdade, advertindo-o das sanções aplicáveis às falsas declarações - artº 559º, nºs 1 e 2.

[194] Alberto dos Reis, ob. cit., vol. IV, pág. 88.

A recusa de prestar juramento equivale à recusa a depor - artº 559º, nº 3.

Antes do actual Código Civil, a sanção prevista para a recusa consistia em terem-se por confessados os respectivos factos. Hoje, o tribunal apreciará livremente o valor de tal conduta para efeitos probatórios - artº 357º, nº 2 do Código Civil.

O interrogatório do depoente é conduzido pelo juiz - artº 560º - devendo observar o disposto no artº 554º.

A parte contrária pode requerer as instâncias necessárias para se esclarecerem ou completarem as respostas - artº 561º, nº 1.

Antes da reforma processual, estava vedado aos advogados fazer perguntas directamente ao depoente. Actualmente, os advogados das partes podem pedir esclarecimentos ao depoente - artº 562º, nº 1. E se algum advogado entender que a pergunta é inadmissível, pela forma ou pela substância, pode deduzir oposição, que o juiz julgará, sem admissibilidade de recurso - nº 2 do mesmo artigo.

M) - Redução a escrito do depoimento de parte

O depoimento de parte é gravado quando seja prestado em audiência de julgamento e a gravação tenha sido requerida, nos termos do disposto nos artºs 508º-A, nº 2, alínea c) ou 512º, nº 1 ou quando devam ser prestados antecipadamente ou por carta (v. artº 176º), conforme dispõe o artº 522º-A, nº 1.

Porém, mesmo que tenha sido gravado, *o depoimento de parte é sempre reduzido a escrito* no segmento em que houver confissão do depoente, ou em que este narre factos ou circunstâncias quc impliquem indivisibilidade da declaração confessória - artº 563º, nº 1.

Por outro lado, *mesmo que o depoimento seja prestado perante o tribunal colectivo* – caso em que impera o princípio da oralidade – a declaração confessória da parte *terá de ser mandada reduzir a escrito.*

O depoimento de parte, que contenha confissão de algum ou alguns factos, só depois de reduzido a escrito tem força probatória plena contra o confitente - artº 358º, nº 1 do Código Civil. Tal prova só pode ser contrariada através da arguição da sua falsidade - artº 347º do mesmo Código Civil.

Estando o depoimento reduzido a escrito, fica subtraído ao poder de cognição do tribunal colectivo, que não se pronunciará sobre os factos plenamente provados por confissão, conforme resulta do disposto no artº 646º, nº 4 *in fine.*

Em suma, a *redução a escrito*, na acta da audiência, deve ter lugar em duas circunstâncias:

1ª - na parte em que se verifica a confissão do depoente;
2ª - na parte em que a declaração confessória é acompanhada de outros factos ou circunstâncias que impliquem a sua indivisibilidade, nos termos do artº 360º do Código Civil. Neste caso trata-se dos factos ou circunstâncias que acompanharam a declaração confessória e que são favoráveis ao confitente.

A *parte não escrita do depoimento* prestado em audiência de discussão e julgamento, ainda que contenha declaração confessória, *é de livre apreciação pelo tribunal.*

A parte que extravase a declaração confessória não tem que ser reduzida a escrito.

Incumbe ao juiz a redacção do depoimento de parte, ficando a "assentada" [195]sujeita às reclamações que as partes ou os seus advogados entenderem por convenientes. Depois de concluída, é lida ao depoente que a confirmará ou fará as rectificações necessárias - artº 563º, nº 2 e 3.

83 - Prova pericial

A) - Finalidade da prova

É a lei substantiva, como se sabe, que define o objecto da prova pericial e a sua força probatória.

Conforme dispõe o artº 388º do Código Civil, a prova pericial tem por fim a percepção ou apreciação de factos por meio de peritos, quando sejam necessários conhecimentos especiais que os julgadores não possuem ou quando os factos, relativos a pessoas, não devam ser objecto de inspecção judicial.

Chama-se perito a uma pessoa que, em razão dos seus conhecimentos ou da sua *perícia* em qualquer ciência, arte ou ofício, ou simplesmente da sua provada experiência, é... nomeada para, sob juramento, elucidar determinados factos, para boa aplicação das leis.[196]

Como se vê, a perícia tem por finalidade auxiliar o julgador na percepção ou apreciação dos factos a que há-de aplicar o direito, sempre que sejam exigidos conhecimentos especiais que só os peritos possuem.

Além disso, a prova pericial pode incidir sobre factos relativos a pessoas, que não devam ser objecto de inspecção judicial, porque esta poderia ferir os

[195] Assentada é o auto ou termo que se lavra sobre o depoimento.
[196] Cunha Gonçalves, ob. cit., vol. XIII, pág. 600.

seus sentimentos. É o que se passa, por exemplo, no caso dos exames de uma parte íntima do corpo que, por poderem ferir o pudor da pessoa, devem ser levados a cabo por um médico (perito).

Embora o relatório pericial esteja fundamentado em conhecimentos especiais que o juiz não possui, só a este cabe o ónus de decidir sobre a realidade dos factos a que deve aplicar o direito.

Em termos valorativos, os exames periciais configuram elementos meramente informativos, de modo que, do ponto de vista da jurisdicidade, cabe sempre ao julgador a valoração definitiva dos factos pericialmente apreciados, conjuntamente com as demais provas.[197]

A força probatória das respostas dos peritos é fixada livremente pelo tribunal - artº 389º do Código Civil.

B) - Requisição e realização da perícia

A perícia é requisitada pelo tribunal a estabelecimento, laboratório ou serviço oficial apropriado. Quando tal não seja possível ou conveniente é realizada por um único perito nomeado pelo juiz - artº 568º, nº 1.

Ouvidas as partes, se estas estiverem de acordo sobre a identidade do perito a designar, deve o juiz nomeá-lo, salvo se tiver fundadas razões para pôr em causa a sua idoneidade ou competência - artº 568º, nº 2.

As perícias médico-legais são realizadas pelos serviços médico-legais ou pelos peritos médicos contratados, nos termos previstos no diploma que as regulamenta - artº 568º, nº 3.[198]

As restantes perícias podem ser realizadas por entidade contratada pelo estabelecimento, laboratório ou serviço oficial, desde que não tenha qualquer interesse em relação ao objecto da causa nem ligação com as partes – artº 568º, nº 4.

A perícia é realizada por mais de um perito, até ao número de três, funcionando em moldes colegiais ou interdisciplinares, quando o juiz oficiosamente o determinar, por entender que a perícia se reveste de especial complexidade ou exige conhecimento de matérias distintas, ou quando as partes requererem a realização de perícia colegial, devendo, neste caso, indicar logo os respectivos peritos ou pedir a prorrogação do prazo para o fazerem - artº 569º, nºs 1 e 3. Na falta de acordo, cada parte escolhe um dos peritos e o juiz escolhe o terceiro - nº 2 do mesmo artº 569º.

[197] Ac. R.E. de 6/6/95, B.M.J. 448, 460.

[198] A Portaria nº 1178-C/2000, de 15 de Dezembro, aprovou a tabela de custos das perícias médico-legais.

Se houver mais de um autor ou mais de um réu e ocorrer divergência entre eles na escolha do respectivo perito, prevalece a designação da maioria. Se não chegar a formar-se maioria, a nomeação devolve-se ao juiz - artº 569º, nº 4.

Se houver necessidade de proceder à nomeação de um perito em substituição de outro anteriormente designado, tal nomeação pertencerá ao juiz - artº 573º.

Depois de ter requerido a diligência, a parte só pode desistir dela com a anuência da parte contrária - artº 576º.

Pretende-se, deste modo, evitar que a parte requeira a prova pericial apenas para que a outra o não faça e, depois, desistindo da mesma, retirar à contraparte a oportunidade de utilizar este meio de prova.

A parte, ao requerer a perícia, deve indicar logo o respectivo objecto, enunciando as questões de facto que pretende ver esclarecidas. A perícia pode incidir sobre os factos articulados por si ou pela parte contrária. Será rejeitada se não contiver tal indicação - artº 577º, nºs 1 e 2.

O juiz também pode rejeitá-la se entender que a diligência é impertinente ou dilatória. Por outras palavras, o juiz pode rejeitá-la se entender que a diligência nenhum esclarecimento pode trazer à causa ou se constatar que foi requerida com a finalidade de retardar a decisão. Não a rejeitando, ouve, sobre o objecto proposto, a parte contrária que poderá a ele aderir ou propor a sua ampliação ou restrição. No despacho que ordene a realização da diligência, o juiz fixará o respectivo objecto, ou seja, as questões que, por esse meio, se pretendem ver esclarecidas - artº 578º, nºs 1 e 2.

A perícia também pode ser ordenada oficiosamente pelo juiz. Neste caso, no despacho em que determine a realização da diligência, indicará o respectivo objecto, podendo as partes sugerir o alargamento a outras matérias - artº 579º.

O juiz designa a data e o local para o começo da diligência. Porém, quando se trate de exames a efectuar em institutos ou estabelecimentos oficiais, o juiz requisita ao respectivo director a realização da perícia, indicando o seu objecto e o prazo de apresentação do relatório pericial - artº 580º, nºs 1 e 2.

Quando por razões técnicas ou de serviço a perícia não puder ser realizada no prazo determinado pelo juiz, por si ou nos termos do nº 4 do artigo 568º, deve tal facto ser de imediato comunicado ao tribunal, para que este possa determinar a eventual designação de novo perito, nos termos do nº 1 do artigo 568º - artº 580º, nº 3.

C) - Deveres dos peritos. Obstáculos à sua nomeação

O perito é obrigado a desempenhar com *diligência* a função para que foi nomeado. O juiz pode condená-lo em *multa* quando infrinja os seus deveres de colaboração com o tribunal e pode até *destituí-lo* se for negligente, designadamente quando não apresente ou impossibilite, pela sua inércia, a apresentação do relatório pericial no prazo fixado - artº 570º, nºs 1 e 2.

Antes da grande revisão do Código de Processo Civil, a lei fazia referência aos impedimentos, escusas e recusas dos peritos, nos artºs 580º e seguintes.

O Professor Alberto dos Reis[199] estabelecia a distinção entre as três categorias do seguinte modo:

O *impedimento* é uma causa de inibição; a pessoa sobre quem recai o *impedimento* não deve ser nomeada para perito; se for, não pode funcionar como tal; se funcionar, o *impedimento* determina, em certos casos, a nulidade da diligência efectuada.

A *escusa* é um benefício facultado pela lei à pessoa nomeada. Portanto, só actua se o nomeado não quiser aproveitar o benefício, pedindo dispensa do encargo, dispensa que tem de ser concedida, desde que se verifiquem as condições legais.

A *recusa* é um direito reconhecido à parte contrária àquela que fez a nomeação ou a ambas as partes se a nomeação foi feita pelo juiz; o direito traduz-se na oposição a que a pessoa nomeada sirva como perito. Se a oposição não for deduzida em tempo, a pessoa nomeada funciona legalmente.

Actualmente a lei manda aplicar aos peritos o regime de impedimentos e suspeições que vigora para os juízes, com as necessárias adaptações - artº 571º, nº 1. Os casos de impedimento do juiz constam do artº 122º e os fundamentos de suspeição encontram-se referidos no artº 127º

Além disso, podem pedir a *escusa* da intervenção como peritos todos aqueles a quem seja inexigível o desempenho da tarefa, atentos os motivos pessoais invocados - artº 571º, nº 3.

Podem ainda pedir a *escusa*, por estarem dispensados do exercício da função de perito, os titulares dos órgãos de soberania ou dos órgãos equivalentes das Regiões Autónomas, os que por lei lhes estejam equiparados, os magistrados do Ministério Público em efectividade de funções e os agentes diplomáticos de países estrangeiros - artº 571º, nº 2.

As *escusas* serão requeridas pelo próprio perito, no prazo de 5 dias a contar do conhecimento da nomeação - artº 572º, nº 2.

As causas de impedimento, suspeição e dispensa legal do exercício da função de perito podem ser alegadas pelas partes e pelo próprio perito designado, consoante as circunstâncias, dentro do prazo de 10 dias a contar do

[199] Ob. cit., vol. IV, pág. 202.

conhecimento da nomeação. Se o conhecimento da causa for superveniente, deve ser alegada nos 10 dias subsequentes. As causas podem ser conhecidas oficiosamente até à realização da diligência - artº 572º, nº 1.

Das decisões proferidas sobre impedimentos, suspeições ou escusas não cabe recurso - artº 572º, nº 3.

Os peritos nomeados prestarão *compromisso de cumprimento consciencioso* da função que lhes é cometida, salvo se forem funcionários públicos e intervierem no exercício das suas funções - artº 581º

No caso em que o perito é *funcionário público está dispensado* de prestar esse compromisso de cumprimento consciencioso da função, porque o seu vínculo à função pública justifica essa dispensa.

D) - Resultado da perícia

Em conformidade com o objecto da perícia, os peritos procedem à inspecção e averiguações necessárias à elaboração do relatório. O juiz assiste à inspecção sempre que o considere necessário. As partes podem assistir à diligência e fazer-se assistir por assessor técnico, nos termos do artº 42º, salvo se a perícia for susceptível de ofender o pudor ou implicar quebra de qualquer sigilo que o tribunal entenda merecer protecção - artº 582º, nºs 1, 2 e 3.

As partes podem fazer ao perito as observações que entendam e devem prestar os esclarecimentos que o perito julgue necessários - artº 582º, nº 4.

Os peritos podem socorrer-se de todos os meios necessários ao bom desempenho da sua função, podendo solicitar a realização de diligências ou a prestação de esclarecimentos, ou que lhes sejam facultados quaisquer elementos constantes do processo - artº 583º, nº 1.

O resultado da perícia é expresso em relatório, no qual os peritos se pronunciam fundamentadamente sobre o respectivo objecto - artº 586º, nº 1.

Tratando-se de perícia colegial, pode não haver unanimidade entre os peritos. Neste caso, deve ser devidamente fundamentada não só a opinião vencedora, como a do perito vencido, que deve explicitar as razões da sua discordância – artº 586º, nº 2.

As partes podem formular as suas reclamações se entenderem que há qualquer deficiência, obscuridade ou contradição no relatório pericial, ou que as conclusões não se mostram devidamente fundamentadas - artº 587º, nº 2.

Se as reclamações forem atendidas, o juiz ordena que o perito complete, esclareça ou fundamente, por escrito, o relatório apresentado. O juiz pode ordenar a prestação de esclarecimentos ou aditamentos, mesmo na falta de reclamações - artº 587º, nºs 3 e 4.

E) - Segunda perícia

Qualquer das partes pode requerer que se proceda a segunda perícia, no prazo de 10 dias a contar do conhecimento do resultado da primeira, alegando fundadamente as razões da sua discordância relativamente ao relatório pericial apresentado - artº 589º, nº 1.

O tribunal pode ordenar oficiosamente e a todo o tempo a realização da segunda perícia, desde que a julgue necessária ao apuramento da verdade - artº 589º, nº 2.

84 - Prova por inspecção

A prova por inspecção tem por fim a percepção directa de factos pelo tribunal - artº 390º do Código Civil.

É um meio de prova que tende a formar a convicção do juiz pela observação directa que o próprio faz.

Trata-se, portanto, de uma prova *directa*, o que a distingue de outras provas como a prova pericial, documental, testemunhal ou por confissão. Na prova *directa* o julgador é confrontado directamente com o próprio facto a provar.

As provas directas põem o juiz em contacto imediato com o facto a provar, ao passo que, nas provas indirectas, entre o juiz e o facto interpõe-se ou uma pessoa (prova por confissão, prova testemunhal), ou uma coisa (prova por documentos); ora bem se compreende que tal circunstância exerça influência considerável sobre a formação da convicção do julgador. Num caso o juiz tem diante de si o próprio facto que pretende captar; no outro tem diante de si um instrumento intermediário, uma pessoa ou uma coisa que lhe dá unicamente a *representação* do facto; a diferença é flagrante.[200]

Conforme dispõe o artº 612º, nº 1, o tribunal pode inspeccionar coisas e pessoas, a fim de se esclarecer sobre qualquer facto que interesse à decisão da causa.

Quanto às pessoas o preceito legal ressalva, porém, a intimidade da vida privada e familiar e a dignidade humana.

Quando a inspecção incide sobre *pessoas*, estas são apenas objecto de observação, desempenhando um papel puramente passivo. É o que acontece, por exemplo, nas acções de interdição por anomalia psíquica – cfr. artº 951º.

[200] Alberto dos Reis, ob. cit., vol. IV, pág. 292.

Na inspecção judicial o tribunal pode deslocar-se ao local da questão - artº 612º, nº 1.

Mesmo no caso de a inspecção respeitar a coisas móveis, geralmente o tribunal desloca-se até elas para proceder à respectiva diligência. Assim se distingue a inspecção judicial da prova por apresentação de coisas móveis, a que alude o artº 518º.

Quando recai sobre imóveis, a inspecção judicial permite ao juiz aperceber-se directamente, por exemplo, se o prédio tem ou não comunicação com a via pública, dos fumos que se infiltram numa determinada casa, das infiltrações que provêm do andar superior, da forma como ocorreu o acidente, etc.

O tribunal pode também ordenar que se proceda à reconstituição dos factos quando a entender necessária, conforme dispõe ainda o referido artº 612º, nº 1.

A iniciativa da inspecção judicial pode partir do tribunal ou de qualquer das partes - artº 612º, nº 1.[201]

À parte que a requerer incumbe fornecer ao tribunal os meios adequados à sua realização, salvo se estiver isenta ou dispensada do pagamento de custas - artº 612º, nº 2.

As partes, que serão notificadas do dia e hora da inspecção, podem, directamente ou por meio dos respectivos advogados, prestar ao tribunal os esclarecimentos de que ele carecer, assim como chamar a sua atenção para os factos que reputem de interesse para a resolução da causa - artº 613º.

O tribunal pode fazer-se acompanhar de um técnico capaz de o elucidar sobre a averiguação e interpretação dos factos que se propõe observar. Este técnico, quando a inspecção não for feita pelo tribunal colectivo, deve comparecer na audiência de discussão e julgamento - artº 614º.

Este técnico não é um perito, mas apenas um auxiliar do tribunal com os conhecimentos necessários para o coadjuvar na averiguação e interpretação dos factos, se tal se mostrar conveniente.

[201] A realização da prova por inspecção judicial, requerida oportunamente, não constitui um poder discricionário do juiz, mas um poder-dever que só poderá deixar de ser exercido quando a diligência se mostrar de todo desnecessária ou inútil, o que deverá constar de despacho fundamentado e susceptível de recurso (artºs 612º, nº 1 e 679º, nº 1. A omissão dessa diligência ou do despacho de indeferimento integra nulidade processual que, não sendo objecto de tempestiva arguição, fica sanada (artºs 201º, nº 1, 203º e 205º) – Ac. S.T.J., 19/4/95, C.J., Ano III, Tomo II, 43.

Da diligência é lavrado auto em que se registem todos os elementos úteis para o exame e decisão da causa, podendo o juiz determinar que se tirem fotografias para serem juntas ao processo - artº 615º.

Antes da última grande alteração processual, a diligência só seria reduzida a auto quando não tivesse sido realizada pelo tribunal colectivo. Actualmente, deverá sê-lo sempre. Teve-se em vista possibilitar ao tribunal da Relação exercer controlo da decisão sobre a matéria de facto, no caso de ser interposto recurso, nos termos do artº 712º.

O resultado da inspecção é livremente apreciado pelo tribunal - artº 391º do Código Civil.

85 - Prova testemunhal

A) - Noção de testemunha

De todas as provas conhecidas, é a prova testemunhal, sem dúvida, a mais antiga e a mais usada, pois antes da invenção da escrita, não havia outra aproveitável para a demonstração dos factos, quer no juízo criminal, quer no juízo cível.[202]

Testemunha é toda a pessoa que, não sendo parte na acção, nem seu representante, é chamada a narrar as suas percepções sobre factos passados que interessam para a decisão.[203]

O depoimento da testemunha distingue-se do depoimento de parte pela qualidade do depoente. A testemunha é uma pessoa que não é parte no litígio. É indicada por uma das partes (ou até por ambas) para narrar perante o tribunal determinados factos passados, que chegaram ao seu conhecimento, os quais têm interesse para a decisão do litígio.

Estão impedidos de depor como testemunhas os que na causa possam depor como partes - artº 617º.

A testemunha também se distingue do perito. Como se disse, a testemunha refere as suas percepções sobre factos passados e não as suas apreciações sobre eles. O perito refere as suas percepções e principalmente as suas apreciações sobre factos presentes por incumbência do tribunal.[204]

202 Cunha Gonçalves, ob. cit., vol. XIV, pág. 350.

203 Antunes Varela, J. Miguel Bezerra e Sampaio e Nora, ob. cit., pág. 609.

204 Manuel de Andrade, ob. cit., pág. 273 e ainda Antunes Varela, J. Miguel Bezerra e Sampaio e Nora, ob. cit., pág. 609.

Pode depor como testemunha quem exerceu no processo funções de perito, por a situação se enquadrar no artº 616º, conforme decidiu o Supremo Tribunal de Justiça.[205]

B) - Capacidade testemunhal

Têm capacidade para depor como testemunhas todos aqueles que, não estando interditos por anomalia psíquica, tiverem aptidão física e mental para depor sobre os factos que constituam objecto da prova - artº 616º, nº 1.

Conforme se conclui deste preceito legal, só os interditos por anomalia psíquica são considerados absolutamente incapazes de depor como testemunhas. Os interditos por surdez-mudez ou cegueira (v. artº 138º, nº 1 do Código Civil) e os outros incapazes, como os menores e os inabilitados, são considerados com capacidade para depor como testemunhas se para tal tiverem aptidão física e mental. Assim, os surdos mudos e os cegos terão capacidade para prestar depoimento sobre factos cujo conhecimento não dependa dos sentidos afectados, desde que possuam igualmente capacidade mental.

Incumbe ao juiz verificar a capacidade natural das pessoas arroladas como testemunhas, com vista a avaliar da admissibilidade e da credibilidade do respectivo depoimento - artº 616º, nº 2. Deverá, portanto, o juiz avaliar das eventuais limitações à aptidão física e mental do depoente, no caso concreto, por forma a determinar da sua admissibilidade e também da sua credibilidade.

C) - Recusa legítima a depor

Podem recusar-se a depor como testemunhas as pessoas que tenham uma relação de parentesco, de afinidade, de casamento ou de união de facto em condições análogas às dos cônjuges com alguma das partes na causa, mesmo que o casamento já tenha sido dissolvido ou a união de facto tenha terminado - cfr. artº 618º, nº 1.

Incumbe ao juiz advertir as pessoas que se encontrem nestas condições, em relação a qualquer das partes, que lhes assiste a faculdade de se recusarem a depor - artº 618º, nº 2.

Embora essas pessoas tenham a faculdade de se recusarem a depor, podem prestar depoimento, se for essa a sua vontade. Trata-se de uma inabilidade relativa.

Devem escusar-se a depor os que estejam adstritos ao segredo profissional, ao segredo de funcionários públicos e ao segredo de Estado, relativamente

[205] Ac. S.T.J. de 22/2/96, B.M.J. 454, 649.

aos factos abrangidos pelo sigilo, aplicando-se neste caso o disposto no nº 4 do artigo 519º - artº 618º, nº 3.

D) - Admissibilidade da prova testemunhal e suas limitações

A prova por testemunhas é admitida em todos os casos em que não seja directa ou indirectamente afastada - artº 392º do Código Civil.

Nuns casos, a lei afasta expressamente a prova testemunhal e, noutros casos, a lei exige que a prova seja feita por meios diferentes, nomeadamente por documento.

Se a declaração negocial, por disposição da lei ou estipulação das partes, houver de ser reduzida a escrito ou necessitar de ser provada por escrito, não é admissível prova testemunhal - artº 393º, nº 1 do Código Civil.[206]

Se a declaração negocial devia ter sido reduzida a escrito e não o foi, o acto é nulo (cfr. artºs 220º e 364º do Código Civil). Assim, é irrelevante qualquer espécie de prova. Se a lei exige que a prova se faça por documento, tem de considerar-se afastada qualquer outro meio de prova.

Conforme de termina o artº 875º do Código Civil, sem prejuízo do disposto em lei especial, o contrato de compra e venda de bens imóveis só é válido se for celebrado por escritura pública ou por documento particular autenticado.

Sendo assim, a prova de qualquer contrato desta natureza só será possível por meio de documento.

As partes podem estipular uma forma especial para a declaração, presumindo-se que se não querem vincular senão pela forma convencionada - artº 223º do Código Civil. Porém, o artº 345º do mesmo diploma legal impõe certos limites às convenções sobre as provas.

Também não é admitida prova por testemunhas quando o facto estiver plenamente provado por documento ou por outro meio com força probatória plena - artº 393º, nº 2 do Código Civil.

Neste caso, no confronto entre a prova plena e a falível prova testemunhal, a lei não podia seguir orientação diferente.[207]

[206] Não se proíbe a prova testemunhal invocada para determinar e precisar o significado de cláusulas duvidosas ou obscuras, porque, nesse caso, ela não visa a contrariar o conteúdo do acto escrito, antes procura fixar a vontade das partes tal como foi manifestada – Rodrigues Bastos, Das Relações Jurídicas, v, pág. 231.

[207] Nada impede, porém, que se recorra à prova testemunhal para demonstrar a falta ou vícios de vontade, com base nos quais se impugna a declaração documentada – cfr. Pires de Lima e Antunes Varela, Código Civil Anotado, vol. I, pág. 257.

Sobre a força probatória plena dos documentos autênticos e particulares, vejam-se, respectivamente, os artºs 371º e 376º do Código Civil.

É inadmissível a prova por testemunhas, se tiver por objecto quaisquer convenções contrárias ou adicionais ao conteúdo de documento autêntico ou dos documentos particulares mencionados nos artigos 373º a 379º quer as convenções sejam anteriores à formação do documento ou contemporâneas dele, quer sejam posteriores - artº 394º do Código Civil.

A proibição de provar por testemunhas o conteúdo ou além do conteúdo dos documentos autênticos ou particulares não se refere à prova dos vícios da vontade ou divergência entre a vontade e a declaração. É pois admitida a prova de erro, dolo, coacção, mas não a de simulação do negócio documentado e a do dissimulado quando invocados pelos simuladores artº 394º, nº 2 do Código Civil).[208]

Nada impede que os simuladores façam a prova da simulação por qualquer outro meio de prova, desde que não seja a testemunhal ou a prova por presunções, mesmo que o negócio seja celebrado por documento autêntico.[209]

E) - Apresentação do rol de testemunhas

As testemunhas serão designadas no rol pelos seus nomes, profissões e moradas e por outras circunstâncias necessárias para as identificar - artº 619º, nº 1.

Como já foi referido, o rol de testemunhas pode ser apresentado pelo autor no final da petição inicial - artº 467º, nº 2.

Por respeito pelo princípio da igualdade das partes, consagrado no artº 3º-A, o réu poderá, por sua vez, apresentar o rol de testemunhas no final da contestação, como já foi repetidamente referido.

Pode também ser apresentado na audiência preliminar - artº 508º-A, nº 2, alínea a). A parte que tiver faltado à audiência preliminar, poderá apresentar o rol de testemunhas nos 5 dias subsequentes àquele em que a mesma se realizou – 508º-A, nº 4.

Quando se não tenha realizado a audiência preliminar, a secretaria notifica as partes para, em 15 dias, apresentarem o rol de testemunhas - artº 512º, nº 1.

O rol de testemunhas pode ser alterado ou aditado até 20 dias antes da data em que se realize a audiência de julgamento, sendo a parte contrária notificada para usar, querendo, de igual faculdade, no prazo de 5 dias - artº 512º-A, nº 1.

[208] Manuel de Andrade, ob. cit., pág. 274.

[209] Pires de Lima e Antunes Varela, ob. cit., vol. I, pág. 259.

Findo este prazo, a parte tem ainda a faculdade de substituir testemunhas, nos casos previstos no artº 629º.

F) - Limite do número de testemunhas

Os autores não podem oferecer mais de 20 testemunhas, para prova da acção; igual limitação se aplica aos réus que apresentem a mesma contestação - artº 632º, nº 1. É claro que este limite diz respeito ao processo ordinário, que é o que temos vindo a apreciar. São diferentes os limites para o processo sumário e sumaríssimo, como veremos oportunamente.

No caso de reconvenção, cada uma das partes pode oferecer também até 20 testemunhas, para prova dela e da respectiva defesa - artº 632º, nº 2.

Consideram-se não escritos os nomes das testemunhas que no rol ultrapassem o número legal - artº 632, nº 3.

Além das testemunhas constantes do rol oferecido por cada uma das partes, é possível a inquirição de outras pessoas por iniciativa do tribunal. Quando o juiz presumir que determinada pessoa, não oferecida como testemunha, tem conhecimento de factos importantes para a decisão da causa, deve ordenar que a mesma seja notificada para depor - artº 645º, nº 1.

A parte pode desistir a todo o tempo da inquirição de testemunhas que tenha oferecido, sem prejuízo da possibilidade da inquirição oficiosa, nos termos do artigo 645º - artº 619º, nº 2.

G) - Preparação da prova

O juiz começará por tomar juramento à testemunha e depois procederá à sua identificação – cfr. artºs 559º e 635º, nº 1

Antes de começar o depoimento, o tribunal fará sentir ao depoente a importância moral do juramento que vai prestar e o dever de ser fiel à verdade, advertindo-o das sanções aplicáveis às falsas declarações - artº 559º, nº 1.

Será exigido ao depoente que preste o seguinte juramento: "Juro, pela minha honra que hei-de dizer toda a verdade e só a verdade" - artº 559, nº 2.

A recusa a prestar juramento equivale à recusa a depor - artº 559, nº 3 *ex vi* artº 635º, nº 1. Para efeitos de prova, a recusa, sem provar justo impedimento, será apreciada livremente pelo tribunal – cfr. artº 357º, nº 2 do Código Civil.

O juiz ordenará que a testemunha que sem justificação tenha faltado compareça sob custódia, sem prejuízo da multa aplicável, que logo será fixada - artº 629º, nº 4.

Seguir-se-á o interrogatório preliminar. O juiz procurará identificar a testemunha e perguntar-lhe-á se é parente, amigo ou inimigo de qualquer das partes, se está para com elas nalguma relação de dependência e se tem interesse, directo ou indirecto, na causa - artº 635º, nº 1.

Quando o depoente responde negativamente a todas estas perguntas, ficará a constar da acta que "aos costumes disse nada". Trata-se, na verdade, das perguntas do costume, tendo a frase, nos formulários dos escrivães, sido estropiada em "aos costumes".[210]

A relação de amizade, de inimizade ou de dependência, que a testemunha tenha com qualquer das partes serve para aquilatar do "peso" que o depoimento terá na formação da convicção dos juízes sobre a prova. Estas perguntas, portanto, têm por finalidade valorar o depoimento de cada depoente em relação aos outros.

H) - Lugar e momento da inquirição das testemunhas

As testemunhas depõem na audiência final, presencialmente ou através de teleconferência - artº 621º.

Esta regra comporta, porém, algumas excepções previstas no mesmo preceito.

As testemunhas residentes fora da comarca ou da respectiva ilha, no caso das Regiões Autónomas, são apresentadas pelas partes, quando estas tenham declarado esse propósito no momento do seu oferecimento, ou são ouvidas por teleconferência na própria audiência e a partir do tribunal da comarca da área da sua residência – artº 623º, nº 1.

As testemunhas serão inquiridas no local da questão, quando o tribunal, por sua iniciativa ou a requerimento de alguma das partes, o julgue conveniente - artº 622º.

As testemunhas residentes no estrangeiro são inquiridas por teleconferência sempre que no local da sua residência existam os meios técnicos necessários – artº 623º, nº 4.

Nas causas pendentes em tribunais sediados nas áreas metropolitanas de Lisboa e Porto não existirá inquirição por teleconferência quando a testemunha a inquirir resida na respectiva circunscrição, ressalvando-se os casos previstos no artº 639º-B – artº 623º, nº 5.

[210] Cunha Gonçalves, ob. cit., vol. XIV, pág. 371.

As testemunhas que as partes devam apresentar não são notificadas - artº 628º, nº 2.[211]

A testemunha que, embora em condições de depor, esteja impossibilitada de comparecer no tribunal, prestará o seu depoimento no dia, hora e local que o juiz designar, ouvido o médico assistente, se for necessário, sempre que não seja possível a sua prestação ao abrigo do disposto nos artigos 639º e 639º-B - artºs 621º, alínea d) e 557º.

O juiz designará, para cada dia de inquirição, o número de testemunhas que provavelmente possam ser inquiridas - artº 628º, nº 1. Pretende-se, deste modo, evitar a desnecessária perda de tempo das pessoas que, de antemão, se sabe que não chegarão a prestar depoimento naquele dia.

As testemunhas são inquiridas, uma de cada vez, pela ordem que consta do respectivo rol, começando pelas que foram indicadas pelo autor e seguindo-se as que foram oferecidas pelo réu. A ordem pode, porém, ser alterada por determinação do juiz ou por acordo das partes - artº 634º, nº 1.

O artº 624º, nº 1 atribui a prerrogativa de serem inquiridos na sua residência ou na sede dos respectivos serviços ao Presidente da República e aos agentes diplomáticos de países que concedam idêntica regalia aos representantes de Portugal.

Além das referidas entidades, gozam ainda da prerrogativa de depor primeiro por escrito, se preferirem, as diversas entidades enumeradas no nº 2 do mesmo artº 624º.

Por isso, a parte que indicar uma das referidas entidades, deve especificar os factos sobre que pretende o depoimento - artº 624º, nº 3.

A parte que tiver indicado a testemunha pode solicitar a sua audiência em tribunal, justificando devidamente a necessidade dessa audiência para completo esclarecimento do caso; o juiz decidirá, sem recurso - artº 626º, nº 4.

I) - Número de testemunhas que podem depor sobre cada facto

Do mesmo modo que está limitado o número máximo de testemunhas que cada parte pode oferecer, também a lei fixa uma limitação no que concerne à distribuição da matéria de facto pelas testemunhas. Por outras palavras, a lei estabelece um limite do número de testemunhas quanto às partes e também quanto aos factos.

A parte não pode produzir mais de 5 testemunhas sobre cada um dos factos que se propõe provar. Não se contam para esse efeito as testemunhas que

[211] Cfr., porém, artº 257º, nº 2.

tenham declarado nada saber - artº 633º. Esse desconhecimento total acerca do facto deve, para o efeito, ficar a constar da acta, com vista a justificar a referência (na acta) a mais de cinco testemunhas a esse mesmo facto.

J) - Produção da prova

Depois do interrogatório preliminar feito pelo juiz, tem lugar a inquirição da testemunha.

Se depuser perante o tribunal colectivo, o interrogatório é feito pelo advogado da parte que ofereceu a testemunha - artº 638º, nº 2 (1ª parte). Cfr. nº 4 do deste mesmo artigo.

A testemunha é interrogada sobre os factos que tenham sido articulados ou impugnados pela parte que a ofereceu – artº 638º, nº 1 (1ª parte).

Fica claro que a testemunha pode depor não só sobre os factos articulados pela parte que a arrolou, mas também sobre todos os factos controvertidos.

A testemunha deverá depor com precisão, indicando a razão de ciência e quaisquer circunstâncias que possam justificar o conhecimento dos factos; a razão de ciência invocada será, quanto possível, especificada e fundamentada - artº 638º, nº 1 (2ª parte).

Para a formação da convicção dos juízes reveste-se de grande importância a *razão de ciência,* ou seja, saber qual a fonte do conhecimento dos factos narrados pela testemunha. Se a testemunha diz que viu ou que ouviu determinados factos, interessa saber em que circunstâncias os viu ou os ouviu. O conhecimento deste circunstancialismo pode conferir maior ou menor credibilidade ao depoimento. Por vezes, chega-se à conclusão de que, naquelas circunstâncias concretas, o depoente não podia ter ouvido ou não podia ter visto o facto que relatou. Isso é o bastante para pôr em causa a credibilidade do seu depoimento.

Na verdade, a *razão de ciência* e as respostas que o depoente der sobre o *interrogatório preliminar* (os chamados *costumes*) são da maior importância para a valoração do depoimento. Estes elementos, sendo essenciais para lhe atribuir maior ou menor valor, têm o correspondente peso na formação da convicção do julgador.

A convicção dos juízes resulta mais da qualidade do que da quantidade dos depoentes. Já os jurisconsultos romanos entendiam que o crédito e a confiança no testemunho humano não depende do número, mas sim da sinceridade e probidade de quem depõe.[212]

[212] Cunha Gonçalves, ob. cit., vol. XIV, pág. 370.

Depois de concluído o interrogatório, pode o advogado da parte contrária, em relação aos factos sobre que a testemunha depôs, fazer-lhe as instâncias indispensáveis para se completar ou esclarecer o depoimento - artº 638º, nº 2 (2ª parte).

Como se verifica, as *instâncias* são perguntas sobre os factos a que a testemunha depôs (e não sobre factos não perguntados) por forma a procurar completá-los ou esclarecê-los.

Haverá necessidade de *completar* o depoimento sempre que a narração dos factos se mostre truncada ou não tenha sido referida a razão de ciência.

Quando o depoimento seja vago ou impreciso, torna-se necessário o seu *esclarecimento*.

O presidente do tribunal colectivo e os juízes adjuntos podem também pedir os esclarecimentos que julgarem convenientes para apuramento da verdade - parte final dos nºs 3 e 4 do artº 638º.

O presidente do tribunal deve obstar a que os advogados tratem desprimorosamente a testemunha e lhe façam perguntas ou considerações impertinentes, sugestivas, capciosas ou vexatórias - artº 638º, nº 3 (1ª parte).

O presidente do tribunal avocará o interrogatório quando tal se mostre necessário para assegurar a tranquilidade da testemunha ou pôr termo a instâncias inconvenientes - artº 638º, nº 5.

A testemunha não pode trazer o depoimento escrito, mas pode socorrer-se de documentos ou apontamentos de datas ou de factos para responder às perguntas - artºs 638º, nº 7 e 561º, nº 2.

Quando, porém, se verificar impossibilidade ou grave dificuldade de comparência no tribunal, pode o juiz autorizar, havendo acordo das partes, que o depoimento da testemunha seja prestado através de documento escrito, nos termos do artº 639º e seguinte.

Constitui este um modo excepcional de prestar depoimento, cuja validade depende da observância dos requisitos de forma previstos no artº 639ºA.

Pode ainda o juiz determinar, com o acordo das partes, que sejam prestados, através da utilização de telefone ou de outro meio de comunicação directa do tribunal com o depoente, quaisquer esclarecimentos indispensáveis à boa decisão da causa, nas circunstâncias previstas no artº 639º-B.

Exige-se que, na prestação de depoimento por este meio, o tribunal assegure as garantias bastantes da sua autenticidade e a liberdade da respectiva prestação.

Possibilita-se, deste modo, a prestação de depoimento à distância, incluindo a prestação de esclarecimentos posteriores ao depoimento, que se tenham revelado necessários, evitando assim a suspensão da audiência de julgamento e a de nova comparência do depoente.

Só poderá ser admitido este modo de prestação de depoimento no caso de existir acordo das partes nesse sentido e de o juiz considerar que a diligência se mostra compatível com a natureza dos factos a averiguar ou a esclarecer.

L) - Registo da prova

São três os preceitos legais que regulam o registo da prova.

O primeiro – o artº 522º-A – determina no seu nº 1 que os depoimentos das partes, testemunhas ou quaisquer outras pessoas que devam prestá-los no processo são sempre gravados, quando prestados antecipadamente ou por carta.[213]

Este preceito reporta-se aos casos em que os depoimentos não são prestados na audiência de julgamento perante o tribunal que tem de decidir a matéria de facto, mas sim antecipadamente ou por carta precatória.

Os depoimentos são prestados antes da audiência de discussão e julgamento nas circunstâncias previstas no artº 520º, como já noutro lugar foi referido.

Como facilmente se alcança, a finalidade da lei é a de colocar a prova produzida sobre a matéria de facto ao alcance do tribunal que mais tarde sobre a mesma tiver de proferir decisão.

Nos termos do nº 2 do mesmo artº 522º-A, revelando-se impossível a gravação, o depoimento é reduzido a escrito.

Também na própria audiência final os depoimentos podem ser gravados.

Segundo dispõe o artº 522º-B, as audiências finais e os depoimentos, informações e esclarecimentos nelas prestados são gravados sempre que alguma das partes o requeira, por não prescindir da documentação da prova nelas produzida, quando o tribunal oficiosamente determinar a gravação e nos casos especialmente previstos na lei.

O momento processual adequado para requerer a gravação da prova é o previsto no artº 508º-A, nº 2, alínea c) ou no artº 512º, conforme os casos.

A gravação poderá ser requerida, portanto, na audiência preliminar ou, quando esta se não tenha realizado, no prazo de 15 dias a contar da notificação do despacho saneador, simultaneamente com a apresentação do rol de testemunhas.

[213] Quanto à carta precatória v. artº 176º, nº 1.

No caso de se ter realizado a audiência preliminar, a não comparência da parte ou do seu mandatário - que não constitui motivo de adiamento – não obsta a que possa ainda ser requerida a gravação da audiência final no prazo de 5 dias subsequentes àquele em que a audiência preliminar se realizou – cfr. artº 508º-A, nº 4.

Conforme resulta dos dois referidos preceitos – artº 508º-A, nº 2, alínea c) e 512º, nº 1 – pode ser requerida a gravação da audiência final *ou* a intervenção do tribunal colectivo.

Quer dizer, a *gravação* da prova aparece como alternativa à opção de requerer a *intervenção do tribunal colectivo*.

Como se diz no preâmbulo do Decreto-Lei nº 39/95, de 15/2, o sistema de gravação integral da prova produzida, a requerimento de uma das partes, e a simultânea intervenção do colectivo na respectiva produção e livre apreciação representariam uma desproporcionada duplicação de garantias, dificilmente justificável quando ponderada em função de critérios de eficácia e economia processuais e de racionalidade no aproveitamento integral dos meios disponíveis.

Não pareceu, na realidade, que fizesse sentido colocar *três juízes a apreciar a prova* produzida no julgamento em 1ª instância, quando a audiência é inteiramente gravada, visto que, ao ser impugnada a decisão sobre a matéria de facto, esta irá ser reapreciada, nos pontos concretamente questionados, por *três juízes desembargadores*. Por isso, se for requerida a *gravação*, não poderá ser requerida a *intervenção do tribunal colectivo*.

Na verdade, só a admissibilidade do registo da prova veio possibilitar a criação de um verdadeiro e efectivo 2º grau de jurisdição na apreciação da *matéria de facto* – como também é aí referido.

Até então, só nos "casos excepcionalíssimos" em que toda a prova relevante constava dos autos (porque tinha sido reduzida a escrito), dava à Relação a oportunidade de se pronunciar sobre a matéria fáctica. A matéria de facto só era totalmente reduzida a escrito quando todas as testemunhas eram ouvidas antes da audiência ou por carta precatória ou rogatória. Não constando do processo os depoimentos escritos, o que geralmente se verificava, a Relação, "apesar de teoricamente conhecer de facto e de direito", limitava-se a "apreciar questões puramente jurídicas".

Aponta-se ainda no preâmbulo do diploma uma terceira vantagem da gravação: o registo dos depoimentos prestados em audiência constitui o meio idóneo para poder responsabilizar o depoente "afrontando o clima de quase total impunidade e da absoluta falta de controlo "que envolve o possível *perjúrio do depoente* que intencionalmente deturpe a verdade dos factos".

O tribunal pode oficiosamente determinar a gravação, como dispõe a última parte do artº 522º-B.

Compreende-se que a iniciativa da gravação possa partir do próprio tribunal em certos casos, nomeadamente quando a matéria de facto se reveste de especial complexidade, quando foi arrolado um elevado número de testemunhas ou quando, por este ou outro motivo, seja previsível que a audiência se irá prolongar por várias sessões.

Pela mesma razão que a parte é dispensada de fundamentar o requerimento em que solicita a gravação da prova, também nos casos em que a iniciativa pertence ao juiz não tem este o dever de fundamentar o despacho em que determina a gravação. Trata-se de um *despacho de mero expediente*, ou seja, destinado a prover ao andamento regular do processo, sem interferir no conflito de interesses entre as partes – cfr. artº 156º, nº 4.

Assim sendo, o despacho não é recorrível – artº 679º.

A gravação é efectuada, em regra, por sistema sonoro, sem prejuízo do uso de meios audiovisuais ou de outros processos técnicos semelhantes de que o tribunal possa dispor – artº 522º-C, nº 1.

Quando haja lugar a registo áudio ou vídeo, devem ser assinalados na acta o início e o termo da gravação de cada depoimento, informação ou esclarecimento, de forma a ser possível uma identificação precisa e separada dos mesmos – artº 522º-C, nº 2.

Foi intenção do legislador possibilitar às partes recorrer da matéria de facto com base na simples referência ao assinalado na acta, sem necessidade da transcrição dos depoimentos, embora possa proceder à transcrição, se assim o quiser.

Quando se impugne a decisão proferida sobre a matéria de facto, deve o recorrente obrigatoriamente especificar, sob pena de rejeição, os concretos meios probatórios constantes do processo ou de registo ou gravação nele realizada, que impunham decisão sobre os pontos da matéria de facto impugnados diversa da recorrida – artº 685º-B, nº 1, alínea b).

Quando os meios probatórios invocados como fundamento do erro na apreciação da prova tenham sido gravados e seja possível a identificação precisa e separada dos depoimentos, nos termos do disposto no nº 2 do artigo 522-C, incumbe ao recorrente, sob pena de imediata rejeição do recurso no que se refere à impugnação da matéria de facto, indicar com exactidão as passagens da gravação em que se funda, sem prejuízo da possibilidade de, por sua iniciativa, proceder à respectiva transcrição – artº 685-B, nº 2.

Incumbe ao recorrido, sem prejuízo dos poderes de investigação oficiosa do tribunal, proceder, na contra-alegação que apresente, à indicação dos depoimentos gravados que infirmem as conclusões do recorrente, podendo, por sua iniciativa, proceder à respectiva transcrição – artº 685-B, nº 3.

Quando a gravação da audiência for efectuada através de meio que não permita a identificação precisa e separada dos depoimentos, as partes devem proceder às transcrições previstas nos números anteriores – artº 685-B, nº 4.

M) - Liberdade de julgamento

A força probatória dos depoimentos das testemunhas é apreciada livremente pelo tribunal - artº 396º do Código Civil.

No mesmo sentido dispõe a lei processual. O tribunal colectivo aprecia livremente as provas, decidindo os juízes segundo a sua prudente convicção acerca de cada facto - artº 655º, nº 1.

Embora o juiz aprecie livremente a prova, não quer dizer que o possa fazer de uma maneira arbitrária. A liberdade de apreciação da prova não significa a possibilidade de julgar os factos "como lhe aprouver, segundo as provas, sem as provas ou até contra as provas", como já se disse[214]. A apreciação livre significa apenas que o juiz não está subordinado a regras ou critérios formais estabelecidos na lei, devendo julgar a matéria de facto e formar a sua convicção de uma maneira prudente, a partir dos dados da sua experiência.

A liberdade de apreciação da prova significa, portanto, a ausência de critérios legais que imponham certa valoração pré-estabelecida da prova. Em suma, a prova é livre, por contraposição à prova legal.

O *princípio da livre apreciação da prova* é mais um dos princípios que estruturam o processo civil.

Segundo este princípio o que torna provado um facto é a íntima convicção do juiz, gerada em face do material probatório trazido ao processo (bem como da conduta processual das partes) e de acordo com a sua experiência da vida e conhecimento dos homens; não a pura e simples observância de certas formas legalmente prescritas. O que decide é a verdade material e não a verdade formal.[215]

Para que possa haver algum controlo, exige-se hoje que sejam especificados os fundamentos que foram decisivos para a formação da convicção do julgador – cfr. artº 653º, nº 2 *in fine*.

[214] Alberto dos Reis, ob. cit., vol. IV, pág. 543.

[215] Manuel de Andrade, ob. cit., pág. 382.

N) - Julgamento da matéria de facto

A matéria de facto é decidida por meio de acórdão – se o julgamento couber ao tribunal colectivo – ou por despacho - se o julgamento incumbir a juiz singular; a decisão proferida declarará quais os factos que o tribunal julga provados e quais os que julga não provados, analisando criticamente as provas e especificando os fundamentos que foram decisivos para a convicção do julgador - artº 653º, nº 2.

O dever de fundamentação diz respeito não só aos factos que o tribunal considera provados, mas também aos que considera não provados.

Impõe-se assim ao tribunal o dever de expor a *motivação* da decisão proferida sobre a matéria de facto. Não basta indicar os concretos meios de prova que estiveram na base da formação da convicção dos julgadores. O tribunal deve ir mais além, especificando os meios de prova, as razões por que lhes foi atribuída certa relevância ou credibilidade e o "peso" que tiveram na formação da convicção.

Por outras palavras, o tribunal deve, não só revelar os meios de prova, mas indicar ainda os fundamentos que foram decisivos para a formação da sua convicção, ou seja, indicar as razões pelas quais o seu espírito acolheu e deu maior credibilidade a certo meio de prova e menos a outro, levando-o, consequentemente, a proferir determinada decisão sobre a matéria de facto.

Se houver, por exemplo, dois depoimentos de conteúdo contraditório sobre o mesmo ponto de facto, deverá o julgador, em cumprimento do dever de motivação, referir as razões por que optou por dar credibilidade a um deles.

Este dever que a lei impõe ao juiz obriga-o naturalmente a prestar maior atenção à prova produzida, a não deixar de ter em conta todas as reacções das testemunhas inquiridas e a tomar notas de tudo quanto possa ajudá-lo a que, no final da audiência de discussão e julgamento, se encontre apto a fazer uma análise crítica do conjunto de provas.

O que se pretende saber é como foi formada a convicção do julgador, as razões que, em concreto, o determinaram.

Quando o juiz decide que certo facto está provado, é porque foi levado a esta conclusão por um raciocínio lógico, que tem de ter, na sua base, elementos probatórios produzidos. O que se determina nesta disposição é que o juiz revele essa motivação, de modo a esclarecer o processo racional que o levou à convicção expressa na resposta.[216]

[216] Rodrigues Bastos, ob. cit., vol. III, págs. 171 e seg.

Se a decisão proferida sobre algum facto essencial para o julgamento da causa não estiver devidamente fundamentada, pode a Relação, a requerimento da parte, determinar que o tribunal da 1ª instância a fundamente – artº 712º, nº 5.

Têm-se por não escritas as respostas do tribunal colectivo sobre questões de direito e bem assim as dadas sobre factos que só possam ser provados por documentos ou que estejam plenamente provados, quer por documentos quer por acordo ou confissão das partes – artº 646º, nº 4.

A resposta a cada facto não tem de ser somente *positiva* (provado) ou *negativa* (não provado). Pode ainda ser *restritiva* (provado apenas que...) ou *explicativa* (provado, com a explicação...).

A decisão do colectivo é tomada por maioria e o acórdão é lavrado pelo presidente, podendo ele, bem como qualquer dos outros juízes, assinar vencido quanto a qualquer ponto da decisão ou formular declarações divergentes quanto à fundamentação - artº 653º, nº 3.

Quer dizer, qualquer dos juízes que compõem o tribunal colectivo pode não só votar vencido quanto a qualquer ponto da decisão (porque o decidiria de modo diferente daquele que fez vencimento), como também formular declaração divergente quanto à respectiva fundamentação. Assim, embora considerando "provado" ou "não provado" determinado facto, em consonância com os restantes juízes, pode apenas discordar deles no que toca à fundamentação que foi apontada pela maioria como geradora da decisão.

À primeira vista, a discordância quanto à fundamentação parece inócua. Pode, porém, assumir relevância no caso de vir a ser interposto recurso da decisão sobre a matéria de facto.

O presidente procede à leitura do acórdão que, em seguida, facultará para exame a cada um dos advogados, pelo tempo que se revelar necessário para uma apreciação ponderada, tendo em conta a complexidade da causa; feito o exame, qualquer deles pode reclamar contra a deficiência, obscuridade ou contradição da decisão ou contra a falta da sua motivação; apresentadas as reclamações, o tribunal reunirá de novo para se pronunciar sobre elas, não sendo admitidas novas reclamações contra a decisão que proferir - artº 653º, nº 4.

Como se vê, depois da leitura do acórdão, este é facultado aos advogados por um período de tempo considerado razoável, em função da complexidade da causa, para que possam reclamar contra o mesmo. A reclamação não pode ter por fundamento a sua discordância quanto ao sentido do julgamento. Apenas poderá ser apresentada reclamação contra alguma deficiência, obscuridade ou contradição verificada na decisão.

Se a reclamação for considerada procedente, o tribunal deve eliminar o vício ou vícios invocados. No caso de *deficiência*, o tribunal deve completar a resposta. No caso de *obscuridade*, deverá proceder ao seu esclarecimento. Se tiver sido invocada a *contradição* entre respostas, deverão as mesmas ser alteradas por forma a harmonizá-las. Faltando a *motivação*, deve esta ser acrescentada. O tribunal indeferirá a reclamação se a considerar injustificada.

Só podem intervir na decisão da matéria de facto os juízes que tenham assistido a todos os actos de instrução e discussão praticados na audiência final - artº 654º, nº 1.

O) - Incidentes da inquirição das testemunhas

Durante a produção da prova testemunhal pode haver lugar aos seguintes incidentes:

1) *impugnação*;
2) *contradita*;
3) *acareação*.

Cada um destes incidentes tem uma finalidade própria.

Com a *impugnação*, procura a parte impedir que a testemunha seja admitida a depor.

A *contradita* tem por finalidade pôr em causa a credibilidade do depoimento e, consequentemente, a sua força probatória.

Por meio da *acareação*, tem-se em vista descobrir a verdade entre dois depoimentos contraditórios.

Analisemos cada um deles.

1 - Incidente de *impugnação*.

A parte contra a qual for produzida a testemunha pode impugnar a sua admissão com os mesmos fundamentos por que o juiz deve obstar ao depoimento - artº 636º.

Os fundamentos da impugnação são, portanto, a incapacidade para depor e os impedimentos que constam dos artºs 616º e 617º.

A impugnação destina-se a impedir que a testemunha deponha, conforme se extrai do nº 2 do artº 637º.

Sendo esta a finalidade do incidente, deve a sua dedução ter lugar *logo que termine o interrogatório preliminar*, ou seja, *antes de se iniciar a inquirição*.

O juiz deve obstar a que preste depoimento quem não tem capacidade para depor (nos termos do artº 616º) ou esteja impedido de o fazer (nos termos do artº 617º).

Se o interrogatório preliminar de certa pessoa não revelar a incapacidade ou o impedimento para depor, pode a parte contrária da que a apresentou suscitar o incidente de impugnação.

O advogado que quiser utilizar esta faculdade deve expor os fundamentos da impugnação, oferecendo logo as provas (documental ou testemunhal) para o caso de a testemunha não confessar a matéria da impugnação.

Depois de ouvir o advogado da parte que ofereceu a testemunha, o juiz admitirá ou não o incidente.

Se for de admitir a impugnação, a testemunha é perguntada à matéria de facto e, se a não confessar, pode o impugnante comprová-la por documentos ou testemunhas que apresente *nesse acto*, não podendo produzir mais de 3 testemunhas a cada facto - artº 637º, nº 1.

O tribunal decidirá imediatamente se a testemunha deve depor - artº 637º, nº 2.

Quando se proceder ao registo ou gravação do depoimento, serão objecto de registo, por igual modo, os fundamentos de impugnação, as respostas da testemunha e os depoimentos das que tiverem sido inquiridas sobre o incidente – artº 637º, nº 3.

2 - *Contradita.*

A parte contra a qual for produzida a testemunha pode contraditá-la, alegando qualquer circunstância capaz de abalar a credibilidade do depoimento, quer por afectar a razão de ciência invocada pela testemunha, quer por diminuir a fé que ela possa merecer - artº 640º.

A contradita é deduzida quando o depoimento termina - artº 641º, nº 1.

Com este incidente visa-se atacar directamente a pessoa da testemunha, *pondo em causa a sua credibilidade*, ou *atacar a razão de ciência* por ela invocada. Não se dirige ao próprio depoimento em si mesmo considerado.

Para o efeito, a parte que deduz o incidente deve alegar factos que abalem a idoneidade da testemunha para prestar um depoimento sincero, credível ou pode simplesmente atacar a razão de ciência invocada pela testemunha alegando, por exemplo, que não podia ter presenciado, naquele dia, os factos que narrou por não se encontrar no local onde os mesmos se desenrolaram.

3 - *Acareação*

Se houver oposição directa, acerca de determinado facto, entre os depoimentos das testemunhas ou entre eles e o depoimento da parte, pode ter lugar, oficiosamente ou a requerimento de qualquer das partes, a acareação das pessoas em contradição - artº 642º.

O fundamento da acareação é, portanto, a contradição entre depoimentos.

Pode haver acareação entre duas testemunhas ou entre estas e uma das partes. Não pode haver acareação entre as partes. O juiz pode, em qualquer altura do processo ouvir as partes, convidando-as a fornecer os esclarecimentos sobre a matéria de facto, por força do disposto no artº 266º, nº 2, mas não as pode acarear.

Quando a contradição se verifica, há necessidade de confrontar as pessoas que prestaram tais depoimentos, para remover a contradição, colocando-as *cara a cara.*

Para haver lugar à acareação não basta uma qualquer oposição entre depoimentos. É necessário que a oposição seja directa e acerca de determinado facto. Assim, poderá usar-se a acareação quando um dos depoentes narra o facto de certo modo e o outro o narra de maneira directamente oposta.

Por outro lado, é necessário que o facto tenha relevância para a decisão da causa. Doutro modo, seria inútil a acareação.

Como resulta do preceito, a acareação pode fazer-se por iniciativa do tribunal ou a requerimento de qualquer das partes.

Estando as pessoas presentes, a acareação far-se-á imediatamente; não estando, será designado dia para a diligência – artº 643º, nº 1.

Se os depoimentos deverem ser gravados ou registados, será registado, de igual modo, o resultado da acareação – artº 643º, nº 3.

Secção V

86 - Fase da audiência final

Esta fase compreende a produção da prova, a discussão e *julgamento sobre a matéria de facto* e ainda a *discussão sobre o aspecto jurídico da causa.*

Quer dizer, além da discussão e julgamento sobre a matéria de facto, engloba ainda as alegações de direito, que constituem a preparação para a sentença, que se enquadra já na fase seguinte.

Conforme resulta do disposto no artº 652º, nº 3, a *discussão* começa pela *produção da prova*, que compreende os seguintes actos:

a) Prestação dos depoimentos de parte;

b) Exibição de reproduções cinematográficas ou de registos fonográficos;
c) Esclarecimentos verbais dos peritos;
d) Inquirição das testemunhas;
e) Debates sobre a matéria de facto.

Os *debates* sobre a *matéria de facto*, nos quais cada advogado pode replicar uma vez, têm lugar após a produção da prova.

Nos debates, o advogado deve cingir-se à *matéria de facto* que a seguir irá ser objecto de decisão.

Em suma, depois de encerrada a discussão, o tribunal recolhe à sala de conferências para *decidir sobre a matéria de facto* - artº 653º, nº 1. Antes, porém, é dada a oportunidade aos advogados para convencerem os juízes, através dos referidos debates, sobre a prova que foi feita acerca dos factos.

A seguir aos debates, o tribunal profere decisão sobre a *matéria de facto.* É chegado depois o momento de outra discussão que, desta vez, incidirá sobre o *aspecto jurídico* da causa, em que cada uma das partes procurará definir a sua posição quanto à sentença a proferir, ou seja, quanto à subsunção dos factos considerados provados *ao direito substantivo aplicável.*

Existe, portanto, uma separação nítida entre a discussão sobre a *matéria de facto* e a discussão do *aspecto jurídico* da causa. Aos advogados é dada a oportunidade de se pronunciarem sobre cada um deles em momentos diferentes, pelo que deve ser evitada a sua confusão. Na discussão sobre a *matéria de facto* (sempre oral) limitar-se-ão a referir os factos que, em seu entender, devem ser considerados provados e os que o não devem ser. Na discussão sobre o *aspecto jurídico* da causa (oral ou escrita) devem procurar *interpretar e aplicar a lei* aos factos provados.

Como se vê, a audiência final compreende uma parte da instrução do processo, a discussão da *matéria de facto,* o julgamento da matéria de facto e a discussão do *aspecto jurídico* da causa.

A audiência final distingue-se facilmente da audiência preliminar. Enquanto uma constitui a preparação para a sentença final, a outra, quando convocada, tem por finalidade preparar o despacho saneador e a condensação.

87 - Tribunal singular ou colectivo

A discussão e julgamento da causa são feitos com intervenção do tribunal colectivo, se ambas as partes assim o tiverem requerido - artº 646º, nº 1.

O tribunal colectivo é composto por três juízes - artº 136º, nº 1 da Lei nº 52/2008, de 28/8.

Nos tribunais de comarca, desdobrados em juízos de grande e média instância cível ou criminal, o tribunal colectivo é constituído por juízes privativos, salvo se o Conselho Superior da Magistratura, por conveniência de serviço e ouvido o presidente do tribunal de comarca, determinar composição diversa. Nas comarcas em que o volume de serviço o aconselhar...é constituído por dois juízes em afectação exclusiva ao julgamento em tribunal colectivo e pelo juiz do processo – artº 136º, nºs 2 e 3 da Lei nº 52/2008.

Compete ao tribunal colectivo julgar as questões de facto nas acções de valor superior à alçada dos tribunais da Relação e nos incidentes e execuções que sigam os termos do processo de declaração e excedam a referida alçada, sem prejuízo dos casos em que a lei de processo exclua a sua intervenção - artº 137º, alínea b) da Lei nº 52/2008, de 28/8.

A lei de processo, concretamente o artº artº 646º, nº 2, exclui a intervenção do tribunal colectivo nos casos seguintes:

a) - Nas acções não contestadas que tenham prosseguido em obediência ao disposto nas alíneas b), c) e d) do artº 485º (revelia inoperante);

b) - Nas acções em que todas as provas, produzidas antes do início da audiência final, hajam sido registadas ou reduzidas a escrito;

c) - Nas acções em que alguma das partes haja requerido, nos termos do artigo 522º-B, a gravação da audiência final.

Nas acções não contestadas que tenham de prosseguir em obediência ao disposto nas alíneas b), c) e d) do artº 485º justifica-se que a audiência decorra perante o tribunal singular, porque, não tendo havido contestação, o julgamento da matéria de facto cinge-se apenas aos factos alegados na petição inicial.

Nas acções em que todas as provas foram produzidas antes do início da audiência final, considerando que se encontram gravadas ou reduzidas a escrito, nos termos do artº 522º-A, não se justifica a intervenção do tribunal colectivo, visto que a decisão sobre a matéria de facto pode ser controlada pelo tribunal da Relação, no caso de ser interposto recurso - cfr. artºs 685º-B e 712º.

Pela mesma razão se justifica que a audiência final decorra perante o tribunal singular, em vez de o ser perante o tribunal colectivo, sempre que alguma das partes haja requerido a sua gravação. Também neste caso é possível que a decisão sobre a matéria de facto seja controlada pelo tribunal da Relação pela via do recurso.

Se a matéria de facto tiver sido julgada pelo tribunal singular quando o devia ser pelo tribunal colectivo, é aplicável o disposto no nº 4 do artº 110º. A incompetência pode, portanto, ser suscitada pelas partes ou ser oficiosamente conhecida até ao encerramento da audiência de discussão e julgamento. Neste caso, porém, a incompetência do tribunal não tem como consequência a remessa do processo para o tribunal competente (cfr. artº 111º, nº 3), mas sim a *nulidade* do julgamento da matéria de facto realizado pelo tribunal singular - cfr. artº 201º, nº 1. Hoje dificilmente se pode verificar a existência de tal irregularidade, visto que a discussão e julgamento só serão feitos pelo tribunal colectivo quando a sua intervenção for requerida por ambas as partes, como acima se disse, desde que seja admissível tal intervenção.

Em suma, a intervenção do tribunal colectivo é admissível quando se verifiquem cumulativamente os seguintes requisitos:

1 - Ser o valor da acção superior à alçada do tribunal da Relação – artº 137º, alínea b) da Lei nº 52/2008, de 28/8;
2 - Ter sido a sua intervenção requerida por ambas as partes no momento oportuno previsto no artº 508º-A, nº 2, alínea c) ou no artº 512º, nº 1;
3 - Não se tratar de qualquer caso em que, nos termos do artº 646º, nº 2, é inadmissível a intervenção do colectivo.

88 - Princípios da imediação e da oralidade

Toda a produção da prova deve realizar-se perante o tribunal de uma forma directa. Deve verificar-se um contacto directo entre o tribunal e as fontes da prova. É neste contacto directo que consiste o chamado *princípio da imediação* - cfr. artº 652º, nº 3.

Este contacto directo com as pessoas que prestam *oralmente* o seu depoimento (as partes ou as testemunhas) permite aos julgadores formular as perguntas que considerem necessárias ao seu esclarecimento sobre os factos e permite-lhes ainda aperceberem-se de reacções que podem surpreender nos gestos e nas atitudes dos inquiridos.

O modo de falar, as posições corporais, o movimento das mãos, os gestos, o olhar, a voz (calma, apressada, deprimida, exaltada) as lágrimas, o riso, a respiração e os silêncios manifestam mais do que as simples palavras. Basta um tom irónico ou uma voz irritada para dar um significado diferente ao que se diz.

As expressões do rosto transmitem mensagens espontâneas, naturais que indicam o que a pessoa não consegue dizer ou se esforça por esconder.

Qualquer pessoa, mesmo em silêncio, comunica com o corpo, sobretudo com as mãos e com o rosto.

Na comunicação face a face, a pessoa revela as suas motivações mais profundas numa linguagem diferente.[217]

Da leitura dos depoimentos escritos não é possível distinguir entre um depoimento firme, peremptório, e um depoimento vacilante, quantas vezes proferido só à força de muita insistência ou até da formulação de perguntas sugestivas, apesar de ao advogado não ser permitido fazê-las, por lhe estar vedado pelo artº 638º, nº 3.

É bastante elucidativo um passo de Chiovenda, a propósito do testemunho de outros autores: "a forma escrita, como bem salientou Sócrates, segundo Platão, é morta, e só nos fala por um lado, ou seja, por meio daquelas ideias que com os sinais despertam o nosso espírito"... "na viva voz fala também conjuntamente a fisionomia, os olhos, a cor, o movimento, e tantas outras diversas pequenas circunstâncias, que modificam e desenvolvem o sentido geral das palavras, e subministram outros tantos indícios a favor ou contra o afirmado pelas próprias palavras"; "a linguagem muda, a eloquência do corpo, segundo Túlio, é mais verídica do que as palavras e pode menos esconder a verdade"; "todos os indicados elementos se perdem na mudez da forma escrita, faltando ao juiz os mais claros e certos argumentos a fim de alcançar uma justa decisão".[218]

Mesmo o depoimento gravado por sistema sonoro não possibilita ao julgador colher a riqueza do significado de certos gestos ou expressões faciais.

A gravação da prova representa, no entanto, um grande avanço, ao permitir a reapreciação da decisão sobre matéria de facto pelo tribunal superior.

Durante muito tempo vigorou em Portugal o sistema da *oralidade* pura, que foi introduzido através do Decreto nº 21694, de 29 de Setembro de 1932.

De entre os juristas que se insurgiram contra o sistema, foi o Professor Pessoa Vaz quem mais se evidenciou e lutou pela sua alteração.

Na verdade, produzindo-se toda a prova oralmente, estava suprimida a possibilidade de as partes impugnarem, pela via do recurso, a decisão sobre a matéria de facto.

Embora ao Tribunal da Relação seja facultado conhecer de facto e de direito, praticamente nunca poderia reapreciar a matéria de facto por não constar do processo que subiu em recurso. Só o poderia fazer nos casos excepcionais em que toda a prova foi reduzida a escrito (como no caso da prova

[217] Saber Lidar Com as Pessoas, pág. 68.

[218] L,oralitá e la prova, RDPC, 1924, pág.s 16 e 25.

produzida antecipadamente ou por carta precatória ou rogatória – art^{os} 520º e 621º, alínea b), respectivamente).

O Decreto-Lei nº 39/95, de 15 de Fevereiro, veio criar a "possibilidade de documentação e registo das audiências finais e da prova nelas produzida", pondo termo ao "princípio da oralidade e concretizando uma aspiração de sucessivas gerações de magistrados e advogados".

O artº 522º-C, nº 1 não exclui o uso de meios audiovisuais ou de outros processos técnicos semelhantes de que o tribunal possa dispor.

89 - Princípio da plenitude da assistência dos juízes

Como consequência do *princípio da imediação* e do *princípio da oralidade,* torna-se necessário que todos os juízes que compõem o tribunal colectivo assistam a toda a instrução e discussão da causa.

Só podem intervir na decisão da matéria de facto os juízes que tenham assistido a todos os actos de instrução e discussão praticados na audiência final - artº 654º, nº 1. Trata-se, como resulta da epígrafe do mesmo preceito, do *princípio da plenitude da assistência dos juízes.*

Se durante a discussão e julgamento falecer ou se impossibilitar permanentemente algum dos juízes, repetir-se-ão os actos já praticados; sendo a impossibilidade temporária, interromper-se-á a audiência pelo tempo indispensável, a não ser que as circunstâncias aconselhem a repetição dos actos já praticados - artº 654º, nº 2.

O juiz transferido, promovido ou aposentado concluirá o julgamento, excepto se a aposentação for por incapacidade física, moral ou profissional para o exercício do cargo ou, em qualquer dos casos, for preferível a repetição dos actos já praticados. O juiz substituto continuará a intervir ainda que se verifique o regresso do juiz efectivo - artº 654º, nº 3.

90 - Designação da audiência de discussão e julgamento

Nas acções de indemnização fundadas em responsabilidade civil, se a duração do exame para a determinação dos danos se prolongar por mais de 3 meses, pode o juiz, a requerimento do autor, determinar a realização da audiência, sem prejuízo do disposto no nº 2 do artº 661º - artº 647º, nº 1.[219]

[219] Nas acções fundadas em responsabilidade civil, designadamente nos casos de acidentes de viação, acontece com frequência só ser possível apurar todas as consequências do dano depois de vários exames que determinem o grau de incapacidade da vítima. Por isso, a conclusão do exame para determinação das consequências pode demorar muito tempo.

Nas acções de indemnização fundadas em responsabilidade civil, nomeadamente as acções que resultam de acidentes de viação, é frequente verificarem-se lesões cujos exames se prolongam por muito tempo. Se o lesado só pudesse propor a acção depois do exame final, teria de aguardar por muito tempo o ressarcimento dos danos sofridos, com todos os inconvenientes daí resultantes. Por isso, o preceito permite que se proceda à realização da audiência antes de estar concluído o exame pericial e o tribunal condenará no que vier a ser liquidado, sem prejuízo da condenação imediata na parte que já seja líquida, conforme dispõe o artº 661º, nº 2 para o qual o preceito remete.

Assim, a sentença condenará o réu a pagar a indemnização que resulta dos danos cuja extensão já é conhecida e condenará, em termos genéricos, na parte ainda não totalmente apurada. Por outras palavras, a sentença pode conter a condenação em uma parte já líquida (porque conhecido o *quantum* dos danos sofridos) e uma parte ilíquida, porque não conhecidos os danos em toda a sua extensão. Esta última parte será mais tarde tornada líquida.

Tendo havido condenação genérica, nos termos do nº 2 do artº 661º, e não dependendo a liquidação da obrigação de simples cálculo aritmético, a sentença só constitui título executivo após a liquidação no processo declarativo, sem prejuízo da imediata exequibilidade da parte que seja líquida e do disposto no nº 6 do artºs 805º - artº 47º, nº 5.

O credor da indemnização pode executar imediatamente a parte líquida – artº 805º, nº 8.

A fim de prevenir o risco de sobreposição de datas de diligências a que devam comparecer os mandatários judiciais, deve o juiz providenciar pela marcação do dia e hora da sua realização mediante prévio acordo com aqueles, podendo encarregar a secretaria de realizar, por forma expedita, os contactos prévios necessários – artº 155º, nº 1.

Trata-se de procurar acertar a agenda do juiz com a dos advogados por forma a evitar os adiamentos por impossibilidade de comparência destes na data designada para a audiência.

Conforme tenha havido ou não acordo prévio com os mandatários judiciais, assim se decidirá quanto ao adiamento da audiência por não comparência do mandatário judicial, nos termos do artº 651º, nº1, alíneas c) e d) e nºs 4 e 5.

Se a audiência de discussão e julgamento se fizer com intervenção do tribunal colectivo, antes da discussão o processo vai com vista, por 5 dias, a cada um dos juízes adjuntos, salvo se o juiz da causa o julgar dispensável em atenção à simplicidade da causa - artº 648º.

Quando a matéria de facto suscite dificuldades de natureza técnica cuja solução dependa de conhecimentos especiais que o tribunal não possua, pode o juiz designar pessoa competente que assista à audiência final e aí preste os esclarecimentos necessários, bem como, em qualquer estado da causa, requisitar os pareceres técnicos indispensáveis ao apuramento da verdade dos factos - artº 649º, nº 1.

Também o advogado pode fazer-se assistir de um técnico com competência especial para se ocupar das questões suscitadas durante a produção da prova e a discussão da causa - artº 42º, nº 1.

91 - Direcção da audiência

O tribunal colectivo é presidido, nas comarcas por um dos juízes com afectação exclusiva. Nos restantes casos pelo juiz do processo - artº 138º, nº 1, alíneas a) e b) da Lei nº 52/2008, de 28/8.

O presidente do tribunal colectivo goza de todos os poderes necessários para tornar útil e breve a discussão e para assegurar a justa decisão da causa - artº 650º, nº 1.

Ao presidente compete, em especial, dirigir os trabalhos - artº 650º, nº 2, alínea a).

Dispõe em sentido semelhante o artº 139º da Lei nº 52/2008, de 28/8, ao atribuir ao presidente do tribunal colectivo a competência para, além do mais, dirigir as audiências de discussão e julgamento.

Compete ainda ao presidente manter a ordem e fazer respeitar as instituições vigentes, as leis e o tribunal - artº 650º, nº 2, alínea b).

Igualmente lhe compete tomar as providências necessárias para que a causa se discuta com elevação e serenidade - artº 650º, nº 2, alínea c).

Todos os intervenientes no processo devem agir em conformidade com um dever de recíproca correcção, pautando-se as relações entre advogados e magistrados por um especial dever de urbanidade - artº 266º-B, nº 1.

O presidente do tribunal deve exortar os advogados e o Ministério Público a que abreviem os seus requerimentos e alegações, quando sejam manifestamente excessivos, e a que se cinjam à matéria da causa, e retirar-lhes a palavra quando não sejam atendidas as suas exortações - artº 650º, nº 2, alínea d).

O presidente do tribunal deve obstar a que os advogados tratem desprimorosamente a testemunha e lhe façam perguntas ou considerações impertinentes, sugestivas, capciosas ou vexatórias - artº 638º, nº 3.

Por vezes, no decurso da audiência, pode fazer-se sentir a necessidade de ampliar a matéria de facto constante da base instrutória com vista a uma boa decisão da causa. A lei atribui ao presidente do tribunal a possibilidade de o fazer.

Até ao encerramento da discussão, o presidente pode providenciar pela ampliação da base instrutória da causa, nos termos do disposto no artigo 264º - artº 650º, nº 2, alínea f).

Em princípio, servir-se-á dos factos articulados pelas partes (factos essenciais), embora possa, nos termos previstos no artº 264º, servir-se dos factos instrumentais e complementares.

Feita a ampliação da base instrutória, é concedida às partes a possibilidade de indicarem as respectivas provas, respeitando os limites estabelecidos para a prova testemunhal; as provas são requeridas imediatamente ou, não sendo possível a indicação imediata, no prazo de 10 dias – artº 650º, nº 3.

92 - Adiamento da audiência

A audiência só poderá ser adiada nos seguintes casos: impossibilidade de constituir o tribunal colectivo; apresentação de novo documento; falta de advogado.

1 - A audiência será adiada, se não for possível constituir o tribunal colectivo e nenhuma das partes prescindir do julgamento pelo mesmo – artº 651º, nº 1, alínea a).

Actualmente, dado que a intervenção do colectivo terá de ser requerida por ambas as partes (artº 646º, nº 1), a impossibilidade de o constituir só será motivo de adiamento da audiência de julgamento se nenhuma das partes prescindir da sua intervenção.

Se for impossível constituir o colectivo, mas alguma das partes acabar por prescindir da sua intervenção, essa impossibilidade deixa de constituir motivo de adiamento. Neste caso, é dada às partes a possibilidade de requerer a gravação da audiência logo após a abertura da mesma – artº 651º, nº 2. Quer dizer, a oportunidade de requerer a gravação está ultrapassada, pois devia ter tido lugar na audiência preliminar, nos termos do artº 508º-A, nº 2, alínea c), ou depois da notificação a que se refere o artº 512º, nº 1. Porém, ao requerer a intervenção do tribunal colectivo, deixaram de poder requerer conjuntamente a gravação da audiência. Prescindindo agora da intervenção do tribunal colectivo, renasce para as partes o direito de requerer a gravação.

2 - A audiência será adiada, se for oferecido documento que não tenha sido oferecido anteriormente e que a parte contrária não possa examinar no próprio acto, mesmo com suspensão dos trabalhos por algum tempo, e o tribunal entenda que há grave inconveniente em que a audiência prossiga sem resposta sobre o documento oferecido – artº 651º, nº 1, alínea b).

Neste caso, o adiamento depende, portanto, da verificação de duas circunstâncias: a de a parte não prescindir do prazo de dez dias para examinar o documento oferecido pela contraparte e a de o tribunal entender que há grave inconveniente em que a audiência prossiga sem a resposta sobre o documento.

Não se verificando o circunstancionalismo previsto na última parte desta alínea (isto é, se não houver grave inconveniente em que a audiência prossiga sem a resposta sobre o documento oferecido), a audiência deve iniciar-se com a produção das provas que puderem de imediato produzir-se, sendo interrompida antes de iniciados os debates, designando-se logo dia para continuar decorrido o tempo necessário para o exame do documento, interrupção essa que não pode ir além dos 10 dias – artº 651º, nº 4.

3 - A audiência pode ainda ser adiada por falta de algum dos advogados. Neste caso, também nem sempre a falta de advogado é motivo de adiamento da audiência. Conforme consta da parte preambular do Decreto-Lei nº 183/2000, de 10 de Agosto, o legislador pretendeu acabar com os adiamentos por falta dos mandatários judiciais. Procurou restringir a possibilidade de adiamento aos casos em que o tribunal não diligenciou a marcação por acordo e aos casos em que, tendo sido marcada a audiência depois de prévio acordo, o advogado comunicou atempadamente a sua impossibilidade de comparecer.

Vejamos as várias hipóteses em que a falta de advogado possibilita ou não o adiamento:

A – Se o juiz não tiver providenciado pela marcação mediante acordo prévio com os mandatários judiciais, nos termos do art.º 155º, a falta de algum dos advogados determina o adiamento – cfr. art.º 651º, nº 1, alínea c).

B – Se o tribunal tiver providenciado pelo acordo quanto à marcação, há que averiguar se o advogado comunicou ou não a impossibilidade da sua comparência nos termos do nº 5 do art.º 155º.

Se o advogado comunicou a impossibilidade da sua comparência, deve ser adiada a audiência de julgamento – art.º 651º, nº 1. alínea d).

Se não comunicou, o julgamento não poderá ser adiado.

Conforme se verifica, só haverá lugar a adiamento por falta de advogado quando o tribunal não tiver diligenciado pelo acordo prévio com os mandatários para a marcação da audiência ou se, tendo feito tal diligência, o mandatário faltoso tiver cumprido o dever de comunicar atempadamente a impossibilidade de comparecer.

Verificando-se a falta de advogado fora dos casos previstos nas alíneas c) e d) do nº 1, os depoimentos, informações e esclarecimentos são gravados, podendo o advogado faltoso requerer, após a audição do respectivo registo, a renovação de alguma das provas produzidas, se alegar e provar que não compareceu por motivo justificado que o impediu de dar cumprimento ao disposto no nº 5 do artº 155º - artº 651º, nº 5.

Não determinando a falta de advogado o adiamento da audiência fora das circunstâncias acima referidas, obriga, no entanto, ao registo dos depoimentos por forma a facultar ao advogado faltoso a sua audição e a possibilidade de requerer a renovação de alguma das provas produzidas. Se o advogado alegar e provar que não compareceu por motivo justificado que o impediu de comunicar atempadamente a falta, o requerimento ser-lhe-á deferido.

4 – Inadmissibilidade de segundo adiamento da audiência

Não é admissível o adiamento por acordo das partes, nem pode adiar-se a audiência mais do que uma vez, excepto no caso previsto na alínea a) do número anterior (impossibilidade de constituição do tribunal colectivo, se nenhuma das partes prescindir da sua intervenção) - artº 651º, nº 3.

A falta de alguma ou de ambas as partes que tenham sido convocadas para a tentativa de conciliação não é motivo de adiamento, mesmo que não se tenham feito representar por advogado com poderes especiais para transigir – artº 651º, nº 7.

5 – Justificação das faltas

A falta de qualquer pessoa que deva comparecer será justificada na própria audiência ou nos 5 dias imediatos, salvo tratando-se de pessoa de cuja audição prescinda a parte que a indicou – artº 651º, nº 6.

Como se vê, e facilmente se compreende, a sanção não será aplicada à testemunha faltosa, no caso de a parte que a ofereceu ter prescindido do seu depoimento.

93 – Consequências do não comparecimento de testemunha

A falta de alguma testemunha não constitui motivo de adiamento dos outros actos de produção de prova, sendo as testemunhas presentes ouvidas, mesmo que tal implique a alteração da ordem referida na primeira parte do nº 1 do artigo 634º, e podendo qualquer das partes requerer a gravação da inquirição logo após o seu início – artº 629º, nº 2.

No caso da parte não prescindir de alguma testemunha faltosa, observar-se-á o que dispõe o artº 629º, nº 3, que é o seguinte:

a) Se ocorrer impossibilidade definitiva para depor, posterior à sua indicação, a parte tem a faculdade de a substituir;

b) Se a impossibilidade for meramente temporária ou a testemunha tiver mudado de residência depois de oferecida, bem como se não tiver sido notificada, devendo tê-lo sido, ou se deixar de comparecer por outro impedimento legítimo, a parte pode substituí-la ou requerer o adiamento da inquirição pelo prazo que se afigure indispensável, nunca excedente a 30 dias;

c) Se faltar sem motivo justificado e não for encontrada para vir depor nos termos do número seguinte (comparência sob custódia, sem prejuízo da multa aplicável), pode ser substituída.

Salvo acordo das partes, não pode haver segundo adiamento da inquirição de testemunha faltosa – artº 630º.

No caso de substituição de alguma das testemunhas, não é admissível a prestação do depoimento sem que hajam decorrido cinco dias sobre a data em que à parte contrária foi notificada a substituição, salvo se esta prescindir do prazo; se não for legalmente possível o adiamento da inquirição, de modo a respeitar aquele prazo, fica a substituição sem efeito, a requerimento da parte contrária – artº 631º, nº 1.

Havendo acordo das partes, a testemunha pode ser inquirida pelos mandatários judiciais no domicílio profissional de um deles, devendo tal inquirição constar de uma acta, datada e assinada pelo depoente e pelos mandatários das partes, da qual conste a relação discriminada dos factos a que a testemunha assistiu ou que verificou pessoalmente e das razões de ciência invocadas, aplicando-se-lhe ainda o disposto nos nºs 1, 2 e 4 do artigo 639º-A – artº 638º-A, nº 1.

Procurou o legislador acabar com a prática corrente do adiamento da primeira marcação da audiência de discussão e julgamento.

Assim, a falta de testemunha não é motivo de adiamento da audiência, sendo esta realizada com a participação das pessoas presentes, por se entender que não é justo que tenham de voltar ao tribunal só porque outras faltaram. Neste caso será assegurada a possibilidade de qualquer das partes requerer a gravação da inquirição logo após o seu início.

Por outro lado – refere ainda o preâmbulo do diploma – favorece-se a audição de testemunha faltosa por meio de depoimento escrito, ou telefónico, e passa a ser prevista a possibilidade de os mandatários das partes recolherem conjuntamente o depoimento das testemunhas por si arroladas.

94 - A audiência deve ser pública e contínua

A audiência é *pública*, salvo quando o tribunal decidir o contrário, em despacho fundamentado, para salvaguarda da dignidade das pessoas e da moral pública, ou para garantir o seu normal funcionamento - artº 656º, nº 1. Este preceito é decalcado do artigo 206º da Constituição da República Portuguesa.

A audiência é, em princípio, pública. Poderá não o ser se o tribunal, em despacho fundamentado, determinar o contrário. Esta determinação há-de ter em vista uma das seguintes finalidades: salvaguardar a dignidade das pessoas; salvaguardar a moral pública; garantir o normal funcionamento da audiência.

A decisão que determinar que a audiência não é pública não é passível de recurso.

A regra da publicidade da audiência constitui emanação do princípio da publicidade do processo civil estabelecido no artº 167º.

Significa que qualquer das partes, por si ou através do seu mandatário, pode examinar o processo na secretaria e pode obter as cópias e certidões de que necessite. De igual prerrogativa gozam as pessoas capazes de exercer o mandato judicial ou que nisso revelem interesse atendível. Actualmente o exame e a consulta dos processos têm também lugar por meio de página informática de acesso público do Ministério da Justiça, nos termos definidos na portaria prevista no nº 1 do artigo 138º-A – artº 167º, nº 3.

A audiência *é contínua* e só poderá ser interrompida por motivos de força maior, por absoluta necessidade e nos casos previstos na lei. Se não for possível concluí-la num dia, o presidente marcará a continuação para o dia útil imediato, ainda que compreendido em férias - artº 656º, nº 2.

O *princípio da continuidade* da audiência prende-se com o da *oralidade* e o da *imediação*.

O *princípio da continuidade da audiência* visa evitar que o decurso do tempo apague da memória dos juízes a prova produzida. Por isso, deve ser concentrada, tanto quanto possível, a produção da prova e a discussão da matéria de facto, para que se possam colher as vantagens do contacto directo dos juízes com os meios de prova (*princípio da imediação*).

95 – Produção da prova

A) - Abertura da audiência de discussão e julgamento

A audiência é aberta depois de feita a chamada das pessoas que tenham sido convocadas, desde que não haja fundamento legal para ser adiada – artº 651º, nº 1. Realizar-se-á então, a discussão da causa - artº 652º, nº 1.

A abertura da discussão da causa inicia-se com a tentativa de conciliação das partes, se a causa estiver no âmbito do seu poder de disposição – artº 652º, nº 2.

O início da audiência constitui o momento oportuno para a *resposta às excepções* que foram deduzidas pela parte contrária no último articulado admissível, no caso de não ter tido lugar a audiência preliminar - artº 3º, nº 4.

B) - Depoimento de parte

Aberta a audiência, segue-se a produção da prova. Se o juiz não decidir alterar a ordem, a produção da prova começa pelo depoimento de parte - artº 652º, nº 3, alínea a) e nº 7.

É claro que só haverá depoimento de parte, se tiver sido ordenado pelo tribunal ou requerido pela contraparte ou pela comparte – artºs 552º e 553º, nº 3.

Justifica-se que a produção da prova comece pelo depoimento de parte por poder conduzir à confissão de factos, o que significaria a possibilidade de prescindir de outros meios de prova.

Se ambas as partes tiverem de depor perante o tribunal da causa, depõe em primeiro lugar o réu e depois o autor - artº 558º, nº 1.

Após a prestação do juramento nos termos do disposto no artº 559º, conforme já foi referido, segue-se o interrogatório feito pelo juiz – artº 560º.

A parte contrária pode requerer as instâncias necessárias para que sejam esclarecidas ou completadas as respostas. Os advogados das partes podem pedir esclarecimentos ao depoente ou deduzir oposição às perguntas que lhe são formuladas - artºs 561º e 562º.

Na parte em que houver confissão do depoente, ou em que este narre factos ou circunstâncias que impliquem indivisibilidade da declaração confessória, o depoimento é sempre reduzido a escrito, mesmo que tenha sido gravado - artº 563º, nº 1; cfr. artº 360º do Código Civil.

Esta confissão judicial *escrita* tem, como já se sabe, força probatória plena contra o depoente - artº 358º, nº 1 do Código Civil.[220]

C) - Exibição de reproduções cinematográficas ou registos fonográficos

A seguir ao depoimento de parte, o artº 652º, nº 3 faz referência à exibição de reproduções cinematográficas ou de registos fonográficos.

Em regra, incumbe à parte que apresentar tal prova facultar ao tribunal os meios técnicos necessários à sua exibição - artº 527º.

As reproduções fotográficas ou cinematográficas, os registos fonográficos e, de um modo geral, quaisquer outras reproduções mecânicas de factos ou de coisas fazem prova plena dos factos e das coisas que representam, se a parte contra quem os documentos são apresentados não impugnar a sua exactidão – artº 368º do Código Civil.

No caso de impugnação, a sua veracidade terá de ser comprovada por outros meios.

Quanto às fotocópias de documentos dispõe o artº 387º do Código Civil.

O presidente do tribunal pode determinar que a exibição se faça apenas com a assistência das partes, dos seus advogados e das pessoas cuja presença se mostre conveniente - artº 652º, nº 3, alínea b). Trata-se de um desvio ao *princípio da publicidade* previsto no artº 656º, nº 1.

D) - Esclarecimentos verbais dos peritos

Seguidamente têm lugar os esclarecimentos verbais dos peritos cuja comparência tenha sido determinada oficiosamente ou a requerimento das partes - artº 652º, nº 3, alínea c).

O resultado da perícia é expresso em relatório - artº 586º, nº 1. É, portanto, escrito. No entanto, pode fazer-se sentir a necessidade de que o perito preste alguns esclarecimentos verbais na audiência de discussão e julgamento.

Os peritos comparecerão na audiência de julgamento, a fim de prestarem os esclarecimentos que lhe sejam pedidos, quando alguma das partes o requeira ou o juiz o ordene – artº 588º, nº 1.

O pedido de esclarecimento feito aos peritos no decurso da audiência não se confunde com o que lhes pode ser solicitado no decurso da perícia, nos termos dos artºs 582º, nº 4 e 587º.

[220] Maior desenvolvimento sob o nº 82 - M.

E) - Inquirição das testemunhas

Antes dos debates proceder-se-á ainda à inquirição das testemunhas - artº 652º, nº 3, alínea d).

Após o juramento e interrogatório preliminar, nos termos do disposto no artº 635º, a testemunha será interrogada sobre os factos que tenham sido articulados ou impugnados pela parte que a ofereceu, indicando a razão de ciência e quaisquer circunstâncias que possam justificar o conhecimento dos factos; a razão de ciência invocada será, quanto possível, especificada e fundamentada - artº 638º, nº 1.

A parte que ofereceu a testemunha pode interrogá-la sobre os factos por si articulados ou impugnados, o que significa que pode fazer a *prova* dos factos que articulou e a *contraprova* dos factos articulados pela parte contrária e que ela impugnou. Se, pela *contraprova, puder tornar os factos duvidosos,* conseguirá a vantagem prevista no artº 346º do Código Civil.

Se depuser perante o tribunal colectivo, o interrogatório é feito pelo advogado da parte que a ofereceu, podendo o advogado da parte contrária fazer-lhe, quanto aos factos sobre que tiver deposto, as *instâncias* indispensáveis para se completar ou esclarecer o depoimento - artº 638º, nº 2.

O presidente do tribunal avocará o interrogatório quando tal se mostre necessário para assegurar a tranquilidade da testemunha ou pôr termo a instâncias inconvenientes - artº 638º, nº 5.

Tanto o presidente do tribunal como os juízes adjuntos podem fazer as perguntas que julguem convenientes para o apuramento da verdade - artº 638º, nº 3 *in fine.*

A testemunha não pode trazer o depoimento escrito, mas pode socorrer-se de documentos ou apontamentos de datas ou de factos para responder às perguntas - artº 561º, nº 2 *ex vi* artº 638º, nº 7.

Como já se disse, o presidente do tribunal pode, até ao encerramento da discussão, providenciar pela ampliação da base instrutória da causa - artº 650º, nº 2, alínea f).

Se for ampliada a base instrutória, é dada às partes a possibilidade de indicarem as respectivas provas, respeitando os limites estabelecidos para a prova testemunhal; as provas são requeridas imediatamente ou, não sendo possível a indicação imediata, no prazo de 10 dias. Neste caso, a audiência é suspensa antes dos debates - artº 650º, nºs 3 e 4. [221]

[221] Cfr. nº 90.

F) - Debates

Terminada a produção da prova, é dada a palavra aos advogados das partes para os debates sobre a matéria de facto - artº 652º, nº 3, alínea e).

Os debates são as exposições *orais* em que os advogados manifestam a sua posição perante a prova dos factos produzida.

Nos debates, os advogados procurarão fixar os factos que devem considerar-se provados e aqueles que o não foram - artº 652º, nº 5.

Como já se disse, os debates devem *cingir-se à matéria de facto*. É sobre a matéria de facto que o tribunal irá seguidamente pronunciar-se, decidindo quais os factos que julga provados e os que julga não provados. Como é bom de ver, os debates servem para tentar convencer o tribunal antes de proferir essa decisão. Não devem, pois, entrar na discussão do aspecto jurídico da causa. Para esse efeito, a lei reservou-lhes um momento processual apropriado, que adiante trataremos.

Durante a alegação o advogado pode ser interrompido por qualquer dos juízes ou pelo advogado da parte contrária, mas neste caso só com o seu consentimento e o do presidente, devendo a interrupção ter sempre por fim o esclarecimento ou rectificação de qualquer afirmação - artº 652º, nº 5.

Cada advogado pode replicar uma vez - artº 652º, nº 3, alínea e) *in fine*.

G) - Encerramento da discussão

O termo dos debates determina o *encerramento da discussão em 1ª instância*, momento que constitui o limite referido pela lei processual para a prática de determinados actos.

Até ao encerramento da discussão em 1ª instância, pode o autor *ampliar o pedido*, nos termos previstos no artº 273º, nº 2; é admitida a apresentação de *articulado superveniente*, prevista no artº 506º, nº 1; é admitida a *junção de documentos* que não foram apresentados com o respectivo articulado, nos termos do artº 523º, nº 2; pode o presidente do tribunal *ampliar a base instrutória*, conforme previsto no artº 650º, nº 2, alínea f); devem ser atendidos, na decisão, os *factos jurídicos supervenientes à propositura da acção*, nos termos previstos no artº 663º, nº 1.

Todos estes actos devem ser praticados *até aos debates*, porque depois destes considera-se *encerrada a audiência de discussão e julgamento* e, por isso, já não serão admitidos. É, pois, de grande importância que se conheça o momento em que se considera *encerrada a discussão em 1ª instância*.

O tribunal, mesmo depois de encerrada a discussão e de ter recolhido à sala de conferências para decidir, pode ainda voltar à sala da audiência, se não se julgar suficientemente esclarecido - 653º, nº 1.

Para o esclarecimento complementar, o tribunal pode ouvir as pessoas que entender e ordenar mesmo as diligências necessárias. Assim, poderá ouvir as partes, ou uma delas, algumas das testemunhas anteriormente inquiridas e até outras pessoas.

96 - Decisão sobre a matéria de facto

A) - Apreciação da prova

A decisão declarará quais os factos que o tribunal julga provados e quais os que julga não provados, analisando criticamente as provas e especificando os fundamentos que foram decisivos para a convicção do julgador. Se o julgamento foi efectuado pelo tribunal colectivo, a matéria de facto é decidida por meio de *acórdão*; se foi efectuado pelo juiz singular, é decidida por meio de *despacho* - artº 653º, nº 2.

O tribunal colectivo aprecia livremente as provas, decidindo os juízes segundo a sua prudente convicção acerca de cada facto - artº 655º, nº 1.

Prova livre quer dizer prova apreciada pelo julgador segundo a sua experiência e a sua prudência, sem subordinação a regras ou critérios formais pré-estabelecidos, isto é, ditados pela lei.[222]

A própria lei substantiva manda que o tribunal aprecie livremente a força probatória das respostas dos peritos - artº 389º - o resultado da inspecção - artº 391º - e a força probatória dos depoimentos das testemunhas - artº 396º - todos do Código Civil.

Cada um dos juízes que compõem o tribunal colectivo responderá aos factos submetidos à sua apreciação segundo a convicção que formou. Por isso, a resposta pode não ser unânime e, por conseguinte, qualquer dos juízes, incluindo o presidente, pode assinar vencido - artº 653º, nº 3.

O julgamento da matéria de facto tende a descrever uma situação ou acontecimento concreto da vida real, com vista à aplicação das normas jurídicas que a abrangem.[223]

B) - Análise crítica da prova

Embora o tribunal aprecie livremente as provas, deve fazer uma análise crítica das mesmas e especificar os fundamentos que foram decisivos para a formação da convicção do julgador. Esta exigência destina-se a possibilitar, de

[222] Alberto dos Reis, ob. cit., vol. IV, pág. 544.

[223] José Osório, Julgamento de Facto, R.D.E.S., VII, 201.

certo modo, o controlo da decisão, visto que têm de ser indicados os meios de prova que, no caso concreto, serviram para alicerçar a convicção formada em relação a cada facto. Na apreciação dos meios de prova pode o julgador justificar o maior peso que, na formação da sua convicção, exerceu o depoimento de determinada testemunha, indicando a razão por que lhe deu maior credibilidade em confronto com outros depoimentos.

A análise crítica deve incidir não só sobre os factos que foram julgados provados, mas também sobre os não provados – cfr. artº 653º, nº 2.

Actualmente a exigência de motivação não se satisfaz com a simples referência aos meios de prova que o julgador considerou decisivos para a formação da sua convicção. Além da referência aos concretos meios de prova que foram tidos em conta, devem ser indicadas as razões por que tiveram especial relevância para a formação da convicção do tribunal.[224]

Como já foi dito, os jurisconsultos romanos entendiam que o crédito e a confiança no testemunho humano não depende do número, mas sim da sinceridade e probidade de quem depõe.[225]

A necessidade da especificação dos fundamentos que foram decisivos para a formação da convicção do julgador serve ainda para se verificar se algum meio de prova não foi considerado, como, por exemplo, um certo documento junto aos autos.

Não sendo a convicção em si mesma controlável, devido à sua natureza psicológica, são pelo menos passíveis de controlo os seus fundamentos. Tanto basta para exigir do julgador um maior empenho na apreciação da prova, visto que tem de partir de uma análise crítica da mesma.

O julgador sentir-se-á indirectamente forçado, no seu próprio interesse de árbitro esclarecido e isento, a acompanhar atentamente toda a *instrução da causa*, e a confrontar especialmente os diversos meios probatórios relativos ao mesmo facto, a fim de não se deixar vencer facilmente nem pelo apego excessivo às *primeiras impressões*, nem pela recordação mais viva dos *últimos depoimentos*.[226]

A convicção que um juiz formou a respeito de um facto pode, como é óbvio, ser diferente da de outro juiz. Por isso, a decisão do tribunal colectivo não tem de ser necessariamente unânime em relação a todos os factos, como já se disse. E o mesmo se dirá em relação aos fundamentos em que se baseia essa

[224] Cfr. o que a este respeito já foi referido no nº 84 - N.

[225] Cunha Gonçalves, Tratado de Direito Civil, vol XIV, pág. 370.

[226] Antunes Varela, J. Miguel Bezerra e Sampaio e Nora, ob. cit. pág. 654.

convicção. Assim, a decisão é tomada por maioria, podendo qualquer dos juízes assinar vencido quanto a qualquer ponto da decisão ou formular declaração divergente quanto à fundamentação - artº 653º, nº 3.

C) - Prolação da decisão e sua leitura

A decisão do colectivo é tomada por maioria, sendo o acórdão lavrado pelo presidente - artº 653º, nº 3.

Como se verifica, a decisão sobre a matéria de facto é tomada pelos três juízes e, por isso, se chama acórdão, sendo encarregado de o redigir o juiz que presidiu ao tribunal colectivo.

O tribunal só deve pronunciar-se sobre matéria de facto. Têm-se por não escritas as respostas do tribunal colectivo sobre questões de direito - artº 646º, nº 4 (1ª parte).

Igualmente se têm por não escritas as respostas sobre factos que só possam ser provados por documentos - ainda artº 646º, nº 4 (2ª parte). O tribunal só deve pronunciar-se sobre a prova que validamente podia ser feita na audiência. Não é possível fazer-se na audiência a prova de certos factos, quando a lei exigir que essa prova só se pode fazer por documento escrito, nos termos do artº 364º do Código Civil.

Também não se pode fazer a prova de factos que já se encontram provados por documento ou porque, não tendo sido impugnados, se consideram admitidos por acordo, por força do artº 490º, nº 2 - cfr. ainda artº 646º, nº 4 (parte final).

Devem igualmente ter-se por não escritas as respostas dadas pelo tribunal colectivo que excedam o âmbito dos respectivos factos.[227]

As repostas não têm de ser meramente afirmativas ou negativas, podendo ser restritivas ou explicativas, desde que se contenham dentro da matéria de facto articulada.

Em geral a pergunta admite, sem extravasar, três tipos de resposta: "provado", "não provado" e "provado o contrário do que se pergunta".

Assim, quando se pergunta se a condutora fez sinal, é correcto responder: "provado" - significando ter-se provado que, efectivamente, fez sinal; "não provado" - significando não se saber se o fez ou não fez; e "provado que não fez sinal" - significando ter-se provado que o sinal não foi feito.

[227] Cfr. Ac. do S.T.J., de 27-10-94, B.M.J., 440, 478.

Com o que se evita, aliás, a necessidade de duplicar os "quesitos", perguntando a mesma coisa, de forma positiva e de forma negativa.[228]

A resposta negativa (não provado) apenas significa que não se provou o facto, e não que se tenha provado o facto contrário.

Depois de o tribunal ter respondido a todos os factos constantes da base instrutória, chegou o momento de o presidente do colectivo dar a conhecer aos advogados essas mesmas respostas.

Voltando os juízes à sala da audiência, o presidente procede à leitura do acórdão que será, em seguida facultado para exame a cada um dos advogados, pelo tempo que se revelar necessário para uma apreciação ponderada, tendo em conta a complexidade da causa - artº 653º, nº 4 (1ª parte).

D) - Reclamações

Feito o exame, qualquer dos advogados pode reclamar contra a deficiência, obscuridade ou contradição da decisão ou contra a falta da sua motivação - artº 653º, nº 4 (2ª parte).

A reclamação pode ter por fundamento um ou mais dos quatro vícios referidos no preceito: *deficiência,* se a resposta não abranger todo o facto; *obscuridade,* se a resposta for equívoca, ininteligível ou imprecisa; *contraditoriedade,* se a resposta colidir com a resposta emitida a propósito de outro facto; *falta de motivação,* quando a resposta não contiver a menção dos meios concretos de prova em que os juízes fundamentaram a sua convicção.[229]

Apresentadas as reclamações, o tribunal reunirá de novo para se pronunciar sobre elas, não sendo admitidas novas reclamações contra a decisão que proferir - artº 653º, nº 4 *in fine.*

O reclamante não pode, portanto, reagir, no momento, contra a decisão que for proferida contra a reclamação. Pode, porém, fazê-lo mais tarde por via de recurso da decisão final.

E) - Modificabilidade da decisão

O tribunal da Relação pode, mesmo oficiosamente, anular a decisão proferida na 1ª instância, quando repute deficiente, obscura ou contraditória a decisão

[228] Ac. do S.T.J., de 15-10-92, B.M.J. 420, 468.

[229] Antunes Varela, J. Miguel Bezerra e Sampaio e Nora, ob. cit., pág. 656.

sobre pontos determinados da matéria de facto ou quando considere indispensável a ampliação desta - artº 712º, nº 4.

O tribunal da Relação também pode, a requerimento da parte, determinar que o tribunal de 1ª instância fundamente a decisão proferida sobre algum facto essencial para o julgamento da causa que não estiver devidamente fundamentada, tendo em conta os depoimentos gravados ou registados ou repetindo a produção da prova, quando necessário - artº 712º, nº 5.

O tribunal da Relação pode ainda alterar a decisão do tribunal da 1ª instância sobre a matéria de facto se do processo constarem todos os elementos de prova que serviram de base à decisão sobre os pontos da matéria de facto em causa ou se, tendo ocorrido gravação dos depoimentos prestados, tiver sido impugnada, nos termos do artº 685º-B, a decisão com base neles proferida – artº 712º, nº 1, alínea a).

O tribunal da Relação pode também alterar a decisão sobre a matéria de facto proferida pela 1ª instância se os elementos fornecidos pelo processo impuserem decisão diversa, insusceptível de ser destruída por outras provas - alínea b) do nº 1 do artº 712º - ou se o recorrente apresentar documento novo superveniente que, por si só, seja suficiente para destruir a prova em que a decisão assentou - alínea c) do nº 1 do artº 712º.

Além de tudo o que foi referido, pode o próprio tribunal da Relação determinar a renovação dos meios de prova produzidos na 1ª instância que se mostrem absolutamente indispensáveis ao apuramento da verdade, quanto à matéria de facto impugnada, podendo o relator determinar a comparência pessoal dos depoentes - artº 712º, nº 3.

Por sua vez, o Supremo Tribunal de Justiça pode mandar baixar ao tribunal recorrido o processo, quando entenda que a decisão de facto pode e deve ser ampliada, em ordem a constituir base suficiente para a decisão de direito, ou que ocorrem contradições na decisão sobre a matéria de facto que inviabilizem a decisão jurídica do pleito - artº 729º, nº 3.

Tem sido decidido que o tribunal da Relação não pode, porém, servir-se de uma presunção para modificar a decisão sobre a matéria de facto proferida pelo tribunal da 1ª instância.[230]

230 "A Relação só pode modificar a resposta dada a um quesito pelo tribunal colectivo com fundamento numa presunção e nos restantes factos provados na 1ª instância se ocorrer qualquer das hipóteses do artº 712º, nº 1.
Na verdade, se o colectivo deu (ou não) como provado certo quesito e se para o efeito ele pôde utilizar prova testemunhal e máximas da experiência, a Relação não pode evidentemente alterar essa resposta devido exclusivamente a uma presunção, na medida em que a sua força probatória

97 - Discussão do aspecto jurídico da causa

Apurados e fixados os factos, segue-se o segundo momento ou segunda operação: a sua qualificação jurídica.

Devem ser caracterizados juridicamente os factos materiais que foram considerados provados, procurando-se o enquadramento legal ao qual se ajustam.

É o que os alemães designam por subsunção da espécie concreta a uma certa espécie configurada, abstractamente, na lei.

A norma legal formula ou prevê determinada ocorrência, determinada hipótese abstracta; e a seguir prescreve: quando a ocorrência se verificar, quando a hipótese se der, seguem-se tais e tais consequências ou efeitos.

Se, por exemplo, o arrendatário não paga a renda no tempo e pela forma legal, poderá o senhorio obter a resolução do contrato e o despejo do locado.

A operação de qualificação jurídica dos factos da causa não é outra coisa senão a determinação da *espécie abstracta,* da hipótese ou previsão legal, à qual corresponde a espécie litigiosa, isto é, a *espécie concreta* em que se traduzem os factos fixados e apurados.

A aplicação do direito aos factos deriva essencialmente da comparação entre os factos previstos ou configurados na lei e os factos apurados pelo juiz.

A qualificação jurídica não está completa enquanto o juiz não descobre qual é a regra de direito idónea para resolver o conflito, para ditar a decisão de mérito da causa.[231]

Depois de julgada a matéria de facto, segue-se, pois, a *discussão do aspecto jurídico da causa.* Com ela termina a fase da audiência final.

A discussão do aspecto jurídico da causa serve para os advogados alegarem, procurando interpretar e aplicar a lei aos factos que tenham ficado assentes - artº 653º, nº 5 *in fine* e artº 657º.

Enquanto que os debates sobre a matéria de facto são, como vimos, sempre orais, a discussão do aspecto jurídico da causa pode ser feita *oralmente* ou *por escrito.*

Se não tiver havido reclamações da decisão sobre a matéria de facto ou depois de decididas as reclamações que forem apresentadas, as partes podem acordar na discussão *oral* do aspecto jurídico da causa. Neste caso, a discus-

pode ter sido arredada devido aos depoimentos orais prestados pelas testemunhas perante o colectivo" – Ac. do S.T.J. de 21/9/95, B.M.J. 449, 273; cfr. ainda Ac.s do S.T.J. de 9/3/95, B.M.J. 445, 424; de 13/2/85, B.M.J. 344, 361; de 25/11/88, B.M.J. 381, 606 e de 10/1/91, B.M.J. 403, 334.

[231] Alberto dos Reis, ob. cit., vol. V, pág.s 34 e segs.

são realiza-se logo perante o juiz a quem caiba lavrar a sentença final - artº 653º, nº 5.

A partir do momento em que foi proferida decisão sobre a matéria de facto, não mais interessa que sejam todos os juízes que integraram o tribunal colectivo a tomar conhecimento sobre a discussão do aspecto jurídico da causa, como se compreende, visto que só a um (ao presidente) cabe a tarefa de proferir a sentença. Só a este cabe ouvir as *alegações orais* dos advogados sobre o direito.

É ao presidente do tribunal colectivo que compete proferir a sentença final nas acções cíveis - artº 139º, nº 1, alínea c) da Lei nº 52/2008, de 28/8.

Quando as partes não prescindirem da *discussão por escrito do aspecto jurídico* da causa, a secretaria, uma vez concluído o julgamento da matéria de facto, facultará o processo para exame ao advogado do autor e depois ao advogado do réu, pelo prazo de 10 dias a cada um deles, a fim de alegarem, interpretando e aplicando a lei aos factos que tiverem ficado assentes - artº 657º, nº 1.

Actualmente é facultado aos advogados o exame do processo por meios electrónicos, nos termos definidos na portaria prevista no nº 1 do artigo 138º-A - artº 657º, nº 2.

A discussão do aspecto jurídico da causa quando *escrita* tem a vantagem de possibilitar às partes debater, de forma mais fundamentada e completa, os problemas de ordem jurídica do caso concreto. Tem, porém, o inconveniente de protelar por mais algum tempo, a prolação da sentença.

O grau de complexidade das questões a debater determinará, por vezes, a opção dos advogados pela discussão *oral* ou *escrita* do aspecto jurídico da causa.

Só depois de ter sido dada a oportunidade da discussão do aspecto jurídico da causa, é que é chegada a altura própria para o juiz proferir a sentença.

Como se vê, a *discussão da matéria de facto* e a *discussão da matéria de direito* encontram-se separadas pela *decisão sobre a matéria de facto.*

Secção VI

98 - Fase da sentença

A fase da sentença é aquela em que é proferida a decisão final.

Depois de julgada a matéria de facto e de discutido o aspecto jurídico da causa, *oralmente* ou *por escrito*, chegou o momento azado para ser proferida a sentença final.

Conforme determina o artº 658º, concluída a discussão do aspecto jurídico da causa, é o processo concluso ao juiz, que proferirá sentença no prazo de 30 dias.

Se as partes tiverem acordado na discussão *oral* do aspecto jurídico da causa, a sentença pode ser logo lavrada por escrito ou ditada para a acta - artº 659º, nº 5.

Quando a matéria de facto foi julgada pelo tribunal colectivo, é ao presidente deste tribunal, como vimos, que compete proferir a sentença final.

É claro que, se o juiz que devia proferir a sentença for transferido ou promovido, ficar permanentemente impossibilitado ou falecer, nada obsta a que seja outro juiz a proferi-la. Nada impede que a sentença seja proferida por um juiz que não assistiu ao julgamento sobre a matéria de facto. Encontrando-se a matéria de facto já fixada no *acórdão* (ou em *despacho*, no caso de o julgamento ter sido realizado por tribunal singular) qualquer juiz estará em condições de poder aplicar o direito aos factos já assentes. Só para a decisão sobre a matéria de facto se impõe que apenas possa ser proferida por quem assistiu a toda a produção da prova, como se compreende.

99 - Estrutura da sentença

O artº 659º traça a estrutura da sentença por forma a que se possa considerar dividida em três partes: o *relatório*, os *fundamentos* e a *decisão*.

No *relatório* o tribunal identifica as partes, descreve o objecto do litígio e fixa as questões que ao tribunal cumpre solucionar - artº 659º, nº 1.

O juiz pode descrever o objecto do litígio de forma sintética, indicando o pedido do autor, o pedido reconvencional, se o houver, e a posição que a parte contrária tomou. Deve ainda, de forma sintética, indicar as questões que ao tribunal incumbe solucionar.

Na parte dos *fundamentos* deve o juiz discriminar os factos que considera provados e deve indicar, interpretar e aplicar as normas jurídicas correspondentes - artº 659º, nº 2.

A norma jurídica, como ente abstracto que é, não pode gerar, só por si, efeitos jurídicos. Sendo uma mera abstracção, tem de ser estimulada por uma ocorrência da vida real, por um factualismo concreto que seja susceptível de nela se enquadrar.

Quando se propõe uma acção judicial pretende-se provocar uma decisão do tribunal que decrete determinado efeito jurídico potenciado pelo que a norma estabelece. Esse efeito será desencadeado pelos factos concretos provados, os quais têm a virtualidade de despertar a aplicação da norma.

Deve o juiz procurar verificar se a situação concreta, averiguada através do julgamento da matéria de facto, se ajusta à descrição da situação prevista na norma, fazendo um juízo de comparação entre aquela situação real e a situação hipotética prevista nessa norma.

"A motivação da sentença impõe-se por duas razões: uma substancial, pois cumpre ao juiz demonstrar que da norma abstracta formulada pelo legislador soube extrair a disciplina ajustada ao caso concreto; e outra de ordem prática, uma vez que as partes precisam de ser elucidadas a respeito dos motivos da decisão".[232]

Na *fundamentação* da sentença, o juiz tomará em consideração os factos admitidos por acordo, provados por documentos ou por confissão reduzida a escrito e os que o tribunal colectivo deu como provados, fazendo um exame crítico das provas que lhe cumpre conhecer - artº 659º, nº 3.

O juiz só pode servir-se dos factos articulados pelas partes, sem prejuízo do disposto no artº 264º - artº 664º.

Por sua vez, o artº 264º, nº 2 determina que o juiz só pode fundar a decisão nos factos alegados pelas partes, sem prejuízo do disposto nos artigos 514º (factos notórios) e 665º (uso anormal do processo) e da consideração, mesmo oficiosa, dos factos instrumentais que resultem da instrução e discussão da causa.

Em suma, além dos *factos notórios*, dos factos *de conhecimento oficioso* e dos factos *indiciadores de uso anormal do processo*, o juiz pode servir-se dos seguintes: *factos admitidos por acordo* que são, como se sabe, aqueles que não foram impugnados pela contraparte - artºs 490º, nº 2 e 505; factos que se encontram *provados por documentos* - artºs 371º e 376º do Código Civil; factos que resultem do depoimento de parte, que está reduzido a escrito no segmento em que houver *confissão* do depoente - artº 563º, nº 1 (cfr. ainda artº 356º e 358º do Código Civil); *factos que o tribunal deu como provados*, que são os que constam do *acórdão* do tribunal colectivo ou do *despacho* do juiz singular referido no artº 653º, nº 2; e factos que resultam do exame crítico das provas, ou seja, aqueles a que se chegou por meio de *presunções*, isto é, de ilações tiradas dos factos conhecidos - artºs 349º a 351º do Código Civil.

É nesta parte da sentença que o juiz determina as normas de direito que são aplicáveis aos *factos provados* e soluciona as dúvidas que possam surgir na interpretação e aplicação dessas normas ao caso concreto.

As decisões proferidas sobre qualquer pedido controvertido são sempre fundamentadas e a justificação não pode consistir na simples adesão aos fundamentos alegados no requerimento ou na oposição - artº 158º, nºs 1 e 2.

232 Ac. do S.T.J. de 9/12/87, B.M.J.

A sentença termina com a *decisão* - cfr. artº 659º, nº 2 *in fine.*

A *decisão* constitui a resposta que mereceu a pretensão das partes. O tribunal, julgando procedente ou improcedente o pedido formulado pelo autor ou pelo réu, no caso de este ter deduzido reconvenção, proferirá sentença de condenação ou de absolvição da contraparte em relação a esse pedido.

Em princípio, a força do *caso julgado* apenas cobre a *parte decisória.* [233]

No final da sentença, deve o juiz condenar os responsáveis pelas custas processuais; indicar a proporção da respectiva responsabilidade e determinar a aplicação das secções B ou C da tabela I anexa ao Regulamento de Custas Processuais, quando seja caso disso – artº 659º, nº 4.

É condenado nas custas a parte que a elas houver dado causa ou, não havendo vencimento da acção, quem do processo tirou proveito - artº 446º, nº 1.

A sentença deverá ser datada e assinada pelo juiz - artºs 157º, nº 1 e 668º, nº 1, alínea a).

Deve ainda ser registada em livro especial - artº 157º, nº 4.

100 - Questões de que a sentença deve conhecer

A sentença não pode limitar-se a conhecer do pedido ou pedidos formulados.

O juiz deve resolver todas as questões que as partes tenham submetido à sua apreciação, exceptuadas aquelas cuja decisão esteja prejudicada pela solução dada a outras. Não pode ocupar-se senão das questões suscitadas pelas partes, salvo se a lei permitir ou impuser o conhecimento oficioso de outras - artº 660º, nº 2.

Conforme refere Alberto dos Reis,[234] o preceito dita duas regras:

1ª - Cumpre ao juiz resolver todas as questões que as partes tiverem submetido à sua apreciação;

2ª - Não pode ocupar-se senão das questões suscitadas pelas partes.

Cada uma destas regras está sujeita a uma restrição ou admite um desvio.

Desvio da primeira: exceptuadas aquelas cuja decisão esteja prejudicada pela solução dada a outras.

[233] Cfr. Ac. do S.T.J., de 7/5/96, C.J., Ano IV, Tomo II, 55.
Porém, para um estudo mais aprofundado, devem ser consultados, entre outros, os seguintes Autores: Miguel Teixeira de Sousa, O Estudo Sobre a Funcionalidade Processual, B.M.J. 325, pág.s 49 e segs; Anselmo de Castro, Direito Processual Civil Declaratório, III, pág.s 400 e segs; Antunes Varela, J. Miguel Bezerra e Sampaio e Nora, pág.s 701 e segs.

[234] Ob. Cit., vol. V., pág. 49.

Desvio da segunda: salvo se a lei lhe permitir ou impuser o conhecimento oficioso.

O juiz deve, pois, resolver as questões de natureza processual, que possam levar à absolvição ou à extinção da instância, e também as questões relativas ao mérito da causa.

Normalmente as questões processuais que poderão dar lugar à absolvição da instância devem ser apreciadas, como se sabe, na audiência preliminar – artº 508º-A, nº 1, alínea d) – ou no despacho saneador – artº 510º. Excepcionalmente, por falta de elementos, pode o seu conhecimento ser relegado para a sentença – artº 510º, nº 4.

Se o autor tiver invocado dois ou mais fundamentos (como causa de pedir) em abono da sua pretensão, não basta que a sentença defira o pedido, considerando procedente um deles; deve pronunciar-se sobre a procedência ou improcedência dos restantes. De igual modo, se o réu tiver deduzido, na sua defesa, duas ou mais excepções peremptórias, não deve a sentença, quando julgue procedente alguma delas, deixar de pronunciar-se sobre as restantes.[235]

101 - Ordem de resolução das questões

A sentença conhece, em primeiro lugar, das questões processuais que possam determinar a absolvição da instância, segundo a ordem imposta pela sua precedência lógica - artº 660º, nº 1.

Como se disse, o momento oportuno para conhecer das excepções dilatórias e nulidades processuais é o despacho saneador, conforme determina o artº 510º, nº 1, alínea a). Pode, porém, o juiz, por falta de elementos para proferir decisão sobre a excepção deduzida, relegar o seu conhecimento para a sentença final - artº 510º, nº 4. Além dessas, todas as excepções dilatórias que não tiverem sido decididas, não poderão deixar de o ser na sentença final. Mesmo que, do *despacho saneador genérico* (tabelar), já conste que não existem excepções dilatórias, tal não constituirá impedimento a que se conheça concretamente de qualquer destas excepções, visto que só esta apreciação *concreta* faz caso julgado formal - artº 510º, nº 3.[236]

Antes da última grande revisão da lei processual, o artº 660º, nº 1 impunha que a sentença conhecesse em primeiro lugar, e pela ordem estabelecida no artº 288º, das questões que pudessem conduzir à absolvição da instância.

[235] Antunes Varela, J. Miguel Bezerra e Sampaio e Nora, ob. cit., pág. 668.

[236] Para maior desenvolvimento v. nº 65 - C.

Hoje, o mesmo preceito legal manda conhecer das excepções dilatórias pela ordem imposta pela sua precedência lógica.

Entende-se que o conhecimento da questão suscitada sobre a *competência do tribunal* é precedente em relação a outras questões. Para além deste caso, da enumeração das excepções dilatórias contida nos artºs 288º, nº 1 e 494º não resulta propriamente qualquer ordenação lógica.

"Um dos critérios utilizáveis para essa hierarquização pode ser o seguinte: uma excepção dilatória deve ser apreciada antes de outra, sempre que o conhecimento da primeira prejudique, por inutilidade ou desnecessidade, a apreciação da segunda, isto é, sempre que a apreciação de uma consuma a necessidade do conhecimento da outra".

"Sempre que essa hierarquização seja impossível, o tribunal pode fundamentar a absolvição da instância em qualquer excepção, não tendo que observar nenhuma ordem na sua apreciação".

"...A ordem de preferência referida no artº 660º, nº 1 *in fine*, só deve ser seguida quando, no caso concreto, o tribunal se encontrar na situação de ter de julgar várias excepções dilatórias entre as quais se verifique uma relação de consumpção: só nesta hipótese esse órgão deve escolher aquela cuja apreciação prejudique a análise de qualquer outra".[237]

Quanto à inobservância da ordem preconizada, Teixeira de Sousa pronuncia-se do modo seguinte: "Parece que, mesmo quando se possa defender uma certa prioridade na apreciação de algumas excepções dilatórias, a inobservância dela não origina qualquer omissão de pronúncia do tribunal e não determina a nulidade da decisão (cfr. artº 668º, nº 1, al. d) 1ª parte). Dado que a decisão seria sempre a mesma qualquer que fosse a excepção dilatória apreciada, ou seja, seria sempre uma absolvição da instância, não se pode concluir que o desrespeito dessa prioridade determine uma omissão de pronúncia. A ordem referida no artº 660º, nº 1 *in fine*, é, por isso, meramente indicativa".[238]

Como oportunamente se disse, as excepções dilatórias não darão lugar à absolvição da instância quando, destinando-se a tutelar o interesse de uma das partes, é possível conhecer do mérito da causa por forma a que a decisão seja inteiramente favorável a essa parte - artº 288º, nº 3.[239]

[237] Miguel Teixeira de Sousa, ob. cit., págs. 359 e 360.

[238] Miguel Teixeira de Sousa, ob. cit., pág. 361.

[239] Consulte o que ficou dito com maior desenvolvimento no nº 41 - C.

A absolvição da instância não obsta a que se proponha outra acção sobre o mesmo objecto - artº 289º, nº 1.

Na verdade, a absolvição da instância não vai além da relação processual. A falta de algum pressuposto impediu o tribunal de se pronunciar sobre o mérito. A decisão constante do despacho que determinou a absolvição da instância só tem força obrigatória dentro do processo, isto é, só constitui caso julgado formal (artº 672º). Por isso, nenhum obstáculo existe a que seja proposta outra acção.

102 - Amplitude da sentença

A) - Atendibilidade dos factos supervenientes

Entre o momento em que é proposta a acção e o seu desfecho natural - a prolação da sentença - podem ocorrer algumas modificações nos elementos essenciais da causa capazes de influenciar a decisão.

Numa acção proposta pelo credor em que exige o pagamento da dívida se, entretanto, o pai do devedor efectuar o pagamento da mesma dívida, esta atitude constituirá um facto extintivo do direito do autor, que vem influenciar a decisão.

A sentença deve tomar em consideração os factos constitutivos, modificativos ou extintivos do direito que se produzam posteriormente à proposição da acção, de modo que a decisão corresponda à situação existente no momento do encerramento da discussão - artº 663º, nº 1, 2ª parte.

Só são atendíveis os factos supervenientes que se contenham na causa de pedir que serve de fundamento à acção, na medida em que sejam susceptíveis de constituir, modificar ou extinguir o direito que o autor invocou.

É no domínio dos factos extintivos que o preceito tem mais frequente aplicação. Assim, o pagamento ou o perdão extinguem a obrigação litigiosa.[240]

Por analogia, "é relevante qualquer sanação ou cessação de uma excepção dilatória, desde que ocorra até ao encerramento da discussão", como, por exemplo, se, entre o despacho saneador e o termo da discussão, "a parte deixa de ser incapaz ou o tribunal adquire competência para a acção".[241]

Trata-se de uma aplicação do *princípio da economia processual.*

[240] Cfr. Alberto dos Reis, ob. cit., vol. V, pág. 85.

[241] Miguel Teixeira de Sousa, ob. cit., pág. 357.

O referido preceito consagra, porém, uma ressalva de carácter processual: sem prejuízo das restrições estabelecidas noutras disposições legais, nomeadamente quanto às condições em que pode ser alterada a causa de pedir.

Além disso, só são atendíveis os factos que, segundo o direito substantivo aplicável, tenham influência sobre a existência ou conteúdo da relação controvertida - artº 663º, nº 2.

Torna-se, assim, possível atender à evolução operada na relação controvertida até ao momento do encerramento da discussão da causa.

Devem ser tidos em consideração não só os factos constitutivos - que interessam à posição do autor - como factos modificativos ou extintivos deduzidos pelo réu.

A circunstância de o facto jurídico relevante ter nascido ou se haver extinguido no decurso do processo é levada em conta para efeito da condenação em custas, de acordo com o disposto no artº 450º - artº 663º, nº 3.

B) - Condenação *in futurum*

Para além das referidas alterações ocorridas no decurso da acção, o juiz pode ter que proferir uma sentença de condenação *in futurum*. É o que acontece no caso de a obrigação ainda não ser exigível. Por uma questão de economia processual, o juiz não pode deixar de condenar o réu ao cumprimento de certa obrigação que ainda não se venceu. A sentença tomará em consideração o momento do vencimento.

O facto de não ser exigível, no momento em que a acção é proposta, não impede que se conheça da existência da obrigação, desde que o réu a conteste, nem que este seja condenado a satisfazer a prestação no momento próprio - artº 662º, nº 1.

Se não houver litígio relativamente à existência da obrigação, o réu é condenado a satisfazer a prestação ainda que a obrigação se vença no decurso da causa ou em data posterior à sentença, sem prejuízo do prazo neste último caso - artº 662º, nº 2, alínea a).

Trata-se de reconhecer prematuramente o direito do credor e de condenar o réu a cumprir a obrigação, mas apenas no momento do seu vencimento. Está em causa o referido *princípio da economia processual.*

O mesmo se poderá passar no caso de a obrigação estar sujeita a determinada condição que ainda se não verificou. O juiz pode proferir *sentença de condenação condicional.*

Se não houver elementos para fixar o objecto ou a quantidade, o tribunal condenará no que vier a ser liquidado, sem prejuízo de condenação imediata na parte que já seja líquida - artº 661, nº 2.

A última parte do preceito baseia-se no que dispõe o artº 565º do Código Civil quanto à indemnização provisória.

Neste caso, a liquidação da obrigação deverá ser feita antes da execução. A sentença só constituirá título executivo após a liquidação no processo declarativo, nos termos do disposto no artº 47º, nº 5. Poderá, porém, ser executada imediatamente a parte líquida, por força do disposto no nº 8 do artº 805º

O nº 2 do art.º 661º restringe-se aos casos em que os autos não fornecem elementos para fixar o objecto ou a quantidade, mas esta falta de elementos não é uma consequência do fracasso da prova, mas antes uma consequência de ainda não serem conhecidas, com exactidão, as unidades componentes da universalidade ou de ainda se não terem revelado, ou estarem em evolução as consequências do facto ilícito, no momento em que foi instaurada a acção.

103 - Limites da condenação

Para além dos limites impostos pelo artº 660º quanto à actividade do conhecimento, a lei estabelece ainda os limites do poder de condenação.

A sentença não pode condenar em quantidade superior ou em objecto diverso do que se pedir - artº 661º, nº 1.

Se, por um lado, o juiz não pode conhecer, em regra, senão das questões que tenham sido suscitadas pelas partes, por outro lado, não pode proferir sentença que transponha os limites do pedido, quer no que respeita à quantidade quer quanto ao próprio objecto do mesmo.

Estes limites dizem respeito ao pedido global. Assim, se tiver sido formulado um pedido com várias parcelas (que não sejam pedidos autónomos), pode uma das parcelas ultrapassar o valor do pedido, desde que a totalidade não exceda o pedido global.[242]

A sentença enferma de nulidade não só quando o juiz deixe de pronunciar-se sobre questões que devesse apreciar, mas também quando conheça de questões de que não podia tomar conhecimento - alínea d) do artº 668º - e ainda quando condene em quantidade superior ou em objecto diferente do pedido - alínea e) do artº 668º.

O Supremo Tribunal de Justiça proferiu o Assento, de 28 de Março de 1995, decidindo que, "quando o tribunal conhecer oficiosamente da nulidade de

[242] Cfr. Ac. S.T.J. de 15/6/93, B.M.J. 428, 530.

negócio jurídico invocado no pressuposto da sua validade e se na acção tiverem sido fixados os necessários factos materiais, deve a parte ser condenada na restituição do recebido com fundamento no nº1 do artº 289º do Código Civil."[243]

Entende-se que a solução não contraria o disposto no artº 661º, visto que o que se pretende, seja válido ou nulo o negócio, é precisamente a restituição do que havia sido prestado.

104 - Vícios e reforma da sentença

A) - Extinção do poder jurisdicional e suas limitações

Proferida a sentença, fica imediatamente esgotado o poder jurisdicional do juiz quanto à matéria da causa - artº 666º, nº 1.

Significa isto que, depois de proferida a sentença, está vedado ao juiz proceder a qualquer alteração não só na própria decisão, mas também nos fundamentos da mesma.

O que se esgota é apenas o poder de decidir o litígio em causa, mas a competência do juiz mantém-se no que toca ao ulterior desenvolvimento do processo.

É, porém, permitido ao juiz rectificar erros materiais, suprir nulidades, esclarecer dúvidas existentes na sentença e reformá-la, nos termos dos artigos seguintes - artº 666º, nº 2.

B) - Rectificação de erros materiais

Os *erros materiais* estão previstos no artº 667º. São eles: a omissão do nome das partes, a omissão quanto a custas, erros de escrita ou de cálculo ou quaisquer inexactidões devidas a outra omissão ou lapso manifesto.

Nos termos do nº 1 deste mesmo artº 667º, se a sentença revelar qualquer desses erros ou omissões, pode ser corrigida por simples despacho do juiz, por sua iniciativa ou a requerimento de qualquer das partes.[244]

É claro que, tratando-se de acórdão, a correcção deve ser assinada pelos três juízes.

Como resulta do já referido artº 666º, a rectificação não pode atingir a decisão ou a sua fundamentação. A rectificação só pode incidir sobre erros

[243] B.M.J.445, 67.

[244] A omissão quanto a custas significa que o juiz nada escreveu a tal respeito, isto é, não se pronunciou quanto à responsabilidade pelo seu pagamento.
É diferente da reforma quanto a custas prevista no artº 669º, nº 1, alínea b), pois que neste caso houve condenação em custas, mas o condenado impugnou-a, por a considerar ilegal.

materiais, como sejam os erros de escrita ou inexactidões devidas a lapso manifesto, como já foi dito. Não é possível rectificar erros de julgamento. Se o juiz constatou que decidiu mal, a sentença só pode ser alterada por via de recurso interposto pela parte que tenha ficado vencida ou por pessoa directa e efectivamente prejudicada pela decisão.

Em caso de recurso, a rectificação só pode ter lugar antes de ele subir, podendo as partes alegar perante o tribunal superior o que entendam de seu direito no tocante à rectificação – artº 667º, nº 2.

Se nenhuma das partes recorrer, a rectificação pode ter lugar a todo o tempo - artº 667º, nº 3.

C) - Causas de nulidade da sentença

Depois de proferida a sentença, podem ainda surgir *nulidades* desta que justifiquem a intervenção do juiz.

As causas de *nulidade* da sentença encontram-se enumeradas, de forma taxativa, no artº 668º.

Nos termos da respectiva alínea a), é nula a sentença quando não contenha a *assinatura do juiz*.

Esta falta constitui uma nulidade fácil de suprir enquanto for possível colher a assinatura do juiz que proferiu a sentença. Por outro lado, trata-se de uma falta que naturalmente não suscita qualquer divergência de opinião entre as partes. Por isso, o suprimento desta nulidade, se for requerido por uma das partes, não obriga a que seja ouvida a contraparte. Pode também ser suprida oficiosamente pelo juiz que proferiu a sentença, sem audição das partes. O juiz deve declarar no processo a data em que apôs a assinatura - artº 668º, nº 2.

Na verdade, tem de resultar do processo que a sentença não foi assinada pelo juiz no momento em que acabou de a proferir e só o foi em data posterior.[245]

Quando a assinatura seja aposta por meios electrónicos, não há lugar à declaração prevista no número anterior – artº 668º, nº 3.

Nos termos da alínea b) do mesmo preceito, a sentença é ainda nula quando *não especifique os fundamentos de facto e de direito* que justificam a decisão.

A este respeito há que distinguir, como sabiamente o fez o Professor Alberto dos Reis, entre a falta absoluta de motivação e a motivação deficiente,

[245] Questão totalmente diferente, não prevista no preceito, é a de saber se a assinatura que consta da sentença pertence ao juiz que a proferiu.

medíocre ou errada. O que a lei considera causa de nulidade é a falta absoluta de motivação; a insuficiência ou mediocridade da motivação é espécie diferente, afecta o valor doutrinal da sentença, sujeita-a ao risco de ser revogada ou alterada em recurso, mas não produz a nulidade.[246]

Em síntese, só enferma de nulidade a sentença em que se verifique a *falta absoluta* de fundamentos (de facto ou de direito), que justifiquem a decisão e não aquela em que a fundamentação é deficiente.

As partes têm necessidade de conhecer os fundamentos da decisão. Principalmente a parte vencida tem o direito de conhecer as razões pelas quais soçobrou a posição que havia defendido. A fundamentação poderá convencê-la a conformar-se com a decisão ou, pelo contrário, a interpor recurso da mesma, se a causa o admitir.

Relativamente à *fundamentação de facto*, só a falta de concretização dos factos provados que servem de base à decisão, permite que seja deduzida a nulidade da sentença.

Quanto à *fundamentação de direito*, "o julgador não tem de analisar todas as razões jurídicas que cada uma das partes invoque em abono das suas posições, embora lhe incumba resolver *todas as questões* suscitadas pelas partes; a fundamentação da sentença contenta-se com a indicação das razões jurídicas que servem de apoio à *solução adoptada pelo julgador.*"[247]

Na sentença o tribunal tem de indicar, interpretar e aplicar as normas jurídicas correspondentes, sob pena de se verificar falta de fundamentação de direito.[248]

Outra causa de nulidade da sentença - enumerada na alínea c) do mesmo artº 668º - é a que se verifica quando *os fundamentos estejam em oposição com a decisão.*

É claro que esta contradição não pode ser a que deriva de um erro material. Neste caso, a contradição é apenas aparente e o que há a fazer é corrigir o erro material, eliminando assim a "contradição".

A contradição a que o preceito se refere é a que se verifica quando o juiz explana na sentença certos fundamentos que logicamente levariam a decidir num certo sentido, mas, em vez disso, a decisão enveredou pelo sentido oposto ou, pelo menos, diferente. Trata-se, portanto, de um vício de raciocínio.

[246] Ob. cit., vol. v, pág. 140.

[247] Antunes Varela, J. Miguel Bezerra, Sampaio e Nora, ob. cit., pág. 688.

[248] Calvão da Silva, Parecer in C.J. ano XX, 1995, Tomo I, pág. 7.

A sentença tem de ser entendida como um silogismo judiciário em que a premissa maior é a norma jurídica aplicada, a menor é constituída pelos factos provados, sendo a conclusão a decisão proferida. Assim sendo, a conclusão tem de estar em consonância com as premissas em que se baseou.

Ainda uma outra causa de nulidade da sentença consiste na *omissão de pronúncia* ou na *pronúncia indevida*.[249]

A sentença é nula quando o juiz deixe de pronunciar-se sobre questões que devesse apreciar ou conheça de questões de que não devia tomar conhecimento - alínea d) do referido artº 668º.

Esta causa de nulidade está directamente relacionada com o dever imposto ao juiz de conhecer de todas as questões suscitadas pelas partes e o dever de se abster de conhecer de outras questões (salvo se a lei permitir ou impuser o seu conhecimento oficioso) por determinação do disposto no artº 660º, nº 2.

Não enferma de nulidade a sentença que se não ocupou de todas as considerações feitas pelas partes, por o tribunal as reputar desnecessárias para a decisão do pleito. "São, na verdade, coisas diferentes: deixar de conhecer de *questão* de que devia conhecer-se, e deixar de apreciar qualquer *consideração*, argumento ou razão produzida pela parte. Quando as partes põem ao tribunal determinada questão, socorrem-se, a cada passo, de várias razões ou fundamentos para fazer valer o seu ponto de vista; o que importa é que o tribunal decida a questão posta; não lhe incumbe apreciar todos os fundamentos ou razões em que elas se apoiam para a sua pretensão."[250]

Não devem, pois, confundir-se "questões" a decidir com "argumentos" apresentados em defesa de uma determinada orientação.

Existe, portanto, omissão de pronúncia quando o juiz não conheceu de certas questões sobre as quais não podia deixar de se pronunciar. Não tem, porém, de apreciar todos os fundamentos de que as partes se servem para fazer valer o seu ponto de vista, ou seja, os argumentos ou raciocínios expostos na defesa da tese de cada uma das partes que, embora possam ser consideradas "questões" em sentido lógico ou científico, não integram matéria decisória para o juiz.

O juiz pode, porém, não se pronunciar sobre determinada questão quando a sua decisão esteja prejudicada pela solução encontrada para outra questão. Neste caso, não há omissão de pronúncia – cfr. artº 660º, nº 2.

[249] Cfr. Alberto dos Reis, ob. cit., vol. v., págs. 142 e segs.

[250] Alberto dos Reis, ob. cit., vol. V, pág. 143.

Constitui igualmente causa de nulidade o *conhecimento de questões que não foram deduzidas pelas partes.*

O juiz não pode ocupar-se senão das questões suscitadas pelas partes, salvo se a lei lhe permitir ou impuser o conhecimento oficioso de outras - artº 660º, nº 2 *in fine.*

Nos termos do disposto no artº 668º, nº 1, na sua alínea e), a sentença é nula quando *condene em quantidade superior ou em objecto diverso do pedido.*

Além dos limites da actividade de conhecimento, a lei fixou ainda os limites da condenação, como já se disse.

Os limites da condenação encontram-se estabelecidos no artº 661º. Conforme dispõe o seu nº 1, a sentença não pode condenar em quantidade superior ou em objecto diverso do que se pedir.

Como se verifica, são dois os limites impostos à condenação. Um diz respeito ao objecto do pedido, obstando a que o juiz condene em objecto diferente daquele que foi requerido pela parte. O outro limite refere-se à quantidade, permitindo apenas que o juiz condene em quantidade inferior, mas não em quantidade que ultrapasse a que foi pedida.

Este limite de condenação refere-se ao pedido global e não ao valor correspondente às parcelas em que, eventualmente, tenha sido desdobrado.

Se o pedido foi desdobrado em várias parcelas (que não correspondem, portanto, a pedidos autónomos), não viola o preceito legal a sentença que condene em quantidade global que se contenha dentro da importância que foi pedida, mesmo que uma das parcelas, considerada individualmente, ultrapasse o valor que, na formação do cálculo, lhe foi atribuído pelo impetrante.

Por outras palavras, o limite fixado diz respeito ao *quantum* global e não ao valor de cada uma das parcelas em que esse *quantum* se pode decompor. Só quando o valor fixado na sentença condenatória ultrapasse o montante global que foi pedido, haverá violação do preceito em causa.

Tendo o autor pedido, por exemplo, por danos sofridos, a indemnização global de € 35.000,00, dividindo-a em € 20.000,00 por danos patrimoniais e € 15.000,00 por danos não patrimoniais, a sentença não excede o pedido se o juiz condenar o réu a pagar € 25.000,00 por danos patrimoniais, desde que no conjunto não exceda o montante global de € 35.000,00.

Questão diferente é de saber se o montante global do pedido poderá ser actualizado.

Para uniformizar a jurisprudência a tal respeito, foi proferido o Acórdão nº 13/96 do Supremo Tribunal de Justiça com o sentido seguinte: "O tribunal não pode, nos termos do artº 661º, nº 1, do Código de Processo Civil, quando condenar em dívida de valor, proceder oficiosamente à sua actualização em montante superior ao valor do pedido do autor".

Isso, porém, não obsta, como resulta do acórdão, a que o autor solicite, oportunamente, a ampliação do pedido.

Dívida de valor é aquela cujo objecto não é directamente uma soma em dinheiro, mas uma prestação de outra natureza, intervindo o dinheiro apenas como meio de liquidação.

Trata-se de dívidas que não têm directamente por objecto o dinheiro, mas a prestação correspondente ao valor de certa coisa ou ao custo de determinado objecto, sendo o dinheiro apenas um ponto de referência ou meio necessário de liquidação da prestação. [251]

A sentença enferma de nulidade por condenar em *objecto diverso do pedido* quando, por exemplo, o autor pediu o pagamento das rendas devidas pelo locatário e o juiz veio a condenar o réu a despejar a casa por falta do pagamento das rendas vencidas.

A lei estabelece, porém, uma excepção a este princípio, no art.º 661º, nº 3.

Conforme resulta desta disposição legal, se tiver sido requerida a manutenção em lugar da restituição da posse, ou esta em vez daquela, o juiz conhecerá do pedido correspondente à situação realmente verificada.

Neste caso, o juiz pode proferir sentença em que não respeite integralmente o pedido, sendo-lhe permitido condenar em objecto diferente.

Verifica-se igualmente outra excepção no caso das providências cautelares, visto que o tribunal não está adstrito à providência concretamente requerida – artº 392º, nº 3.

A sentença é ainda nula quando seja omissa no que respeita à fixação da responsabilidade por custas, nos termos do nº 4 do artigo 659º - artº 668º, nº 1, alínea f).

Esta causa de nulidade da sentença foi introduzida pelo Decreto-Lei nº 34/2008, de 26 de Fevereiro.

Como já se disse, esta causa de nulidade da sentença diz respeito apenas aos casos em que foi omitida a condenação da parte responsável pelas custas.

[251] Cfr. Ac. S.T.J. de 10/2/2000, B.M.J. 494, 350.

105 - Arguição das nulidades da sentença

A nulidade que resulta da falta de assinatura do juiz pode ser suprida oficiosamente ou a requerimento de qualquer das partes enquanto for possível colher a assinatura do juiz que proferiu a sentença.

As restantes causas de nulidade da sentença previstas no nº 1 do artº 668º só podem ser arguidas perante o tribunal que proferiu a sentença, se esta não admitir recurso ordinário. Quando a sentença admita recurso ordinário, o recurso pode ter por fundamento qualquer dessas nulidades - artº 668º, nº 4.

Como se verifica, ao referir-se à arguição de nulidades da sentença, o preceito distingue os casos em que a sentença admite recurso ordinário dos outros casos em que o recurso não é admissível.

No caso de a decisão admitir recurso ordinário, este terá como fundamento qualquer das nulidades da sentença. Se a decisão não admitir recurso, a arguição das nulidades deverá ser feita perante o tribunal que a proferiu, como se compreende.

Pretendeu-se, deste modo, acabar com a prática abusiva, que se vinha verificando, de invocar supostas nulidades da sentença com a finalidade de protelar o seu trânsito em julgado.

Não devem ser confundidas as nulidades da sentença com as nulidades processuais. As nulidades de processo constituem "quaisquer desvios do formalismo processual prescrito na lei, e a que esta faça corresponder - embora não de modo expresso - uma invalidação mais ou menos extensa de actos processuais".[252]

A nulidade de processo traduz-se num vício de carácter formal que consiste na prática de um acto que a lei não admite ou na omissão de um acto ou de uma formalidade que a lei prescreve - cfr. artº 201º, nº 1.

Às nulidades processuais são aplicáveis as disposições dos artº 193º e seguintes.

106 - Esclarecimento ou reforma da sentença

A) - Requerimento

Conforme dispõe o artº 669º, nº 1, pode qualquer das partes requerer no tribunal que proferiu a sentença:

[252] Manuel de Andrade, ob. cit., pág. 175.

a) O esclarecimento de alguma obscuridade ou ambiguidade da decisão ou dos seus fundamentos;
b) A sua reforma quanto a custas e multa.

A alínea a) deste preceito permite que, a requerimento de qualquer das partes, seja esclarecida alguma obscuridade ou ambiguidade não só da sentença como também dos fundamentos em que se baseia.

"A sentença é obscura quando contém um passo cujo sentido é ininteligível; é ambígua quando alguma passagem se preste a interpretações diferentes. Num caso não se sabe o que o juiz quis dizer; no outro hesita-se entre dois sentidos diferentes e porventura opostos".[253]

Poderá questionar-se a possibilidade de pedir uma segunda aclaração. A jurisprudência tem-se pronunciado no sentido de que "nada na lei permite um segundo pedido de rectificação ou aclaração quer sobre o acórdão inicial quer sobre o anterior pedido nesse sentido".

A não ser assim, o processo nunca mais terminaria, como é evidente.[254]

Na verdade, se fosse admitido segundo pedido de rectificação ou aclaração, estaria encontrada a maneira de protelar indefinidamente o trânsito em julgado da sentença ou despacho, atendendo ao que dispõe a última parte do artº 677º.

A reforma da sentença quanto a custas não se confunde – como já se disse - com a rectificação da sentença quando esta as omite, no caso previsto no artº 667º. Num caso, a sentença não condenou em custas; no outro, as custas constam da sentença, mas é pedida a sua reforma, por não se concordar com elas.

Cabendo recurso da decisão, o requerimento previsto no nº 1 é feito na alegação – nº 3 do mesmo artº 669º. Quer dizer, o esclarecimento ou a reforma previstos nas alíneas a) e b) do nº 1 constituem objecto de recurso (quando este é admissível), embora sejam passíveis de deferimento pelo juiz do tribunal *a quo*. O requerimento é apresentado na alegação de recurso.

Nos termos do nº 2 do mesmo artº 669º, não cabendo recurso da decisão, é ainda lícito a qualquer das partes requerer a reforma da sentença quando, por manifesto lapso do juiz:

253 Alberto dos Reis, ob. cit., vol. v, pág. 151.

254 Cfr. Ac. S.T.J. de 4/7/90, B.M.J. 399, 450.

a) Tenha ocorrido erro na determinação da norma aplicável ou na qualificação jurídica dos factos;
b) Constem do processo documentos ou outro meio de prova plena que, só por si, impliquem necessariamente decisão diversa da proferida.

Procurou-se obter o "suprimento do erro de julgamento mediante a reparação da decisão de mérito pelo próprio decisor", nos casos em que se verificou lapso manifesto do juiz na determinação da norma aplicável ou na qualificação jurídica dos factos.

É permitida assim a reforma da sentença, feita pelo próprio juiz, com fundamento na existência de *erro de direito* ou *de facto*, nos casos em que a decisão não admite recurso.

Enferma de *erro de direito* quando, por exemplo, foi aplicada aos factos uma norma já revogada, por lapso manifesto do juiz.

Verifica-se *erro de facto* quando o juiz, por lapso manifesto, não tenha tomado em consideração documentos ou quaisquer elementos constantes do processo, que fariam com que a decisão fosse diferente da que foi proferida.

Não cabendo recurso da decisão, o requerimento em que é invocado o lapso manifesto do juiz deve ser apresentado por qualquer das partes.

B) - Processamento subsequente

Nos casos previstos no nº 4 do artigo 668º e no artigo 669º, deve o juiz indeferir o requerimento ou emitir despacho a corrigir o vício, a aclarar ou reformar a sentença, considerando-se o respectivo despacho como complemento e parte integrante desta – artº 670º, nº 1.

Este preceito dá ao juiz que proferiu a sentença a oportunidade de se pronunciar sobre: a invocação das respectivas nulidades; o pedido de esclarecimento de alguma obscuridade ou ambiguidade da sentença ou dos seus fundamentos; a reforma quanto a custas e multa; os erros que, por invocado lapso manifesto, se verificaram quanto à qualificação jurídica ou quanto à decisão da matéria de facto que constam da sentença.

O juiz, ao pronunciar-se sobre as questões suscitadas, defere ou indefere o requerimento apresentado.

Do despacho de indeferimento não cabe recurso – artº 670º, nº 2.

Como refere o nº 3 do artº 670º, o recurso que tenha sido interposto fica a ter por objecto a nova decisão, podendo o recorrente, no prazo de 10 dias, dele desistir, alargar ou restringir o respectivo âmbito, em conformidade com a alteração sofrida, e o recorrido responder a tal alteração, no mesmo prazo.

Se a sentença vier a ser corrigida, aclarada ou reformada pode alterar as posições no que toca à situação do vencedor e do vencido. Significa isto que o recorrido (vencedor) pode agora interpor recurso, se for a parte prejudicada (vencido) com a alteração da decisão.

Prevendo esta situação, determina o nº 4 do mesmo artigo 670º que o recorrido pode interpor recurso da sentença aclarada, corrigida ou reformada, no prazo de 15 dias a contar da notificação do despacho referido no nº 1.

107 - Uso anormal do processo

Quando a conduta das partes ou quaisquer circunstâncias da causa produzam a convicção segura de que o autor e o réu se serviram do processo para praticar um acto simulado ou para conseguir um fim proibido por lei, a decisão deve obstar ao objectivo anormal prosseguido pelas partes - artº 665º.

O processo tem como finalidade normal a composição de um determinado litígio, em conformidade com o direito substantivo.

"Pode suceder que o processo, em vez de ser utilizado para a solução de um litígio segundo o direito constituído, seja aproveitado para a prática de um acto simulado ou para a consecução de fim ilegal".

Em conformidade com o que dispõe o artº 665º, pode ser usado o processo *simulado* ou o processo *fraudulento*. Podem as partes mancomunar-se para, em vez de procurar o fim normal do processo, conseguirem um resultado real diferente do resultado aparente, ou para alcançarem um objectivo proibido por lei.

"A diferença está nisto: no processo *simulado* as partes estão conluiadas para obter determinado resultado real diverso do resultado aparente do processo; no processo *fraudulento* há coincidência entre o objectivo real e o objectivo aparente, mas as partes usam de fraude à lei para conseguirem esse objectivo.[255]

Se o juiz se aperceber, pela conduta das partes ou por quaisquer circunstâncias da causa, que não estão a pleitear de forma séria, deve obstar a que consigam alcançar o seu objectivo.

A conduta das partes pode revelar, durante o desenvolvimento do processo, que há um certo entendimento entre elas, em vez de um verdadeiro conflito, o que pode manifestar-se não só nas alegações, como na produção da prova.

Além disso, outras circunstâncias da causa podem denunciar a falta de empenho de uma das partes em obter vencimento da posição que defende, por fazê-lo de forma débil e sem interesse.

[255] Alberto dos Reis, ob. cit., vol. V, pág. 101.

Num exemplo apontado por Alberto dos Reis, há simulação no caso de A, que deve a B uma certa importância e, para se furtar ao respectivo pagamento, se conluiou com C para este propor contra si uma acção de reivindicação do único prédio que A possui. A não contesta ou apresenta uma contestação débil ou fictícia. Com esta acção simulada visam "as partes" prejudicar o credor que, no momento da execução não encontrará bens penhoráveis no património do devedor.

Como exemplo do processo *fraudulento* refere o Mestre o caso em que marido e mulher pretendem anular o casamento e, para isso, combinam que um deles proporá contra o outro a acção de anulação, com base em facto suposto, que constituirá a causa de anulação.

Para efeitos do disposto neste artigo, o juiz pode servir-se de factos não articulados pelas partes – cfr. artº 264º, nº 2.[256]

Para obstar ao objectivo anormal prosseguido pelas partes, o juiz deverá "declarar sem efeito o processo, abstendo-se de proferir decisão sobre o mérito. É a solução mais de rigor, desde que as partes não litigam a sério".[257]

Segundo outros Autores, "embora a lei o não diga, a solução pela qual o juiz pode e deve obstar ao objectivo anormal prosseguido pelas partes será, por via de regra, a *anulação* do processo, conducente à extinção da instância".[258]

Quando o litígio assente sobre acto simulado das partes e o tribunal não tenha feito uso do poder que lhe confere o artº 665º, por não se ter apercebido da fraude, pode a decisão final, depois do trânsito em julgado, ser objecto de revisão – artº 771º, alínea g).[259]

[256] V. Ac. do S.T.J. de 8/2/63, B.M.J. 128, 505.

[257] Manuel de Andrade, ob. cit., pág. 302.

[258] Antunes Varela, J. Miguel Bezerra, Sampaio e Nora, ob. cit. pág. 696 e seg.

[259] Trata-se da revisão, uma forma de recurso extraordinário, sendo a outra o recurso para uniformização de jurisprudência – cfr. artº 676º, nº 2.

CAPÍTULO VI
Efeitos da Sentença

108 - Trânsito em julgado

A) - Noção. Carácter imperativo da sentença

A sentença constitui o ponto culminante de todo o processo. Os despachos interlocutórios, que tiverem de ser proferidos ao longo do processo, são geralmente preparatórios da sentença.

A sentença é normalmente proferida após a audiência final, concluída que seja a discussão do aspecto jurídico da causa, conforme dispõe o artº 658º.

A decisão sobre o mérito da causa pode, porém, ter lugar no despacho saneador, a qual, nos termos do artº 510º, nº 3, fica tendo, para todos os efeitos, o valor de sentença.

O artº 9º da Lei nº 52/2008, de 28/8, consagra o carácter imperativo das decisões dos tribunais nos seguintes termos:

1 - As decisões dos tribunais judiciais são obrigatórias para todas as entidades públicas e privadas e prevalecem sobre as de quaisquer outras autoridades.

2- A lei regula os termos da execução das decisões dos tribunais judiciais relativamente a qualquer autoridade e determina as sanções a aplicar aos responsáveis pela sua inexecução.

"Na fixação imperativa do direito aplicável ao caso concreto reside o efeito fundamental da sentença".

"A *força imperativa* da sentença não fica dependente de nenhum *facto futuro,* porque é inerente ao acto jurisdicional, constituindo uma qualidade intrínseca de toda a decisão judicial".[260]

A sentença tem, portanto, força imperativa, mesmo antes de se tornar imutável.

Conforme dispõe o artº 676º, nº 1, as decisões judiciais podem ser impugnadas por meio de recursos.

A decisão considera-se transitada em julgado, logo que não seja susceptível de recurso ordinário ou de reclamação, nos termos dos artigos 668º e 669º - artº 677º.

Nas acções que não admitem recurso, a decisão transita em julgado se não tiver sido arguida qualquer das causas de nulidade da sentença (artº 668º) ou requerido esclarecimento ou reforma da mesma (artº 669º). Caso contrário, a sentença transita em julgado só depois de proferido o respectivo despacho. Este despacho considera-se complemento e parte integrante da sentença – artº 670º, nº 1 *in fine.*

Quando a sentença não admite recurso, a arguição das nulidades bem como o pedido de esclarecimento ou reforma são feitos em requerimento dirigido ao tribunal que a proferiu – artº 668º, nº 4 e 669º, nº 3.

Resumindo, podemos dizer que as decisões transitam em julgado por *não serem susceptíveis de recurso ordinário* ou, sendo-o, por a parte (vencida) *ter deixado passar o prazo sem que o tivesse interposto,* ou ainda depois de terem sido *esgotados os recursos possíveis.*

B) - Valor da sentença transitada em julgado

1 – Caso julgado material

Transitada em julgado a sentença ou o despacho saneador que decida do mérito da causa, a decisão sobre a relação material controvertida fica a ter força obrigatória dentro do processo e fora dele nos limites fixados pelos artigos 497º e 498º, sem prejuízo do disposto nos artigos 771º a 777º - artº 671º, nº 1.

Trata-se do *caso julgado material,* ou seja, da força imperativa da decisão que recaiu sobre certa relação material controvertida.[261]

[260] Antunes Varela, J. Miguel Bezerra, Sampaio e Nora, ob. cit., págs. 698 e seg.

[261] Consiste em a definição dada à relação controvertida se impor a todos os tribunais (e até a quaisquer outras autoridades) – quando lhes seja submetida a mesma relação, quer a título principal

Mas se o réu tiver sido condenado a prestar alimentos ou a satisfazer outras prestações dependentes de circunstâncias especiais quanto à sua medida ou à sua duração, pode a sentença ser alterada desde que se modifiquem as circunstâncias que determinaram a condenação – artº 671º, nº 2.

Neste caso, justifica-se a possibilidade de alteração, porque as circunstâncias em que se fundamentou a decisão são susceptíveis de constantes alterações. Não fazia sentido manter inalterada a decisão que impôs a prestação de alimentos ao devedor, se, por alteração das circunstâncias, este deixou de ter condições para os pagar ou o credor deixou de necessitar deles, por lhe ser agora possível angariá-los pelos próprios meios.

2 – Caso julgado formal

Além do caso julgado que se pode formar quanto à decisão proferida sobre a relação material controvertida - o *caso julgado material* - também podem transitar em julgado as sentenças ou despachos sobre questões de natureza processual - *caso* julgado *formal.*

O caso julgado material forma-se sobre a decisão acerca do *mérito* da causa. No caso julgado formal a decisão apenas diz respeito àquele processo, isto é, a decisão incide sobre uma *questão processual.*

Conforme determina o artº 672º, nº 1, as sentenças e os despachos que recaiam unicamente sobre a relação processual têm força obrigatória dentro do processo.

Resulta claramente do confronto entre o artº 671º, nº 1 e o artº 672º, nº 1 que o *caso julgado material* adquire força obrigatória dentro e fora do processo e, por isso, não pode voltar a ser decidida aquela relação material que foi objecto de litígio, ao passo que o *caso julgado formal* tem força obrigatória apenas dentro do processo, não impedindo que num outro processo a questão processual seja decidida de modo diferente pelo mesmo ou por outro tribunal.

A explicação para esta diferença é simples: no *caso julgado material* a decisão incidiu sobre a relação material controvertida, ao passo que no *caso julgado formal* a decisão apenas diz respeito à relação processual. No primeiro caso está em causa a segurança jurídica, enquanto que no segundo se trata apenas da disciplina do processo.

(repetição da causa em que foi proferida a decisão), quer a título prejudicial (acção destinada a fazer valer outro efeito dessa relação). Todos têm de acatá-la, julgando em conformidade, sem nova discussão – Manuel de Andrade, ob. cit., pág. 304.

C) - Justificação para a admissibilidade dos recursos extraordinários

Conforme refere o artº 677º, a decisão transita em julgado logo que não seja passível de *recurso ordinário*. Significa que, depois do trânsito em julgado, ainda é possível, em certos casos, o *recurso extraordinário* (recurso para uniformização de jurisprudência ou de revisão) – artº 676º, nº 2 *in fine*. Por isso, o trânsito em julgado não significa necessariamente imutabilidade da sentença.

Os casos em que é admitido recurso extraordinário "pressupõem que o caso julgado se formou em condições anormais, que ocorreram circunstâncias *patológicas* susceptíveis de produzir injustiça clamorosa. O recurso extraordinário visa eliminar o escândalo dessa injustiça. Quer dizer, ao interesse da segurança e da certeza sobrepõe-se o interesse da justiça"[262]

A lei considera que a sentença transitou em julgado logo que não seja susceptível de *recurso ordinário*, embora deixe aberta ainda a possibilidade de a mesma vir a ser modificada através de *recurso extraordinário*.

A sentença transitada em julgado só pode, portanto, ser considerada *relativamente* inalterável.

"É preferível correr o risco de o caso julgado vir a ser excepcionalmente alterado" ..., "do que aguardar o decurso do prazo de caducidade, relativamente longo, de ambos os recursos, para só conferir força de caso julgado às sentenças *absolutamente imodificáveis*".[263]

109 - Interposição de recurso

A) - Modo de interposição

Os recursos interpõem-se por meio de requerimento dirigido ao tribunal que proferiu a decisão recorrida, no qual se indica a espécie, o efeito e o modo de subida do recurso interposto e, nos casos previstos nas alíneas a) e c) do nº 2 do artº 678º, no recurso para uniformização de jurisprudência e na revista excepcional, o respectivo fundamento - artº 684º-B, nº 1.

Quanto à *espécie*, já vimos que a lei estabelece a distinção entre recursos ordinários e extraordinários – artº 676º, nº 2.

No que concerne ao *efeito*, pode ao recurso ser atribuído efeito *meramente devolutivo* ou *efeito suspensivo*. Todos os recursos *devolvem* ao tribunal superior (tribunal *ad quem*) o conhecimento das questões que o recorrente pretende ver reapreciadas, ou seja, das questões que constituem o objecto do recurso.

[262] Alberto dos Reis, ob. cit., vol. v, pág. 158.

[263] Antunes Varela, J. Miguel Bezerra, Sampaio e Nora, ob. cit. pág. 702.

Quando a este efeito não acresce o efeito suspensivo, dizemos que o recurso tem efeito *meramente devolutivo*. O efeito suspensivo susta a executoriedade da decisão recorrida, obstando a que constitua título executivo enquanto não transitar em julgado ou suspende o andamento do processo.[264]

A *subida* do recurso pode efectuar-se nos próprios autos (como geralmente acontece) ou em separado.

Sobem nos próprios autos os recursos de apelação referidos no nº 1 do artº 691º-A.

Sobem em separado as outras apelações – artº 691º-A, nº 2. As apelações que subam conjuntamente, *em separado* dos autos principais, formam um único processo – artº 691º-A, nº 3.

Quando a apelação sobe em separado, as partes devem indicar, após as conclusões das alegações do recurso, as peças do processo de que pretendem certidão para instruir o recurso – artº 691º-B, nº 1. Para o efeito, os mandatários procedem ao exame do processo através de página informática de acesso público, devendo a secretaria facultar, durante o prazo de cinco dias, as peças processuais, documentos e demais elementos que não estiverem disponíveis na referida página – artº 691º.B, nº 2. As peças processuais disponibilizadas por via electrónica valem como certidão para os efeitos de instruir o recurso – artº 691º.B, nº 3.

Como se verifica do disposto no artº 684º-B, para a interposição do recurso, basta, de um modo geral, a apresentação no tribunal *a quo*, isto é, no tribunal que proferiu a decisão, de um requerimento em que diz pretender interpor recurso da decisão (sem necessidade de o fundamentar) onde seja indicada a *espécie*, o *efeito* e o modo de *subida* do recurso.

Porém, o requerimento terá de ser *fundamentado* quando seja interposto recurso:

1 - das decisões que violem as regras de competência internacional ou em razão da matéria ou da hierarquia ou que ofendam o caso julgado - artº 678º, nº 2, alínea a);
2 - das decisões proferidas contra jurisprudência uniformizada do Supremo Tribunal de Justiça – artº 678º, nº 2, alínea c);
3 - quando o recurso tem por finalidade a uniformização de jurisprudência ou a revista excepcional – cfr. artºs 763º e artº 721º-A, respectivamente.

[264] Cfr. Alberto dos Reis, ob. cit., vol. V., pág. 396.

O requerimento de interposição de recurso deve, porém, incluir logo a alegação do recorrente – artº 684º-B, nº 2.

O requerimento deve ser apresentado a juízo preferencialmente por transmissão electrónica de dados, valendo como data da prática do acto processual a da respectiva expedição. Pode também ser entregue na secretaria judicial, ser remetido pelo correio, sob registo, ou enviado através de telecópia – cfr. artº 150º, nº 1, e nº 2 , alíneas a) a c) .

Tratando-se de despachos ou sentenças orais, reproduzidos no processo, o requerimento de interposição de recurso pode ser imediatamente ditado para a acta – artº 684º-B, nº 3.

B) - Delimitação do recurso

No requerimento pode ser delimitado o âmbito *subjectivo* ou *objectivo* do recurso.

Sendo vários os vencedores, todos eles devem ser notificados do despacho que admite o recurso; mas é lícito ao recorrente, salvo o caso de litisconsórcio necessário, excluir do recurso, no requerimento de interposição, algum ou alguns dos vencedores - artº 684º, nº 1.

Trata-se, portanto, de limitação de natureza subjectiva. O recorrente limita a eficácia do recurso apenas a algum ou alguns dos vencedores, excepto se entre eles existir litisconsórcio necessário. Os excluídos serão notificados da exclusão.

Por outro lado, se a parte dispositiva da sentença contiver decisões distintas, é igualmente lícito ao recorrente restringir o recurso a qualquer delas, uma vez que especifique no requerimento a decisão de que decorre – artº 684º, nº 2.

Este preceito permite, portanto, a limitação *objectiva* do recurso. O recorrente pode limitar o recurso a qualquer das distintas questões contidas na parte dispositiva da sentença. As questões são as que se encontram referidas no nº 2 do artº 660º, mas nem sempre é fácil distinguir, na parte dispositiva, várias questões. É evidente que a parte dispositiva da sentença não é apenas a parte que define o resultado final.

Na falta de especificação, o recurso abrange tudo o que na parte dispositiva da sentença for desfavorável ao recorrente – artº 684º, nº 2 (2ª parte).

A delimitação do objecto do recurso também pode ter lugar nas *conclusões* da alegação.

Nas conclusões da alegação, pode o recorrente restringir, expressa ou tacitamente, o objecto inicial do recurso – artº 684º, nº 3.

O recorrente pode, nas conclusões da alegação do recurso, restringir o âmbito deste ao declarar *expressamente* que só impugna determinada parte da decisão ou, de forma *tácita*, pode impugnar apenas a solução de certas questões, omitindo as outras. Na verdade, o âmbito do recurso determina-se em face das conclusões da alegação do recorrente, só abrangendo as questões aí contidas – cfr. artº 685º-A, nº 1.

Deste modo, o recorrente que tenha restringido o âmbito do recurso no requerimento de interposição, pode ainda fazer maior restrição nas conclusões da alegação. Basta que não inclua nas conclusões da alegação de recurso alguma ou algumas questões, visto que o tribunal *ad quem* só conhecerá das que constem dessas conclusões.

Os efeitos do caso julgado, na parte não recorrida, não podem ser prejudicados pela decisão do recurso nem pela anulação do processo.

Confere-se, assim, estabilidade às decisões não recorridas, não permitindo que a posição do recorrente seja agravada por virtude do recurso que ele interpôs. O recorrente não pode perder mais no tribunal *ad quem* do que já tinha perdido no tribunal *a quo*. Está afastada, portanto, a *reformatio in pejus*.[265]

C) - Ampliação do objecto do recurso

No caso de pluralidade de fundamentos da acção ou da defesa, o tribunal de recurso conhecerá do fundamento em que a parte vencedora decaiu, desde que esta o requeira, mesmo a título subsidiário, na respectiva alegação, prevenindo a necessidade da sua apreciação – artº 684º-A, nº 1.

Esta ampliação do recurso é possível, como resulta do texto do preceito, quando a acção comporta várias causas de pedir ou a defesa se alicerça em vários fundamentos e apenas uma (ou algumas) dessas causas de pedir ou um (ou alguns) desses fundamentos da defesa foi julgado procedente.

Deste modo, a parte vencedora, prevenindo a procedência do recurso interposto pela parte vencida, procura obter decisão favorável com base em outra causa de pedir ou em outro fundamento de defesa que tenha sido rejeitado.

Trata-se dos casos em que, tendo a acção ou a defesa diversos fundamentos, a parte obteve decisão favorável, embora tenha decaído quanto a algum desses fundamentos. Tendo-lhe sido favorável a decisão, não pode interpor recurso, embora não tenha conseguido vencimento em algum dos fundamentos por si invocados.

No caso de a contraparte impugnar a decisão, o recorrido corre o risco de passar à situação de vencido, ao ser reapreciado o fundamento (ou os fundamentos) em que tinha obtido vencimento. Por isso, o recorrido tem interesse

265 Ac. S.T.J.de 16/3/89, B. M. J. 385, 552. Cfr. ainda Alberto dos Reis, ob. cit., vol. V, pág. 311.

em que também seja apreciado pelo tribunal superior o fundamento (ou fundamentos) em que havia decaído.

Reabre-se, assim, a discussão sobre todos os fundamentos, requerendo o recorrido – mesmo a título subsidiário – a ampliação do recurso, por forma a serem apreciados todos os fundamentos: aquele (ou aqueles) em que o recorrido venceu e aquele (ou aqueles) em que decaiu.

Para melhor elucidação, consideremos o seguinte exemplo: A propõe acção contra B na qual pede a anulação de um contrato por incapacidade e por dolo. A sentença anula o contrato só por incapacidade, rejeitando a arguição do dolo.

A não pode recorrer, porque não ficou vencido. Mas, se B o fizer, reabre-se a discussão na totalidade. De outra forma, a situação de A, por ter ganho, e em recurso, era mais perigosa do que antes de ter vencido.[266]

Pode ainda o recorrido, na respectiva alegação e a título subsidiário, arguir a nulidade da sentença ou impugnar a decisão proferida sobre pontos determinados da matéria de facto, não impugnados pelo recorrente, prevenindo a hipótese de procedência das questões por este suscitadas – artº 684º-A, nº 2.

Trata-se de um regime semelhante ao anterior, mas voltado para a decisão sobre a matéria de facto. O recorrido pretende prevenir a hipótese de virem a ser julgadas procedentes as questões invocadas pelo recorrente.

A acção (ou a defesa) foi julgada procedente, apesar de o tribunal não ter considerado provada toda a matéria de facto alegada pela parte vencedora.

Impugnada a decisão, o recorrido pode pedir a ampliação – mesmo a título subsidiário – do âmbito do recurso, por forma a que a Relação aprecie também a decisão no que concerne à matéria de facto que a primeira instância havia julgado não provada.

A situação pode figurar-se no seguinte exemplo: A demanda B para obter deste uma determinada importância, invocando a falta de pagamento do preço da venda de um bem. B opõe a prescrição do direito do autor e a acção foi julgada improcedente com esse fundamento.

Se A recorrer, B pode, na alegação, arguir a nulidade da sentença ou impugnar a decisão de certos pontos da matéria de facto, não impugnados pelo recorrente, para o caso de proceder a argumentação deste no recurso.[267]

[266] Cfr. Lopes do Rego, ob. cit., pág. 457.

[267] Rodrigues Bastos, ob. cit., vol III, pág. 231.

Na falta dos elementos de facto indispensáveis à apreciação da questão suscitada, pode o tribunal de recurso mandar baixar os autos, a fim de se proceder ao julgamento no tribunal onde a decisão foi proferida – artº 684º-A, nº 3.

Pode, portanto, o tribunal da Relação remeter o processo ao tribunal *a quo* para apuramento da matéria de facto que se revelou necessária após o requerimento de ampliação do objecto do recurso.

Se a ampliação do objecto do recurso for requerida pelo recorrido nos termos do nº 2 do artigo 684º-A, tem aplicação o disposto nos nºs 1 e 2 do artigo 685º-B – artº 685º-B, nº 5.

Não pode, porém, ser interposto recurso sobre matéria que não tenha sido objecto da decisão recorrida.

Os recursos visam modificar as decisões recorridas e não criar decisões sobre matéria nova, não sendo lícito invocar nos mesmos questões que não tenham sido objecto das decisões recorridas nem devendo conhecer-se, neles, de questões que as partes não tenham suscitado perante o tribunal recorrido.[268] Porém, a "regra de que os recursos visam modificar as decisões recorridas e não criar decisões sobre matéria nova só é exacta no âmbito das questões disponíveis; pois, quando se trate de matéria indisponível e, por isso, sujeita a conhecimento oficioso, é esta apreciação que, por colocada em plano superior, deve prevalecer sobre aquela regra".[269]

"O Tribunal de recurso não pode conhecer de questões novas, salvo se a lei tal impuser ou estiver em causa matéria de conhecimento oficioso"[270]

D) - Prazos

1 – Para a interposição do recurso

O *prazo* para a interposição do recurso ordinário[271] é de *30 dias*, salvo nos processos urgentes e nos demais casos expressamente previstos na lei, e *conta-se a partir da notificação da decisão* – artº 685º, nº 1.

[268] v., entre outros, Ac. do STJ, de 6/2/87, BMJ 364, 714.

[269] Cfr. Ac. do S.T.J., de 27//65, B.M.J. 149, 297.

[270] Ac. do S.T.J,, de 21/1/93, C. J., Ano I, Tomo I, 71.

[271] Quanto ao recurso extraordinário de *revisão*, não pode ser interposto se tiverem decorrido mais de 5 anos sobre o trânsito em julgado da decisão e o prazo para a interposição é de 60 dias contados a partir do momento processual referido no nº 2; para o terceiro e o incapaz, v. o nº 3 do artº 772º; a *uniformização de jurisprudência* está prevista nos artigos 732º-A e seguinte.

Nos casos urgentes, o prazo para interpor recurso de apelação e apresentação de alegações é reduzido para 15 dias – artº 691º, nº 5. O mesmo preceito prevê outros casos aos quais estende este mesmo prazo reduzido.

O prazo corre a partir da publicação da decisão, se a *parte for revel* e *não dever ser notificada* nos termos do artº 255º. Se a revelia da parte tiver cessado antes de decorrido esse prazo, caso em que a sentença ou despacho tem de ser notificado, o prazo começa a correr desde a data da notificação – artº 685º, nº 2.

Enquanto o réu se encontrar na situação de revelia absoluta, não lhe será notificada a decisão, a não ser que seja conhecida a sua residência ou sede. A decisão considera-se notificada no dia seguinte àquele em que os autos tiverem dado entrada na secretaria – artº 255º.

Tratando-se de despachos ou sentenças orais, reproduzidos no processo, o prazo corre desde o dia em que foram proferidos, se a parte esteve presente ou foi notificada para assistir ao acto – artº 685º, nº 3.

Quando, fora dos casos referidos, não tenha de fazer-se a notificação, o prazo corre desde o dia em que o interessado teve conhecimento da decisão – artº 685º, nº 4.

Quem não é parte no processo não tem de ser notificado, como é óbvio. Porém, se for directa e efectivamente prejudicado pela decisão, pode recorrer – artº 680º, nº 2. Neste caso, o prazo conta-se a partir da data em que teve conhecimento da decisão.

Se o recurso tiver por objecto a reapreciação da prova gravada, ao prazo de interposição e de resposta acrescem 10 dias – artº 685º, nº 7.

Trata-se dos casos em que foi impugnada a decisão sobre a matéria de facto, quando os meios de prova invocados se encontram gravados. Os 10 dias que acrescem ao prazo servem para as partes poderem indicar as passagens da gravação que interessam para fundamentar a posição que defendem ou até para procederem à respectiva transcrição – cfr. artº 685º-B, nº 2.

Se tiver sido requerida a *rectificação de erros materiais* (artº 667º), esta só pode ter lugar antes de o recurso subir, podendo as partes alegar perante o tribunal superior o que entendam de seu direito no tocante à rectificação – artº 667º, nº 2.

Se tiver sido *pedido o esclarecimento* ou a *reforma da sentença* (artº 669º), o requerimento é feito na alegação do recurso - artº 669º, nº 3.

2 – Prazo para a resposta do recorrido

O recorrido pode responder à alegação do recorrente em prazo idêntico ao da interposição – artº 685º, nº 5.

Trata-se de uma concretização do princípio da igualdade das partes. O prazo concedido ao recorrente para interpor recurso e apresentar alegações é idêntico ao que é concedido ao recorrido para contra-alegar.

Na contra-alegação o recorrido pode impugnar a admissibilidade ou a tempestividade do recurso bem como a legitimidade do recorrente – artº 685º, nº 6.

Como veremos, o recorrido pode impugnar o recurso invocando os fundamentos com base nos quais o juiz pode indeferir o requerimento de interposição do recurso. Na verdade, o requerimento do recorrente é indeferido quando se entenda que a decisão não admite recurso (questão de admissibilidade), que tenha sido interposto fora do prazo (questão de tempestividade) ou que o recorrente não tem as condições necessárias para recorrer (questão de legitimidade) – cfr. artº 685º-C, nº 2, alínea a).

É concedido ao recorrido o mesmo acréscimo de 10 dias concedido ao recorrente, se o recurso tiver por objecto a reapreciação da prova gravada – artº 685º, nº 7.

Sendo requerida pelo recorrido a ampliação do objecto do recurso, nos termos do artigo 684º-A, pode o recorrente responder à matéria da ampliação, nos 15 dias posteriores à notificação do requerimento – artº 685º, nº 8.[272]

3 – Casos em que são vários os recorrentes ou os recorridos

Havendo vários recorrentes ou vários recorridos, ainda que representados por advogados diferentes, o prazo das respectivas alegações é único, incumbindo à secretaria providenciar para que todos possam proceder ao exame do processo durante o prazo de que beneficiam – artº 685º, nº 9.

110 - Quem pode recorrer

A) - Legitimidade para recorrer

Sem prejuízo do disposto nos números seguintes, os recursos só podem ser interpostos por quem, sendo parte principal na causa, tenha ficado vencido – artº 680º, nº 1.

A regra é a de que só pode recorrer a *parte principal* que tenha ficado *vencida.*

Partes principais são o demandante e o demandado (um ou vários). A sua posição não está dependente de outros particulares.[273]

[272] Quanto à ampliação do âmbito do recurso, v. nº 109 – C).

[273] Manuel de Andrade, Noções Elementares de Processo Civil, pág. 78.

Estando pendente uma causa entre duas ou mais pessoas, podem nela intervir como *parte principal* um terceiro (intervenção espontânea – artº 320º) e qualquer das partes pode chamar a juízo o interessado com direito a intervir na causa (intervenção provocada – artº 325º). [274]

A parte principal considerar-se-á *vencida* quando seja prejudicada pela decisão. Tendo a parte formulado um certo pedido, *a decisão não o atendeu integralmente*. A porção do pedido não atendida, isto é, a porção em que a parte decaiu denomina-se *sucumbência*.

Considera-se *vencido* o réu que, tendo invocado uma excepção peremptória e, consequentemente, *requerido a sua absolvição do pedido*, se depara com uma decisão que, com fundamento em excepção dilatória, o *absolveu da instância*. Pode, portanto, interpor recurso.

Quando *a decisão for favorável* à parte, mesmo que não tenha acatado os fundamentos por ela invocados, *não lhe é permitida a interposição de recurso*.

Mas nem só as partes na causa podem interpor recurso. Também os *terceiros* o podem fazer quando directamente prejudicados pela decisão.

As pessoas directa e efectivamente prejudicadas pela decisão podem recorrer dela, ainda que não sejam partes na causa ou sejam apenas partes acessórias – artº 680º, nº 2.

Como se verifica, podem recorrer da decisão pessoas que não sejam partes na causa ou sejam apenas partes acessórias, desde que sejam directa e efectivamente prejudicadas pela decisão. Neste caso, exige-se que o prejuízo seja não só directo (não basta que seja simplesmente reflexo) como também efectivo (não basta que seja possível ou provável).

Pode igualmente interpor recurso o Ministério Público sempre que tenha uma intervenção acessória na causa – artº 334º.

O recurso previsto na alínea g) do artigo 771º pode ser interposto por qualquer terceiro que tenha sido prejudicado com a sentença, considerando-se como terceiro o incapaz que interveio no processo como parte, mas por intermédio de representante legal – artº 680º, nº 3.

Neste caso, o prazo não finda antes de decorrido um ano sobre a aquisição da capacidade por parte do incapaz ou sobre a mudança do seu representante legal – artº 772º nº 3.

[274] Além das partes principais, podem passar a ter intervenção no processo os chamados assistentes que nele farão figura de partes acessórias – Manuel de Andrade, ob. cit., pág. 78.

B) - Perda do direito de recorrer e renúncia ao recurso

É lícito às partes renunciar aos recursos; mas a renúncia antecipada só produz efeito se provier de ambas as partes – artº 681º, nº 1.

Como se depreende, podem considerar-se duas espécies de renúncia: a *renúncia antecipada* e a *renúncia posterior à decisão*. A renúncia *depois da decisão* produz efeito mesmo que não tenha sido feita por ambas as partes. A renúncia *antecipada* é que tem de ser proveniente de ambas as partes para produzir efeito. Antes da decisão, as partes desconhecem qual o sentido da mesma, ou seja, não se sabe qual delas ficará vencida e, portanto, com possibilidade de recorrer.

Não pode recorrer quem tiver aceitado a decisão depois de proferida artº 681º, nº 2.

A aceitação da decisão pode ser expressa ou tácita. A aceitação tácita é a que deriva da prática de qualquer facto inequivocamente incompatível com a vontade de recorrer – artº 681º, nº 3.

A *renúncia* não se confunde com a *desistência* do recurso. A *renúncia* pressupõe que a parte que podia interpor recurso manifestou antecipadamente a vontade de o não fazer. A *desistência* só pode ter lugar na pendência do recurso. Quer dizer, a renúncia é anterior à interposição do recurso, enquanto que a desistência é posterior.

O recorrente pode, por simples requerimento, desistir livremente do recurso interposto – artº 681º, nº 5.

O requerimento pode ser feito pelo mandatário a quem a parte tenha passado procuração com poderes gerais para o representar em juízo.[275]

Salvo declaração expressa em contrário, a renúncia ao direito de recorrer ou a aceitação, expressa ou tácita, da decisão por parte de um dos litigantes não obsta à interposição de recurso subordinado, desde que a parte contrária recorra da decisão – artº 682º, nº 4.

111 - Despacho de admissão do recurso

Findos os prazos concedidos à partes para interpor recurso, o juiz emite despacho sobre o requerimento, ordenando a respectiva subida, excepto no caso previsto no nº 3 – artº 685º-C, nº 1.

[275] O recorrente pode ainda deixar *deserto* o recurso por falta de alegação – artº 291º, nº 2. Hoje não faz sentido esta deserção, visto que a apresentação da alegação é simultânea à interposição do recurso. Não sendo apresentada a alegação, o recurso é indeferido.

Nos termos do nº 2 do mesmo artº 685º-C, o requerimento é indeferido quando:

a) Se entenda que a decisão não admite recurso, que este foi interposto fora de prazo ou que o recorrente não tem as condições necessárias para recorrer.
b) Não contenha ou junte a alegação do recorrente ou quando esta não tenha conclusões.

Em suma, o juiz pode indeferir o requerimento de interposição do recurso com base em um (ou alguns) de cinco possíveis fundamentos:

1 – inadmissibilidade de recurso no caso concreto;
2 – haver já terminado o prazo previsto na lei para a interposição do recurso;
3 – falta de legitimidade do recorrente;
4 – não apresentação da alegação do recurso;
5 – não formulação de conclusões da alegação apresentada.

Como se verifica, actualmente o recorrente, com o requerimento em que interpõe o recurso, tem de apresentar também a respectiva alegação. Esta deverá conter as conclusões, que o recorrente formulará de forma sintética, indicando os fundamentos por que pede a alteração ou a anulação da decisão – artº 685ºA.

Antes da última alteração legislativa, se faltassem as conclusões da alegação, o relator devia convidar o recorrente a apresentá-las, sob pena de não conhecer do recurso. Actualmente essa mesma falta é motivo de indeferimento imediato do recurso.

O relator pode, porém, convidar as partes a aperfeiçoar as conclusões das respectivas alegações, nos termos do nº 3 do artº 685º-A – artº 700º, nº1, alínea a).

Os recursos consideram-se desertos quando o recorrente não tenha apresentado a alegação, nos termos do nº 2 do artigo 684º-B, ou quando, por inércia sua, estejam parados durante mais de um ano – artº 291º, nº 2.

No despacho em que admite o recurso, deve o juiz solicitar ao conselho distrital da Ordem dos Advogados a nomeação de advogado aos ausentes, quando estes não possam ser representados pelo Ministério Público, contando-se, neste caso, o prazo de resposta do recorrente a partir da notificação ao mandatário nomeado da sua designação – artº 685º-C, nº 3.

Findo o prazo referido no número anterior, o juiz emite novo despacho a ordenar a subida do recurso – artº 685º-C, nº 4.

A decisão que admita o recurso, fixe a sua espécie e determine o efeito que lhe compete não vincula o tribunal superior nem pode ser impugnada pelas partes, salvo na situação prevista no nº 3 do artigo 315º – artº 685º-C, nº 5.

Na verdade, o tribunal *ad quem*, ou melhor, o relator, pode corrigir o efeito atribuído ao recurso, o respectivo modo de subida e verificar se alguma circunstância obsta ao conhecimento do recurso – artº 700º, nº 1, alíneas a) e b), cfr. ainda artºs 702º a 704º.

No caso de recurso *per saltum*, tendo sido requerido que o recurso interposto da decisão de mérito proferida em 1ª instância suba directamente ao Supremo Tribunal de Justiça, o relator pode entender que as questões suscitadas ultrapassam o âmbito da revista e, com esse fundamento, determinar que o processo baixe à Relação, a fim de o recurso aí ser processado, sendo tal decisão definitiva – artº 725º, nº 4.

112 - Reclamação contra o indeferimento do recurso

Do despacho que não admita o recurso pode o recorrente reclamar para o tribunal que seria competente para dele conhecer no prazo de 10 dias contados da notificação da decisão - artº 688º, nº 1.

O recorrido pode responder à reclamação apresentada pelo recorrente, em prazo idêntico ao referido no número anterior – artº 688º, nº 2.

A reclamação, dirigida ao tribunal superior, é apresentada na secretaria do tribunal recorrido, autuada por apenso aos autos principais e é sempre instruída com o requerimento de interposição de recurso e as alegações, a decisão recorrida e o despacho objecto de reclamação – artº 688º, nº 3.

A reclamação é apresentada logo ao relator, que, no prazo de 10 dias, profere decisão que admita o recurso ou mantenha o despacho reclamado – artº 688º, nº 4.

Se o recurso for admitido, o relator requisita o processo principal ao tribunal recorrido, que o deve fazer subir no prazo de 10 dias – artº 688º, nº 6.

113 - Decisões que admitem recurso

A) - Conjugação dos valores da causa, da alçada e da sucumbência

O recurso ordinário só é admissível quando a causa tenha valor superior à alçada do tribunal de que se recorre e a decisão impugnada seja desfavorável ao recorrente em valor superior a metade da alçada desse tribunal, atendendo-se, em caso de fundada dúvida acerca do valor da sucumbência, somente ao valor da causa - artº 678º, nº 1.

De acordo com este preceito, a admissibilidade do recurso da decisão depende da verificação cumulativa de dois requisitos:

1 – que *o valor da causa* seja *superior à alçada do tribunal* de que se recorre;

2 – e, *cumulativamente*, que *a decisão seja desfavorável* para o recorrente *em valor superior a metade* da alçada do mesmo tribunal.

Como se sabe, em regra não é admissível recurso ordinário se o valor da causa estiver contido dentro da alçada do tribunal que proferiu a decisão.

Em matéria cível a alçada dos tribunais da Relação é de € 30.000,00 e a dos tribunais de 1ª instância é de € 5.000,00 - artº 31º, nº 1 da Lei nº 52/2008, de 28/8.

A admissibilidade dos recursos por efeito das alçadas é regulada pela lei em vigor ao tempo em que foi instaurada a acção - nº 3 do mesmo artº 31º da Lei nº 52/2008.

Considerando o valor da causa, as acções que seguiram a forma de processo ordinário admitem sempre recurso e nunca o admitem as de processo sumaríssimo - cfr. artº 462º.

Porém, mesmo que o valor da causa seja superior à alçada do tribunal de que se recorre, o recurso não é admissível se o valor da *sucumbência* do recorrente não exceder metade da alçada desse tribunal. A sucumbência é, como já se disse, o valor em que a parte vencida decaiu.

Assim, só é admissível recurso das decisões proferidas pelo *tribunal de 1ª instância* se o valor da *sucumbência ultrapassar* € 2.500,00 (que é *metade* da respectiva *alçada*). Cumulativamente, deve o *valor da acção* ser *superior à alçada* do tribunal de 1ª instância (€ 5.000,00) para que possa ser interposto recurso para a Relação.

Por sua vez, só é admissível recurso das decisões da Relação para o Supremo se a *sucumbência for superior* a € 15.000,00 (valor correspondente a *metade* da *alçada* da Relação). Cumulativamente, o *valor da acção* tem de ser *superior à alçada* da Relação (€ 30.000,00) para que seja admissível recurso para o Supremo.

Em suma, para que seja admissível recurso da 1ª instância para a Relação, deve o *valor da acção* ser *superior* a € 5.000,00 e ser a *sucumbência superior a metade* desse valor, ou seja, superior a € 2.500,00; para que seja admissível a interposição de recurso da decisão da Relação para o Supremo torna-se necessário que o *valor da acção* seja *superior* a € 30.000,00, sendo também a *sucumbência superior a metade* desse valor, ou seja, superior a € 15.000,00.

Suponhamos que numa acção cujo valor é de € 60.000,00, o autor pediu que o réu fosse condenado a pagar-lhe uma indemnização desse mesmo montante. A sentença fixou a indemnização a pagar pelo réu em somente € 57.000,00. O valor da acção possibilita ao réu (parte vencida) a interposição de recurso da 1ª instância para a Relação e, se a decisão for confirmada, para o Supremo. Por sua vez, o autor também é parte vencida, pois não obteve decisão que lhe atribuísse o pagamento integral do pedido, sendo a sucumbência de apenas € 3.000,00 (€ 60.000,00 - € 57.000,00). Isso, permite-lhe recorrer para o tribunal da Relação, porque a sucumbência é *superior a metade da alçada do tribunal da 1ª instância,* o tribunal de que recorre, (metade de € 5.000,00 é igual a € 2.500,00), mas se a Relação confirmar a decisão da 1ª instância, já não lhe é permitido recorrer para o Supremo, porque *a sucumbência fica aquém de metade da alçada do tribunal da Relação.* Só poderia recorrer se a sucumbência tivesse sido superior a metade de € 30.000,00, ou seja, superior a € 15.000,00.

Como adiante veremos, ainda que o valor da sucumbência seja inferior a metade da alçada do tribunal de que se recorre, é sempre possível o recurso subordinado desde que o recurso independente seja admissível – artº 682º, nº 5.

B) - Dúvidas acerca do valor da sucumbência

Em certos casos, porém, torna-se impossível determinar o valor da sucumbência, porque é ilíquido o pedido formulado pela parte. É o que se verifica, por exemplo, quando o objecto mediato da acção seja uma universalidade (um rebanho, uma herança indivisa) ou quando a fixação do quantitativo esteja dependente de prestação de contas a efectuar pelo réu, como resulta do disposto nas alíneas a) e c) do nº 1 do artº 471º. Sendo assim, não se pode conhecer em que medida a decisão foi desfavorável à parte, isto é, o valor da sucumbência.

A mesma impossibilidade se verificará no caso de condenação em quantia a liquidar nos termos do disposto no artº 661º, nº 2.

Nestes casos atender-se-á somente ao valor da causa - artº 678º, nº 1, *in fine.*

No caso da *cumulação de pedidos* prevista no artº 470º, nº 1, o valor da sucumbência "deve ser determinado autonomamente para cada um dos pedidos cumulados, ou seja, para que o recurso seja admissível em relação a todos eles é necessário que o valor da sucumbência se verifique quanto a cada um deles. Não seria razoável que a decisão relativa a um dos pedidos cumulados, que não é desfavorável em quantidade superior ao valor legal da sucumbência (designadamente, porque o seu próprio valor não excede sequer aquele valor), se tornasse recorrível apenas porque a decisão sobre um outro pedido cumulado satisfaz o requisito do valor da sucumbência. Menos sentido teria ainda cumular o montante da sucumbência da parte em cada um dos pedidos cumulados para satisfazer o valor legal da sucumbência"[276] [277]

114 - Decisões que não admitem recurso

Não admitem recurso os despachos de mero expediente nem os proferidos no uso legal de um poder discricionário – artº 679º.

Os conceitos de *despacho de mero expediente* e de *despacho proferido no uso de um poder discricionário* vêm definidos no artº 156º, nº 4.

Assim, são *despachos de mero expediente* os que se destinam a prover ao andamento regular do processo, sem interferir no conflito de interesses entre as partes.

Os despachos de mero expediente têm a finalidade de regular os termos do processo, de acordo com a lei, mas não importam decisão, julgamento, aceitação ou reconhecimento do direito para o qual foi requerida a tutela judiciária, não criando nem cerceando direitos às partes.

Estes despachos não admitem recurso, porque, pela sua própria natureza, não são susceptíveis de ofender direitos processuais das partes ou de terceiros. Ou se trata de despachos banais, que não põem em causa interesses das partes dignos de protecção, ou se trata de despachos que exprimem o exercício de livre poder jurisdicional.[278]

Consideram-se proferidos *no uso legal de um poder discricionário* os despachos que decidam matérias confiadas ao prudente arbítrio do julgador.

São proferidos no uso de um legal *poder discricionário* aqueles que são determinados pelo juiz livremente, sem quaisquer limitações subjectivas ou objectivas, ao abrigo de uma norma que lhe confira uma ou mais alternativas de opção, entre as quais o juiz deva escolher em seu prudente arbítrio e em atenção a um certo fim.

Segundo Marcello Caetano e Freitas do Amaral, o poder é discricionário quando o seu exercício fica entregue ao critério do respectivo titular, deixando-lhe a liberdade de escolha do procedimento a adoptar em cada caso

[276] Miguel Teixeira de Sousa, ob. cit., pág. 483.

[277] Quando o autor formula vários pedidos, estes podem ser cumulados (artº 470º), alternativos (artº 468º) e subsidiários (artº 469º). No caso de pedidos alternativos ou subsidiários, o autor pretende apenas a procedência de um pedido. Quando formula pedidos cumulados, o autor deseja a procedência de todos eles.

[278] Alberto dos Reis, ob. cit., vol. V, pág. 249.

como mais ajustado à realização do interesse público protegido pela norma que o confere.[279]

Por vezes é a própria lei que determina que certa decisão ou certo despacho não admite recurso (v., por exemplo, artºs 486º, nº 6; 504º; 510º, nº 4) . Outras vezes a lei limita o recurso a um grau somente (v., por exemplo, artºs 234º-A, nº 2; 387º-A; 456º, nº 3).

Em função da alçada, não admitem recurso ordinário as decisões proferidas nas causas cujo valor está dentro da alçada do respectivo tribunal.

Em regra, só é admissível recurso ordinário nas causas de valor superior à alçada do tribunal de que se recorre – artº 678º, nº 1. Porém, como já vimos, este preceito conjuga o valor da alçada com o valor da sucumbência.

A alçada constitui, portanto, o valor limite da causa dentro do qual o tribunal decide sem admissibilidade de recurso ordinário.

115 - Admissibilidade de recurso independentemente do valor da causa

Em certos casos, o valor da causa e o da sucumbência não são determinantes para a admissibilidade dos recursos.

Assim, nos termos 678º, nº 2, independentemente do valor da causa e da sucumbência, é sempre admissível recurso:

a) Das decisões que violem as regras de competência internacional ou em razão da matéria ou da hierarquia, ou que ofendam o caso julgado;
b) Das decisões respeitantes ao valor da causa ou dos incidentes, com o fundamento de que o seu valor excede a alçada do tribunal de que se recorre;
c) Das decisões proferidas, no domínio da mesma legislação e sobre a mesma questão de direito, contra jurisprudência uniformizada do Supremo Tribunal de Justiça.

Conforme se verifica, é sempre admissível recurso, independentemente do valor da causa e da sucumbência, nos casos em que o fundamento do recurso é a violação de qualquer das regras de *competência internacional*, de competência *em razão da matéria* ou de competência *em razão da hierarquia*, quer nos casos em que o tribunal *a quo* se julgou incompetente, quer naqueles em que se considerou competente.

[279] Cfr. Ac. do S.T.J. de 28/11/95, B.M.J. 451, 363 (367e seg.). V. ainda Alberto dos Reis, ob. cit., vol. V, pág.s 252 e segs.

O objecto do recurso restringe-se ao conhecimento da matéria que justificou a sua admissibilidade.

Quando o recurso tiver por fundamento a ofensa do *caso julgado*, o recurso é sempre admissível, desde que a ofensa provenha da própria decisão recorrida. Se, por exemplo, o tribunal da Relação tiver revogado a decisão da 1ª instância por esta ofender o caso julgado, já não pode a parte vencida interpor recurso independentemente do valor da causa e da sucumbência.

Como facilmente se compreende, admitem sempre recurso as decisões respeitantes ao *valor da causa* ou dos incidentes quando se discute precisamente se o seu valor excede a alçada do tribunal de que se recorre.

As decisões respeitantes ao valor da causa abrangem o despacho em que seja fixado o valor, nos termos do artº 315º, mas também a própria discussão desse valor sem que tenha sido proferido despacho.

É também sempre admissível recurso quando a decisão está em contradição com a *jurisprudência já anteriormente fixada* pelo Supremo Tribunal de Justiça.

Pretende-se assegurar a uniformidade da jurisprudência. Esta, porém, não se impõe aos juízes, como acontecia com os assentos. Pode vir a ser alterada, conforme resulta do disposto no artº 732º-B, nº 2. Essa alteração é, no entanto, fundamento de recurso, independentemente do valor da causa e da sucumbência.

Nos termos no nº 3 do artº 678º, independentemente do valor da causa e da sucumbência, é sempre admissível recurso para a Relação:

a) Nas acções em que se aprecie a validade, a subsistência ou a cessação de contratos de arrendamento, com excepção dos arrendamentos para habitação não permanente ou para fins especiais transitórios;
b) Das decisões respeitantes ao valor da causa nos procedimentos cautelares, com o fundamento de que o seu valor excede a alçada do tribunal de que se recorre.

Pretende-se dar especial atenção aos casos em que se discute o contrato de arrendamento para habitação permanente, nomeadamente quando está em causa a validade, a subsistência ou a cessação do contrato.

A alínea b) do nº 3 reflecte a mesma preocupação da alínea b) do nº 2 deste preceito, mas agora o recurso é apenas até à Relação e diz respeito aos procedimentos cautelares. Como já se sabe, das decisões proferidas nos procedimentos cautelares não cabe, em princípio, recurso para o S.T.J. – cfr. artº 387º-A.

116 - Os recursos

A) - Espécies de recursos

Como já tivemos oportunidade de referir, os recurso são *ordinários* e *extraordinários*. São *ordinários* os recursos de apelação e de revista. São *extraordinários* o recurso para uniformização de jurisprudência e a revisão - artº 676º, nº 2.

Conforme se verifica, foi eliminado o recurso de agravo. Agora o único recurso a interpor da decisão da 1ª instância é o de apelação. Por sua vez, deixou de considerar-se como recurso extraordinário a oposição de terceiro, passando, no entanto, a constar da revisão o caso em que o litígio assentou em acto simulado das partes, sem que o tribunal tenha feito uso do poder que lhe confere o artº 665º, por não se ter apercebido da fraude – cfr. artº 771º, alínea g).

Os recursos *ordinários* devem ser interpostos antes do trânsito em julgado, enquanto os *extraordinários* são interpostos já depois da decisão ter transitado em julgado.

Os recursos extraordinários são remédios criados pelo legislador para a correcção de vícios das decisões judiciais que, por já terem transitado em julgado, deviam ser inalteráveis. São "recursos de reparação", isto é, recursos em que se não renova a discussão da causa, mas em que se procura reparar vícios de uma decisão judicial.[280]

A necessidade de certeza e segurança das relações jurídicas, que leva normalmente a que o caso julgado seja intangível, cede perante a necessidade de reparação de um erro de facto ou de um erro de direito verificado na sentença.

Os recursos podem também qualificar-se em recursos independentes e recursos subordinados – cfr. artº 682º.

B) - Recursos ordinários

1 – Apelação

Cabe recurso de *apelação* das decisões da 1ª instância nos casos previstos no artº 691º, nºs 1 e 2.

As decisões proferidas pelo tribunal de 1ª instância não previstas nas diversas alíneas do nº 2 deste preceito podem ser impugnadas no recurso que venha a ser interposto da decisão final ou do despacho previsto na alínea l) do mesmo nº 2 – artº 691º, nº 3.

[280] Manuel de Oliveira Leal Henriques, Recursos em Processo Civil, pág. 94.

Com a finalidade de simplificar o regime dos recursos, foi introduzida a "regra geral de impugnação de decisões interlocutórias apenas com o recurso que vier a ser interposto da decisão que põe termo ao processo". Por outro lado, procedeu-se à "equiparação, para efeitos recursórios, das decisões que põem termo ao processo, sejam estas decisões de mérito ou de forma".[281]

Se não houver recurso da decisão final, as decisões interlocutórias que tenham interesse para o apelante independentemente daquela decisão podem ser impugnadas num recurso único, a interpor após o trânsito da referida decisão – artº 691º, nº 4.

Não sendo impugnada a decisão final, deixou de poder contar-se com o "veículo" que se aguardava para carrear todos recursos interlocutórios. Neste caso, aguarda-se o trânsito da decisão final e, após este, podem ser impugnadas, num único recurso, todas as decisões que continuem a ter interesse para o apelante.

Nos casos previstos nas alíneas a) a g) e i) a n) do nº 2, bem como no nº 4 e nos processos urgentes, o prazo para a interposição de recurso e apresentação de alegações é reduzido a 15 dias – artº 691º, nº 5. Esta enumeração constante do nº 2, deixou de fora o recurso da sentença que foi proferida no despacho saneador, o chamado saneador sentença, previsto no artº 510º, nº 3, *in fine.*

Quanto ao modo de subida da apelação, o artº 691º-A determina quais os recursos que sobem nos próprios autos e aqueles que sobem em separado.

Formam um único processo as apelações que subam conjuntamente, em separado dos autos principais – artº 691º-A, nº 3.

No caso de subida em separado, o recurso tem de ser instruído por forma a que o tribunal *ad quem* compreenda quais as questões que são submetidas à sua reapreciação. Por isso, as partes, devem indicar, após a formulação das conclusões da alegação, as peças do processo de que pretendem certidão – cfr. artº 691º-B, nº 1.

Para escolher essas peças processuais, os mandatários poderão proceder ao exame do processo nos termos previstos no artº 691º-B, nº 2.

As peças do processo disponibilizadas por via electrónica valem como certidão para efeitos de instrução do recurso – artº 691º-B, nº 3.

A apelação tem, em princípio, efeito meramente devolutivo, conforme preceitua o artº 692º, nº 1. Porém, este mesmo preceito prevê várias excepções nos números seguintes.

[281] Cfr. parte preambular do Decreto-Lei nº 303/2007, de 24/8.

A apelação tem efeito suspensivo do processo nos casos previstos na lei – artº 692º, nº 2.

Tem efeito suspensivo da decisão nos casos referidos nas várias alíneas do nº 3 do artº 692º.

Conforme resulta do disposto nos nºs 2 e 3, o efeito suspensivo pode incidir sobre o processo ou sobre a decisão. Num caso o recurso susta o andamento do processo em que foi proferida a decisão de que se recorre. No outro susta a execução da decisão recorrida, obstando a que essa decisão constitua título executivo enquanto não transitar em julgado.

Quando o recurso não tem efeito suspensivo da decisão, o apelante pode requerê-lo, ao interpor recurso, quando a execução da decisão lhe cause prejuízo considerável. Neste caso, terá de oferecer a prestação de caução. A atribuição do efeito suspensivo requerido fica condicionada à efectiva prestação da caução no prazo fixado pelo tribunal e ao disposto no nº 3 do artigo 818º - artº 692º, nº 4.

2 – Revista

Cabe recurso de revista para o Supremo Tribunal de Justiça do acórdão da Relação proferido ao abrigo do nº 1 e da alínea h) do nº 2 do artigo 691º - artº 721º, nº 1.

Quer dizer, a revista cabe apenas da decisão que ponha termo ao processo e da sentença proferida no despacho saneador.

Os acórdãos proferidos na pendência do processo na Relação apenas podem ser impugnados no recurso de revista que venha a ser interposto, com excepção dos que constam das alíneas do nº 2 do artº 721º.

Não é admitida revista do acórdão da Relação que confirme, sem voto de vencido e ainda que por diferente fundamento, a decisão proferida na 1ª instância, salvo nos casos previstos no artigo seguinte – artº 721, nº 3.

Esta determinação constitui a regra da chamada "dupla conforme". Desde que haja duas decisões no mesmo sentido (a do tribunal de 1ª instância e a da Relação sem voto de vencido), não será admitida uma terceira decisão.

Esta regra comporta, porém, três excepções em que é admitida revista excepcional do acórdão da Relação nas situações previstas no nº 1 do artigo 721º-A:

a) Quando esteja em causa uma questão cuja apreciação, pela sua relevância jurídica, seja claramente necessária para uma melhor aplicação do direito;
b) Quando estejam em causa interesses de particular relevância social;

c) Quando o acórdão da Relação esteja em contradição com outro, já transitado em julgado, proferido por qualquer Relação ou pelo Supremo Tribunal de Justiça, no domínio da mesma legislação e sobre a mesma questão fundamental de direito, salvo se tiver sido proferido acórdão de uniformização de jurisprudência com ele conforme.

Por força do que dispõe o nº 1 do artº 722º, a revista pode ter por fundamento:

a) A violação de lei substantiva, que pode consistir tanto no erro de interpretação ou de aplicação, como no erro de determinação da norma aplicável;
b) A violação ou errada aplicação da lei de processo;
c) As nulidades previstas nos artigos 668º e 716º.

A revista é, portanto, um recurso destinado a submeter ao tribunal superior a reapreciação da decisão sobre a matéria de direito.

O erro na apreciação das provas e na fixação dos factos materiais da causa não pode ser objecto de recurso de revista, salvo havendo ofensa de uma disposição expressa da lei que exija certa espécie de prova para a existência do facto ou que fixe a força de determinado meio de prova – artº 722º, nº 3.

C) - Recursos extraordinários

1 – Revisão

A decisão transitada em julgado só pode ser objecto de revisão nos casos previstos no artº 771º.

O recurso não pode ser interposto se tiverem decorrido mais de cinco anos sobre o trânsito em julgado da decisão e o prazo para a interposição é de 60 dias contados nos termos do disposto no artº 772º, nºs 2 e seguintes.

As decisões proferidas no processo de revisão admitem os recursos ordinários a que estariam originariamente sujeitas no decurso da acção em que foi proferida a sentença a rever – artº 772º, nº 5.

2 – Uniformização de jurisprudência

Foi declarada, com força obrigatória geral, a inconstitucionalidade do artº 2º do Código Civil, na parte em que conferia aos tribunais a possibilidade de fixar jurisprudência uniformizadora com força obrigatória geral, pondo assim termo aos assentos.

Nos termos da disposição transitória contida no artº 17º do Decreto-Lei nº 329-A/95, os assentos já proferidos passaram a ter o valor dos acórdãos proferidos nos termos dos artigos 732º-A e 732º-B.

O Presidente do Supremo Tribunal de Justiça determina, até à prolação do acórdão, que o julgamento do recurso se faça com intervenção do pleno das secções cíveis, quando tal se revele necessário ou conveniente para assegurar uniformidade da jurisprudência – artº 732º-A, nº 1.

O julgamento alargado previsto no número anterior, pode ser requerido por qualquer das partes e deve ser proposto pelo relator, por qualquer dos adjuntos, pelos presidentes das secções cíveis ou pelo Ministério Público – artº 732º-A, nº 2.

Esta obrigação que toca ao relator ou a qualquer dos adjuntos impõe-se nos casos em que se verifique a possibilidade de vencimento de solução jurídica que esteja em oposição com a jurisprudência uniformizada, no domínio da mesma legislação e sobre a mesma questão fundamental de direito – cfr. artº 732º-A, nº 3.

A jurisprudência uniformizada não é vinculativa para quaisquer tribunais (fora do caso concreto, é evidente). Porém, o seu desrespeito pelas instâncias, abre a possibilidade de recurso independentemente do valor da causa e da sucumbência da parte, nos termos do artº 678º, nº 2, alínea c).

O acórdão proferido pelas secções reunidas sobre o objecto da revista é publicado na 1ª série do Diário da República – artº 732º-B, nº 5.

D) - Recursos independentes e recursos subordinados

Se ambas as partes ficarem vencidas, cada uma delas pode recorrer na parte que lhe seja desfavorável, podendo o recurso, neste caso, ser independente ou subordinado – artº 682º, nº 1.

O prazo de interposição do recurso subordinado conta-se a partir da notificação da interposição do recurso da parte contrária - artº 682º, nº 2.

É fácil idealizar uma situação em que ambas as partes ficaram vencidas. Se o autor pediu que o réu fosse condenado a pagar-lhe uma indemnização de € 40.000,00, mas a sentença apenas o condenou a pagar € 38.000,00, concluiremos que ambos ficaram vencidos. O autor ficou vencido em € 2.000,00 que é o valor da sucumbência, e o réu, se nada queria pagar, ficou vencido na totalidade da condenação.

Como se compreende, esta situação ocorre quando a acção foi julgada só parcialmente procedente. Se ambos interpuserem recurso, cada uma das partes passa a ser simultaneamente recorrente e recorrido, podendo impugnar a decisão no segmento que lhe é desfavorável.

O princípio da igualdade justifica que a parte que inicialmente não interpusera recurso, por se haver conformado com a decisão, seja mais tarde - já depois de esgotado o prazo normal - admitida a recorrer após a outra parte ter interposto recurso. Só impugna a decisão porque a outra parte também o fez. O seu recurso é, portanto, *subordinado* ao da contraparte.

Servindo-nos do exemplo apresentado, se o autor se conformou com a decisão em que obteve apenas a indemnização de € 38.000,00 e, por isso, não recorreu, passa a poder interpor recurso *subordinado* se, entretanto, o réu vier a recorrer.

No caso apresentado o autor nem poderia interpor recurso *independente* (em face do valor da sucumbência, que é inferior a metade da alçada do tribunal). É claro que o recurso do réu é admissível.

Se o réu recorrer, o autor passa também a poder interpor recurso *subordinado*.

Conforme dispõe o artº 682º, nº 5, se o recurso *independente* for admissível, o recurso *subordinado* também o será, ainda que a decisão impugnada seja desfavorável para o respectivo recorrente em valor igual ou inferior a metade da alçada do tribunal de que se recorre.

É, portanto, afastado o requisito da sucumbência a que alude o artº 678º, nº 1.

Se o primeiro recorrente desistir do recurso ou este ficar sem efeito ou o tribunal não tomar conhecimento dele, caduca o recurso subordinado, sendo todas as custas da responsabilidade do recorrente principal - artº 682º, nº 3.

"É rigorosamente lógica esta construção. O recurso subordinado tem por causa o recurso independente; o recorrente subordinado interpôs o seu recurso *pelo facto* de a parte contrária ter impugnado a sentença ou despacho; se esta tivesse aceitado a decisão, ele ter-se-ia também conformado com ela. Daí vem que a vitalidade, a razão de ser do recurso subordinado fica necessariamente presa e condicionada à vitalidade do recurso principal: desde que este caia, aquele tem, forçosamente, de desaparecer."[282]

Salvo declaração expressa em contrário, a renúncia ao direito de recorrer ou a aceitação, expressa ou tácita, da decisão por parte de um dos litigantes não obsta à interposição do recurso subordinado, desde que a parte contrária recorra da decisão – artº 682º, nº 4.

[282] Alberto dos Reis, ob. cit., vol. V, pág. 289.

É assim permitida a interposição de recurso subordinado à parte que anteriormente havia renunciado ao recurso ou que, de forma expressa ou tácita, havia aceitado a decisão. Parte-se do entendimento de que a aceitação da decisão assentou no pressuposto de que a contraparte também a aceitaria. Se esta interpõe recurso, também aquela poderá recorrer subordinadamente. Ressalva-se, porém, a hipótese de a parte ter actuado com a intenção de renunciar ao recurso ou aceitar a decisão em qualquer circunstância, isto é, qualquer que fosse a atitude da contraparte.

117 - Alegações de recurso

A) - Ónus de alegar e de formular conclusões

O recorrente deve apresentar a sua alegação no requerimento de interposição do recurso – artº 684º-B, nº 2.

O requerimento é indeferido quando não contenha ou junte a alegação do recorrente – artº 685º-C, nº 2, alínea b).

O recorrente deve apresentar a sua alegação, na qual conclui, de forma sintética, pela indicação dos fundamentos por que pede a alteração ou anulação da decisão – artº 685-A, nº 1.

Como é evidente, a alegação é apresentada no tribunal que proferiu a decisão (tribunal *a quo*), embora destinada e dirigida ao tribunal superior (tribunal *ad quem*).

Os fundamentos dos recursos devem ser claros e concretos, pois aos tribunais não incumbe perscrutar a intenção das partes, mas sim apreciar as questões que são submetidas ao seu exame.[283]

Nos termos do nº 2 do artº 685º-A, versando o recurso sobre matéria de direito, as conclusões devem indicar:

As normas jurídicas violadas;

O sentido com que, no entender do recorrente, as normas que constituem fundamento jurídico da decisão deviam ter sido interpretadas e aplicadas;

Invocando-se erro na determinação da norma aplicável, a norma jurídica que, no entendimento do recorrente, devia ter sido aplicada.

Quando as conclusões sejam deficientes, obscuras, complexas ou nelas se não tenha procedido às especificações a que alude o número anterior, o relator deve convidar o recorrente a completá-las, esclarecê-las ou sintetizá-las,

[283] Alberto dos Reis, ob. cit., vol. V., pág. 358.

no prazo de cinco dias, sob pena de se não conhecer do recurso, na parte afectada - artº 685º-A, nº 3.

O recorrido pode responder ao aditamento ou esclarecimento no prazo de 5 dias – artº 685º-A, nº 4.

Se o recorrente declinar o convite, não se conhecerá do recurso.

Antes da última alteração legislativa, o convite do relator era feito também quando a alegação do recorrente não continha conclusões, sendo-lhe dada oportunidade de aditar as conclusões em falta. Actualmente, a falta de conclusões é motivo de indeferimento imediato do requerimento de interposição do recurso, sem qualquer convite, conforme resulta do disposto do artº 685º-C, nº 2, alínea b) *in fine.*

As conclusões da alegação não podem limitar-se a meras repetições formais dos argumentos. Devem constituir uma resenha clara que proporcione ao tribunal superior uma boa compreensão do objecto do recurso.

Por outro lado, as conclusões devem estar em consonância com a parte expositiva da alegação. Só merecem ser consideradas na medida em que traduzam a síntese do que se desenvolveu no texto da alegação.

As conclusões têm uma vantagem incontestável: forçam o advogado a ser claro e preciso, a coordenar e disciplinar as suas razões e fundamentos.[284]

As conclusões são proposições sintéticas que emanam do que se expôs e considerou ao longo da alegação.[285]

Conforme abundante jurisprudência, as conclusões do recurso servem para balizar a decisão. O âmbito do recurso determina-se em face das conclusões da alegação do recorrente, só abrangendo as questões aí contidas.[286]

O disposto nos números anteriores não é aplicável aos recursos interpostos pelo Ministério Público, quando recorra por imposição da lei - artº 685º-A, nº5.

Como já vimos, os recursos consideram-se desertos quando o recorrente não tenha apresentado a alegação, nos termos do nº 2 do artigo 684º-B, ou quando, por inércia sua, estejam parados durante mais de um ano – artº 291º, nº 2.

Hoje não faz sentido a primeira parte do preceito, visto que o requerimento de recurso que não contenha ou junte alegação será indeferido, como já vimos – artº 685º-C, nº 2, alínea b).

A deserção do recurso equivale à sua não interposição.

[284] Alberto dos Reis, ob. cit., vol. V., pág. 363.

[285] Ac. R.L., de 15/10/76, B.M.J. 264, 240.

[286] Ac. do S.T.J., de 2/11/87, B.M.J. 322, 315; cfr. artºs 684º, nº 3 e 690º, nº 1.

A deserção depende de despacho que a declare, o qual deve ser proferido pelo juiz do tribunal onde a mesma ocorreu.

118 - Casos julgados contraditórios

Se, por qualquer motivo, a excepção do caso julgado não tiver funcionado e, por isso, tiverem sido proferidas duas decisões contraditórias sobre a mesma pretensão, prevalecerá a que transitou em julgado em primeiro lugar - cfr. artº 675º, nº 1.

É fácil de descobrir a *ratio legis* deste preceito. A razão da lei está na imperatividade ou força obrigatória do caso julgado. A situação jurídica que foi declarada e definida torna-se imutável. Não pode, portanto, tal situação ser alterada por caso julgado posterior. O órgão jurisdicional, desde que julga um caso concreto, desde que profere uma sentença definitiva, fica *preso* à decisão, fica inibido de proferir outra sentença em sentido oposto.[287]

Este mesmo princípio é aplicável à contradição existente entre duas decisões que, dentro do processo, versem sobre a mesma questão concreta da relação processual - artº 675º, nº 2.

A oposição tanto pode verificar-se – como se vê - entre dois casos julgados materiais como entre dois casos julgados formais. A solução é idêntica.

É essencial que as duas decisões contraditórias incidam *sobre o mesmo objecto*. Isto quer dizer que a parte dispositiva das duas sentenças ou dos dois despachos há-de ter resolvido o mesmo *ponto concreto* de direito ou de facto.[288]

119 - Razões que justificam o respeito pelo caso julgado

A excepção do caso julgado, assim como a da litispendência, têm por fim evitar que o tribunal seja colocado na alternativa de contradizer ou de reproduzir uma decisão anterior - artº 497º, nº 2.

A reprodução de uma decisão anterior constituiria um acto inútil que iria contra o *princípio da limitação dos actos* previsto no artº 137º.

Por outro lado, a excepção do caso julgado, evitando que o tribunal possa proferir nova decisão, diferente ou até contraditória da anterior, salvaguarda de certo modo o prestígio dos tribunais.

Porém, a principal razão da existência da excepção prende-se com a necessidade de certeza ou segurança jurídica.[289]

287 Cfr. Alberto dos Reis, ob. cit., vol. V, pág. 193.

288 Alberto dos Reis, ob. cit., vol. V., pág. 192.

289 V. Manuel de Andrade, ob. cit., pág. 305.

Há necessidade de evitar a instabilidade jurídica, garantindo que a decisão sobre determinada relação material controvertida não poderá, em princípio, ser alterada. Esta segurança contribuirá para a paz social, essencial ao bom relacionamento entre as pessoas.

Como diz o Professor Manuel de Andrade, "seria intolerável que cada um nem ao menos pudesse confiar nos direitos que uma sentença lhe reconheceu; que nem sequer a estes *bens* pudesse chamar seus, nesta base organizando os seus planos de vida; que tivesse constantemente que defendê-los em juízo contra reiteradas investidas da outra parte, e para mais com a possibilidade de nalgum dos novos processos eles lhe serem negados pela respectiva sentença".[290]

120 - Questões não abrangidas pela força do caso julgado

Transitada em julgado a sentença ou o despacho saneador que decida do mérito da causa, a decisão sobre a relação material controvertida fica a ter força obrigatória dentro do processo e fora dele nos limites fixados pelos artigos 497º e 498º, sem prejuízo do disposto nos artigos 771º a 777º - artº 671º, nº 1.

Trata-se, como sabemos, do caso julgado material.

Interessa, porém, saber qual a parte da sentença que, após o trânsito em julgado, adquire força obrigatória dentro e fora do processo.

A sentença pode ser decomposta em diversas partes, como verificámos no local próprio. Ao relatório seguem-se os fundamentos e termina na decisão final, conforme consta do artº 659º, nº 2.

A força do caso julgado material, em princípio, apenas incide sobre a decisão final, isto é, sobre a parte que constitui a resposta ao pedido formulado pelo autor (ou pelo réu, no caso de ter deduzido pedido reconvencional). Essa questão não poderá voltar a ser objecto de decisão pelo mesmo ou por outro tribunal.

A sentença constitui caso julgado nos precisos limites e termos em que julga - artº 673º, 1ª parte.

Nem sempre é fácil de interpretar a decisão de modo a *precisar* o que se julgou, uma vez que as questões postas são, com muita frequência, várias, e a parte dispositiva da sentença, julgando a acção *procedente* ou *improcedente* tem de ser integrada com as soluções dadas aos problemas que constituíam o encadeamento lógico da demanda ou da oposição deduzida a esta.[291]

[290] Manuel de Andrade, ob. e loc. cit., pág. 305.

[291] Rodrigues Bastos, ob. cit., vol. III, pág. 205.

Estão compreendidas na expressão "precisos limites e termos em que julga" todas as questões solucionadas na sentença, conexas com o direito a que se refere a pretensão do autor.[292]

Crê-se que a posição predominante actual é favorável a uma mitigação do conceito de caso julgado no sentido de, considerando embora o caso julgado restrito à parte dispositiva do julgamento, alargar a sua força obrigatória à resolução das questões que a sentença tenha necessidade de resolver como premissa da conclusão formada.[293]

Sem alargar a força do caso julgado a todos os motivos objectivos da sentença, reconhece todavia essa autoridade à decisão daquelas questões preliminares que forem antecedente lógico indispensável à emissão da parte dispositiva do julgado.[294]

Não é de excluir que se possa e deva recorrer à parte motivatória da sentença para interpretar a decisão (para reconstituir o seu verdadeiro conteúdo). Só constitui caso julgado, em princípio, a resposta final dada à pretensão concretizada no pedido e coada através da causa de pedir.[295]

Em suma, embora as premissas da decisão não adquiram, em regra, força de caso julgado, deve reconhecer-se-lhes essa natureza, quer quando a parte decisória a elas se referir de modo expresso, quer quando constituírem antecedente lógico, necessário e imprescindível, da decisão final.[296]

A autoridade do caso julgado abrange, para além da componente decisória da sentença, as questões preliminares que constituam pressupostos lógicos e necessários indispensáveis à emissão da parte dispositiva do julgado".[297]

Enfim, não é tarefa fácil determinar o alcance do caso julgado, pois para a expressão "precisos limites e termos em que julga" dificilmente se poderá encontrar um sentido unívoco.

[292] Ac. do S.T.J. de 20/6/78, B.M.J. 278, 149 e Ac. do S.T.J. de 6/6/96, B.M.J. 454, 599.

[293] Rodrigues Bastos, ob. cit., vol. III, pág. 200.

[294] Ibidem, pág. 201.

[295] Ac. do S.T.J. de 9/5/96, B.M.J. 457, 263.

[296] Rodrigues Bastos, ob. cit. vol. III, pág. 182.

[297] Cfr. B.M.J. 397, 407.

121 - Limites do caso julgado

A) - Enunciado

A lei determina os limites dentro dos quais se faz sentir a influência do caso julgado através dos elementos que identificam a relação jurídica definida na sentença, ou sejam, as partes, o pedido e a causa de pedir.

A excepção de caso julgado (assim como a de litispendência) pressupõe a repetição de uma causa - artº 497º, nº 1.

Repete-se a causa quando se propõe uma acção idêntica a outra quanto aos sujeitos, ao pedido e à causa de pedir - artº 498º, nº 1.[298]

Os limites do caso julgado podem ser, portanto, de natureza subjectiva ou objectiva.

B) - Limites subjectivos

Em regra, o caso julgado só tem eficácia entre as partes, isto é, entre os sujeitos que litigaram no processo.

Este princípio da *eficácia relativa* do caso julgado tem subjacente a ideia de que só as partes tiveram oportunidade de intervir no processo para defenderem os seus interesses.

O respeito pelo *princípio do contraditório* conduz a que a excepção do caso julgado não possa ser deduzida contra terceiros.

Porém, a identidade das partes não se reduz à simples identidade física.

Há identidade de sujeitos quando as partes são as mesmas sob o ponto de vista da sua qualidade jurídica -- artº 498º, nº 2.

Significa isto que o caso julgado não se forma somente em relação às pessoas singulares ou colectivas que intervieram como partes no processo. Estende-se também às pessoas que, "por *sucessão mortis causa* ou por *transmissão entre vivos* (compra, doação, permuta, transacção, etc.) assumiram a posição jurídica de quem foi parte no processo, quer a substituição se tenha operado no decurso da acção (cfr. artºs 270º e 271º, 1 e 3), quer se tenha verificado só depois de proferida a sentença".[299]

Em suma, são idênticos, sob o ponto de vista da qualidade jurídica, o primitivo titular do direito e o seu sucessor.

Se a acção tiver sido proposta, no todo ou em parte, contra *incertos*, a sentença favorável ao autor só constitui caso julgado relativamente aos inte-

[298] Já fizemos referência à litispendência e ao caso julgado em 40-B)

[299] Antunes Varela, J. Miguel Bezerra, Sampaio e Nora, ob. cit., pág. 722.

ressados que tenham vindo ao processo defender os seus direitos. Não está vedado a qualquer dos outros a defesa dos seus direitos em nova acção - cfr. artºs 1103º e 1132º.

O caso julgado aproveita tanto à *parte vencedora* como à *parte vencida* na acção. A *parte vencida* terá interesse em invocar a seu favor a excepção do caso julgado, sempre que se encontre na situação de poder, em nova acção, vir a ser condenada de forma mais gravosa.

Não deixa de se verificar a identidade das partes - e a repetição da causa que permite a invocação da excepção do caso julgado - a circunstância de as partes terem ocupado no segundo processo *posição inversa* da que tiveram no anterior, isto é, de terem litigado na posição de réu e depois na de autor ou vice-versa.

C) - Limites objectivos

O caso julgado assenta, como se disse, na repetição da causa. Para que esta se verifique, é necessário que haja não só identidade dos sujeitos, mas também a identidade do *pedido* e da *causa de pedir.*

É através do pedido e da causa de pedir que se conhece o *objecto* da acção. Abordaremos, pois, os limites *objectivos.*

Há identidade de pedido quando numa e noutra causa se pretende obter o mesmo efeito jurídico - artº 498º, nº 3.

Há identidade de causa de pedir quando a pretensão deduzida nas duas acções procede do mesmo facto jurídico - artº 498º, nº 4, 1ª parte.

Para que possa ser deduzida a excepção de caso julgado é necessário que nas duas acções se verifique, cumulativamente, identidade de sujeitos, identidade de pedido e identidade de causa de pedir.

Quanto à identidade da causa de pedir, a lei estabelece a sua definição para certas espécies de acções.

Assim, nas acções *reais* a causa de pedir é o facto jurídico de que deriva o direito real - artº 498º, nº 4, 2ª parte.

As acções *reais* destinam-se a fazer valer um direito sobre uma coisa (direito real). Como exemplo, pode referir-se a acção de reivindicação, em que o autor pretende fazer valer o seu direito de propriedade contra o possuidor do bem. A causa de pedir é o título de onde lhe advém esse direito (a compra, doação, usucapião, etc.).

Nas acções *constitutivas* e de *anulação* a causa de pedir é o facto concreto ou a nulidade específica que se invoca para obter o direito pretendido - artº 498º, nº 4 *in fine.*

Nas acções de divórcio, a causa de pedir não é uma categoria abstracta, como, por exemplo, a violação do dever de respeito ou do dever de fidelidade, mas sim uma determinada expressão injuriosa, uma determinada agressão física, um determinado acto de adultério.

De modo semelhante se passam as coisas nas acções de anulação de negócios jurídicos, pois a causa de pedir será o vício concreto invocado para fundamentar a nulidade (erro, dolo, incapacidade, etc.).

122 - Casos regulados especialmente

A) - Efeitos do caso julgado nas questões de estado

A expressão "questões de estado" abrange todas as questões que tenham por objecto fixar o estado civil de determinada pessoa.

Nas questões relativas ao estado das pessoas o caso julgado produz efeitos mesmo em relação a terceiros quando, proposta a acção contra todos os interessados directos, tenha havido oposição, sem prejuízo do disposto, quanto a certas acções, na lei civil - artº 674º.

Terceiros são os titulares de uma relação conexa com a relação litigada, cujos direitos podem ser afectados pela sentença, mas que não são demandados por não serem interessados directos (são interessados indirectos).

O caso julgado, nas acções de estado, tem, portanto, eficácia *erga omnes* desde que a acção tenha sido instaurada contra todos os *interessados directos* e tenha havido *oposição* à pretensão formulada pelo autor.

Os *interessados directos* são os portadores do principal interesse oposto ao do autor. São o sujeito, os sujeitos ou o outro sujeito (ou respectivos herdeiros legítimos) do estado jurídico controvertido.

Na acção de divórcio ou de separação de pessoas e bens, o *interessado directo* é o outro cônjuge. Na acção de investigação de paternidade os *interessados directos* são o pretenso pai ou, na falta dele, os seus herdeiros legítimos mesmo que não sejam chamados a recolher a respectiva sucessão.[300]

A expressão "tenha havido oposição" é interpretada no sentido de que basta que um dos interessados directos conteste a acção.

Segundo Alberto dos Reis, o que importa, para dar ao caso julgado garantias de verdade e realidade, é que se tenha formado em processo contraditó-

[300] V. Manuel de Andrade, ob. cit., pág. 315.

rio; que a contradição tenha sido oposta só por um dos interessados directos ou por todos, é indiferente.[301]

Considerando os "terceiros" os sujeitos duma relação ou posição jurídica independente e incompatível com a das partes, a sentença nunca os poderá atingir.[302]

A ressalva do "disposto, quanto a certas acções, na lei civil", contida na parte final do artº 674º, deve ser considerada como referência às acções de investigação de maternidade e paternidade - artºs 1819º e 1873º - e ainda de impugnação de paternidade - artº 1846º (todos do Código Civil). Estas disposições legais dizem respeito à legitimidade passiva.[303] A acção não ganhará força de caso julgado em relação aos herdeiros e legatários que não tiverem sido demandados.

B) - Caso julgado quanto às obrigações solidárias

Nos termos do disposto no artº 517º, nºs 1 e 2 do Código Civil, a solidariedade não impede que os devedores solidários demandem conjuntamente o credor ou sejam por ele conjuntamente demandados. De igual direito gozam os credores solidários relativamente ao devedor e este em relação àqueles.

Assim, para a hipótese de o credor demandar apenas um dos devedores, dispõe o artº 522º do Código Civil que o caso julgado entre eles não é oponível aos restantes devedores, mas pode ser oposto por estes, desde que não se baseie em fundamento que respeite pessoalmente àquele devedor.

Em sintonia, dispõe o artº 531º do Código Civil que o caso julgado entre um dos credores e o devedor não é oponível aos outros credores; mas pode ser oposto por estes ao devedor, sem prejuízo das excepções pessoais que o devedor tenha o direito de invocar em relação a cada um deles.

C) - Caso julgado quando haja substituição processual

Há substituição processual quando figura como parte quem não é sujeito da relação material.

O substituto litiga em seu nome (não em nome de outro, pois não é representante de ninguém), mas sobre um direito alheio.

301 Ob. cit., vol. v, pág. 191.

302 Manuel de Andrade, ob. cit., pág. 312.

303 Se o pretenso progenitor for vivo, só ele tem interesse directo em contradizer o pedido formulado na acção. Se já tiver falecido, a acção deve ser proposta contra o cônjuge sobrevivo e também, sucessivamente, contra as pessoas referidas nos artºs 1819º ou 1873º do C. Civil.

Processualmente, é parte o substituto e não o substituído, mas cabe a este a titularidade da relação material controvertida.

Verifica-se substituição na hipótese de sub-rogação do credor ao devedor - artº 606º do Código Civil.

Também no caso de transmissão , por acto entre vivos, da coisa ou direito litigioso, pode haver substituição do transmitente pelo adquirente, nos termos do artº 271º.

Como se verifica, a substituição dos sujeitos da relação jurídica substantiva, não obriga à modificação subjectiva da instância. A acção prossegue com os sujeitos iniciais, após a transmissão, e a sentença produz efeitos em relação ao adquirente.

A sentença proferida vale em relação ao substituto e em relação ao substituído - artº 271º, nº 3. Esta disposição legal ressalva o caso de a acção estar sujeita a registo e o adquirente registar a transmissão antes de feito o registo da acção.

CAPÍTULO VII
Formalismo do Processo Declaratório Sumário

123 - Disposições reguladoras

Conforme resulta do artº 463º, nº 1, o processo sumário (e os processos especiais) regula-se, em primeira linha, pelas disposições que lhe são próprias e pelas disposições gerais e comuns e, subsidiariamente (em relação ao que não estiver previsto numas e noutras) pelo que estiver estabelecido para o processo ordinário.

Estão assim estabelecidas não só as normas aplicáveis como também a sua ordem de precedência.

Em primeiro lugar vêm as normas que são próprias do processo sumário, as quais constam dos artºs 783º a 791º.

A seguir vêm as disposições gerais e comuns que, como se depreende da própria expressão, se aplicam a todas as formas de processo. Constam dos artºs 137º a 459º.

Na falta ou insuficiência das normas próprias e das normas gerais, observar-se-á o que se acha estabelecido para o processo ordinário - artº 463º, nº 1 *in fine*.

O processo sumário caracteriza-se por ser mais simples e mais célere, o que se justifica pelo menor valor da acção.

Por um lado, verifica-se uma simplificação do seu formalismo e, por outro, os prazos são mais curtos que os do processo ordinário. Tudo isto implica, como se compreende, um certo sacrifício das garantias de defesa concedidas às partes.

Considerando que o processo ordinário tem aplicação subsidiária, é conveniente conhecer as especialidades do processo sumário em relação a cada uma das suas fases.

124 - Particularidades do processo sumário

A) - Fase dos articulados

Assim como o processo ordinário, também o processo sumário comporta, em regra, dois articulados: a petição inicial e a contestação.

O réu é citado para contestar no prazo de 20 dias - artº 783º.

Verifica-se, portanto, um encurtamento do prazo que, no processo ordinário, é de 30 dias – artº 486º, nº 1.

Excepcionalmente, pode ser apresentada resposta à contestação.

Se for deduzida alguma excepção, pode o autor, nos 10 dias subsequentes à notificação da contestação, responder quanto à matéria da mesma - artº 785º.

Se o réu tiver deduzido reconvenção ou a acção for de simples apreciação negativa, o prazo para a resposta é de 20 dias - artº 786º. Neste caso, o prazo tem a duração prevista para a contestação.

No processo sumário não há, em qualquer caso, lugar à apresentação de tréplica.

Quando os factos reconhecidos por falta de contestação determinem a procedência da acção, o juiz pode limitar-se a condenar o réu no pedido, mediante simples adesão aos fundamentos alegados pelo autor na petição inicial - artº 784º.

Foi eliminado o efeito cominatório pleno que determinava que, se o réu não contestasse, seria condenado no pedido. Actualmente só será condenado se os factos determinarem a procedência da acção.

A possibilidade de o juiz, na sentença, aderir aos fundamentos alegados pelo autor na petição inicial constitui excepção ao dever de fundamentar previsto no artº 158º, nº 2.

B) - Fase do saneamento e condensação

Findos os articulados, observar-se-á o disposto nos artigos 508º a 512º-A, mas a audiência preliminar só se realiza quando a complexidade da causa ou a necessidade de actuar o princípio do contraditório o determinem; se a selecção da matéria de facto controvertida se revestir de simplicidade, o juiz pode abster-se de fixar a base instrutória - artº 787º, nº 1.

Não havendo lugar à realização de audiência preliminar e ainda que tenha de ser elaborado despacho saneador para decisão sobre as matérias referidas nas alíneas a) e b) do nº 1 do artigo 510º ou sobre incidente de intervenção de terceiros, o juiz pode abster-se de proceder à selecção da matéria de facto, nos termos do nº 2 do artigo 508º-B, se se verificar a situação prevista na parte final do número anterior – artº 787º, nº 2.

No caso de não ter havido saneamento e condensação do processo, o juiz ordena a notificação das partes para o efeito do disposto no nº 1 do artigo 512º - artº 787º, nº 3.

Resulta desta disposição legal que a audiência preliminar só tem lugar em duas circunstâncias: no caso de complexidade da causa e no caso de ser necessário assegurar o princípio do contraditório. Esta necessidade faz-se sentir quando, por exemplo, é invocada uma excepção no articulado que constitui a resposta à contestação ou à reconvenção, ou seja, no último articulado. Trata-se da aplicação do disposto no artº 3º, nº 4 que manda que, às excepções deduzidas no último articulado admissível, possa a parte contrária responder na audiência preliminar.

Nos casos referidos na parte final do nº 1 do artº 787º, pode ser eliminada a fase de saneamento e condensação, transitando-se directamente da fase dos articulados para a fase do julgamento.

C) - Fase da instrução

É reduzido a 10 o limite do número de testemunhas a que se refere o artº 632º e a 3 o limite fixado no artigo 633º - artº 789º.

Comparando com o processo ordinário verifica-se que o limite do número de testemunhas passa de 20 para metade. Por outro lado, enquanto que, no processo ordinário, podem ser inquiridas 5 testemunhas a cada facto, esse número, no processo sumário, é reduzido a 3.

D) - Fase da audiência final

A audiência de discussão e julgamento é marcada para dentro de 30 dias, incumbindo a instrução, discussão e julgamento da causa ao juiz singular - artº 791º, nº 1.

Quando a decisão admita recurso ordinário, pode qualquer das partes requerer a gravação da audiência - artº 791º, nº 2.

A admissibilidade de recurso ordinário está prevista, como se sabe, no artº 678º.

A decisão admite recurso ordinário (cfr. artº 678º, nº 1), quando o valor da acção seja superior à alçada do tribunal de 1ª instância – actualmente fixada em € 5.000,00 - e o valor da sucumbência seja também superior a metade desse valor, ou seja, superior a € 2.500,00.

Não podemos esquecer que há decisões que admitem sempre recurso independentemente do valor da causa e da sucumbência – artº 678º, nºs 2 e 3.

No caso de adiamento, a discussão e julgamento devem efectuar-se num dos 30 dias imediatos. Não pode haver segundo adiamento, salvo se não for possível constituir o tribunal - artº 790º, nº 2.

A discussão do aspecto jurídico da causa é sempre oral e em cada um dos debates os advogados só podem usar uma vez da palavra e por tempo não excedente a uma hora - artº 790º, nº 1.

No processo ordinário, a discussão do aspecto jurídico da causa pode ser feita, como se sabe, oralmente ou por escrito – artº 653º, nº 5 e artº 657º.

A decisão da matéria de facto constará de despacho proferido imediatamente, observando-se, com as necessárias adaptações, o disposto no artigo anterior e nos artigos 652º a 655º - artº 791º, nº 3.

No processo ordinário, a matéria de facto é decidida por meio de acórdão ou despacho – cfr. artº 653º, nº 2.

E) - Fase da sentença

Quanto à fase da sentença não há a salientar qualquer desvio ao regime estabelecido nos artºs 658º a 675º para o processo ordinário.

CAPÍTULO VIII
Formalismo do Processo Declaratório Sumaríssimo

125 - Disposições reguladoras

Ao processo sumaríssimo são aplicáveis as disposições que lhe dizem respeito e, além disso, as disposições gerais e comuns. Quando umas e outras sejam omissas, ou insuficientes, observar-se-á em primeiro lugar o que estiver estabelecido para o processo sumário e em segundo lugar o que estiver estabelecido para o processo ordinário - artº 464º.

Esta disposição legal não só indica as normas reguladoras como a sua ordem de prioridade.

Em primeiro lugar são aplicáveis as disposições próprias, as quais constam dos artºs 793º a 796º.

Seguem-se as disposições gerais comuns, que são válidas para todas as formas de processo. Constam, como já se disse para o processo sumário, dos artºs 137º a 459º.

Na falta ou insuficiência de umas e outras, devem observar-se em primeiro lugar as regras do processo sumário, isto é, as normas dos artºs 783º a 791º.

Finalmente têm aplicação as regras do processo ordinário, estabelecidas nos artºs 467º a 782º.

O processo sumaríssimo é o mais simplificado e o mais célere, não só porque as acções têm um valor muito reduzido, mas também porque nelas se decidem questões que apresentam geralmente pouca dificuldade.

Devido à sua simplicidade, o processo sumaríssimo não admite reconvenção, nem resposta a excepções, nem audiência preliminar, nem notificação para indicação da prova, nem despacho saneador.

Tendo em conta o carácter subsidiário das normas que regulam o processo sumário e o processo ordinário, passaremos a apontar as particularidades do processo sumaríssimo.

125 – Particularidades do processo sumaríssimo

A) - Fase dos articulados

Os articulados são sempre apenas dois: a petição inicial e a contestação. Não há, portanto, lugar à apresentação de resposta à contestação e, do mesmo modo, não é admitida reconvenção.

Embora se tenha mantido a denominação de articulados no artº 795º, o artº 793º estabelece a desnecessidade de a petição inicial apresentar a forma articulada prevista no artº 151º.

O autor exporá, sem necessidade de forma articulada, a sua pretensão e os respectivos fundamentos, oferecendo logo as provas - artº 793º.

Devido ao carácter expedito do processo sumaríssimo, as provas têm de ser oferecidas com a petição inicial. Não se trata de uma mera faculdade como a que deriva do artº 467º, nº 2, no caso do processo ordinário. Têm de ser apresentadas com a petição inicial, não podendo o autor fazê-lo em momento posterior.

O réu é citado para, no prazo de 15 dias, contestar, devendo oferecer logo as provas - artº 794º, nº 1. Também ao réu se exige que ofereça logo a prova, como o impõe o respeito pelo princípio da igualdade das partes.

B) - Não há fase de condensação

C) - Fase da audiência final

Se a acção tiver de prosseguir, é logo marcado dia para a audiência final, que deve efectuar-se dentro de 30 dias, não sendo aplicável o disposto nos nºs 1 a 3 do artigo 155º - artº 795º, nº 2.

O juiz começará por procurar obter a conciliação entre as partes, se estas estiverem presentes ou representadas - artº 796º, nº 1.

A falta de qualquer das partes ou seus mandatários, ainda que justificada, não é motivo de adiamento – artº 796º, nº 2.

As testemunhas podem ser apresentadas pelas partes ou podem ser convocadas, se a parte que as indicou tiver oportunamente requerido que sejam notificadas - artº 796º, nº 4.

O número de testemunhas não pode exceder seis por cada parte - artº 796º, nº 1.

A inquirição das testemunhas é efectuada pelo juiz, quando as partes não tenham constituído advogado ou este não comparecer - artº 796º, nº 3.

Se ao juiz parecer indispensável, para boa decisão da causa, que se proceda a alguma diligência, suspenderá a audiência na altura que repute mais conveniente e marcará logo dia para a sua realização, devendo o julgamento concluir-se dentro de 30 dias; a prova pericial é sempre realizada por um único perito - artº 796º, nº 5.

Finda a produção da prova, pode cada um dos advogados fazer uma breve alegação oral - artº 796º, nº 6.

D) - Fase da sentença

A sentença, julgando da matéria de facto e de direito, é sucintamente fundamentada e ditada logo para a acta - artº 796º, nº 7.

A decisão pode ter lugar logo após o termo dos articulados, devendo o juiz julgar procedente alguma excepção dilatória ou nulidade que lhe cumpra conhecer, ou decidir sobre o mérito da causa. Deve, porém, assegurar o cumprimento do princípio do contraditório, nos termos dos nºs 3 e 4 do artº 3º - artº 795º, nº 1.

Considerando que o valor da acção não excede a alçada do tribunal de 1ª instância, a decisão não admite recurso com fundamento no valor da causa - cfr. artº 462º. Porém, como se sabe, o artº 678º prevê também os casos em que é sempre admissível recurso. Um deles, muito comum, é o caso da decisão em que se apreciou a validade, a subsistência ou a cessação de contratos de arrendamento.

BIBLIOGRAFIA

Andrade, Manuel de: *Noções Elementares de Processo Civil*

Bastos, Jacinto Rodrigues: *Das Relações Jurídicas*

Bastos, Jacinto Rodrigues Bastos: *Notas ao Código de Processo Civil*

Castro, Anselmo de: *Lições de Processo Civil*

Castro, Anselmo de: *Acção Executiva, Singular, Comum e Especial*

Castro, Anselmo de: *Processo Civil Declaratório*

Costa, Salvador da: *Os Incidentes da Instância*

Freitas, José Lebre de: *Introdução ao Processo Civil*

Geraldes, António Santos Abrantes: *Temas da Reforma do Processo Civil*

Lima, Pires/ Varela, Antunes: *Código Civil Anotado*

Mendes, Castro: *Direito Processual Civil*

Rego, Carlos Francisco de Oliveira Lopes do: *Comentários ao Código de Processo Civil*

Reis, Alberto dos: *Código de Processo Civil Anotado*

Reis, Alberto dos: *Comentário*

Sousa, Miguel Teixeira de: *Estudos Sobre o Novo Processo Civil*

Sousa, Miguel Teixeira de: *As Partes, o Objecto e a Prova Na Acção Declarativa*

Sousa, Miguel Teixeira de: *O Estudo Sobre a Funcionalidade Processual*

Varela, Antunes/ Bezerra, J. Miguel/ Nora, Sampaio: *Manual de Processo Civil*, 2ª edição

Vaz, Alexandre Mário Pessoa: *Direito Processual Civil, Do Antigo Ao Novo Código*

ÍNDICE ALFABÉTICO REMISSIVO

D

E

F

O

P

Q

R

S

T

ÍNDICE